U0933023

The Collected Linguistic Works of Luo Changpei

羅常培文集

山东教育出版社
Shandong Education Press

罗常培

一次不可再得的盛大聚会——中央研究院历史语言研究所欢迎蔡

春摄于北海静心斋沁泉廊畔。自下第一排右起第二人为罗常培。

1925年在厦门大学。自下上数第四排右起第一人为鲁迅，第三人戴眼镜穿黑色长衫者为罗常培。

序

罗常培(莘田)先生是我国现代语言学的奠基人之一,也是这门科学不懈的开拓者。中国语言学界一致称道莘田先生是“继往开来”的“一代宗师”,这可以认为是对先生一生准确的定评。罗先生三十多年的学术活动,主要是在大学教书和在研究所做研究工作。罗先生的研究工作有以下的特点:一是目的性强,或是从教学实践出发,或是从学科建设的需要出发,都有一定的计划;二是理论和实际并重,普及与提高兼顾;三是研究范围的层层扩展,步步深入,精心构思,时有新论。罗先生的治学原则是:抽丝剥茧,穷源竟委,博引旁征,一丝不苟。他对己对人都很严格,对后辈更是耳提面命,爱之弥深。特别是他对人一贯诚恳真挚,坦率透明,正直无私,所以能吸引和团结同行,倾心培植后辈,从而形成了一支现代语言学队伍。

罗先生的杰出贡献在于:一、用现代语言学的方法,研究和改造传统语文学,使之成为现代中国语言科学的组成部分;结合古代汉语和现代汉语的音韵研究,进行了中国音韵史的系统研究,注意填补历史的空白,并为后人提供丰富便用的资料。二、用批判吸收的眼光对域外中国音韵学研究做了认真的梳理和评介。三、融会中西,多所开拓,在研究目的、取材方法上都有新的推进。四、从汉语方言研究到少数民族语言研究。五、把语言研究的领域扩展到语言与社会历史及语言与文化的研究方面。六、语言研究结合语言使用的实际,并应用于实际。七、为我国的语言规划做了大量开创性的工作。八、为建立语言学队伍,培养人才,做了不懈的努力。

一 音韵学大师 继往开来

罗先生对传统语文学有很深的造诣,他认为“前人操术弗精,工具不备……每致考古功多,审音功浅”,且往往“凭臆立说,每多违失”,因而采取“审音、明变、旁证、祛妄”的方法,比较诸家论述,钩稽参证,反复推求,用现代语音学的科学方法阐明音韵学、等韵学中的实质问题,终于使向来被认为玄奥难解的“绝学”化为便于理解的中国语言科学的基本学科。专著《汉语音韵学导论》,论文《释重轻》、《释内外转》、《〈通志·七音略〉研究》、《音韵学不是绝学》等,都是这门学科的奠基之作。

在汉语音韵演变史的研究方面,莘田先生着力很多,贡献尤大。他运用历史比较语言学的方法,参酌宋代吴棫以来特别是清代诸家周秦古音研究,利用佛经中的梵文字母译音和汉梵对音中的用字及切注、藏译梵音、写本残卷或碑刻中的藏汉对音、域外汉字的注音材料以及各种韵书及其写本残卷中的反切、各种韵表、韵图、韵谱及其说解,古代诗文韵读(特别注意考定作者的生卒年代、籍贯及活动地域)以及现代方言等各种资料,对汉语不同时代的历史音韵作系统构拟与考定,并由此开展汉语音韵演变的历史研究。其中有关周秦古音和隋唐至宋《切韵》系统的中古音,前人研究较多,莘田先生也有自己的卓见。他还把研究的范围延伸到隋唐以前和唐宋以后,既着意于填补历史的空白,又注意到从古到今的方言流变。这是莘田先生研究方向和治学方法的特色。所以无论在纵的方面还是在横的方面,都能视野广阔,鞭辟入里。为了便于后人研究,莘田先生除主持编印《十韵汇编》和影印《通志·七音略》等研究中古音的音韵学书籍外,还为研究近代汉语音韵编著了重要资料《八思巴字与元代汉语》(与蔡美彪合编)等。

二 立足中国 借鉴域外

中国音韵学研究要借鉴西方语言学的方法。30年代前期,罗先生与赵元任先生、李方桂先生合译瑞典汉学家高本汉的《中国音韵学研究》,是我国语言学界一件大事。这是当时中央研究院历史语言研究所重托的任务。本来,译书从来不能列入史语所的计划,此为例外,其重要性可知。按照三位先生商定的译法,一要译得忠实又具有很强的可读性,二要改其错误,三要加入新材料,四是改用国际音标注音,五是一部分重编。这实际是译中有审、校、改、著,没有深厚的功力显然是难以兼及的。难怪当时史语所所长傅斯年称赞这部译著:"此固近年我国译学上未有之巨业,瞻望明代译天算诸贤,可无愧焉。"原著者在中译本赠序中也盛赞"他们三位全是在这门学问里极精彩的工作者,对于中国语言学史上全有极重要的论著,全给过我许多益处",而对译文的流畅真切,特别对其内容上的修改润色赞不绝口!三位先生之被称为中国现代语言学的奠基人,当然不是由于他们合译了这部巨著,但史语所之所以选请三位先生合译此书,也决非偶然。

明季西方传教士对汉语的罗马字母音译转写是研究当代汉语音韵的重要资料,过去没有人注意过。而罗先生则在1930年就发表了《耶稣会士在音韵学上的贡献》,1941年又根据稍后的文献资料写出《耶稣会士在音韵学上的贡献补》。此外,罗先生对武尔披齐利、查尔默、商克等人汉语音韵学著作的评述,专论《中国音韵学的外来影响》,以及他在北京大学、西南联合大学的讲义《域外中国声韵学论著述评》,都表现出莘田先生敏锐的眼力。

三 从汉语方言研究到少数民族语言研究

罗先生对于汉语方言研究,早期兴趣仍在历史语言学方面。在《汉语方言研究小史》中,罗先生批评西洋人的汉语方言研究时说,"其实研究现代方言唯一有效的出发点就是古音",那"才能对于汉语音韵学有相当的贡献"。对于前人研究方言的态度,罗先生反对他们"以韵书矫正方言"的立场,认为"与其援古正今,还不如据今考古好呢"!《唐五代西北方音》正是"用现代语音学方法去考证汉语古代方音"的代表作,因为"必须考证出古代方音来,然后才能窥见周秦古音的真相"。从罗先生调查厦门方音、临川方音的缘起,可看出罗先生的兴趣更多地是在音韵演变史方面。《厦门音系》有厦门音与漳州十五音及与《广韵》的比较,书中着重指出"厦音特征,足以窥见古今流变者"在声母和韵母方面的情况。罗先生研究临川音系兴趣的产生,是因为偶然发现临川方音有保持闭口韵尾等三个特点。他又注意到现代方言的比较研究跟推行国语的关系,所以《临川音系》兼有临川音与《广韵》及与北京音的比较。罗先生还调查过徽州 6 县 46 个点的方言。

1938 年,中央研究院历史语言研究所和北京大学文科研究所迁到昆明,莘田先生和李方桂先生等认为应该"尽量发掘这块语言学的黄金地",便"由两三个中年人领导几个年轻人"对云南汉语方言和少数民族语言进行了调查。在《语言学在云南》一文里,莘田先生把 1938—1943 年之间在云南进行的语言和方言调查归纳为 5 纲 41 目,讲到工作的旨趣时说:"我们何妨仿效 Malinowski 教授在第一次世界大战期间在太平洋 Trobriand 小岛上的精神,充分利用现在的环境,尽量搜集这块土地上所有的语言材料,给汉藏语系的比较研究奠定基石,岂不给中国语言学史添了一张新页吗?"在日机轰炸的警报声中,在继续进行研究、教学、主持系务、参加联合大学校务会议及有关专委会的同时,莘田先生抓紧一切机会开拓新的研究领域,终于在1940 年从云南大学找到发音人,记录了丽江么些(纳西)语十几则故事和几首歌谣;1942—1943 年,三赴大理,从大理师范和喜洲五台中学等校的边疆学生中找到发音人,先后记录了莲山摆夷(傣)语,福贡傈僳语,贡山俅(独龙)语,怒语,茶山、浪速、山头三种景颇语和 9 县11 个点的民家(白)语方言。已发表的著作有《莲山摆夷语初探》(与邢庆兰先生合著)、《贡山俅语初探》(中文、英文)、《贡山怒语初探叙论》等。他以身作则,为我国少数民族语言调查研究进行了可贵的推动工作。

莘田先生十分强调要注意使用我国的语言材料编写语言学教材,也可借此丰富普通语言学的内容。因此,后来罗先生和王均合写《普通语音学纲要》时,确定这样的编写原则:"应用语音学的一般原理,联系中国语言的具体实际,所举的例子以普通话为主,普通话没有的然后举各地方言,汉语没有的再举兄弟民族的语言……也引用一些外国语言的例子,以资参证。"

四　为训诂学建构新的体系

罗先生 1940 年在昆明西南联合大学曾开训诂学一课,内容纲要分为:"叙论——训诂学的定义,训诂学与其他学科的关系;何谓意义;意义变迁的类型;词汇的性质与范围;历史训诂书述要;训诂释例;汉语词系研究;编纂经籍字典的计划;语义的历史研究;总结。"这种新的体系展现出罗先生在研究训诂学方面，融通中西，借鉴西方词汇学、语义学、语源学的成果，突破了传统的训诂学的研究方式和方法，建立了具有汉语特色的框架，在要求、取材和方法上都有新的推进。罗先生认为既要分析各时代词义演变累积的基层，又要推究词义的死亡、转变和新生的社会条件；取材范围应包括经籍、子史、词书、专集、语录、笔记、小说、戏剧以至民间谚语、大众文艺；研究方法，一方面要顺序地从经籍递推到大众口语，另一方面还得根据大众的词汇逆溯到它们的来源。罗先生关于训诂学的讲义，可惜没有整理成书，但发凡起例，对尔后汉语训诂学的研究是有启发意义的。

五　开创沟通我国语言学与文化学的坦途

语言本来是跟民族文化关系十分密切的，但这往往会被语言学家忽略。罗先生早在20世纪30年代研究临川方言时，就已通过族谱、史书，从客家迁徙的踪迹，论证客赣方言的关系，随后，他又接受萨丕尔、帕默、泰勒和马林诺夫斯基的语言学和文化学思想，明确提出："语言学的研究万不能抱残守缺地局限在语言本身的资料以内，必须要扩大研究范围，让语言现象和其他社会现象和意识联系起来，才能格外发挥语言的功能，阐扬语言学的原理。"40年代，他又通过研究藏缅族的父子连名制，论证了古"南诏国"的建国者是藏缅族的先人，或者说建立南诏国的应当是有父子连名文化特征的彝族或有连名遗迹的"僰夷"或"白夷"即民家（白）族，而不可能是没有这种习俗的被称做"摆夷"的傣族。这种观点现在可以说已成定论。

1950年出版的《语言与文化》一书，实际是罗先生40年代的研究成果，该书有意识地、系统地用大量语言实例，特别是语言的词汇及其涵义，阐述语言和文化的关系，在沟通我国语言学与人类学及人类社会文化史的关系方面,有开创性的意义,被称为中国文化语言学的“开山之作”。

六 力促语言学介入社会生活

语言研究与社会生活本有密切的关系。莘田先生早年学习过王照的“官话字母”,后来又学习研究注音字母和国语罗马字,做了有关“国语运动”的历史研究,写出了《国音字母演变史》(1934年,商务印书馆版;1959年文字改革出版社新版改名为《汉语拼音字母演变史》),并在北平《世界日报·国语周刊》、《东方杂志》等报刊上发表了一系列这方面的文章。

1941年4月24日,莘田先生以《中国人与中国文》为题在昆明广播电台讲演,在谈到汉字改革问题时,他曾积极而清醒地说:“照我的意见未尝不可……用注音字母或国语罗马字来代替汉字,以减少儿童识字的困难。从初中以上就得用注音字母辅助读音逐渐认识汉字,并试着阅读用汉字印行的书籍。要想完全废弃汉字,单用拼音文字来代替,那似乎为期还远得很。”(多年的经验证明,先学拼音确实是初小语文教学的好办法,尽管认汉字完全不必等到初中以上。)

莘田先生强烈反对社会上的复古风气。在《中国文学的新陈代谢》(1942年7月1日在昆明广播电台演讲)中说:“从文学史上看,新旧两派总是互相消长的。新的稍微消沉一点儿,旧的就会在那儿蠕动。它会借着政治势力,利用人类惰性,让人们不知不觉地走向复古的路!”从社会文化发展的历史来看,不正是这样吗?先生讲到西南联大所用的大一国文读本,古诗文和现代文学作品都有恰当的比例,而当时教育部召集的大一国文读本编定委员会却只选文言文,不选语体文。莘田先生对此愤慨地说:“这不是一件小事,这正是新旧文学消长的枢机!”

罗先生也很注意向语言艺术家普及音韵学知识,例如1935年发表论文《音韵学与戏剧》,同年又为北京青年会剧团演讲《京剧中的几个音韵问题》等。罗先生还很注意为通俗文学作家服务。《北京俗曲百种摘韵》一书(1942年初版,1950年、1956年重印)是一部对十三辙沿革有精辟见解的科学研究著作,也是对戏剧、曲艺、音韵研究者、民间文艺创作者有很高实用价值的北京口语韵典。他使俗曲成为研究对象,登上了大雅之堂。

七 为祖国语言学和语言规划鞠躬尽瘁

1950年莘田先生受命筹建中国科学院语言研究所。语言所在莘田先生领导下,除根据需要与可能,逐步开展汉语语法、方言、词汇、文字、音韵和语音实验等方面的研究工作外,又很早就建立了少数民族语言研究组,调查研究少数民族语言和帮助需要解决文字问题的民族创造和改革文字。以后,就在这个研究组的基础上于1956年12月成立了少数民族语言研究所。

1955年10月15日至23日,教育部和文字改革委员会在北京联合召开全国文字改革会议,25日至31日,中国科学院在北京召开现代汉语规范问题学术会议,12月6日至13日,科学院语言所和中央民族学院在北京召开民族语文科学讨论会。这三个全国性的会议,是有关我国语言规划的具有里程碑性质的重要会议,罗先生都是领导小组成员,并在现代汉语规范问题学术会议上做了主题报告《现代汉语规范化问题》(与吕叔湘先生合作)。

从1952年起,罗先生便因高血压症长期患病,但他仍坚持为汉语规范化、汉字改革和少数民族语言文字的语文建设抱病工作。

1958年1月他还在《人民日报》、《文字改革》、《民族团结》等报刊上发表宣传文字改革和民族团结的文章。

八 一代宗师 风范永存

罗先生1919年从北京大学中文系毕业后，又到哲学系学习两年，接受了西方的学术思想和治学方法。1923年(24岁)受聘为西安西北大学教授，兼国学专修科主任，接替著名学者胡小石，教好几门课。他打定主意埋头苦干，备起课来一丝不苟，毫不含胡，可以说罗先生是为授业而研究，又以研究结果提炼融入教材之中。所以一本七万字的《汉语音韵学导论》，从讲义到出版，他八易其稿，犹感不足，还想用语体文彻底改写。罗先生记着自己上大学时治学的艰辛，所以他不但授业解惑力求透彻，而且传授方法，“要把金针度于人”。罗先生授课的深入浅出、循循善诱，在西南联大是有名的。

莘田先生平常教导学生“教书要深入浅出，科研要小题大做”，言简意赅，使人毕生受用。1942年，莘田先生在北京大学文科研究所做了题为《研究工作的性质》的演讲。先生指出：“大纲”、“概论”、“通史”、“述评”只能指示门径，研究则不能以此作为根据。他说：“一个有系统的研究，第一得要有问题——问题的产生或从观察精确引起，或从‘读书得间’而来。第二得有见解——有了问题就该着手搜集材料，相当数量的事实和材料是一切研究的基础。不过材料的积聚和剖析需要功力，材料的组织和融会贯通，需要理解。而科学的精诣，就在于研究者要有一点有价值的意见。第三要有证据——假说能否变成通则，就看证据充分不充分。一个严正的研究者得要抱着‘有几分证据说几分话’的态度。第四得要有结论——单有材料而没有意见，就会流于破碎；单有意见而没有证据，就会流于空疏；从材料提出假设,拿证据证成通则,自然而然就得出顺理成章的结论来。一个研究工作者若是没有果断确切的结论,那就像画龙没有点睛,做衣服没装领子一样!”这样,对研究工作的性质、步骤和方法,就了如指掌了。

办杂志,既是为了鼓励语言研究,活跃学术空气,也是为了在更广泛的范围做语言科普工作,提高读者的语言学水平。1952年,中国文字改革研究委员会与语言所共同创办《中国语文》杂志,罗先生担任总编辑。1956年语言所创办《语言研究》,罗先生担任常务编委。现在,先生离开我们已40年了,他生前播下的种子,已经生长成材,这是我们永远不能忘记的。

罗常培先生不愧为我国语言科学的卓越的学术带头人和爱祖国、爱人民的忠贞的社会活动家。不幸病魔过早地夺去了他的生命,到1958年12月13日先生离开我们时,他才刚满59岁!在三十多年的学术生涯里,他不仅给我们留下了十多部专著和一百几十篇论文,更重要的是,他为建立和发展中国语言学,组织队伍,培养人才,并积极宣传倡导祖国语文的规范化、现代化,为贯彻执行国家的语言政策,指导开展民族语文研究和实际工作,加强民族团结,做了大量先导的工作。

罗先生的业绩是不朽的,正如魏建功先生所说:“现在我们的语言学有那么多的方面,都和莘田先生有关系,他称得起是中国语言学的奠基人,他是继往开来出力最多的人。”学术是不断发展的,因而总是会被打上时代的烙印,学术的门类是随着实际的需要和既有的基础而不断增多的,罗先生生前曾说“前修未密,后出转精”,“我们的工作应为后人铺路”。先生离开我们已经40年了,今天中国语言学界,研究的广度和深度都比40年前有了不小的进展,这正是罗先生的愿望。我们编辑《罗常培文集》,首先是因为罗先生的著作并不因时间的推移而失去它原有的光辉。王力先生说:“罗先生的成就是划时代的。”《文集》虽然仅仅反映了先生学术活动的部分成果,但这也是给中国语言学史保留下一份里程碑式的学术文献。我们也谨以此表示我们“饮水思源”、崇敬一代宗师“继往开来”的真挚感情。

《罗常培文集》编辑委员会

1998年8月

目　　录

厦门音系

编印说明

《厦门音系》,1930 年由中央研究院作为历史语言研究所单刊甲种之四出版,1956 年北京科学出版社新版。《厦门音系序》曾于 1931 年发表于《清华中国文学会月刊》1 卷2期。本书编校据 1956 年科学出版社新版,但《自序》据 1930 年原版。整理时根据《厦门音与十五音及广韵比较表》对全书进行了校改。本书由尉迟治平编校。本书新版由周长楫编校。

再版序言

为了供应广泛展开汉语方言调查研究的参考,经过一些同志的督促,得到领导上的同意,我把这本25年前出版的《厦门音系》重付排印了。

我对自己这部研究汉语方言的旧著作有好些不满意的地方:

首先,这本书偏重语音,忽略了词汇和语法。语音固然是研究方言的基础,但不是研究方言的全部工作。在这本书初版的当时还可以说本来打算先弄清楚语音系统,再进一步研究词汇和语法,正像自序所说:“若夫语源语性之探讨,词汇语法之完成,既非音系所赅,姑以俟诸异日。”不过,从现在看来,本书终于局限在“音系”就完了,没能继续补充词汇和语法两部分,不能说不是受了当时语言学界偏重语音的风尚所影响,无论如何是不够全面的。

第二,在语音研究一方面太偏重细微音值的描写,而没有充分按照原则归纳音位。例如:b:m、n:l、g:ŋ、ts:tɕ、ts':tɕ'几对辅音,在《十五音》里每对都并成一类,共分作“门、柳、语、曾、出”5母,实际读音也是有条件的区别,没有完全对立的。又如18、19两页描写a、ɔ、o、e、i、u的音值,也未免太苛细了。19页上虽然提出“音值”和“音位”的观念,但是并没有彻底归纳音位,实际记音的时候却采取一种“宽严折衷的方式”。这是很不妥当的。

第三,我们现在研究方言的重要目的之一是要找出某种方言跟普通话的语音对应规律,好为普通话的教学和推行来服务。这本书里只比较了厦门音跟《广韵》和《十五音》的异同,而没有比较厦门音跟北京音的异同。这可以算是重古轻今、使科学研究脱离实际的一个具体的例子。

第四,本书里所列的厦门单字音表,厦门音跟古音对照的唇声、舌声、牙声、喉声、齿声各表,《广韵》阴韵七摄、阳韵九摄、入声九摄跟厦门韵母的比较表,以及最后的厦门音与《十五音》及《广韵》比较表等,列表的方法烦琐累赘,占的篇幅大,翻阅起来不容易。拿这些表跟 1936 年我所作的《临川音系》来比较,就可以看出《临川音系》里化整为零的列表方法是节省篇幅、便于印刷、便于阅览的。这一点可以算是后胜于前的。

第五,本书第三章里我曾经拟了一套厦门音的罗马字。这套字母受当时“国语罗马字”的影响,拘守 26 个字母,又采用了烦琐的标调原则,如用 bb 代表[b]、用 gg 代表[g]、用 iouñ ñ代表[ĩ ũ]的阴去、用 ɑur ññ代表[ɑ̃ũ]的阳去,这都是突出的长字形!好在我们目前正在大力推行普通话,方言罗马字已经不如从前重要了,否则我们就必须重新考虑改进。

就以上五个缺点来说,这本书是应该重写、不应该重印的。不过,我现在一方面有别的工作占着手,一方面身体又不太健康,时间和精力都不容许我花许多工夫来重写这本书。并且,为厦门本地或别地方的语文工作者们参考,除了上面所批判的五个缺点以外,这本书也还有一些可取的地方:

第一,它是应用现代语音学的方法来详细分析一个重点方音的。记音虽然有的地方太细微,从音位学来看,不十分必要,可是从培养干部来说,如果初学语音学的人能够按照条件分辨出 n、l 是两个音,a 有三个音……对于训练耳朵还是很有用的。这样,既然可以帮助会说厦门话的人无师自通地学会了音标,也可以帮助学过音标而不懂厦门话的人从实践中更可以充分认识每个音标的细微区别。

第二,这本书虽然没有把厦门音和北京音的比较单列一章,可是对于厦门音跟《广韵》的比较分析得相当精密。有了厦门音系跟《广韵》音系的详细对照,再找它跟北京音或别处方音的对应规律是容易着手的。例如:在声母一方面,厦门话音轻唇重唇不分:"帮(古帮纽),方、风(古非纽)"同音 p ŋ̩˥,北京音却照古声纽分做 p、f 两母;厦门字音"红、弘、黄、行(古匣纽),逢、防(古奉纽)"同音 hɔŋ˧˥,北京音也照古声纽分做 x、f 两母。厦门音的舌头音跟舌上音不分:"堆(端),追(知)"同音 tuɪ˥,"典(端),展(知)"同音 tɪan˥˧,"店(端),站(知)"同音 tɪɑm˩,"动(定),重(澄)"同音 tɑŋ˧,"团(定),传(澄)"同音 tuɑn˧˥,北京音把"堆、典、店(端),动(定)"读做 t 母,"追、展、站(知),重(澄)"读做 tʂ 母,把"团(定)"读做 tʻ母,"传(澄)"读做 tʂʻ母。在韵母一方面,厦门音歌、豪两摄韵(举平以赅上去,下同)不分:"歌,高"同音 ko˥,"瑳,操"同音 tsʻo˥,"梭,骚"同音 so˥,北京音把"歌、瑳、梭(歌)"读 o 韵,把"高、操、骚(豪)"读 au 韵;又厦门音模、侯两摄不分:"妒,斗"同音 tɔ˩,"故,构"同音 kɔ˩,"库,扣"同音 kʻɔ˩,"素,嗽"同音 sɔ˩,北京音把"妒、故、库、素(模)"读做 u 韵,把"斗、构、扣、嗽(侯)"读做 ɤu 韵。由此可见,拿厦门音跟《广韵》的比较作基础,是不难推求出厦门音跟北京音的对应规律的。

第三,字音跟话音的对立在福佬话和客家话里特别显著。厦门本地人管字音叫做"孔子白",管话音叫做"解说",几乎各成一个系统。这本书的第三章第四节特别提出厦门字音话音的转变条理,归纳成同声异韵、同韵异声和声韵俱异 3 个例,第一例举出了 17 种现象,第二、三例各举出两种现象。这虽然限于当时的材料还不够全面,可是由于那一节指出了区别字音和话音的重要性,因而引起后来调查研究福佬话或客家话的人们的注意,对于推进方言研究的发展上是有相当的意义的。

第四,长篇故事和民间文艺的记录,对于研究词汇和语法的关系非常重大,这类材料记录的越多,研究的结果也越靠得住一点。记得我调查安徽歙县方言的时候,问发音合作人“地方”这个词怎么说,他一直照着这两字译成歙县的方音。后来叫他灌一篇故事的音档,他头一句冲口而出的是“我人歙县格落地”(我们歙县的地方),从此之后我才知道歙县的话语言管“地方”叫做“落地”! 本书的第四章里记录了一篇语助词故事、四首民歌,量数是很不够的。可是,我们就从这一点材料也得到不少的东西,是问单字时所听不见的。举例来说,像“有一帮”(有一回)、“厝”(房子)、“起性地”(发脾气,以上见131页)、“知影”(知道,132页)、“按恁生”(就这么样吧,133页)、“皮面”(发赖,134页)、“较紧”(快一点)、“曝”(晒)、“涂脚”(地下,以上见135页)、“得决”(得意)、“底时”(几时,以上见136页)、“查某鬼仔”(对女子的昵称,146页)、“灶脚”(厨下,153页)、“家官”(翁姑,154页)、“老婶婆仔”(老太婆,156页)……;还有写不出汉字来的,像ti ˧꜔ teʔ꜓(在那儿)、koʔ ˨꜓ k'at꜓(更加)、ke꜒ ke꜓(都,以上见131页)、tu꜒ a꜒(正在,135页)、lɑŋ ˦꜓ gin꜔(讨厌)、beʔ˧ kan꜓(怎么样,以上见138页)……。这些个例子难免有是土语的,但是积累的材料多了,就可以决定哪一些可以服从普通话,哪一些可以转而丰富普通话。本书的五篇标音举例是有带头作用的。

我在这本书将要重印的时候,实事求是地批判了它的一些缺点,也肯定了它的一些优点;希望读者们抱着“不以瑕掩瑜”的态度来看它,或许对于调查方言的工作还有相当的用处!

罗常培

1955.12.22

自　序

1926年秋,余从鲁迅、林语堂、沈兼士诸先生后,避地厦门。海滋屏迹,端居多暇。授读之馀,时与思明林藜光、晋江邱立、龙溪薛澄清诸子,访问语音,察其条贯;并征集当地通俗韵书、里巷谣谚及教士所为罗马字注音诸书,互相参究。积以半年,略有所得。尝欲董理之,以成《闽南方音考》。未几,转徙岭南,事遂中辍,零稿散置行箧久矣。及1929年余随中央研究院历史语言研究所自粤迁平,获与赵元任先生研讨语音,析疑辨微,受益匪浅。每思记录一地方音,以验个人审音之造诣,并就正于元任先生。适林君藜光应中印文化研究所之聘,自厦来平,从钢和泰爵士学。于是商请林君于每周之夕来所发其乡音以资研习。计自1930年1月经始,历时3月记音甫毕。因更择取旧稿成《厦门音系》七章。于声韵调之审辨,字音话音之比较,均视往昔所治者略精。至于厦音特征,足以窥见古今流变者:声母则有舌头无舌上,有重唇无轻唇,有齿头无正齿,全浊多混于全清,次浊半转为全浊;韵母则宕通相混,梗曾无别,豪豈而同歌,侯侈而入模,"骑"、"蚁"存支部之故音,鼻韵为"对转"之津渡,凡此种种均著于篇。若夫语源语性之探讨,词汇语法之完成,既非音系所赅,姑以俟诸异日。

本书之成,承赵元任先生恳挚修订,林语堂先生精审校阅,林藜光先生始终赞襄,刘文锦先生力疾佐理,著者均所深谢!倘所诠发于韵学略有贡献，固皆诸先生之赐，而疏漏纰缪之处，著者应尸其责焉。

1931年4月30日罗常培序于

中央研究院历史语言研究所第二组

Ⅰ.叙　论

厦门话是汉语方言里很重要的一种。它的领域，往广义里说，上自闽南，下至于潮汕、琼崖、台湾、菲律宾、新加坡以及南洋群岛，大约有1200万乃至1500万人能操这种方言。但是在这个大的方言区里，各地的土语当然还是大同小异，不能完全一致。其中比较最流行、最普遍的，只有现在厦门跟鼓浪屿一般人所说的话算是具有这种资格。本篇研究的范围，暂以后面这种狭义的厦门话为限。为对待狭义的厦门话称述上便利，我们管前面那种广义的厦门话叫做“福佬话”(Hoklo Dialect)。

对于闽南方音的研究，早在18世纪末年，泉州黄谦就曾经作了一部《彙音妙悟》(1800)，后来漳州谢秀岚又改编成一部《雅俗通十五音》，这两部方音韵书都为的是“农工商贾按卷而稽，无事载酒问字之劳”，主要是给当时的劳动人民服务的。五口通商(1842)以后，帝国主义的侵略势力达到厦门，它的先遣部队传教士，为了通商和传教，也开始注意厦门话的研究。最初，Medhurst在他的《福建方言字典》(*Dictionary of the Hok Kien Dialect*)里，已经收入漳州的方音。不过他所根据的材料大部分是《十五音》里的字音，中间只收入少许漳州或漳浦的话音。[①]至于根据活语言作成的第一部字典，要算是Carstairs

① Douglas: Preface of *Dictionary of the Vernacular or Spoken Language of Amoy*.

Douglas 的《厦门白话字典》(*Chinese-English Dictionary of the Vernacular or Spoken Language of Amoy*)。这部书成于1873年,出版于1899年。据他的自序说,他在1855年到了厦门后,起先不过把J.Lloyd的《厦门词汇》稿本录副备用,并且根据Doty跟Macgowan的《厦门话课本》(*The Manuals of Amoy Dialect*)增加词头,后来又拿Alexander Stronach的《厦门话字典》的稿本跟本地的《十五音》等书,逐渐校勘增订,遂应教会的需要公布于世。在这部书出版以后,Thomas Barclay①跟R.G.②先后有所补充。到了1913年,W.Campbell又作了一部《厦门音新字典》(*A Dictionary of the Amoy Vernacular*)。我们现在研究厦门话,这两部字典当然是很重要的参考材料。在本国人方面,当1920年左右,由厦门周辨明、邵庆元等举办厦语社,宗旨在"根据语音学制定厦语音字,并推行之",并且"用厦语音字在厦语区域作文化运动,以谋教育普及,民智增进"。他们对于教会沿用的罗马字加以改善,并印行《厦语入门》(Hagu Jipp-bunn)、《卫生讲话》(Oel-seng Kangr-hoal)、《厦语短篇小说》(Hagu Ter-Phi^{n} e Siaursoat)跟定期刊物《指南针》(Tsilamtsiam)③等书。此外,不采用罗马字拼音的,还有卢戆章所作的《中华新字·漳泉语通俗教科书》④自造"僧、尼、夫、妻"等字母以拼切土音,这也是研究厦门话的过程中的一个别派。

像我这样一个非厦门人,在厦门话字典诞生了57年以后,所以还要从事于这种工作的原故:第一,从前教士们的著作,对于厦门语音的分类,虽然粗具体系,可是还不能精密分析每个声韵调的音值,并且考定同一个音在什么情形之下有什么变化。例如"查、斋、遭、

① *Supplement to Dictionary of the Vernacular or Spoken Language of Amoy*, 1923.

② A few Petty additions to Dr. Douglas' dictionary, *China Review*, VII, pp. 274 – 276.

③ 这里附注的罗马字都用厦语社的系统。

④ 1916年出版。

租、珠”一类字的声母,Barclay 跟 Campbell 都标作 ts-;“支、占、招、真、章”一类字的声母,都标作 ch-。但是跟 ts、ch 相对的送气音,如“差、材、操、初、枢”跟“持、车、千、亲”等字,他们却一律标作 chh。究竟舌尖破裂摩擦音因颚化而变成舌面破裂摩擦音的现象,只限于不送气的音呢? 还是他们辨音的疏略呢? 又如“边、篇、颠、天”一类字的韵母,Barclay 标作-ien,Campbell 标作-ian,它的主要元音究竟是[e],是[a],还是介于两者之间的[ɛ]或[æ]? 如果承认 a 音比较近似,那么这个 a 音究竟是前[a]、后[ɑ],还是中间的[ʌ]呢? 这些都不是他们所能解答。所以他们的书,只算是音韵学的研究而不是语音学的研究,只能作我们分别音类的参考,而不能作辨析音值的依据。第二,厦门话不单在实用上有很广袤的领域,就是从考证中国古音的观点讲,也有很大的价值。即如清代钱晓徵对于古无轻唇及舌上音的论定,我们还可以在这种方音里得到口头上的活证据。并且合口闭口韵的-m 尾,在“熊”字的话音中,因为主要元音由[y]→[i]而幸得保存;支韵的古读,从“骑、寄、崎、蚁”等字的话音,还可窥见消息。像这种历史音韵学的研究,我们都不能求之于从前教会人的著作。高本汉(B. Karlgren)的《方音字典》所收的 26 种方音里,也没有厦门方音在内。所以拿这种方音同《切韵》音系比较,希望从它们的分合异同上得到考证古音的启示,直到现在还值得我们自己来作一下。我从事这种工作的动机,就是从这两个观点引起的。

从 1925 年秋天到 1927 年春天,我虽然在厦门住了将近八个月,但是在这个期间所听到的语音,时过境迁,很难唤起正确的追忆。所以本篇所据的材料,大部分是 1930 年 1 月到 3 月间在北平记载林藜光先生的发音。林先生生长在厦门二十多年,虽然对外方人操着一口很流利的普通话,但是在去年秋天来到北平以前,从来没有换过语言环境。所以我信得过他的发音是可靠的。在记音以前,我拿

Barclay的《厦门白话字典补编》所收的汉字作基本，参证 Campbell 的《厦门音新字典》跟《十五音》列成“舒声”、“促声”[①] 两个音表，然后请林先生照表读音，由我用国际音标记录各类的音值，并剔除不合地道厦门音的单字。本篇关于声韵的音值跟音类，就是归纳这两个表的材料所得的结果。此外关于声调的研究，仍旧沿用从前调查粤语所用的表格，而改订它们跟厦门话不合的部分；语助词故事《北风跟太阳》，则由林先生用纯粹厦门白话的词头跟口气重新改作。记音的情形，除去直接听写以外，关于重要的部分，如单字的调值、联词声调的转变、成篇故事的语调等，都是收入蓄音机两次以上，然后反复审辨，以求它们的平均标准的。

① 向来拿平声跟上去入三声对待，有“平”、“仄”两个简称，可是拿平上去三声跟入声对待，并没有相当的名词，我曾经拟定了“舒声”、“促声”两个简称。所谓“舒声”包括平上去而言，所谓“促声”仅以入声为限。

Ⅱ. 厦门的语音

一 声 母

p 悲　　p‘披　　b 糜　　m 盲①

t 知　　t‘蜕　　l 离　　n 连

k 饥　　k‘欺　　g 宜　　ŋ 硬

ʔ 伊　　　　　　　　　　　　h 羲

ts 渣　　ts‘差　　　　　　　s 纱(诗)

tɕ 支　　tɕ‘痴　　dʑ 儿

厦门语音的声母,精密分析,一共可得 20 个音值。它们的发音部位和方法,约如下面所述:

[p]② 是双唇、不带音、不送气的破裂音,比较法文的 p 音稍软,但是还没有软到北平"北"字跟丹阳"旁"字话音的[b̥]音的程度。

[p‘]是双唇、不带音、送气的破裂音,近于英文 p 字的音,跟中国大部分方言的[p‘]音读法相同。

[b]是双唇、带音、不送气的破裂音。但是两唇接触很轻,破裂的

① 字下加横线代表话音,以下准此。

② 在[ ]内的是国际音标,但本章列声母表时省略[ ]。

力量很弱，比英文的 b 音软得多。听得忽略，往往有跟[m]音混淆的危险。

[m]是双唇、带音的鼻音。

[t]是舌尖中、不带音、不送气的破裂音。比较法文的 t 音稍软，但是还没有软到北平“德”字跟丹阳“同”字话音的[d̥]音的程度。

[t']是舌尖中、不带音、送气的破裂音。近于英文 t 字的音，跟中国大部分方言的[t']音读法相同。

[l]是舌尖中、带音的边音。但是舌头极软，用力极松，两边所留的通气空隙很小，听起来并不像北平的[l]音那样清晰，几乎有接近[d]音的倾向。所以厦门人用“老”字音注英文的 d 母①，并且模仿外国语里用 d 字起头儿的字往往用 l 音来替代它。

[n]是舌尖中、带音的鼻音。

[k]是舌根、不带音、不送气的破裂音。比较法文 c 字的硬音稍软，但是还没有软到北平“格”字跟丹阳“求”字话音的[g̊]音的程度。

[k']是舌根、不带音、送气的破裂音。近于英文 k 字的音，跟中国大部分方言的[k']音读法相同。

[g]是舌根、带音、不送气的破裂音。但是舌根跟软颚接触很轻，破裂的力量很弱，比英文的 g 音软得多。听得忽略，往往有跟[ŋ]音混淆的危险。

[ŋ]是舌根、带音的鼻音。跟广州“我、牛、危”等字的声母发音相同。

[ʔ]是喉部、不带音的破裂音。也就是喉部的关闭作用。单用的韵母前面，或是话音入声的韵尾，往往有这个辅音存在。

[h]是喉部、不带音的摩擦音。跟广州“海、口”等字的声母相近。

---

① 见《厦语入门》第一课。

[ts]是舌尖前、不带音、不送气的破裂摩擦音。跟北平“资”字的发音相近,比英文的[ts]音较前。用严式标音应当写作[ts⊢]式。

[ts‘]是舌尖前、不带音、送气的破裂摩擦音。跟北平“雌”字发音相近,比英文的[ts‘]音较前。用严式标音应当写作[ts‘⊢]式。

[tɕ]是舌面前、不带音、不送气的破裂摩擦音。略近北平“基”字的发音。用严式标音应当写作[tɕ⊢]式。

[tɕ‘]是舌面前、不带音、送气的破裂摩擦音。略近北平“欺”字的发音。用严式标音应当写作[tɕ‘⊢]式。

上面这两对声母,我所听的音值跟 Douglas 等不同。Douglas 把不送气的分作 ch、ts 两音——ch 音用在 i、e 两个元音的前面,ts 音用在 a、o、o·、u 等元音跟 ng 韵的前面;但是对于送气的 chh 音,他虽然也知道在 a、o、o·、u、ng 前面有时接近送气的 ts 音,终于认为不大普通,把它消纳在 chh 音之内。后来周辨明先生改订厦语罗马字,索性把 ch、ts 并作 c,把 chh 改作 ch。据我记录林先生发音,认为这四个音划然不混,并且在[a]、[ɔ]、[o]、[e]、[u]、[ŋ]等音前面的,一律读成[ts]、[ts‘],只有在 i 音前面的,才因颚化(palatalize)的影响变成[tɕ]、[tɕ‘]音。若拿英文叶尖混合的 ch[tʃ]、chh[tʃ‘]概括它们,未免离实际的语言较远了。

[s]是舌尖前、不带音的摩擦音。略近北平“希”字的音。用严式标音应当写作[ɕ⊢]式。这个声母在单纯的[i]韵跟[a]、[o]、[ɔ]、[e]、[u]、[ŋ]等音以前,一律读成[s]音。可是在齐齿的 i-类韵母以前,往往接近俄文颚化的 s[ʂ]。因为它还没有变到破裂摩擦音[tɕ]、[tɕ‘]那样全体颚化,所以我把它归并到[s]音位里,遇有单独讨论的必要时,再特别标作[ʂ]音。

[ʥ]是舌面前、带音、不送气的破裂摩擦音。略近英文 j 母的发音而颚化较为显著。这个声母跟《十五音》的入母相当。Douglas、

Barclay、Campbell 跟周辨明先生改订的厦语罗马字都保留它。但是这次同林先生所记的音，凡是[dʑ]声的字一律变为[l]声，并没有一个例外。这种音变颇跟泉州音近似。①据林先生说："这个声母，多数厦门人都读成[l]音，一部分厦门人跟漳州人读成[dʑ]音。"这便是漳、泉音异的一端。从理论上讲，厦门的[l]音读得本来不甚清晰，所以往往可以拿它替代[d]音，这在前面已经说过。边音跟破裂摩擦音的发音方法，比纯粹的破裂音尤为接近，那么由[dʑ]→[l]，在音理上是可能的。不过我这次所据的材料是个人发音，在没有得到比较充分的材料以前，还不肯毅然废去这个声母。所以本篇里，凡是从林先生口中所得到的长篇记音都用[l]，但是列音值表跟音类表时，仍旧保留[dʑ]的音位。

总括以上所说，可以列成下面一个声母表：

第一表　厦门语音声母表

方法＼部位			上唇	齿	齿龈	前硬颚	软颚	喉
			下唇	舌尖		舌面前	舌根	
破裂音	不带音	不送气	p		t		k	ʔ
		送气	p‘		t‘		k‘	
	带音	不送气	b				g	
破裂摩擦音	不带音	不送气		ts		tɕ		
		送气		ts‘		tɕ‘		
	带音	不送气				dʑ		
鼻音	带音		m		n		ŋ	
边音					l			
摩擦音	不带音			s				h

① Douglas' Dictionary Appendix Ⅲ.2:"The dialect of Chin-chew(泉州)city and of the district of Chin-kang(晋江), *j* is often pronounced very thick so as to change to l or very nearly Se."

二　韵　母

a. 阴 韵

		a 阿	ɔ 乌	o 窝	e(鸡)	ai 哀	au 欧
i 衣	iu 优	ia 爹		io 幺			iau 幺
u 於	ui 萎	ua 娃			ue(灰)	uai(乖)	

b. 半 鼻 韵

		ã(监)(ɪo)	ɔ̃(摸)	ẽ*(婴)	ãĩ(铿)	ãũ(鳌)
ĩ 英	ĩũ 鸯	ĩã 缨				ĩãũ(猫)
	ũĩ(梅)	ũã 鞍			ũãĩ(杆)	

c. 阳 韵

	am 庵		an 安		aŋ(江)	ɔːŋ 翁
im 音	iam 淹	in 因	ian 烟	iə̆ŋ 英	iaŋ*(香)	iɔŋ 鸯
		un 温	uan 冤		uaŋ*(灌)	
	ap 押		at 遏		ak 握	ɔːk 恶
ip 揖	iap 晔	it 一	iɛt 谒	iə̆k 益	iak*(铄)	iɔk 约
		ut(忽)	uat(佛)			

d. 声 化 韵

m̩ 姆	ŋ̍ 秧

---

* 表示不常用的韵母。

厦门语音计有16个“阴韵”(即无韵尾辅音的单元音或复元音)、12个半鼻韵、27个“阳韵”(即有韵尾辅音的附声韵)、两个声化韵,一共是57个韵母。这些韵母里所含的元音,大体可以归纳成[a]、[ɔ]、[o]、[e]、[i]、[u]6个音位(phoneme)。但是精密地分析,每个音位里除去主要的音(principal member)以外,还有许多附属的音(subsidiary members),并不是只有一个单纯的音值而已。若照我这次记录林先生的发音,可以得出下面的结果来:

[a]含有3个音值:单用或在[ai]、[uai]、[au]、[iau]、[ã]、[ãĩ]、[ũãĩ]、[an]、[ian]几韵里,舌的部位比第四标准元音[a]稍后;在[ia]、[ĩã]、[ũã]、[ãũ][ĩãũ]、[uan]、[aŋ]、[iaŋ]、[at]、[ak]几韵里,近于中性的[ᴀ]音;在[ua]、[uaŋ]、[uat]、[am]、[iam]、[ap]、[iap]几韵里,便退到中性[ᴀ]跟第五标准元音[ɑ]的中间。所以用严式标音可以分作[a˧]、[ᴀ]、[ɑ˫]3种。不过在通常谈话音里,往往变成一种不明晰的含糊音(indeterminate vowel)。

[ɔ]含有两个音值:单用跟在[ɔːŋ]韵里,因为软颚有点儿挤紧咽头(pharynx),所以听起来似乎比第六标准音[ɔ]靠后,不过在元音图上并没有它的位置;至于在[ɔ̃]、[iɔŋ]、[ɔːk]、[iɔk]几韵里,差不多同第六标准音相当。所以用严式标音可以分作[ɔ˧]、[ɔ]两种。

[o]比第七标准元音[o]稍前,圆唇的程度也稍减,并且单用时比在[io]韵里更前一点儿。所以用严式标音也可以分作[o˫]、[o]两种。

[e]同第二标准元音[e]相当。至于入声[iɛt]韵里的元音比它相对的舒声[ian]韵高了许多,听起来比第三标准元音还要较高较后。用严式标音应当写作[ɛ˔˧],用宽式标音也只能写作[ɛ],若简直地用[e],便同实际语音相差太远了,不过[ɛ]音除去[iɛt]韵以外,在厦门音里并没有见过第二回,所以我记音虽然还保留[ɛ]音,却只拿它

当[e]的附属音,而不分作独立的音位。

[i]含有4个音值:单用跟在半鼻音[ĩã]、[ĩũ]、[ũĩ]、[ãĩ]、[ũãĩ]几韵里,同第一标准元音[i]相当;在[ĩ]韵里,比标准[i]音稍后;在其他i-类或-i类的韵母跟[im]、[ip]两韵里,除去[tɕ]、[tɕʻ]、[s]后边的i-仍旧保存[i]音,其他都变成松的[ɪ]音;并且在[in]、[it]两韵里,略有从高变低、从紧变成松的复合趋势。所以用严式标音可以分作[i]、[i˧]、[ɪ]、[iɪ]4种。

[u]含有4个音值:单用跟在[iu]、[ĩũ]、[ãũ]、[ĩãũ]几韵的韵尾,同第八标准元音[u]相似,而唇稍开;在其他u-类或-u类的韵母里,都变成松的[ʊ]音,并且在[ue]、[uai]两韵里,几乎有接近第七标准元音[o]的倾向;在[un]、[ut]两韵里,比较一般的[ʊ]音稍前,并且从舌后元音[ʊ]过渡到舌尖辅音[n]或[t]的时候,中间似乎还有一种[ə]的流音(glide)。这4种音值的唇形,都近于英文长缝式的合口作用,并不是真正的圆形。所以用严式标音可以分作[u˓]、[ʊ˓]、[o]、[ʊ˓ᵊ]4种。

此外在[iə̆ŋ]、[iə̆k]、[un]、[ut]几韵里,或是声化的[ŋ̍]韵同[p]、[t]、[ts]等系声母相拼时,舌的变动较大,往往听见一种类似[ə]的流音。它的部位比中央[ə]音偏后偏高,是一个介乎[ə]、[ɤ]之间的音。因为元音图上没有它的位置,并且不十分重要,所以不分作一个独立的音位。遇必要时,只用[ə]字或高起的小[ᵊ]字代表它。

本来审辨一种语音,必须要分清“音值”(sound value)跟“音位”(phoneme)两个观念。所谓“音值”,指着有固定发音器官形状(definite organic formation)跟固定声学性质(definite acoustic quality)的声音而言。所谓“音位”,指着一个音群,或音群中的代表声音而言。从实用的观点看,在一种方言里,两个相近的声音如果永远不会在同一地位或同一条件之下发现,我们都可以归纳作一个音位①。不过我们若是根据这种理论,完全采用“一音位一字母”(one letter per phoneme)的宽式记音,在比较复杂一点儿的方言里,往往会发生含混的流弊。若是完全采用精密分析的严式记音,不但写起来很琐碎,对于印刷上也颇感困难。所以我现在参酌韵母表里所采的宽式,跟分析音值时所采的严式,另外列成下面一个宽严折衷的方式。后此实际记音就以这种方式作标准:

a.阴 韵

		a 阿	ɔ 乌	o 窝	e(鸡)	aɪ 哀	aʊ 欧
i 衣	ɪu 优	ɪa(爹)	ɪo 幺				ɪaʊ 幺
u 於	ʊɪ 萎	ʊɑ 娃			ʊe(灰)	ʊaɪ(乖)	

b.半 鼻 韵

		ã(监)	ɔ̃(摸)		ẽ * 婴	ãĩ(铿)	ãũ(鳌)
ĩ 英	ĩũ 鸯	ĩã 缨					ĩãũ(猫)
	ũĩ(梅)	ũã 鞍				ũãĩ(杆)	

c.阳 韵

	ɪɑm 庵		an 安		ɑŋ(江)	ɔːŋ 翁
ɪm 音	ɑm 淹	in 因	ɪan 烟	ɪə̆ŋ 英	ɪɑŋ * (香)	ɪɔŋ 鸯
		ʊn 温	ʊɑn 冤		ʊɑŋ * 灌	
	ɑp 押		at 遏		ɑk 握	ɔːk 恶

---

① 参阅 D. Jones: *The pronunciation of Russian*, chapter Ⅷ. p. 49, Principles of transcription. D. Jones: Definition of a phoneme, Le Maitre Phonetique, troisieme series, No. 28.

ɪp 揖　ɪɑp 晔　it 一　ɪɛt 谒　ɪ ək 益　ɪɑk*（铄）ɪɔk 约

ʊt（忽）　ʊɑt（佛）

d. 声 化 韵

m̩姆　ŋ̍秧

归纳上面所说，我们对于厦门元音的舌位，可以根据国际音标的标准元音图绘成下面的形式：

第一图　厦门元音舌位图

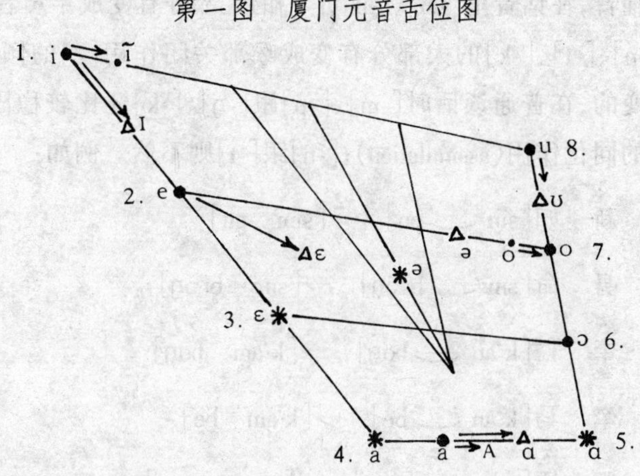

1. 图中 1.2.3.4.5.6.7.8. 等数字代表标准元音之地位。
2. 大点代表厦门元音之地位。
3. △代表各音位中已经韵母表采用之附属音。
4. 小点代表各音位中未经韵母表采用之附属音。
5. ＊代表与厦门音不合之标准元音。

厦门音的韵头,只有齐齿的 i- 类跟合口的 u- 类。它们的"音长"不像北平音那样短,并没有变成辅音[j]、[w]的倾向。所以,[ɪa]、[ɪo]、[ɪu]、[ʊɑ]、[ʊe]、[ʊɪ]几韵并不是先短后长的二合音,却也跟先长后短的[aɪ]、[aʊ]两韵不同,它们前后两个元音是长短一致的。关于这一点,我们所得的结果跟 Douglas 颇有出入。①

厦门音的韵尾辅音,舒声有[-m]、[-n]、[-ŋ]3 种,促声有[-p]、[-t]、[-k]3 种,同广州音相似。不过这种韵尾的[-p]、[-t]、[-k]只达到[p]、[t]、[k]的部位而止,有势无音,并不能听见显著的破裂,所以只能算是截断音(implosive),而不是真正的爆发音(explosive)。这 6 个韵尾辅音,在话音里[-m]、[-n]、[-ŋ]的大部分有变成半鼻音[˜]的倾向,[-p]、[-t]、[-k]的大部分有变成喉部关闭作用[ʔ]的倾向。其仍旧未变的,在普通谈话时[-m]、[-p]跟[-ŋ]、[-k]还比较稳固,不大受下字的同化作用(assimilation);[-n]跟[-t]则不然。例如:

新　妇[sin ‿ pu] →[sim　pu]

身　命[sɪn ‿ bɪ ə̆ŋ] →[sɪm　bɪ ə̆ŋ]

牵　亡[k‘an ‿ bɑŋ] →[k‘am　bɑŋ]

牵　马[k‘an ‿ be] →[k‘am　be]

眼　嫖[ŋan ‿ p‘ɪaʊ] →[ŋam　p‘ɪaʊ]

演武亭[ɪan ‿ bu tɪ ə̆ŋ] →[iam bu tɪ ə̆ŋ]

身　躯[sɪn ‿ k‘u] →[sɪŋ　k‘u]

面　巾[bin ‿ kʊn] →[biŋ　kʊn]

① Douglas' Dictionary p. XI. Introduction, with Remarks on Pronunciation.

失　味[sit ‿ bi] →[sip　bi]

发　毛[hʊɑt ‿ mᵊŋ] →[hʊɑp　mᵊŋ]

掘　墓[kʊt ‿ bɔːŋ] →[kʊp　bɔːŋ]

贼　目[ts'at ‿ bɑk] →[ts'ap　bɑk]

雪　幔[sʊɑt ‿ ban] →[sʊɑp　ban]

发　汗[hʊɑt ‿ k ũ ã] →[hʊɑk　kũã]

这种现象,在厦门话中极为普遍,并且再进一步,便从声母的同化变成声母的消灭。例如:

相　及　[sã kɑp] →[sã　ɑp]

中　国　[tɪɔŋ kɔːk] →[tɪɔŋ　ɔːk]

给　我　[ka gʊɑ] →[ka　ʊɑ]

出　去　[ts'ʊt k'i] →[ts'ʊt　i]

相　像　[tɕ'in tɕ'iũ] →[tɕ'in　iũ]

剃头刀　[t'i t'aʊ to] →[t'i aʊ to]

二十三　[dʑi tsɑp sã] →[dʑi ɑp sã]

三十四　[sã tsɑp si] →[sã ɑp si]

我要出去[gʊɑ beʔ ts'ʊt k'i] →[gʊɑ e ts'ʊt i]

厦门话所以难学难懂,就因为句中极多变化,而句中变化,声母的消灭实在是一个要点。要想学流利的厦门谈话音,非得知道这个道理不可。

厦门的半鼻音跟元音同时发出,所以跟法文的[□̃]式相同,跟南京的[□˜]式不同,不容易受下字的同化作用。它们的来源,大部分是由于-m、-n、-ŋ 等韵尾辅音的消变。在厦门话音中,凡-m、-n、-ŋ 等韵尾辅音消变,不单字中的元音完全变成半鼻音,就是字首的声母也受同样影响,所以话音“敢”[kã]字中的k、“饼”[pĩã]字中的p、“山”[sũã]字中的s,都有半鼻化的倾向。至于在半鼻韵前面的[b]、[l]、[g]3个声母,一律变成[m]、[n]、[ŋ],尤足为声母鼻化的明证。

[m̩]、[ŋ̍]两个声化韵,要算是这个音系的一种特殊声音。[m̩]韵除去同[h]声相拼的“媒、茅”[hm]两个字以外,并不跟其他声母相拼,而且[hm]的音值,实际上就是[m]的清音化[m̥],所以它的性质还跟吴语的“呒”字、粤语的“唔”字相近。至于[ŋ̍]韵,除去不跟[b]、[l]、[g]、[ŋ]、[dʑ]几声相拼,可以不用元音为介,直接跟其他声母拼合。不过因为声母部位的差异,音值也往往不同。大致前面没有声母时,略有喉部关闭作用(如“黄”[ʔŋ]);跟[p]、[t]、[ts]三系相拼时,因为从唇或舌尖变到舌根,部位相距很远,中间有一种类似[ə˨˧]的流音(如“方”[pᵊŋ]、“当”[tᵊŋ]、“赃”[tsᵊŋ]);跟[k]系相拼时,虽然舌的部位变动不大,可是听起来也跟[t]等相似(如“光”[kᵊŋ]、“劝”[k‘ᵊŋ]、“荒”[hᵊŋ])。所以我们记音时,在声母跟[ŋ]韵的中间加上一个高起的小[ᵊ]字以状它的音势。

三　声　调

厦门有阴平、阳平、上、阴去、阳去、阴入、阳入7种声调。这次调查它们音值的方法,先把下面5类例字:

(1)刚、穷、古、盖、共、急、局

(2)开、寒、口、亢、害、曲、合

(3)亨、鹅、好、汉、岸、黑、额

(4)知、陈、展、帐、阵、竹、宅

(5)超、娘、丑、趁、助、敕、食

请林先生读入蓄音机(dictaphone),然后用渐变的音高管(sliding pitch

pipe)模拟它们的发音,反复地听辨,并且把所听的结果记在改订的五线谱上。这个谱是照 4、3、3、4 的比例制定的。因为要精密地辨析音高,自然应以实在的音程作单位,不应以叫名的几度几度音程作单位。旧五线谱的一个缺点,就是它依 C、D、E……名称的次序画出等距离的五线,因此七音之中,虽然像 E 到 G 是小三度(三半音),G 到 B 是大三度(四半音),可是在五线谱上都画得一样宽。在乐谱上固然有婴音 #(sharp)或变音♭(flat)两个记号来表示它,但在记语音声调、画时间配音高的轨线时,还是会有直线变曲、曲线变直的毛病。所以现在改订的谱(在用低音谱时),把 F—A 跟 G—B 之间分作 4 个半音,把 D—B 跟 B—D 之间作为 3 个半音。至于音的长短,在分析声调上并不是绝对的条件,所以这次除去对于长短悬殊的舒声(平上去)跟促声(入)特别分辨外,对于舒声的平上去之间,并没有十分辨长短。因此下面的谱上是用直线记的,并不是用乐音符(note)记的。

今以 $G=0$,每个半音 $=1$,则

$E=-3, F=-2, F^{\#}=-1, G=0, G^{\#}=1, A=2, A^{\#}=3, B=4,$

$C=5, C^{\#}=6, D=7, D^{\#}=8.$

据以上5次所得的结果,以求厦门声调的平均音高,则:

$$\text{阴平}=\left\{\begin{array}{l}(D^{\#}+C+C+D)/4=(8+5+5+7)/4=25/4=6.25=C^{\#}\text{强}\\(D^{\#}+C+C+D)/4=(8+5+5+7)/4=25/4=6.25=C^{\#}\text{强}\end{array}\right\}$$

$$=C^{\#}-C^{\#}$$

$$\text{阳平}=\left\{\begin{array}{l}(G^{\#}+G+G^{\#}+G)/4=(1+0+1+0)/4=2/4=0.5=G\text{强}\\(B+B+D+B^{\flat})/4=(4+4+7+3)/4=18/4=4.5=B\text{强}\end{array}\right\}$$

$$=G^{+}-B^{+}$$

$$\text{上}=\left\{\begin{array}{l}(D^{\#}+D+D+D+D^{\#})/5=(8+7+7+7+8)/5=37/5=7.4=D\text{强}\\(G+G+F^{+}+F+F)/5=[0+0+(-2.5)+(-2)+(-2)]/5\\\qquad=-6.5/5=-1.3=F^{\#}\text{弱}\end{array}\right\}$$

$$=D^{+}-F^{\#}$$

$$\text{阴去}=\left\{\begin{array}{l}(G+G+F^{+}+F^{+}+F)/5=[0+0+(-1)+(-1)+(-2)]/5\\\qquad=-4/5=-0.8=F^{\#}\text{强}\\(G+F^{\#}+E+F+F)/5=[0+(-1)+(-3)+(-2)+(-2)]/5\\\qquad=-8/5=-1.6=F\text{强}\end{array}\right\}$$

$$=F^{\#}-F^{+}$$

$$\text{阳去}=\left\{\begin{array}{l}(A^{+}+A+A^{+}+A+A^{+})/5=(2.5+2+2.5+2+2.5)/5=11.5/5\\\qquad=2.3=A\text{强}\\(A^{+}+A+A^{+}+A+A^{+})/5=(2.5+2+2.5+2+2.5)/5=11.5/5\\\qquad=2.3=A\text{强}\end{array}\right\}$$

$$=A-A$$

$$\text{阴入}=\left\{\begin{array}{l}(G^{+}+G^{+}+A^{+}+A+B^{\flat})/5=(0.5+0.5+2.5+2+2.5)/5=8/5\\\qquad=1.6=A\text{弱}\\(G^{+}+F^{\#}+A^{+}+F^{+}+F)/5=[0.5+(-1)+2.5+(-1.5)+(-2)]\\\qquad/5=-1.5/5=-0.3=G\text{弱}\end{array}\right\}$$

　　$= \underline{A^{-}G^{-}}$

阳 $= (C + B^{-} + B^{+} + B^{-} + B)/5 = (5 + 3.5 + 4.5 + 3.5 + 4)/5 = 20.5/5$

入　　$= 4.1 = B$

上列的第六谱就是据此而定的,若把它改成旧式的五线谱,则可得下式:

我们为记音的便利,也可以把这7种声调改写作"字母式声调符号"(tone letter)①。

阴平	阳平	上	阴去	阳去	阴入	阳入
˥	˨˦	˥˩	˩	˧	˧˨	˦
55:	24:	51:	11:	33:	<u>32:</u>	4:

这7个调类的音高,最高的是D,最低的是F,其间共有9个"半音",所以声调符号的一度约当2.25个半音。

厦门话里除去上面所说的7种基本调类,另外还有一种轻声(enclitics)。大约句尾语助词(final particles)"呢、阿、咯、吗"之类本来没有固有的调类可言,自然全部可以归入这种声调。此外,形容词或副词"再"[tsaɪ ˧]、"更"[kɪ əŋ ˧]、"裹"[ni ˥˩]、"寡"[κũã ˥˩ 或 kuɑ ˥˩]、"彼$_{意}$"[hia ˥];句尾的疑问否定词"无"[bo ˨˦]、"唔"[m˧]、"不会"[bʊe ˧]、"未"[be ˧];名词"年"[nĩ ˨˦]、"月"[geʔ ˧˨]、"日"[dʑit ˦]、"时"[si ˨˦]、

① 参阅赵元任先生:A System of tone letter, Troisième Series Du *Maître Phonetique*, No.30, pp.24-27.

"人"[lɑŋ ˦]、"面"[bin ˧]、"头"[tʻɑʊ ˦]、"厝"[tsʻu ˩]；动词"看"[kʻũã˩]、"见"[kĩ ˩]、"来"[laɪ ˦]、"去"[kʻi ˩]、"走"[tsaʊ ˥˧]、"到"[kaʊ ˩]、"食"[tɕiaʔ ˧]、"死"[si ˥˧]、"得"[tit ˧˩]、"着"[tɪoʔ ˧]；动词短句"落来"[loʔ ˧ laɪ ˦]、"落去"[loʔ ˧ kĩ ˩]、"起来"[kĩ ˥˧ laɪ ˦]、"起去"[kʻi ˥˧ kʻi ˩]、"过来"[ke ˩ laɪ ˦]、"过去"[ke ˩ kʻi ˩]、"出来"[tsʻʊ t ˧˩ laɪ ˦]、"出去"[tsʻʊt ˧˩ kʻi ˩]之类，在特种口气或特种用法之下，也会受轻读的影响，失掉了它们本来的调值而变成轻声①。轻声的音值甚短而弱，听起来好像介乎阴去跟阴入之间，略与英文 tak*en*、deep*en*、awak*en* 里面的 *en* 音相似。所以现在对于它的记音，是在本来的调类符号之后再加一个˫号。例如：

牵来　kʻan ˥ laɪ ˦˫　　　　徙去　sʊɑ ˥˧ ki ˩˫

扑着　pʻaʔ ˧˩ tɪoʔ ˧˫　　　　寻着　tsʻe ˧ tɪoʔ ˧˫

流落去 laʊ ˦ loʔ ˧˫ kʻi ˩˫　　　　赶出去　kũã ˥˧ tsʻʊt ˧˩˫ kʻi ˩˫

拔起来 pʊɪʔ ˧ kʻi ˥˧˫ laɪ ˦˫②

轻声在厦门语调里，颇为重要。有许多短句因为轻读重读的不同，可以把意思完全改换。例如：

官人 { kũã ˥ lɑŋ ˦˫　　人民对于差役的称呼
　　　{ kũã ˥˫ lɑŋ ˦　　婢妾对于"老爷"的称呼

细人 { sʊe ˩ lɑŋ ˦˫　　妾
　　　{ sʊe ˩˫ lɑŋ ˦　　小孩

后日 { aʊ ˧ dʑit ˧˫　　后天
　　　{ aʊ ˧˫ dʑit ˧　　后来

大细 { tʊɑ ˧ sʊe ˩˫　　大小
　　　{ tʊɑ ˧˫ sʊe ˩　　婢

① 参阅 Douglas' Dictionary Appendix V.

② 参阅周辨明：*Lessens in Hagu*, pp. 10 – 11.

分食 { pʊn ˥ tɕiaʔ ˧˦　分配食物
　　　 pʊn ˥˦ tɕiaʔ ˧　乞丐

无去 { bo ˨˦ k'i ˩˨　丢掉
　　　 bo ˨˦˧ k'i ˩　没有去

做人 { tsʊe ˩ lɑŋ ˨˦　女子许嫁于人
　　　 tsʊe ˩˨ lɑŋ ˨˦　行为

上面所说的 7 种基本调值，只是一字单读，或是在词尾、句尾跟轻声字的前面时，才能保持不变。若是用作联词的第一个字，就会发生很大的变化，这是因为上字声调短促的原故。现在用“多、黄、好、爱、卖、识、觅”7 个字作上字，用“山、人、酒、货、路、竹、石”7 个字作下字，展转组合，得 49 式，请林先生把它们读入蓄音机两次。所得的平均结果，约如下图。

拿上图所得的结果同基本调值比较，关于两字联词的上字声调转变，可以归纳出几个条例来：

(1)阴平变成 B—B，比基本调值降低两个半音，其地位介乎阴平跟阳去之间。

(2)阳平由低升的 G—B 变成中平的 B—B，大体跟阴平的变调相近。但是遇到阴去就变成微高而降的 C—B；遇到阳去就变成低半音的 A$^{\#}$—A$^{\#}$。

(3)上声由高降的 D—F$^{\#}$ 变成高而微升的 C$^{\#}$—D。但是遇到本声就变成 C$^{\#}$—C$^{\#}$，很像阴平的基本调值。

(4)阴去由低而微降的 F$^{\#}$—F 变成高降的 C$^{\#}$—A(或 D—B、C$^{\#}$—G$^{\#}$ 等)。

(5)阳去的变调比它的基本调值微低，所差并不甚远。只是遇到阴平升高两个半音变成 B—B。

(6)阴入大部分变成 B，恰好同阳入的基本调值相当。

(7)阳入变成 A,同阳去的基本调值近似而特别的短促。

	阴平	阳平	上	阴去	阳去	阴入	阳入
阴平	多山	多人	多酒	多货	多路	多竹	多石
阳平	黄山	黄人	黄酒	黄货	黄路	黄竹	黄石
上	好山	好人	好酒	好货	好路	好竹	好石
阴去	爱山	爱人	爱酒	爱货	爱路	爱竹	爱石
阳去	卖山	卖人	卖酒	卖货	卖路	卖竹	卖石
阴入	识山	识人	识酒	识货	识路	识竹	识石
阳入	觅山	觅人	觅酒	觅货	觅路	觅竹	觅石

据此可知,联词上字的变调,除去阴入变成阳入外,其他并没有跟基本调值绝对相同的。从前周辨明先生认为联词上字的声调,阴平、阳平变阳去,上声变阴平,阴去变上声,阳去变阴去,阴入变阳入,阳入变阴去云云[①],恐怕只是为分类上的方便;关于音值的分析和描写,似乎还不如 Douglas 精密[②]。不过我们为记音的方便,也可以把上面所说的 7 个变调,改成下面几个平均的“字母式声调符号”:

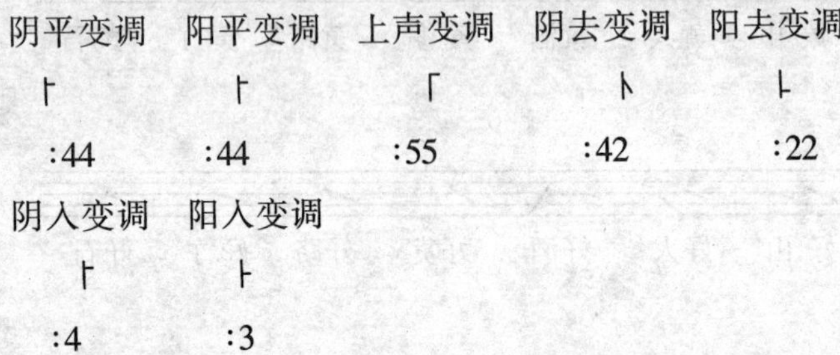

阴平变调	阳平变调	上声变调	阴去变调	阳去变调
˦	˦	˥	˦˨	˨
:44	:44	:55	:42	:22

阴入变调	阳入变调
˦	˧
:4	:3

至于联词下字的声调,虽然也受上字的影响,音高略有升降,但是它们变动的极限总没有超过两个半音以上,这种现象从上图可以看的出来,无须再加以叙述。所以本篇记联词下字的声调时,除非有特别理由,都认为跟原字的基本声调相同。

上面所说,是根据不成词的二字联词所得的结果。但是厦门话的联词变调方法,跟苏州话之类不大相同。凡是二字联词,除去下字变成轻声以外,无论成词与否,都以先轻后重为原则,并不是不成词的先轻后重,成词的先重后轻。所以我所记的厦语二字成词的变调,跟上面的公式并没有什么很大的差异。例如:

阴平:

先生 sian ˥˦ si ə̆ŋ ˥　银单 gʊn ˨˦˦ tan ˥　手巾 siu ˥˧˥ kʊn ˥

① *Lessons in Hagu*, pp. 12—13.

② Douglas' Dictionary: introduciton XIII—XV.

信封 sin ˩˥ hɔːŋ ˥ 认真 lin ˧˥ tɕin ˥ 屋租 ɔːk ˦˥ tsɔ ˥

读书 tʻoːk ˥˥ su ˥

阳平：

西洋 se ˥˥ ɪɔŋ ˧˩ 池塘 li ˧˥ tɔːŋ ˧˩ 好人 hɔ̃ ˥˩˥ lin ˧˩

爱情 aɪ ˩˥ tɕi ə̆ŋ ˧˩ 自然 tsu ˧˥ lɪan ˧˩ 忽然 hʊt ˦˥ lɪan ˧˩

日头 lit ˥˥ tʻaʊ ˧˩

上：

身体 sin ˥˥ tʻe ˥˩ 门口 bʊn ˧˥ kʻɔ ˥˩ 饮酒 ɪm ˥˩˥ tɕiu ˥˩

快手 kʻʊaɪ ˩˥ siu ˥˩ 地板 te ˧˥ pan ˥˩ 竹笋 tɪɔk ˦˥ sʊn ˥˩

十九 sip ˥˥ kiʊ ˥˩

阴去：

书架 su ˥˥ ka ˩ 咸菜 hɑm ˧˥ tsʻaɪ ˩ 主意 tsu ˥˩˥ i ˩

放假 hɔːŋ ˩˥ ka ˩ 恋爱 lʊan ˧˥ aɪ ˩ 湿气 sip ˦˥ kʻi ˩

白菜 pɪ ə̆k ˥˥ tsʻaɪ ˩

阳去：

兄弟 hɪ ə̆ŋ ˥˥ te ˧ 桃树 tʻo ˧˥ su ˧ 姊妹 tɕi ˥˩˥ mũĩ ˧

拜候 paɪ ˩˥ haʊ ˧ 电话 tɪan ˧˥ ʊa ˧ 失望 sit ˦˥ bɔːŋ ˧

绿豆 lɪɔk ˥˥ to ˧

阴入：

心得 sim ˥˥ tɪ ə̆ k ˦ 油漆 ɪu ˧˥ tsʻɪ ə̆k ˦ 首饰 siu ˥˩˥ si ə̆k ˦

绛色 kaŋ ˩˥ si ə̆k ˦ 利息 li ˧˥ si ə̆ k ˦ 屈膝 kʻʊt ˦˥ tsʻi ə̆ k ˦

木虱 bɔːk ˥˥ si ə̆ k ˦

阳入：

秋叶 tɕʻiu ˥˥ ɪap ˥ 萝卜 lo ˧˥ pɔːk ˥ 火药 h ɔ̃ ˥˩˥ ɪɔk ˥

快活 kʻʊaɪ ˩˥ hʊɑt ˥ 大学 taɪ ˧˥ hɑk ˥ 出力 tsʻʊt ˦˥ lɪ ə̆ k ˥

目录 bɔːk ˥˥ lɪɔk ˥

它们中间自然也不免有些大同小异的地方，譬如阴阳平的变调，有时从 44꜓ 降到 33꜔；阴去的变调遇到高调的下字，就降到中间为止，不再低落；阴入的变调在阴平跟阳平的下字前面，也有微降的倾向，诸如此类，都跟基本公式所差甚微，所以我们记音时，除非遇到很大的变迁，一律应用上面的 7 个变调符号，不再加以分别。

三字以上的联词，也可以适用上面所说的条理。例如“岂有此理”单字音值为 k'i˥˧ ɪu˥˧ ts'u˥˧ li˥˧，联词音值变成 k'i꜓ ɪu꜓ ts'u꜓ li꜒꜔；“不自量力”单字音值为 put˧˨ tsu˧ lɪɔŋ˧ lɪ ə k˦，联词音值变成 put꜓ tsu꜔ lɪɔŋ꜔ lɪ ə k꜔，其他可以据此类推。

厦门话的形容词或副词，常常有重说的现象。重说两次的，含有“更”字或“较”字的意味；重说三次的，含有“最”字或“甚”字的意味。这种“三字同音群”（trihomophonic group）的声调变化，跟一般的变调法则不同。周辨明先生对于这种声调变化曾经定了一个表①，兹迻录于下：

	单字	本来的声调	连读的声调
(1)阴平	甜	tĩ˥ tĩ˥ tĩ˥	tĩ꜔꜓ tĩ꜔ tĩ꜓
(2)上	少	tɕ'io˥˧ tɕ'io˥˧ tɕ'io˥˧	tɕ'io꜓ tɕ'io꜓ tɕ'io꜒꜔
(3)阴去	细	sʊe˩ sʊe˩ sʊe˩	sʊe꜔꜕ sʊe꜔꜕ sʊe꜖
(4)阴入	涩	siɑp˧˨ siɑp˧˨ siɑp˧˨	siɑp꜓ siɑp꜓ siɑp꜔꜕
(5)阳平	咸	kɪɑm˨˦ kɪɑm˨˦ kɪɑm˨˦	kɪɑm꜓ kɪɑm꜓ kɪɑm꜕꜓
(6)上			
(7)阳去	厚	kaʊ˧ kaʊ˧ kaʊ˧	kaʊ꜕꜔ kaʊ꜖ kaʊ꜔
(8)阳入	密	bat˦ bat˦ bat˦	bat꜕ bat꜔꜕ bat꜓

① *Lessons in Hagu*, pp. 13, 14. 关于厦语之声调，周辨明先生在其近著之 *The phonetic structure and tone behaviour in Hagu*（Hamburg, 1930），pp. 11－35 有甚详细之实验报告，惟本书付印后该书始行寄到，故未及采入。

Ⅲ. 厦门的音韵

一　方言罗马字

研究音韵若是充分应用“音位”的观念,只着眼到声、韵、调的类别而不注重语音的精微分辨,最好莫过于用方言罗马字拼音。关于厦门方言罗马字的系统,从前 Medhurst、Doty、Macgowan、Maxwell、Douglas、Campbell 诸人所用的,彼此间互有出入。[①]他们共同的缺点,就是对于声调的标注都没能省去附加的辨音记号(diacritical marks),使印刷上感受很大的困难。后来周辨明先生有鉴于此,另创新系统,废去辨音符号,而用基本的形式表示阴平,重写主要元音表示阳平,r 表示上声,d 表示阴去,l 表示阳去,h、p、t、k 表示阴入,重写 h、p、t、k 表示阳入[②],比较教会所用的旧式,总算有了进步。不过,国语罗马字既然成了国音字母的第二式,那么制定各地的方言罗马字似乎有应用它的原则加以一律化的必要。所以下面所列厦门方言罗马字的系统,就是根据国语罗马字的原则而另行改定的。

---

① Douglas' Dictionary Appendix Ⅰ.

② 《厦语入门》第六课及第七课。

a.声 母

[p]	b	悲	[pʻ]	p	披	[b]	bb	糜	[m]	m	盲
[t]	d	知	[tʻ]	t	绨	[l]	l	离	[n]	n	连
[k]	g	饥	[kʻ]	k	欺	[g]	gg	宜	[ŋ]	ng	硬
[ʔ]	□	伊							[h]	h	羲
[ts] [tɕ]	tz	渣$_1$ 支$_2$	[tsʻ] [tɕʻ]	ts	差$_1$ 痴$_2$	[dʑ]	dz	儿	[s]	s	纱$_1$ 诗$_2$

b.韵 母

	阴平		阳平		上		阴去		阳去	
[a]	a	阿	ar	（牙）	aa	仔	ah	亚	arh	（下）
[ɔ]	o	乌	or	胡	oo	虎	oh	（故）	orh	（户）
[o]	ó	窝	ór	（河）	óó	袄	óh	（个）	órh	祸
[e]	e	（鸡）	er	（梨）	ee	（启）	eh	裔	erh	（艺）
[aɪ]	ai	哀	air	（呆）	ae	隘	ay	爱	ayr	（碍）
[aʊ]	au	欧	aur	（猴）	ao	呕	aw	（孝）	awr	（候）
[ã]	añ	（监）	arñ	（篮）	aañ	（敢）	aññ	（担）	arññ	（馅）
[ɔ̃]	oñ	（摸）	orñ	（魔）	ooñ	（火）	oññ	（好）	orññ	（冒）
[ẽ]	eñ	（婴）	erñ		eeñ	（鲠）	eññ		erññ	
[ãĩ]	aiñ	（耐）	airñ		aeñ	（买）	aiññ	（卖）	airññ	（赖）
[ãũ]	auñ		aurñ	（鳌）	aoñ	（脑）	auññ		aurññ	（貌）
[ɑm]	am	庵	arm	（岩）	aam	（喊）	amm	暗	armm	（陷）
[an]	an	安	arn	（寒）	aan	（眼）	ann	按	arnn	（雁）

[ɑŋ]	ang	（江）	arng	（行）	aang	（讲）	anq	（降）	arnq	（巷）
[ɔŋ]	ong	翁	orng	王	oong	往	onq	瓮	ornq	旺
[i]	i	衣	yi	移	ii	倚	ih	意	yih	异
[ɪa]	ia	（爹）	ya	耶	ea	野	iah	（藉）	yah	夜
[ɪo]	ió	幺	yó	摇	ióó	（小）	ióh	（叫）	yóh	（轿）
[ɪaʊ]	iau	幺	yau	摇	eau	窈	iaw	要	yaw	耀
[ɪu]	iou	优	you	游	eou	有	iow	幼	yow	柚
[ĩ]	iñ	英	yñ	丸	iiñ	（醒）	iññ	燕	yiññ	院
[ĩ ã]	iañ	缨	yañ	营	eañ	影	iaññ	映	yaññ	飏
[ĩ ãũ]	iauñ	（猫）	yauñ		eauñ	（袅）	iauññ		yauññ	（尿）
[ĩ ũ]	iouñ	鸯	youñ	羊	eouñ	养	iouññ	（唱）	youññ	样
[ɪm]	im	音	ym	淫	iim	饮	imm	荫	yimm	（任）
[ɪɑm]	iam	淹	yam	盐	eam	掩	iamm	厌	yamm	焰
[in]	in	因	yn	寅	iin	引	inn	印	yinn	孕
[ɪan]	ian	烟	yan	沿	ean	演	iann	燕	yann	羡
[ɪə̆ŋ]	ieng	英	yeng	营	eeng	永	ienq	应	yenq	（幸）
[ɪɑŋ]	iang	（香）	yang	（凉）	eang	（奖）	ianq	（将）	yanq	（亮）
[ɪɔŋ]	iong	鸯	yong	羊	eong	养	ionq	拥	yonq	样
[u]	u	于	wu	馀	uu	雨	uh	污	wuh	芋
[ʊɑ]	ua	娃	wa	（华）	oa	瓦	uah	（化）	wah	（话）
[ʊe]	ue	（灰）	we	（回）	uee	（悔）	ueh	（废）	weh	（会）
[ʊɪ]	ui	萎	wui	为	uui	委	uy	畏	wuy	胃

[ʊaɪ]	uai（乖）	wai（怀）	oai（拐）	uay（怪）	way（坏）
[ũã]	uañ 鞍	wañ（鼾）	oañ 碗	uaññ 案	waññ 换
[ũĩ]	uiñ	wiñ（梅）	uuiñ（每）	uiññ	wiññ（昧）
[ũãĩ]	uaiñ（杆）	waiñ（高）	oaiñ（拐）	uaiññ（惯）	waiññ（县）
[ʊn]	un 温	wun 云	uun 允	unn 愠	wunn 运
[ʊɑn]	uan 冤	wan 完	oan 碗	uann 怨	wann 援
[ʊɑŋ]	uang 灌	wang	oang（钫）	uanq（闯）	wanq
[m̩]	’m	’mr 梅	’mm 姆	’mh	’mrh 不
[ŋ̍]	’ng 秧	’ngr 黄	’nng 影	’ngh 向	’ngrh 晕

	阴入	阳入		阴入	阳入
[aʔ]	aq 押	arq 匣	[oʔ]	oq 恶	orq 学
[eʔ]	eq 厄	erq（月）	[aʊʔ]	auq（博）	aurq（雹）
[ãʔ]	aq̃（塌）	arq̃	[ɔ̃ʔ]	oq̃	oq̃（膜）
[ẽʔ]	eq̃（激）	erq̃（喀）			
[ɑp]	ap 押	arp 匣	[at]	at 遏	art（达）
[ɑk]	ak 握	ark（学）	[ɔːk]	ok 恶	ork（愕）
[iʔ]	iq（滴）	yiq 腆	[ɪaʔ]	iaq（摘）	yaq（泽）
[ɪoʔ]	ioq 约	yoq 药	[ɪauʔ]	iaup（桥）	iauq（确）
[ĩʔ]	iq̃（乜）	yiq̃（物）	[ĩãʔ]	iaq̃	yaq̃（嚇）
[iãũʔ]	iauq̃	yauq̃（蠘）			
[ɪp]	ip 揖	yip（翕）	[ɪɑp]	iap 晔	yap 葉
[it]	it 一	yit（日）	[ɪɛt]	iet 谒	yet 悦

[ɪĕk]	iek	益	yek	亦	[ɪɑk]	iak	（铄）	yak	（矍）
[ɪɔk]	iok	约	yok	欲					
[uʔ]	uq	（葧）	wuq	（讷）	[ʊɑʔ]	uaq	（喝）	waq	活
[ʊeʔ]	ueq	（夹）	weq	（挟）	[ʊɪʔ]	uiq	挖	wiq	划
[ũ ã ĩ ʔ]	uai q̃	蝎	waiq̃	阖					
[ʊt]	ut	（忽）	wut	（佛）	[ʊɑt]	uat	挖	wat	越

关于这一套罗马字所要讨论的地方：

a.声母方面

(1)代表真浊音的 bb[b]、gg[g]两母，是国语罗马字所没有的，因为怕跟吴语的假浊音[pɦ]、[kɦ]相混，所以用 bb、gg 而不用 bh、gh。

(2)tz、ts 在开口跟合口韵前代表[ts]、[ts']音，在齐齿韵前代表[tɕ]、[tɕ']音，同国语罗马字 j、ch、sh 三母的原则相合。

(3)dz 母代表[dʑ]音。因为怕跟国语罗马字的 j 母相混，所以不用教士们所用的 j。

b.韵母方面

(1)ó 韵跟附有-m、-p、-t、-k、-q、-ñ、-q̃ 等辅音韵尾的诸韵，都是国语罗马字所没有的。

(2)拿 ñ 跟 q̃ 作半鼻音的记号，在音标的用法上并没有前例，单从托名标帜的观点看，似乎比旧式的□ⁿ 跟□ⁿh 比较便利一点儿。但是 m、n、ng 三声后面的韵母都有半鼻音或接近半鼻音的性质，所以拼音时仿照 Campbell 字典跟其他 American Reformed Church 所印的书，一律省却半鼻音的记号，跟 Douglas 的拼法不同。

(3)iou 韵的音值本来是[iu],所以不直接写作 iu,只是怕同国语的[y]音混乱。

(4)ieng、iek 两韵,Douglas 等大都写作 eng、ek;只有 Doty 写作 ieng、iek。照这两韵的音值[iə̆ŋ]、[iə̆k]看来,[ə̆]本来是从前元音到舌根辅音中间的一种流音,那么,与其写作 eng、ek,不如写作 ieng、iek 较好。

(5)前章分析语音的时候,对于丢掉-p、-t、-k 的入声,除非主要元音跟平上去不同的,并没有单立一个音位。罗马字既然用-q 作入声的符号,所以不能不另外分出 19 韵来。但是实际的音素还是跟前章一样的。

c.声调方面

(1)阴平、阳平、上声、阴去的拼法,跟国语罗马字的原则相同。

(2)阴入、阳入除有-p、-t、-k、-q 韵尾外,跟阴平、阳平的拼法完全一致。

(3)阳去的开口韵以加 r 于阴去的元音后为原则;齐齿韵除 yih、yiññ、yimm、yinn 几韵另加 y 字,其馀皆改 i 作 y;合口韵除 wuh、wuy、wunn 几韵另加 w 字,其馀皆改 u 作 w。

(4)ió、ui、ue 三韵的上声,因为怕跟[eo]、[ue]、[oe]等音混乱,并且避免 ui 韵的上声跟 ue 韵的阴平重复,所以改作 ióó、uui、uee,而不作 eo、ue、oe。

(5)阴平、上声、阴去、阴入的 i-、u- 两类单用时,仍旧保存原来的形式,不照国语罗马字的原则改 i 作 y、改 u 作 w。

(6)bb、gg、m、n、l、ng、dz 七个浊母以读阳调为原则,所以都用基本形式,不再加变阳调的记号。

(7)浊母阴调的拼法,适用国语罗马字的原则加 h 于声母后。但

bb、gg、dz 三母省作 b‘、g‘、dz‘。

(8)轻声字以字前加˙表示之。例如 tsueh˙lang(做人)

d. 连号 (hyphen) 的用法

联词中间是否要加连号,也是用罗马字拼音所应当注意的一个问题。本来我们若不单把罗马字当作音标,而看它作一种拼音文字,自然没有用连号的必要。不过,在一种新定的方言罗马字还没有到了"约定俗成"的时候,为避免含糊 (ambiguous) 起见,似乎不能把连号完全废除。所以我们现在凡是遇到联词分法有两可的时候,仍旧用连号"-"把它们分开。例如:

tzai-eañ(知影)	soo-ii (所以)	duu-aa (正在)
syi-tzwunn (时阵)	kii-tseou (起首)	derh-aa (袋仔)
bboh-aa (帽仔)	’mrh-ae (唔爱)	dwah-weh (大话)
gin-a lit (今日)	eeng-oan (永远)	yong-iññ(容易)
dark-er (逐个)	tzinsiyit-er (真实的)	tor-ka (涂脚)
siim-miq (甚么)	an-ni (这么样)	barnn-ggyi (便宜)
lang-gyinn (讨厌)		

e. 重字的写法

对于重字的写法还是沿用国语罗马字方法,重一个字的用 x 替代,重两个字的用 vx 替代。例如:

bbat tziuqx(密稠稠)　tianx(听听)　tzyit bor vx(一步一步)

二　各式罗马字的异同

从前各教会所用的罗马字,彼此间既相参差,同新定的系统相去更远。现在为习用旧式罗马字人们的方便,把新旧各式的异点对照于下:

a.声 母

新式	周辨明	Campbell	Douglas	Doty	Medhurst
b	p	p	p	p	p
p	ph	ph	ph	p‘	p‘h
bb	b	b	b	b	b
d	t	t	t	t	t
t	th	th	th	t‘	t‘h
g	k	k	k	k	k
k	kh	kh	kh	k‘	k‘h
gg	g	g	g	g	g
ng	ng	ng	ng	ng	gn
□					w, y, □
tz	c	ch, ts	ch, ts	ch	ch
ts	ch	chh	chh	ch‘	ch‘h
dz	j	j	j	j	j

b.韵 母

新式	周辨明	Campbell	Douglas	Doty	Medhurst
o	o͘	o͘	ɵ͘	o͘	oe
e	e	e	e	e	ey
ai	ai	ai	ai	ai	ae
au	au	au	au	au	aou
añ	a^{n}	a^{n}	a^{n}	a^{n}	a^{ng}

新式	周辨明	Campbell	Douglas	Doty	Medhurst
oñ	o·^{n}	o·^{n}	ɵ·^{n}	o·^{n}	^{n}o
aiñ	ai^{n}	ai^{n}	ai^{n}	ai^{n}	ae^{ng}
auñ	au^{n}	au^{n}	au^{n}	au^{n}	aou^{ng}
aq	ah	ah	ah	ah	ah
oq	oh	oh	ɵ·h	o·h	oeh
eq	eh	eh	eh	eh	eyh
aq̃	a^{n}h	ah^{n}	ah^{n}	ah^{n}	(ah^{ng})
oq̃	o^{n}h	o·h^{n}	ɵ·h^{n}	o·h^{n}	(^{n}oh)
eq̃	e^{n}h	eh^{n}	eh^{n}	eh^{n}	(eyh^{ng})
i	i	i	i	i	e
ia	ia	ia	ia	ia	ëa
ió	io	io	io	io	ëo
iau	iau	iau	iau	iau	ëaou
iou	iu	iu	iu	iu	ew
iñ	i^{n}	i^{n}	i^{n}	i^{n}	ee^{ng}
iañ	ia^{n}	ia^{n}	ia^{n}	ia^{n}	ëa^{ng}
iauñ	iau^{n}	iau^{n}	iau^{n}	iau^{n}	ëaou^{ng}
iouñ	iu^{n}	iu^{n}	iu^{n}	iu^{n}	ew^{ng}
iam	iam	iam	eam	iam	ëem
ian	ian	ian	ien	ian	ëen

新式	周辨明	Campbell	Douglas	Doty	Medhurst
ieng	eng	eng	ing	ieng	(eng)
iang	iang	iang	iang	iang	ëang
iong	iong	iong	iong	iong	ëung
iq	ih	ih	ih	ih	eeh
iaq	iah	iah	iah	iah	ëah
iauq	iauh	iauh	iauh	iauh	ëaouh
iq̃	i^{n}h	ih^{n}	ih^{n}	ih^{n}	(eh^{ng})
iaq̃	ia^{n}h	iah^{n}	iah^{n}	iah^{n}	(ëah^{ng})
iauq̃	au^{n}h	iauh^{n}	iauh^{n}	h^{n}	iau (ëaouh^{ng})
iap	iap	iap	iap	iap	ëep
iet	iat	iat	iet	iat	ëet
iek	ek	ek	ek	iek	(ek)
iok	iok	iok	iok	iok	ëuk
u	u	u	u	u	oo, wu
ua	oa	oa	oa	oa	wa
ue	oe	oe	oe	oe	öey
ui	ui	ui	ui	ui	wuy
uai	oai	oai	oai	oai	wae
uañ	oa^{n}	oa^{n}	oa^{n}	oa^{n}	wa^{ng}
uiñ	ui^{n}	ui^{n}	ui^{n}	ui^{n}	wui^{ng}

新式	周辨明	Campbell	Douglas	Doty	Medhurst
uaiñ	oai^{n}	oai^{n}	oai^{n}	oai^{n}	wai^{ng}
un	un	un	un	un	wun
uan	oan	oan	oan	oan	wan
uang	oang	oang	oang	oang	wang
uq	uh	uh	uh	uh	ooh
uaq	oah	oah	oah	oah	wah
uiq	uih	uih	uih	uih	wuih
uaiq̃	oaih	oaih	oaih	oaih	waih
uaiq̃	oai^{n}h	oaih^{n}	oaih^{n}	oaih^{n}	(waih^{ng})
uat	oat	oat	oat	oat	wat
m	m	m	m	m	u^{m}
ng	ng	ng	ng	ng	e^{ng}①

c. 声调符号

新式	周辨明	Campbell	Douglas	Macgowan	American Reformed church	Doty
阴平□②	□	□	□	□	□	□
阳平□r	□□	□̂	□̂	□̂	□̂	□̂
上□□	□r	□́	□́	□́	□́	□́
阴去□h	□d	□̀	□̀	□̀	□̀	□̀

① 凡各式相同者不举，其因类推而得之韵母外加括弧以别之。

② □号代表主要元音。

新式	周辨明	Campbell	Douglas	Macgowan	American Reformed church	Doty
阳去□rh	□l	□̄	□̄	□̄	□̄	□̄
阴入□q	□h	□h	□h	□h	□h	□h
阳入□rq	□hh	□̍h	□̍h	□́h	□̍h	□̍h
轻声□	□h	--□	--□	--□	□	□h

各种旧式里头只有 Medhurst 的最特别，其馀的都算是大同小异。不过 Medhurst 的《福建方言字典》并不是为厦门方言作的，乃是为漳浦方言作的，所以他所用的罗马字特别跟各家不同，一半由于拼法的差异，一半还是方言的差异。

三　厦门单字音表

关于厦门音声、韵、调的分类，从上面所列的方言罗马字表里已经可以看得清楚了。其次就要研究这些声、韵、调拼成的那些可能的音究竟有多少是有字的？下面所列的两个单字音表，便是对于这个问题的解答(参阅第二、第三表)：

第二表 厦门单字音表(甲)舒声 (共 1839 字音)

韵	调 \ 声	b	p	bb	m	d	t	n	l	g	k	gg	ng	□	h	tz	ts	s	dz
m	阴平																		
	阳平													梅	媒				
	上													母	摅				
	阴去																		
	阳去													不					
ng	阴平	方				当	汤	艭×		光	糠			秧	方	装	舱	桑	
	阳平				门	长	糖	郎						黄	园	全	床	甑	
	上	榜			晚	转		软		管				影		指		损	
	阴去					顿	脱			钢	劝			向		钻	串	算	
	阳去	饭			问	丈	杖	两						晕	远	状			
a	阴平	巴	脬			焦	他		拉	加	脚	鬖×		阿	哈	渣	差	沙	
	阳平	爬		麻	麻	奈			蝌	枷		牙			虾	查	查		
	上	把	蚆		马				仔†	假	巧			仔		早	炒		
	阴去	霸	帕			罩	诧		喇×	嫁	扣			亚	孝	诈	侘	要	
	阳去	罢	疱	觅	骂	奈			捞	咬	疴	迓		也	下	昨	吵		
o	阴平	晡	铺			都	偷			沟	呼			乌	呼	租	粗	梳	
	阳平	蒲	菩	谟		途	头		楼	糊	糊	讹		胡	浮	磁			
	上	补	普	牡		肚	土		努	狗	口			妪	虎	祖	础	所	
	阴去	布	铺			妒	吐			故	扣			恶×		注	醋	素	
	阳去	步	簿	慕	贸	渡			路	怙×		五		芋	户	字			
ó	阴平	玻	波			刀	滔		啰	歌	科			荷	荷	糟	操	骚	
	阳平	婆		无		逃	桃		劳			鹅		蠔	河	曹			
	上	保	颇	嬷		倒	讨		老	果	考	厄×		袄	好	早	草	锁	
	阴去	报	破			到	套			过	课			奥		佐	错	扫	
	阳去	暴	抱	帽		道			糯	号×	裸	饿			祸	坐		唆	

（续表）

韵	调＼声	b	p	bb	m	d	t	n	l	g	k	gg	ng	□	h	tz	ts	s	dz
e	阴平	飞	胚			低	胎		络	家	溪			锅	灰	渣	差	西	
	阳平	爬	皮	迷		茶	提		梨	枷	瘸	牙		其†	虾	齐	箠	垂	
	上	把		马		短	体		礼	假	启	诣		痖	火	这	扯	洗	
	阴去	褙	帕			块	退			价	契			裔	货	制	脆	细	
	阳去	父	被	未		地	蜇		例	低†		艺		下	下	坐	寻	谥	
ai	阴平	班†				甒×	胎			该	开			哀	哈	灾	钗	西	
	阳平	排		埋		台	杀		来			呆		嗳	孩	才	材		
	上	摆	挚			歹	体		歹	改	凯	骇		蔼	海	滓	採	使	
	阴去	拜	派			戴	太			界	概			爱	歉	载	菜	婿	
	阳去	败		觅		代	待		内			碍			害	在	耙		
au	阴平	包	抛			兜	偷		诶	胶	敲			欧	嚣	糟	操	梢	
	阳平	匏		鳌		投	头		留	猴		贤†		喉	侯×	剿	剿×		
	上	饱	跑	卯		斗	解†		老	九	口			呕	吼	走	草	娋×	
	阴去		炮			門	透			校	扣			臭	孝	奏	臭	扫	
	阳去	暴	抱			荳	毒		漏	厚				後	候	找			
añ	阴平					担	他			橄	坩							衫	
	阳平				麻			篮		含	含							承	
	上				马	胆	坦	那		敢			雅	倚	哄	整			
	阴去		怕			担								向†					
	阳去				骂		饰†	若						馅					
oñ	阴平				摸														
	阳平				摩								鹅						
	上				懡×								五		火				
	阴去													恶	货				
	阳去				冒			懦					误						

（续表）

韵	调＼声	b	p	bb	m	d	t	n	l	g	k	gg	ng	□	h	tz	ts	s	dz
eñ	阴平				咩														
	阳平																		
	上				猛×			奶		鲠×				婴					
	阴去																		
	阳去				骂														
aiñ	阴平										铿								
	阳平				覸			孲											
	上		歹†		买	歹		那								宰	採		
	阴去														歉		衬		
	阳去				卖			赖					刈×						
auñ	阴平																		
	阳平							铙					肴		悬†				
	上				螯			脑	恼				咬×						
	阴去														好×				
	阳去				貌			闹					乐°						
am	阴平					担	贪		笼	甘	龛	儑×		庵	蚶	簪	参	三	
	阳平			餡×		谈	痰		南	衔	黔	岩		颔	含	巉	蚕		
	上					胆	毯		览	敢	坎	坎		泔	喊	斩	惨	糁	
	阴去					担	探			鉴	盖†			暗	阚	蘸	忏	鬖	
	阳去					淡	陪		滥	鑑	砛×	戆	鑑	颔	馅	站			
an	阴平	班	攀	屘		丹	滩		跚	干	牵	讦×		安	顸	曾	餐	山	
	阳平	瓶		蛮		弹			兰			颜		严	闲	残	田		
	上	板	贩	挽		等	毯		懒	赶	侃	眼		阿†	罕	盏	刬	产	
	阴去		盼			旦	炭			幹	看			按	汉	栈		散	
	阳去	扮		万		但			澜			雁		限	汗	赞			

（续表）

韵	调	b	p	bb	m	d	t	n	l	g	k	gg	ng	□	h	tz	ts	s	dz
ang	阴平	邦	芳	濛		冬	窗			江	孔			翁	峰×	棕	葱	鬆	
	阳平	房	帆	忙		同	虫		人					红	行	从		松×	
	上	绑	纺	蚊		董	桶		朗	讲	眶			傄	夯	总			
	阴去	放				冻	疼			降	圹			瓮	㾮×	粽	鬆	送	
	阳去	蚌	缝	梦		重			弄	共					项				
ong	阴平		磅	摸		冬	通		珑	公	空			翁	方	宗	葱	鬆	
	阳平	房	帆	亡		同	糖		农	狂		昂		王	红	藏	床		
	上	榜	髈	蟒		董	桶		朗	广	孔	骯×		往	访	总	㓻	爽	
	阴去	谤	碰			冻	痛			贡	空			瓮	放	壮	创	宋	
	阳去	磅		望		洞			浪		硫×	戆		旺	奉	状			
开口（共672字音）																			
i	阴平	悲	胚	微		知	笞		咿	基	欺	萁×		衣	希	支	痴	尸	
	阳平	脾	皮	眉		迟	苔		璃	祺	骑	宜		移	鱼	糍	持	时	而
	上	彼	痞	米		底	耻		里	已	起	拟		以	喜	只	齿	始	子×
	阴去	闭	臂			智	剃			记	气			意	戏	志	刺	四	
	阳去	被	被	未		稚	雉		利	妓	忌	义		异	耳	己	市	是	二
ia	阴平					爹				迦	奇			肥×	靴	这	车	赊	遮
	阳平									岐×	骑	鹅		耶			斜	蛇	
	上					弛×								野		者	扯×	捨	惹
	阴去					㖡×				寄				厌		借	痒	舍	
	阳去					哋×				崎	竖†			夜	蚁	谢×		射	揖
io	阴平	标					挑			溶×				幺		招	鹊	烧	
	阳平		瓢	描		潮	头		捞	桥		桡		摇			蛲	常×	桡
	上	表							瞭					殴		少		小	
	阴去		票			钓	粜			叫	徼					照	笑		
	阳去	鳔		庙		铫				轿		荞					照	邵	尿

（续表）

韵	调 \ 声	b	p	bb	m	d	t	n	l	g	k	gg	ng	□	h	tz	ts	s	dz
iau	阴平	标	标			凋	桃		瘀	骄	曲			幺	枵	招	锹×	消	
	阳平		嫖	猫		朝	銚		聊	侨	挟†	侥		摇	嫐	樵		韶	饶
	上	表	剽	藐		佻	窕		了	搅	巧			窈	晓	鸟	稍	小	绕
	阴去	鳔	票			钓	跳			叫	窍	剟		要		照	笑	少	
	阳去			庙		调	柱		料	轿				耀		噍		绍	尿
iou	阴平	彪				丢	抽		抽	丩	邱			忧	休	周	秋	修	
	阳平			缪		筹			流	求	虬	牛		由	裘	楸	愁	泅	柔
	上					肘	丑		柳	九	扭			有	朽	酒	手	手	揉
	阴去					昼				救	跁	扭×		幼	嗅	咒	绉	袖	
	阳去			谬		胄				旧	臼			柚	復†	就	树	受	
iñ	阴平	边	篇		奵×	甜	天	拈		庚	坑			英	譆	争	青	生	
	阳平	平	平		棉		瞪	年		墘	擒			丸	弦×	前		豉	
	上	遍			猛			染						样		井	醒		耳
	阴去	变	片				撑			见				燕	弃	箭	刺	性	
	阳去	病	鼻		麵		鉄	莉					硬	院	砚	舐	柭×		
iañ	阴平	兵×	兵×			汀	聽			惊	轻		迎		兄	正	清	声	
	阳平	平	坪		名	呈	程	娘		行				营	燃	情	成	城	
	上	饼	肼			鼎		领		子†				影		饗	请	甚	
	阴去	併				碇	痛			镜				映	向	正	倩	圣	
	阳去				命	定		陵		件				飏	艾			盛	
iauñ	阴平							猫											
	阳平																		
	上							袅											爪
	阴去																		
	阳去							尿											

（续表）

韵 \ 调 \ 声		b	p	bb	m	d	t	n	l	g	k	gg	ng	□	h	tz	ts	s	dz
	阴平					张				薑	腔			鸯	香	浆	枪	箱	
	阳平					场		娘						羊		裳	墙	常	
iouñ	上					长		两					忸	养	响	蒋	抢	赏	
	阴去					帐									向	酱	唱	相	
	阳去					丈		量		强	俭			样		上	上	想	
	阴平					砧	琛		饮	金	钦			音	忻	斟	深	心	
im	阳平					沉			林		琴	矜		淫	熊	蟳	寻	寻	壬
	上								檩	锦	玪×	锦		饮		枕	寝	审	忍
	阴去					揕	鸩			禁	捦			荫	[illegible]	浸	谮	沁	
	阳去					燖	朕			[illegible]		矜			噤			甚	任
	阴平					沾	添		拈	兼	谦			淹	锨	占	签	铦	
	阳平					沉	甜		廉	鹹	钳	严		盐	嫌	潜	潜	蟾	
iam	上					点	忝		殓	减		俨		掩	险	枕×	鐕	闪	染
	阴去					店	㮇			剑	欠			厌	喊	佔	僭	渗	
	阳去					站	沈		念	趝×		验		焰		渐		赡	媣×
	阴平	宾				珍			奶	今	轻			因	[illegible]×	真	亲	身	
	阳平	瓶	淜×	眠		陈	斟		鳞			眦†		寅	眩	绳		神	人
in	上	禀	品	敏		振			您	紧	浅	听×		引		振	龀	哂	
	阴去	殡				镇	趁		圝	绢		迋×		印		进	衬	信	
	阳去	牝		面		阵	侚		吝	靳		慭		孕		尽		肾	认
	阴平	鞭	偏			颠	天		嗹	肩	牵	研		烟	掀	煎	千	仙	
	阳平	骈		眠		田	填		连	乾	虔	言		沿	玄	前	田×	蝉	然
ian	上	扁		免		典	腆		脸	茧	犬	研		演	显	剪	浅	癣	捻
	阴去	变	片			殿	瑱			见	谴	[illegible]×		燕	宪	战	茜	扇	
	阳去	便		面		电			鍊	件		研×		羡×	现	溅		善	

（续表）

韵 \ 调 \ 声		b	p	bb	m	d	t	n	l	g	k	gg	ng	□	h	tz	ts	s	dz
ieng	阴平	兵	崩			丁	厅		奶	京	轻			英	兄	争	清	生	
	阳平	平	评	明		亭	程		铃	穷	琼	凝		营	行	晶	松	成	仍
	上	反	崩	猛		等	艇		冷	警	顷	眼		永	悻	井	请	醒	
	阴去	并	聘			订	聽			镜	庆			应	兴	正	耸	姓	
	阳去	病	並	命		定			令	竞		硬		用	杏	赠	穿	盛	
iang	阴平	冰	烹								铿	锵			香	漳	枪	双	
	阳平								凉			峴×					肠	同†	
	上										讲					奖	冗		冗
	阴去	乓	胖									蟛×			响	将	唱		
	阳去		棒						亮									上	
iong	阴平	馃×				中	衷			宫	姜			央	凶	钟	冲	伤	
	阳平					长	虫		良	穷	蛩	卬		羊	雄	从	偿	常	绒
	上					长	冢		两	拱	恐	仰		勇	享	种	厂	想	嚷
	阴去					涨	畅			供		迎×		拥	向	众	唱	相°	
	阳去					丈			谅	共		岬		用		状	匠	上	让
齐齿（共745字音）																			
u	阴平	呼	呼×			株	摅			车	驱			於	虚	株	枢	司	
	阳平	炮	浮	无		厨	锄		滤	衢	屈	愚		馀	扶	磁	疵	辞	如
	上		蜅	母		抵	贮		旅	举		语		雨	府	子	取	死	乳
	阴去	富				著				句	去			污	赴	注	次	四	
	阳去	妇	翩×	务		箸			侣	巨	惧	遇		芋	父	柱	娶	似	字
ua	阴平						拖			瓜	侉			娃	花	遭	髽	沙	
	阳平			磨		淘			箩	檬					华	蛇			
	上								藞	寡	许	我		瓦	踝	纸	聚×	耍	
	阴去	簸	破			带	泰			卦	搁†			按†	化		蔡	续	
	阳去					大	导		赖		哗	外		话	话	誓	娶	速	若

（续表）

韵	调 \ 声	b	p	bb	m	d	t	n	l	g	k	gg	ng	□	h	tz	ts	s	dz
ue	阴平	盃	坏×				钗			鸡	恢			挨	灰		初	衰	
	阳平	陪		煤		兑			犁	鲑		倪×		鞋	回	齐	耷		蕤
	上		髀†	买		底	体		馁	解				矮	悔			洗	
	阴去	辈	配			帨×	替			会	契			秽	废	最	刷	税	
	阳去	佩	稗	卖		地			内	易		外		话	会	罪			锐
ui	阴平			微		堆	推		腄	闺	亏			萎	妃	锥	吹	绥	
	阳平	肥				捶	锤		雷	葵		危		为	肥	剚		随	绫
	上	悟×				朒	腿		蕊	鬼	诡	隗		委	匪	水	髓	水	
	阴去	痱	屁			对	退			贵	愧			畏	肺	醉	碎	碎	
	阳去	吠				堕	坠		类	柜		伪		胃	慧	悴		祟	
uai	阴平									乖	勈×			冤		搾			
	阳平														槐	腓			
	上									拐	蒯			跩					
	阴去									怪	快				瞶				
	阳去									乖				孬×	坏				
uañ	阴平	般	潘		谩	单	滩			肝	宽			鞍	欢	煎	櫶	山	
	阳平	盘			麻	弹	摊	拦		寒					鼾	泉			
	上	坂			满	叕×		捆		赶	款			碗	捆	盏	刬	散	
	阴去	半	判			旦	炭			观×	看			案	泛	煎	闩	线	
	阳去	拂	拌			段		烂		汗				旱	岸	溅	鳝×		
uiñ	阴平																		
	阳平				梅														
	上				每														
	阴去																		
	阳去				妹														

（续表）

韵	调＼声	b	p	bb	m	d	t	n	l	g	k	gg	ng	□	h	tz	ts	s	dz
uaiñ	阴平									关				挨×					
	阳平									高					横				
	上									拐									
	阴去									惯	快×								
	阳去									县				榧×				樣	
un	阴平	分	奔			敦	吞		缩†	斤	昆			温	分	尊	春	孙	
	阳平	喷	盆	文		唇	豚		轮	群	勤	银		云	魂	存	存	旬	
	上	本	捹	吻		盹	蠢		砼	滚	恳	我		允	粉	準	蠢	损	忍
	阴去	粪	喷			顿	褪			棍	困			愠	训	竣	寸	逊	
	阳去	笨		问		钝	填		论	近				运	恨	阵		顺	润
uan	阴平	般	藩			端	湍		孪	官	宽			冤	番	专	川	酸	
	阳平	盘	盘	蹒		团	团		栾	拳	圈	元		完	凡	全	诠	船	掴
	上		坢	晚		短	疃		卵	管	款	玩		碗	反	转	喘	选	软
	阴去	半	判			断	锻			贯	劝			怨	泛	钻	串	算	
	阳去	叛	伴			段			乱	倦		愿		援	犯	镟		樣	锞
uang	阴平									光×				灌					
	阳平																		
	上													钫					
	阴去																闯		
	阳去																		
合口(共422字音)																			

表例：凡字下无符号者为字音，加一横线者为话音，右旁加剑号(†)者为训读。至于Campbell《厦门音新字典》已收之字而未经发音人承认者，于字旁加×号以别之。下同。

第三表 厦门单字音表(乙)促声 (共485字音)

韵	调	b	p	bb	m	d	t	n	l	g	k	gg	ng	□	h	tz	ts	s	dz
aq	阴入	百	拍	肉†	么	搭	塔			甲	较			押	喝		插		
	阳入					踏	叠		暦		瘼			匣	合	卡		煠	
óq	阴入	驳	粕			桌	魠			阁				恶	熇×	作		索	
	阳入	薄	撲	莫×		燸	倒×		落	咯				学	鹤	掷		錬×	
eq	阴入	伯		要†	蛑	啄	裼			格	客			厄		仄	册	雪	
	阳入	白	沫	麦		夺×	宅		裂	逆×	爀×	月	挟	欝×		绝		褯	
auq	阴入	發	博			笃				铗			耦			寂			
	阳入		雹	贸		沓	沓×		落		愕						沓		
aq̃	阴入							塌										唔	
	阳入																		
oq̃	阴入																		
	阳入				膜														
eq̃	阴入												逆		激†				
	阳入				脉		喀	雳			喀								
ap	阴入					答	塔		塌	鸽	阁	硆		鸭	哈		插	屑	
	阳入					踏			纳		瞌			闸	合	杂		卅	
at	阴入	八	叭	曾†		妲	踢		喇	割	渴			遏	喝	节	察	杀	
	阳入	别		密		达			力						核	实	贼		
ak	阴入	北	覆	汙†		触			落	觉	确			握	捔	齪		捒	
	阳入	缚	曝	木		逐	读		六	磔×	咯	乐		籰	学	族	凿		
ok	阴入	北	朴			桌	橐		衄×	国	哭			恶	福	作	错	速	
	阳入	僕	瀑	木		毒	读		鹿	咯	柝	愕		籰	复	族	戳	錬×	
开口(共171字音)																			
iq	阴入	鳖		匿×		滴	铁			築	缺			胰		接	炽	闪	
	阳入	熚		篾		碟	迟×		裂		瘰	瘰		睨×		舌	蠘	蚀	廿

（续表）

韵	调	b	p	bb	m	d	t	n	l	g	k	gg	ng	□	h	tz	ts	s	dz
iaq	阴入	壁	癖			摘	折		摘		隙	撠×		挖		即	赤	刺	跡
	阳入		甓			泽			掠	屐		额		亦	额	食		削	
ioq	阴入								瞭×	脚	却			约	歇	迹†	尺	惜	
	阳入					着			略			谑×		药	葉	石	席	俗	弱
iauq	阴入									挢		[illegible]			嘘	跃			
	阳入										碻					晰			
iq̃	阴入				乜			䁪							欷		[illegible]		
	阳入				物			裏×											
iaq̃	阴入							赫×							嚇				
	阳入												愕						
iauq̃	阴入												挢						
	阳入												蛂						
ip	阴入									急	扱			揖	翕	执	缉	湿	
	阳入								立	及	掐×	岌				寂		习	入
iap	阴入					摺×	帖		捏	夹	挟			晔	颊	接	妾	霎	颞
	阳入					蝶	叠		拉		给	业		葉	狭	捷		涉	廾
it	阴入	笔	疋			得	迌				乞			一	彼	质	七	失	
	阳入	鼻		蜜		侄					杙					二		食	日
iet	阴入	鳖	蹩			哲	撤			结	诘	蝎		谒	血	节	切	屑	
	阳入	别		袜		秩			列	竭		孽		悦	穴	捷	跕×	舌	热
iek	阴入	百	壁			的	踢		厄	激	客			益	黑	则	侧	色	
	阳入	白	甓	墨		笛	宅		力	局		玉		亦	获	籍	挊	歹	
iak	阴入																	铄	
	阳入		爆							矍									
iok	阴入					竹	畜		忸	脚	曲			约	旭	足	雀	宿	
	阳入					着			六	局		玉		欲			挊	熟	肉

齐齿（共218字音）

（续表）

韵＼调＼声	调	b	p	bb	m	d	t	n	l	g	k	gg	ng	□	h	tz	ts	s	dz
uq	阴入	菿	薄×				托		蛙								焠	速	
	阳入					讷													
uaq	阴入	钵	泼	抹			脱		捋	割	渴				喝	泏	擦	撒	
	阳入	拔	拔×	末					辣					活	跬	蠘	斜		热
ueq	阴入	八								洁	夹		夹			节	感	塞	
	阳入						提		笠		夹		挟	狭		截			
uiq	阴入													挖	血				
	阳入	拔			蟆×									劃					
uai q̃	阴入													輵				哵	
	阳入													阔					
ut	阴入	不	刜	蜜			黜		秃†	骨	屈	矻		屈	忽	卒	出	恤	焫×
	阳入	佛		物		突	秃		律	滑	[illegible]	扤		聿	佛	朮		術	爇×
uat	阴入	钵	鼈	抹		缀	脱		劣	刮	缺			挖	法	拙	撮	雪	
	阳入	拔		末		夺			辣			月		越	伐	绝			
合口（共96字音）																			

从第二、第三两个表里，我们可以寻出下面几条厦门音的通性：

a.声母

（1）有全浊音 bb、gg、dz 跟次浊音 m、n、ng、l。但 m、n、ng 的大部分都是话音。

（2）没有齿唇音[f]系跟舌尖后音[tʂ]系。

（3）tz、ts 跟齐齿（i-类）韵母拼时，受颚化影响变成舌面前的[tɕ]、[tɕʻ]；但 g 系跟齐齿类（i-类）韵母拼时，仍旧保持本音，不受颚化影响。

(4)b 系跟合口(u-类)韵母拼,但除去一个未经发音者承认的“馅”字,其馀都不跟-m、-p 两类韵母拼。

(5)bb、gg 两母不跟半鼻音及'm、'ng 两韵拼。

(6)dz 母不跟开口韵拼。

b.韵母

(1)元音 o 有洪[ɔ]、细[o]两类。

(2)复元音 io 跟 iou、ue 跟 ui 各不相混。

(3)有开口、齐齿(i-类)跟合口(u-类)三呼,没有撮口呼。

(4)有-m、-n、-ng、-p、-t、-k、-q7 种韵尾辅音。

(5)有 in、ieng 两韵,没有 en、eng 两韵。

(6)有半鼻音跟声化韵'm、'ng,但以话音为限。

(7)除去半鼻音跟声化韵以外,an、ian、uan、am、iam、im、ong、iong8 韵完全是字音;io、iang、uang3 韵完全是话音;其馀都是由字音、话音混成的。

c. 声调

(1)平、去、入三声皆分阴、阳两调,上声只有阴调没有阳调。

(2)浊母 bb、m、n 有阴平、阴入,无阴去;gg、l 备具平、去、入 3 种阴调,但浊母的阴调大部分属于话音或误读的僻字。

(3)承阴韵的-q 尾入声全都是话音。

四　厦门字音话音的转变

各系方言的读书音跟说话音往往都有些不同,但是很少像厦门音系相差那么远的。厦门的字音跟话音几乎各成一个系统,所以本地人发音时特别要声明“孔子白”怎么读,“解说”怎么读。这一点要算是厦门话(至少也可以说是福佬语系)的特质之一。若就我所问过的材料归纳它们演变的条理,可以得出同声异韵、同韵异声跟声韵俱异3个例来。现在分别举例如下:

Ⅰ. 同声异韵例

(1)从单韵变复韵的(字音→话音,下同)

a →ua:沙鲨痧(麻)

o →au:偷楼口走(侯)等[①]

ó →au:糟操草扫(豪)

ó →ua:簸破歌(歌)

e →ai:梨(脂);婿(齐)

e →ue:鸡齐体犁(齐)等;地(脂);街(佳)

e →ui:气(微);梯(齐)

i →ia:骑寄崎(支)

i →ua:倚纸(支)

i →ue:底抵(齐);地(脂)

i →ai:眉利(脂)

u →ai:狮师(脂);使(之)

u →ua:徙(支)

(2)从复韵变单韵的

ai →e:袋(咍)

ai →i:苔戴(咍)

au →a:胶罩孝(肴)

au →ó:抱(肴)

ue →e:灰诙(灰);税(祭)

ue →u:灰(灰)

ui →e:吹髓(支);闺(齐);推退(灰);脆(祭)

ui →i:肺(祭)

ui →u:龟(脂);堆(灰)

iou →u:邱久牛有(尤)等

(3)单韵互变的

a →e:琶家芽纱(麻)等

ó →e:过坐(戈)

e →i:弟剃(齐);世(祭)

i →e:胚(灰);皮(支)等;未(微)

i →u:抵(齐)

u →i:司辞字(之);死四(脂);鱼(鱼)

u →ó:无(虞)

---

① 凡加“等”字者,表示尚有其他例字,可参阅“厦门音与《十五音》及《广韵》比较表”。

(4)复韵互变的

ai →ua:带大赖盖(泰)

ai →ue:挨改(咍);挤(皆);解(佳)

ai →ui:开(咍)

iau →io:标桥腰焦(宵)等;幺叫(萧)

iou →au:流留(尤)

ua →ue:花瓜(麻)

ue →ua:外(泰)

ue →ai:内(灰)

uai →ue:怪(皆)

(5)阴韵变半鼻韵的

ó →uañ:惰(戈)

ó →auñ:脑(豪)

i →iñ:肄(脂);异(支)

ai →aiñ:滓(之);彩载歉(咍)

au →auñ:挠(肴)

ua →uañ:寡(麻)

uai →uaiñ:拐(佳)

(6)-m 尾阳韵互变的

im →am:琳(侵)

im →iam:临(侵)

(7)-n 尾阳韵互变的

an →in:馒(桓)

ian →an:瓣牵(先);栈(删)

ian →in:眠眩(先)

uan →in:绢(仙)

uan →un:拳(仙)

in →an:瓶(青);鳞(真)

un →uan:喘(仙)

(8)-ng 尾阳韵互变的

ang →ng:帮(唐)

ong →ng:榜当光(唐)等;庄霜(阳)等

ong →ang:东翁鬷(东)等;冬鬆(冬);房珰(唐)等

ong →ing:筐(阳)

iong →ng:长肠丈两秧(阳)

iong →iang:凉香漳枪上(阳)等

iong →ieng:中宫胸(东)等;锺龙(锺)等

ieng →iang:冰(蒸)

ing →ng:影(庚)

(9)-m 尾变-n 尾的

am →an:毯敢(谈)

im →in:今(侵)

iam →ian:鹌(覃)

(10)-n尾变-ng尾的

an →ieng:间简閒(山)

ian →ieng:肩先研前(先)

uan →ng:断卵管酸(桓)等;
砖劝(仙)等

uan →ieng:还(删);穿(仙)

un →ng:顿褪昏损(魂)

un →ang:蚊(文)

(11)-ng尾变-m尾的

iong →im:熊(东)

(12)-ng尾变-n尾的

ieng →an:层等(登)

ieng →in:轻(清);应(蒸)

iong →in:雄(东)

(13)阳韵变半鼻韵的

am →añ:擔敢三(谈);监(盐)

iam →iñ:添甜拈舐(添);钳鹹(盐)

im →aiñ:怎(侵)

im →uañ:怎(侵)

im →iñ:擒(侵)

im →iañ:甚(侵)

an →uañ:单栏安肝(寒)等;山(山)

an →uaiñ:杆(寒)

ian →iñ:边天见前(先)等;篇毡院鲜(仙)等

ian →iañ:件(仙)

ieng →uaiñ:横(庚);轰(耕)

ian →uañ:煎(先);泉线(仙);盏(山)

uan →iñ:丸(桓)、圆(仙)

uan →uañ:般端官(桓);攌(删)

uan →uaiñ:关惯(删);湾(山);冤(元)

in →iñ:进(真)

in →aiñ:衬(真)

iong →iouñ:张薑浆(阳)等

iong →iañ:痛(东);向(阳)

ieng →iñ:平更生(庚)等;争(耕)等;棚(登);精(清)等;星(青)等;奶(哈)

ieng →iañ:平惊兄(庚)等;程城营(清)等

(14)阳韵变阴韵的

uan →e:短(桓)

(15)入声丢掉-p、-t、-k 韵尾的

ap →aq:搭合(合)等;塔(盍);插(洽);甲鸭(狎)

ap →ueq:瞌(盍)

iap →aq:蠟(盍);叠贴(怗)

iap →iq:接碟(葉)

iap →ueq:笠(缉)

at →aq:叭(黠)

at →uaq:煞(黠);割喝撒(曷)

at →ueq:八(黠)

iet →aq:截屑(屑)

iet →eq:袜(月)

iet →iq:鳖裂折(薛);铁(屑)

iet →ioq:歇(月)

iet →ueq:节截(屑)

ut →iq:物(物)

uat →uaq:钵末(末);捋热(薛);辣(曷)

uat →iaq:挖(末)

uat →eq:雪说(薛);缺(屑);月(月);沫(末)

uat →iq:缺(屑)

ok →aq:撲(觉)

ok →óq:薄各落恶作(铎)等;桌学(觉)

iok →ioq:着药(药);俗(烛)

iok →iaq:掠削(药)

iek →aq:百拍(陌);历(锡)

iek →iaq:壁锡(锡)等;亦刺(昔)等;摘(麦);泽额(陌);即食(职)

iek →eq:伯帛宅(陌)等;擘隔册(麦)等

iek →iq:滴(锡)

iek →ieq:惜(昔)

iek →ueq:慼(锡);塞(德)

(16)入声韵尾互变的

iek →it:拭鲫穑(职);脊(昔)

iek →at:力(职);贼塞(德);踢(锡)

iet →ap:屑(屑)

iok →iek:竹熟(屋);局绿玉促(烛)等

(17)入声变半鼻韵的

iek →eq̃:喀(陌);脉(麦)

iek →iaq̃:嚇(陌)

uat →uiq̃:拔挖(末)

iek →uiq̃:劃(麦)

iet →uiq̃:血(屑)

ut →iq̃:物(物)

Ⅱ. 同韵异声例

(1)同组相变的

b →p:並(並)(话音例为比並)

h →□:限枵蚝(匣)

h →k:糊(匣)

gg →□:桅(疑)

tz →dz:遮(照章)

s →tz:水守(审书)

s →ts:手(审书)

(2)异组相变的

h →b:富沸分粪(非);妇肥吠佛(奉)

h →p:芙浮(奉)

tz →d:株(知);注(照章);滓(照庄)

ts →t:推(透);导(定);蠢(穿昌);钗(穿初);妾(清)

s →t:筛(审生);倕(禅)

ts →k:齿(穿昌)

Ⅲ.声韵俱异例

(1)声母同组的

梅(明 灰) mui →mr

姆(明 模) bboo →mm

不(非 物) but →mrh

门(明 魂) bbun →m'ng

晚(微 元) bboan →m'nng

问(微 文) bbunn →m'ngh

毛(明 豪) mo →m'ng

贮(端 鱼) tuh →dueh

夹(见 洽);箧(溪 怗) giap →kueq

蚁(疑 支) ggii →hyah

县(匣 先) hyann →gwaiññ

怀(匣 皆) hwai →kwi

腮(心 咍) su →tsi

绳(床船 蒸) syeng →tsyn

舌(床船 薛) syet →tzyiq

话(匣 夬) hwah →weh

画(匣 佳) hwah →wuih

鞋(匣 佳) hair →we

後(匣 候) horh →awr

晕(喻云 文) hwunn →ngrh

黄(匣 唐) horng →ngr

红(匣 东) horng →arng

狭(匣 洽) hyap →weq

瘾(影 殷) uun →gg'ean

园(喻云 元) wan →h'ngr

烟(影 先) ian →hun

树(禅 虞) swuh →tsyow

席(邪 昔) syek →tsyoq

石(禅 昔) syek →tzyoq

(2)声母异组的

媒(明 灰) mui →hmr

知(知 支) di →tzai

阵(澄 真) dyinn →tzwunn

蝶(定 怗) dyap →yaq

车(穿昌 麻) gu →tsia

飞(非 微) hui →be

父(奉 虞);负(奉 尤) hwuh → berh

反(非 元) hoan →beeng

饭(奉 元) hwann →b' ngrh

放(非 阳) honq →banq

麸(敷 虞) hu →pu

蚨(奉 虞) hwu →por

浮(奉 尤) hwu →pwu

芳(敷 阳);蜂(敷 锺) hong →pang

纺(敷 阳) hoong →paang

缝(奉 锺) horng →barng

蝇(喻以 蒸) yeng →syin

焦礁(精 宵) tziau →da

钱(从 仙) tsyan →yn

转(知 仙)tzoan →d' ung

斟(照章 侵) tzim →tyin

築(知 屋) tziok →doq

茶(澄 麻)tsar →der

柱(澄 虞) tsuh →tiaw

窗(穿初 江) tsong →tang

人(日 真) dzin →lang

燃(日 仙) dzian →hyañ

染(日 盐) dzeam →niiñ

杀(审生 黠) sat →tair

筛(审生 脂) su →tai

事(床祟 之) swuh →dayr

塞(心 德) siek →tat

从上面罗列的例证,我们可以看出厦门字音、话音悬殊的程度。不过它们转变的情形十分复杂,很难用单元的理论说明它们的原故,即如话音里面,“骑、奇、崎、蚁”读成-ia 韵;“熊”保留-m 尾;“狮、师、死、字、辞、四”不变-u 韵;以及“富、沸、妇、肥”保存 b 声;“芙、麸、蚨、浮”保存 p 声;“株、注”保存 d 声;“蠢、茶”保存 t 声之类,自然要比字音较早。但是像半鼻韵的变成,入声韵尾的丢掉,话音又在在有变古之征。假如我们执其一端,就断定字音古于话音,或是话音古于字音,便不免陷于片面的错误了。章太炎先生尝论文言俗语的读音不同道:“有诵读占毕之声既用《唐韵》,俗语犹不违古音者;有通语既用今音,一乡一州犹不违《唐韵》者;有数字同从一声,《唐韵》以来,一字转变,馀字则犹在本部,而俗语或从之俱变者。迒陌纷错,不可究理。”[1]所以我们对于厦门字音、话音的转变,只能根据已有的现象,把可能的条理“如实的”胪列出来;而不愿意就着“迒陌纷错,不可究理”的事实,勉强作臆测的论定。

此外关于厦门音同其他闽南音的异同,在本篇的范围内,也不能多所讨论。但是厦门从 1842 年开作商埠,到现在已经有 68 年的历史,因为交通的关系,对于语言的演变当然不无影响。即如厦门音 iong 韵的字,大部分从 iang 韵变来。iong、iang 两韵在漳州音里,本来分用划然。并且从沿革上讲,iong 韵属于古东、锺韵的三等,iang 韵属于古江、阳韵,系统也不相同。现在的厦门音,除去“凉、铿、嚮、奖”等少数字的话音仍旧保持 iang 韵,其他已经跟 iong 韵同化。又如“参、丼”两个字,Douglas 的字典注作 som、tom 两音,仍旧保持-m 尾。但是这次所记的林先生发音,已经从-om→-oŋ(今漳州音仍未变)。还有 dz 母的字,厦门跟泉州都读近 l 音,其例正与 bb→m、gg→ng 等由全浊变次浊的情形相似。诸如此类,都可以证明海口音比内地音有“变古”的倾向。

① 《新方言序》。

Ⅳ. 厦门音与《十五音》的比较

一 《十五音》的源流

福建的通俗韵书,最流行的有福州的《戚林八音》、泉州的《彙音妙悟》跟漳州的《十五音》3种。《戚林八音》是合刊戚继光的《八音字义便览》跟林碧山的《珠玉同声》而成。但《明史·戚继光传》并没有著录《八音字义便览》一书,不过,嘉靖四十一年(1562)继光征倭寇至连江,陈第曾替他定平倭策。后来继光作福建总兵,提拔陈第作三屯车前营游击将军[①]。陈第对于音韵学是研究有素的,那么,《八音字义便览》如果不是后人依托,或者受了他不少的薰陶。并且林文英(碧山)是清康熙戊辰(1688)进士[②],《珠玉同声》既是根据《八音字义》改订,那么,即使戚书出于伪托,也必是明末人的作品。后来的《彙音妙悟》跟《十五音》不过是从它展转演生出来的产物罢了。《八音字义》以"柳边求气低,波他曾日时,莺蒙语出喜,打掌与君知"等15字作声母(末句5字不用);以"春花香,秋山开,嘉宾欢歌须金杯,孤灯光辉烧银钉,之东郊,过西桥,鸡声催初天,奇梅歪遮沟"等36字作韵母(内"金"同"宾","梅"同"杯","遮"同"奇",实只33母)。因为它是根

---

① 《明史》卷二百一十二。

② 《福建通志》卷二百三十二"清良吏"。

据福州音作的，跟闽南音差得很多，所以清嘉庆五年(1800)泉州黄谦重订为《彙音妙悟》一书，以“柳边求气地，普他争入时，英文语出喜”为“十五音”(即声母)；以“春朝飞花香欢高卿杯商东郊开居珠嘉宾莪嗟恩西轩三秋箴江关丹金钩川乖兼管生基猫刀科梅京鸡毛青烧风箱三熊嘐”为“五十字母”(即韵母)。十五音几乎完全跟戚书相同，五十字母里沿用戚书的也有16个字，它们彼此间蝉蜕的痕迹可以一目了然。泉州有了这部因音识字的韵书，于是“农工商贾按卷而稽，无事载酒问字之劳”[①]。不过因为它“悉用泉音，不能达之外郡”[②]，所以后来谢秀岚又根据漳州音改编为《增注雅俗通十五音》，以“柳边求去地颇他曾入时英门语出喜”为“十五音”；以“君坚金规嘉干公乖经观沽娇稽恭高皆巾姜甘瓜江兼交迦桧监艍胶居丩更裈茄梔薑惊官钢伽闲姑姆光闩糜嗅箴爻扛牛”为“五十字母”[③]。声母方面还没有很大的变迁，韵母方面已然看不出它同《八音字义》的渊源了。但是，这3部书虽然所据的方音不同，而根本的性质并没有两样：从声调的分类看，就叫它作《八音》；从全书的“共性”看，就叫它作《彙音》；从声母的分类看，就叫它作《十五音》，那不过是定名时的观点不同罢了。本章比较研究的范围，只以漳州的《十五音》为限。

二　厦门声母同“十五音”的比较

厦门声母跟“十五音”的关系，略如下表：

---

① 《彙音妙悟》自序。

② 同上。

③ 《十五音》版本甚多，韵母分类亦颇参差。如漳州素位堂刻本只有三十母，上海萃英书局石印本只有四十母，今所据者为颜锦华刻本。

第四表　厦门声母与“十五音”比较表

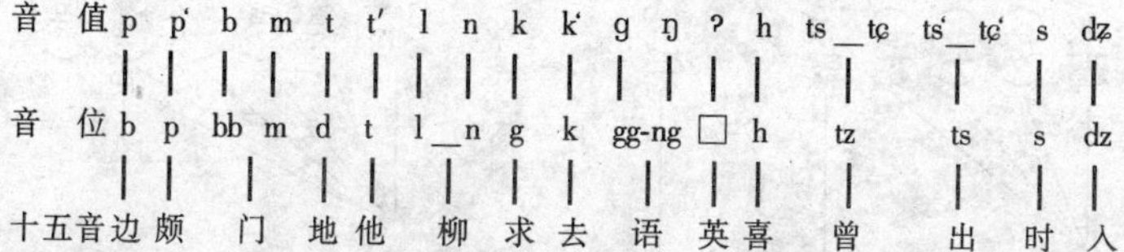

音值	p	pʻ	b	m	t	tʻ	l	n	k	kʻ	g	ŋ	ʔ	h	ts_tɕ	tsʻ_tɕʻ	s	dʑ
音位	b	p	bb	m	d	t	l_n		g	k	gg-ng		□	h	tz	ts	s	dz
十五音	边	颇	门		地	他	柳		求	去	语		英	喜	曾	出	时	入

对于厦门声母的20个音值，新定的方言罗马字归纳成18个音位，《十五音》归纳成15个音位。它们不同之点，就在[b]、[l]、[g]跟[m]、[n]、[ŋ]的划分与否。本来从沿革上讲，[b]、[m]同出于明母，[l]、[n]同出于泥、娘、来等母，[g]、[ŋ]同出于疑母，彼此间有很亲密的关系，并且[m]、[n]、[ŋ]大部分用在话音半鼻韵的前头，而[b]、[l]、[g]却没有跟半鼻韵拼的，所以《十五音》把它们合并作“门、柳、语”3音，从音位的观点看，本来很可以讲得通。不过，[b]、[l]、[g]后面的韵母，如果是从“阳韵”消变而成的半鼻音，固然除去本身鼻化而外，还可以使前面的声母鼻化而成[m]、[n]、[ŋ]，可是从“阴韵”消变而成的半鼻音，鼻化的力量并不如“阳韵”的强。它们不单有时保持单纯的口韵，甚至于前面的声母也不受影响，所以照Campbell的拼法，“麻”字就有ba、ma两音，可见[b]、[l]、[g]跟[m]、[n]、[ŋ]比[ts]、[tsʻ]跟[tɕ]、[tɕʻ]的情形不同，并不是绝对不会在同一情境之下发现的。因此我所定的厦音罗马字，还把它们分作6个不同的音位。

三　厦门韵母同“五十字母”的比较

厦门音不算入声一共有44韵母，比《十五音》的五十字母少了6类。它们的分合情形比较复杂，现在用双行对照的格式，比较如下：

第五表 厦门韵母与“五十字母”比较表

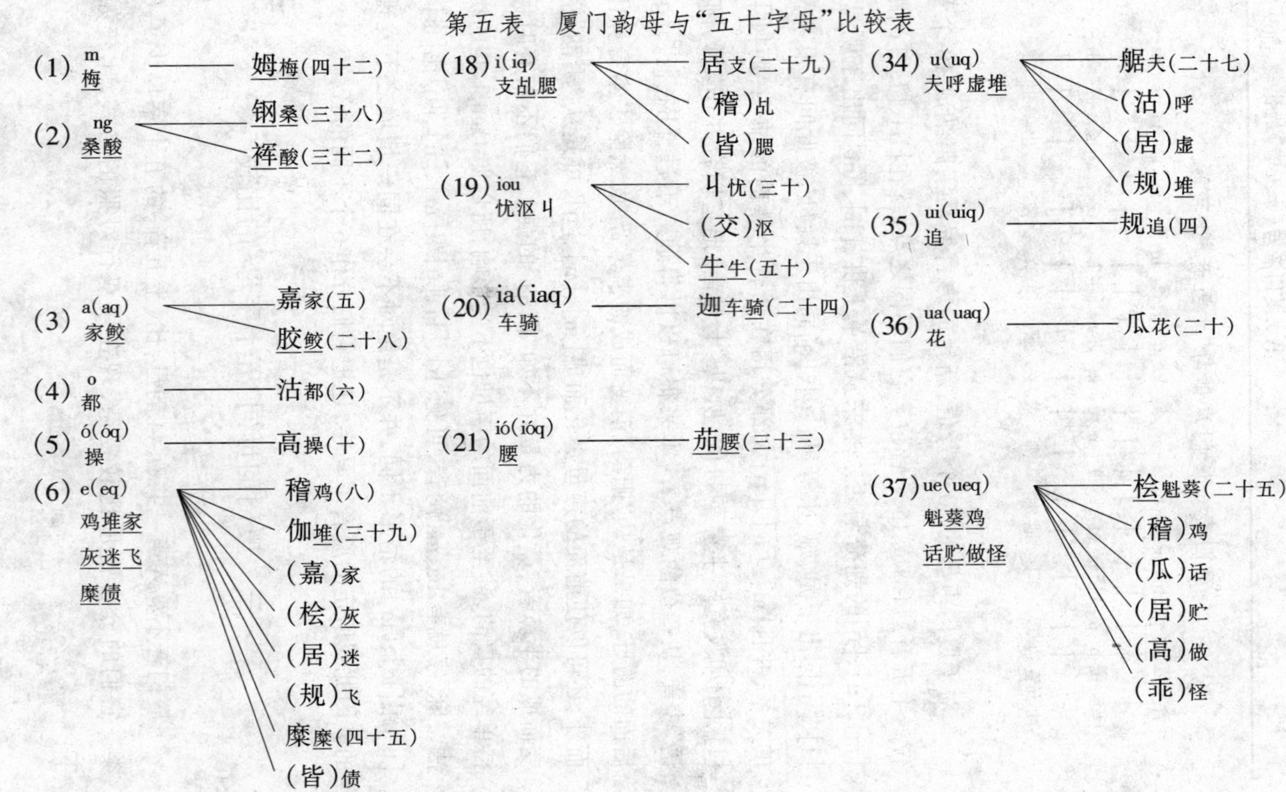

（续表）

(7) ai 该狮 —— 皆该狮（十六）

(8) au（auq） 包沟 —— 交包沟（二十三）

(9) añ（aq̃） 担 —— 监担（二十六）

(10) oñ（oq̃） 摸奴 —— 扛摸（四十九）；姑奴（四十一）

(11) eñ（eq̃） 婴嘤 —— 更婴嘤（三十一）

(12) aiñ 乃衬宰 —— 閒乃（四十）；（巾）衬；（皆）宰

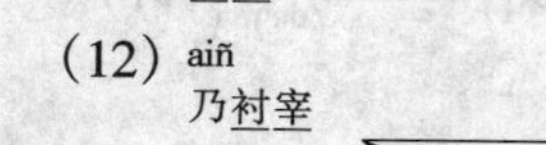

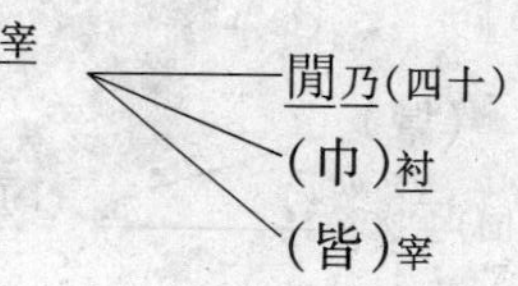

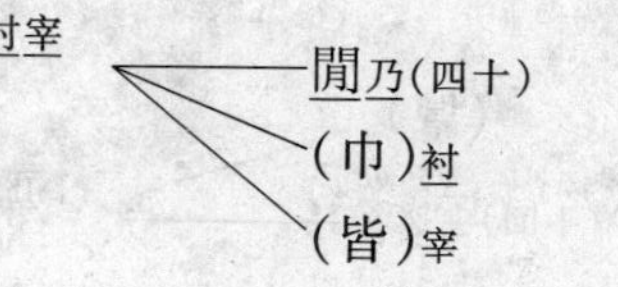

(22) iau（iauq） 标 —— 娇标（七）

(23) iñ（iq̃） 甜英 —— 栀甜（三十四）；（更）英

(24) iouñ 张 —— 薑张（三十五）

(25) iañ（iaq̃） 声 —— 惊声（三十六）

(38) uai 乖 —— 乖乖（十三）

(39) uiñ 梅每妹 —— 桧梅每妹

(40) uañ 般闯 —— 官般（三十七）；（光）闯

(41) uain（uaiq） 樣关县 杆拐 —— 闩樣（四十四）；（官）关；（观）县；（干）杆；（乖）拐

（续表）

(13) auñ 矛好 —— 爻矛(四十八)；(高)好

(14) am(ap) 贪 —— 甘贪(十九)

(15) an(at) 丹 —— 干丹(十一)

(26) iauñ(iauq̃) 猫 —— 嘄猫(四十六)

(27) im(ip) 阴箴 —— 金阴(三)；箴箴(四十七)

(28) iam(iap) 添 —— 兼添(二十二)

(29) in(it) 彬轻 —— 巾彬轻(十七)

(30) ian(iet) 棉 —— 坚棉(二)

(42) un(ut) 敦填根 —— 君敦填(一)；(巾)根

(43) uan(uat) 端 —— 观端(十五)

上表每列的左行是厦门音的韵类,右行是《十五音》的字母,两旁所注的小字,是借以窥见分合的例字,凡是参伍错综互见各韵的字,并外加括弧以别之。经过这番比较,我们可以知道:《十五音》的"钢、裈","嘉、胶","稽、伽、糜","扛、姑","丩、牛","金、箴"6组字母,厦门音都不能分别;厦门音的 uiñ 韵只是从《十五音》的"桧"母分化出来,另外也没有单独相配的字母;所以大体的分类上已经相差6韵。至于厦门音 e、ue、ieng、uaiñ 诸韵来源的复杂;以及"更、姜"两母大部分跟 iñ、iong 同化,只留少数的字保存原来的蜕形;"居"母旧属鱼、虞韵的字变入 u 韵;"巾"母"求"系的字变入"君"韵之类,更可以看出它们两下里显著的差异。还有入声的分配,除去本无入声的16母误列入声的二母以外,大致跟舒声相同。只有"嘉"母的入声大部分变入 eq 韵,"更"母的入声全体保留 eq̃韵,"规、惊"两母原无入声而厦门有 uiq、iaq̃两类;"光"母原有入声而厦门不存其音,这都是很可注意的地方。据说《十五音》所代表的是一百多年前漳州、漳浦的方音,那么"十五音"跟厦门音的不同,也可以说是漳州音跟厦门音的不同。据我现在所知道的,厦门音跟龙溪音的重要差别有下列几点:

(1)e →ue; ue →e。关于这一点,看第五表6跟37两韵的分合自明。

(2)ng →uiñ。凡 ng 韵从字音-n 尾跟少数-ong 尾变来的,龙溪变成 uiñ 韵。这就是《十五音》分立"钢、裈"两母的原故。

(3)iong →iang。iong 韵中属于《广韵》江、阳诸韵的字,龙溪皆读为 iang,属于东、锺诸韵的字不变。换言之,就是《十五音》"姜、恭"两母龙溪还有分别,厦门已然混淆。

(4)iok →iak。这两韵就是承 iong、iang 两韵的入声。其变化的原故,看上条可明。

(5)u →i。u 韵中属于《广韵》鱼、虞两韵的字,龙溪皆读为 i,厦门"猪"(di)、"去"(kih)两字的话音,就是它的遗迹(参阅第五表34韵)。

(6)iñ →eñ。iñ韵中从字音ieng变来的字,龙溪皆读为eñ,这就是《十五音》"更、梔"两母的区别。现在厦门音只有"婴、嘤"几个字还保存eñ音。不过"更"母的入声一律保存eq̃音,没有变作iñ音,颇可推见"更"母没有演变以前的音值。

(7)a →e[ε]。a韵中属于《十五音》"嘉"母的字,龙溪皆读为e[ε]。现在厦门音虽然变了,可是"嘉"母的话音读成e韵,"嘉"母的入声大部分归到eq韵,仍然可以考见它的渊源。

(8)ieng →an、in、ian。凡ieng韵中从《广韵》山摄变入的字,龙溪音多读入in、an、ian三韵(参阅第五表31韵)。

(9)ue →ua。ue韵中从《十五音》"瓜"母变来的话音,龙溪仍读为ua音(参阅第五表37韵)。

拿这几点回忆同这次比较研究的结果交互证明,那么,在我们没有系统的调查漳州方音以前,已然可以窥见漳、厦方音异同的梗概了。

V. 厦门音与《广韵》的比较

《切韵》系韵书兼赅古今南北方音，想用全国方音的最小公倍数作为统一国音的标准，所以无论国内什么地方的方音，都不能超越它的范围，同时也没有一个地方的方音能够跟它恰好相合。厦门音在中国方音里不能不算是很复杂的一种，但是拿它跟《广韵》比较起来，声、韵、调三方面都有很大的出入。现在分别列表比较于下。

一 《广韵》四十七声类与厦门十八声母的比较

《广韵》的声类，据反切上字归纳可得 47 类。它跟守温“三十六字母”不同的地方，就是正齿音照系分为二等庄组、三等章组；喉音喻母分为三等云类、四等以类；唇音帮系的一、二、四等跟三等有分别，而三等的重唇、轻唇没有分别；并且见、溪、疑、影、晓、来 6 母也从一、二、四等的“格、客、吾、乌、呼、鲁”以外，分出三等的“纪、起、玉、乙、休、林”6 类。我们现在拿《广韵》跟厦门音比较，自然应当以 47 类作标准。不过庄组跟章组，云类跟以类，音值相差较远，往往在同一韵里会因声母而异等，跟“纪、起、玉、乙、休、林”等只因颚化的关系而分出者，性质不大一样。所以我在这里所列的比较表，对于庄、初、船、生、以，另外分作 5 类，对于“纪”等 6 类却没有精密的分析。还有帮系的三等，按《广韵》的反切，开口的“必、披、皮、弥”跟合口的“方、芳、符、武”本来没有分别,但是厦门音帮系三等合口的字音一律变成 h 音,开口却没有变的。所以为方便计,我把开口的三等并入重唇帮系而把合口的三等另外分出非、敷、奉、微 4 类。这些微细的出入,是要特别声明的。

厦门声母跟《广韵》声类的分合异同,看第六表自然可以明了。表中的汉字是每类的例字,下面的数字是每类问过字数的统计(第十一、十二、十三表准此)。它们重要的异同,有下面所举的几点:

(1)话音轻唇、重唇不分,但字音轻唇非、敷、奉均转入 h 母。

(2)舌头、舌上不分。

(3)齿头、正齿不分;照系的二、三等也不分。

(4)喻母的三、四等不分;但一部分三等字转入 h 音。

(5)舌、齿两音往往互变;喉、牙两音往往互变。

(6)全浊並、奉、定、澄、群、从、床 7 母变入全清的,比变入次清的多。跟北平音平声变次清,仄声变全清的条理不同。

(7)晓、匣,心、邪,审、禅 3 组,清浊无别。但匣母话音多变纯韵,颇与喻母相似。

(8)次浊明、微字音变 bb,疑变 gg,泥、娘、来变 l;但在半鼻韵前仍读 m、ng、n 音。

(9)次浊日母字音读 dz;但话音多变入 l、n 两母。

(10)床母三等船类变入 s 音的,比读 tz 音的较多;跟禅母有混淆的倾向。

(11)心、邪、审、禅的一小部分从摩擦的 s 音变入破裂摩擦的 tz、ts 两音。

此外一部分话音跟训读的音变,离常轨较远的,我们只能认为例外,不再加以讨论。现在我把所有问过的字照“唇”、“舌”、“齿”、“牙”、“喉”的旧分类,列成第七、第八、第九、第十表,以便参考。

第六表 《广韵》四十七声类与厦门十八声母比较表

广韵声类		厦门声类	b	p	bb	m	d	t	n	l	g	k	gg	ng	□	h	tz	ts	s	dz
重唇	帮	p	布 125	圃 15			庇† 1													
	滂	p‘	醅 5	葩 73																
	並	b‘	步 108	菩 53																
	明	m	槾 1	沬 3	麻 125	马 51	埋† 1		猫 1						梅 2	媒 2				
轻唇	非	pf	方 18				返† 1								不† 1	废 28				
	敷	pf‘	沸 2	芳 6	抚 1											肺 22				
	奉	bv‘	饭 14	帆 7												妃 45				
	微	ɱ			忙 35	问 3														

厦门声类 广韵声类			b	p	bb	m	d	t	n	l	g	k	gg	ng	□	h	tz	ts	s	dz
舌头	端	t					都 124	搥 3		搨 1	低 2						桩 1			
	透	t‘					他 9	偷 103	塌 1								䲪 1	推 1		
	定	d‘					徒 128	头 43							蝶 2		覃 1	导 2		
	泥	n					那 2		泥 19	砮 36									鹏 1	嫩 4
舌上	知	ȶ	窋† 1				爹 46	衷 4	肘 1	摘 2							楮 21	箠 1		
	彻	ȶ‘					敕 2	诧 28		抽 1						絺 2	侦 1	痴 5		
	澄	ȡ‘					治 87	程 18									椎 6	查 2	峙 1	
	娘	ȵ							黏 6	娘 15										赁 2

广韵声类 \ 厦门声类			b	p	bb	m	d	t	n	l	g	k	gg	ng	□	h	tz	ts	s	dz
半舌	来 鲁林	l							凉 19	罗 204										
半齿	日	nʑ							耳 6	人 9			蛲 2			燃† 1				惹 54
牙	见 格纪	k					今† 1				见 378	箍 26	箇 2	夹 2	锅 5	係 3		串 2		
	溪 客起	k‘					块† 1				枯 11	起 183	迄 3			墟 2				
	群	g‘									奇 67	诰 28				噤 1				
	疑 吾玉	ŋ		歹† 1							咬 7		牙 107	雅 14	阮 4	蚁 9				
喉	影 乌乙	ʔ			要† 1		压 1			饮 1	绾 1		俺 1		鸦 215	恚 5	闸 2			
	喻 云	j													为 50	雄 9				愈 3

广韵声类		厦门声类	b	p	bb	m	d	t	n	l	g	k	gg	ng	□	h	tz	ts	s	dz
喉	喻以	○								簷 2					异 102	融 2	蟫 1		蝇 1	锐 1
	晓呼休	x										呼 3	戆 2		呵 9	喜 125				
	匣	ɣ								舰 1	下 21	糊 11	挟 2	肴 3	胡 39	瑕 154				
齿头	精	ts					礁 3				子 2				仔 1		赞 148	僭 12	旌 3	子 2
	清	ts‘						妾 1				浅 1					促 4	娶 103	哨 1	
	从	dz‘					在 1					藏 1			钱 1	磁 1	昨 92	噪 20	酋 1	字 3
	心	s					裼 2	塞 1								岁 1	僧 1	笑 16	絮 179	
	邪	z													涎 1	篲 1	谢 6	席 8	随 42	祥 1

广韵声类 \ 厦门声类			b	p	bb	m	d	t	n	l	g	k	gg	ng	□	h	tz	ts	s	dz
正齿	照庄	tʂ					箦 1		爪 2								邹 36	侧 2		爪 1
	照章	tɕ					砥 3				栀 2						蔗 106		颤[†] 1	遮 1
	穿初	tʂʻ						窗 2									差 3	楚 39		
	穿昌	tɕʻ					触 2	蠢 2				齿 1						车 50	犨 1	
	床崇	dʐʻ					事 1	锄 1				柿 1					渣 15	柴 12	豺 6	
	床船	dʑʻ					唇 1	盾 1									蛇 6		射 22	
	审生	ʂ						杀 2										栓 4	沙 81	
	审书	ɕ						翅 1		摄 1						饷 1	水 5	试 8	赦 74	
	禅	ʑ					赡 1	铢 1									谁 6	市 3	垂 62	

第七表 厦音古音对照唇声字表

古声帮 p:厦声 b

帮榜巴羓疤把把饱霸灞豹簸晡逋补布皤褒保宝播簸报膘表把背

杷杯盃贝辈背狈碑卑悲彼比臂秘庇痺闭彪摆包胞饱膘表裱标饼

丙併般半边匾扁变班斑颁版板扮鞭边褊扁贬变遍窆般半彬宾禀

殡本帮邦崩绑琫榜谤兵冰丙秉饼屏柄叭百壁钵粕朴擘八鳖八叭

鳖拨钵笔必毕扒北剥驳卜北驳伯百壁逼

古声帮 p:厦声 p

圃波跛鄙标柄编奔绷崩博博爆碧璧

古声帮 p:厦声 d

庇†

古声滂 p':厦声 p

葩抛脬吧怕破普铺剖舖坡颇破剽票漂胚配批配披陂丕坏胚屁派

抛脬炮票漂堋潘判篇偏片扳攀眅襻盼偏篇骗片潘

坢缤品喷喷磅胖烹娉聘拍癖泼撇泼撇匹扑撲粕

古声滂 p':厦声 b

怖醅霈喷葝

古声並 b':厦声 b

傍琶琶爬爬匍蒲裒婆琶爬赔赔陪脾琵鼙匏葡排牌炰鲍匏平搬盘

棚平坪便瓶便搬贫蘋屏瓶凴旁棚平朋棚(平)

傍耙爸罢步捕部暴币弊薜陛倍佩被避婢备比败惫稗刨病辫版辫

办卞便辩辨辫阪畔叛膑膑牝笨傍磅棒併並病並钹薄白帛拔拔别

别拔弼愎鼻勃僕薄白帛(仄)

古声並 b':厦声 p

菩瓢皮皮邳皮疲坪坪抨彭盘盆篷膨彭澎坪评萍鹏(平)

匏疱簿蔀抱被被痞否譬被抱匏疱伴鼻伴伴拌掊甓甓拔泊雹蹩蹩饽曝曝辟甓(仄)

古声明 m:厦声 bb

麻猫乜磨摸摹谋姥墓暮茂母磨帽描庙迷迷糜糜马码袂寐枚买卖糜弥眉楣靡弭美米母拇缪谬埋眉卯猫苗藐庙妙蛮馒鳗闽慢棉眠缗免勉愍面麵瞒蹒满珉民眠馒敏闵黾面门旻蚊闷忙芒龙梦蒙忙盲莽蟒梦墓盲明盟名冥猛皿茗孟命抹末莫麦乜麦篾贸密灭蔑抹末沫密蜜没木目墨木目莫陌麦脉觅墨默

古声明 m:厦声 m

门毛麻痳马妈骂麻痳马妈码骂名命鳗痳满摸毛摩冒猛盲明冥棉弥猛麵谜枚梅每妹昧觋买卖迈矛蝥蝥貌麽膜哶脉乜哶麽

古声明 m:厦声 p

帕帕沫

古声明 m:厦声 b

榠

古声明 m:厦声 h

媒茅

古声明 m:厦声 d

埋†

古声明 m:厦声 n

猫

古声明 m:厦声□

梅姆

古声非 pf:厦声 b

方枋枫风傅飞斧富坂坂分粪枋放反發不腹

古声非 pf:厦声 h

方缶废非匪芾夫府付富反贩分芬粉粪钫方封风讽仿放髮發法弗福

古声非 pf:厦声 d

返†

古声非 pf:厦声□

不†

古声敷 pf‘:厦声 h

肺悱费肺孚敷抚赴副仆番翻汎泛忿丰蜂芳捧纺拂沸

古声敷 pf‘:厦声 p

藩芳蜂捧纺仆

古声敷 pf‘:厦声 b

沸拂

古声敷 pf‘:厦声 bb

抚

古声奉 bv‘:厦声 h

防浮妃符扶芙浮璠烦凡矾繁棼墳逢防妨(平)

吠附父伏妇復饭饭梵梵范犯範愤份唪俸俸奉鳳伐罚乏佛佛復復负(仄)

古声奉 bv‘:厦声 b

房冯缝房冯(平)

饮父吠妇佛佛缚伏缚(仄)

古声奉 bv‘:厦声 p

麱浮帆帆(平)

袢缝覆(仄)

古声微 ɱ:厦声 bb

无尾尾未未微未无诬武舞务晚輓萬晚挽文闻吻问紊网蚊望网亡忘网妄望襪物韈物

古声微 m:厦声 ɱ

晚问物

第八表 厦音古音对照舌声字表

古声端 t:厦声 d

当当顿断带都肚赌斗妒鬥多刀朵岛倒到倒钓低堤短短戴帝底抵贮对邸底抵戴堆搥对队堆抵贮丢秖带戴兜斗鬭貂雕弔钓擔当胆打擔鼎单旦段耽湛擔胆擔点店垫井丹单旦等颠癫典碘端短断敦顿瑲东冬董档冻东冬当董党谠冻栋当档丁登灯顶鼎等碇钉嶝搭搨剟滴答妲裰得咄啄掾督笃的滴德得

古声端 t:厦声 t

搥疸锻

古声端 t:厦声 l

搨

古声端 t:厦声 g

低到

古声透 t':厦声 t

汤盪褪拖偷土兔吐透佗叨滔妥讨唾套挑桌胎梯推推胎体替退退体退替替剃推梯腿退胎泰太态偷透挑刁桌瘫他聽厅痛摊滩炭天添探贪毯探添忝㮇滩摊坦毯炭叹天腆瑱湍疃暾吞褪通桶通汤桶统侻痛盪厅聽塔贴拓铁榻塔帖贴闼踢铁脱秃剔踢忒

古声透 t':厦声 d

他贷沾燉荡町踏搭踏

古声透 t‘:厦声 n

塌

古声透 t‘:厦声 tz

䠨

古声透 t‘:厦声 ts

推

古声定 d:厦声 d

唐堂徒塗投骰驼逃陶题啼颓兑题蹄臺投骰调调条壇弹甜谭谈壇弹田填藤屯豚同铜同童疼唐棠庭亭滕藤(平)

舵大度渡杜肚豆痘惰舵导盗道代第递地代递地地弟歹大代袋殆怠豆脰痘调碇定弹惰淀淡襌淡簟恬惮诞但蛋蛋靛电殿田段缎钝遁洞动洞恸动宕定掟邓叠朵碟沓蹋蝶叠达垤夺突侄毒毒独度铎敌笛特(仄)

古声定 d:厦声 t

糖塗头桃提隄苔苔抬头䱎庭团腾覃坛痰甜恬填团豚桐糖停誊腾(平)

缔待窕跳袒殄盾饨填疼挺艇提叠读读(仄)

古声定 d:厦声 tz

覃

古声定 d:厦声 ts

田导

古声定 d:厦声□

蜓蝶

古声来 l:厦声 l

箩赖卢炉胪镂楼鲁滷路露滷漏陋觑螺罗锣劳牢老逻涝螺螺黎璃鹂礼儡例厉励丽例犁离璃莉釐逦履里鲤离利痢吏雷镭垒儡累泪

滤旅缕虑侣留流绺柳溜来梨赉利楼流留老老漏蹘燎僚缭瘵瘵料了岚蓝篮淋览揽滥簾临敛殓脸殓林淋临廪檩兰斓鳞零懒烂嗹连联莲辇脸炼练銮恋挛卵乱恋邻鳞怜绫吝论伦轮崙崙论论聋朗笼凉亮笼郎垄朗弄浪隆龙栊良樑垄两谅亮铃棱陵绫龙领冷令蠟猎曆掠辣落略笠裂拉笠粒臘蠟猎立粒辣栗力列劣捋埒辣角律捋六鹿辘荦落六陸录绿掠略栗歷力勒绿

古声来 l:厦声 n

郎榔两卵蓝咙揽领岭拦烂连莉凉樑量懒赖两

古声泥 n:厦声 l

诐弩猱恼嫩馁内内男南拈捻念难难年撚煖您囊脓弄农囊奶宁能佞捺纳嗫捏捺讷诺溺

古声泥 n:厦声 n

那那奴娜努怒耨拈奶泥年你泥乃妳奈耐恼鸟

古声泥 n:厦声 d

那[†] 讷

古声泥 n:厦声 dz

嫩尿嬲

古声泥 n:厦声 s

嬲

古声知 ȶ:厦声 d

转罩爹住知猪智致置箸追蛛蛛株著朝张帐涨沾佔枯站戡揕展珍镇阵中忠张中徵中摘桌啄拄哲缀灿竹築摘竹

古声知 ȶ:厦声 tz

株诸主楮住拄知站砧枯转珍阵桩晰劄住拄绌窋室

古声知 ȶ:厦声 t

肘冢疐衷

古声知 ȶ:厦声 l

摘逓

古声知 ȶ:厦声 n

肘×

古声知 ȶ:厦声 ts

箠

古声知 ȶ:厦声 p

窋†

古声彻 ȶ‘:厦声 t

诧绨笞耻摅抽丑撑谄琛疢蛏趁趁趁宠畅畅樘逞撑坼澈撤怵畜敕饬

古声彻 ȶ‘:厦声 ts

痴春闯柽坼

古声彻 ȶ‘:厦声 d

瞠敕

古声彻 ȶ‘:厦声 l

抽

古声彻 ȶ‘:厦声 tz

侦

古声彻 ȶ‘:厦声 h

郗绨

古声澄 ȡ:厦声 d

长肠潮茶池迟持厨除筹稠朝潮呈程缠场沉沉陈缠躔陈尘重长肠瞪呈澄重(平)

丈撞赵滞滞豸稚雉治痔坠筋昼宙胄纣召召兆郑长丈朕传篆重撞长仗帐涨怅仲重仗瞪择择燡著辄值辙秩直蛰浊逐卓逐著燡泽择

掷轴(仄)

古声澄 ȡ:厦声 t

传绌锤程瞪传虫虫程(平)

豸滞褫柱撑沉鸩宅宅(仄)

古声澄 ȡ:厦声 tz

茶持椎(平)

掷术浊(仄)

古声澄 ȡ:厦声 ts

查查

古声澄 ȡ:厦声 s

峙

古声娘 ȵ:厦声 l

女钮纽闹喃黏赧碾浓娘聂搦忸匿搦

古声娘 ȵ:厦声 n

黏尼娘铙挠蹑

古声娘 ȵ:厦声 dz

赁娘

古声日 nʑ:厦声 dz

惹若桡惹芮儿而尔耳二如儒乳乳汝柔蹂桡扰绕耳尔染壬饪忍任刃然软人仁恁认认闰冗戎绒攘冗壤让热颥入爇热热日肉辱若弱

古声日 nʑ:厦声 l

蕊汝汝软忍闰润人让

古声日 nʑ:厦声 n

软若捆染耳让

古声日 nʑ:厦声 gg

蛲蛲

古声日 nz:厦声 h

燃[†]

第九表(甲) 厦音古音对照牙声字表

古声见 k:厦声 g

冈扛裈光管捲卷钢槓贯串卷家嘉佳傀胶鲛痂枷假贾绞疫搅假嫁教迦寄瓜过歌盖卦挂怪沽孤钩沟古鼓狗笱故顾构媾够诂戈哥歌高膏果稿过箇告膏叫街鸡家加诙闺鲑枷假粿计继假嫁过傀桧街鸡瓜鲑圭改解脍挤怪奇妓饥期基机乩几己纪幾寄羁记冀规龟归傀圭闺鬼季贵桂龟居车痀俱久举句据锯丩久九纠究救该皆该改解丐盖概介界挤乖拐枴夬怪交胶鲛沟钩绞疫狗九教较校骄搅矫缴叫橄监敢酵京惊镜官棺肝杆乾赶矿寡灌骾更更庚耕经骾径见薑荆彊间关杆高桿秆拐惯甘疳柑监鉴感敢橄监兼缄检减剑今金锦禁干乾姦艰间赶简柬茧敢幹涧谏间坚肩蹇见建官观关鳏管舘馆卷捲贯罐惯眷绢狷今紧谨绢靳裈菌君军根跟巾均钧斤筋衮滚艮江工讲港绛降光公功光刚罡扛肛舼广矿管贡诳弓宫恭供姜疆拱襁供更京惊经扃耕兢供间肩弓宫警景憬耿到颎裥简敬径亘供劲颈泾合甲割各阁脚格隔搞袂侠挢嗷鸽甲颊劫夹胛急级割结结洁吉橘括刮决诀桔骨滑角觉较矍谷郭国帼菊脚格戟革隔激棘菊

古声见 k:厦声 k

脚箍鼛徼茄痂茄诡轧拘鸠觊溉阄襟矜昆崑讲袷夹阁盖汲梏虢

古声见 k:厦声 gg

箇夹

古声见 k:厦声 ng

夹激

古声见 k：厦声□

锅锅桅泔辐

古声见 k：厦声 h

係係撖

古声见 k：厦声 d

今†

古声见 k：厦声 ts

串串

古声溪 k‘：厦声 k

康劝呿巧扣诧刳跨袴苦口库袴扣寇釦科珂可考栲课靠溪科启契恢诙魁溪契敧欺绮企起岂器弃气去亏开傀愧气邱祛祛驱去丘开揩恺凯楷慨块快敲巧口跻巧窍掐庆宽款看坑腔堪龛嵌坎勘阚嵌谦歉歉欠钦搇刊牵侃肯看愆牵铿快遣谴谴宽款劝轻坤困垦困睏空孔孔炕旷圹腔铿空康匡腔孔控旷抗穹蛲跫腔铿恐卿轻倾銎筐倾顷肯庆磬阔客缺瞌箧缺礅碻喀瞌恰磕怯泣渴揭契诘阔阙缺乞窟屈确恪壳嚳麴哭酷廓麴曲却客喀隙喫阒克刻曲

古声溪 k‘：厦声 g

券枯窥帕蒯悭券羌隙箧鞹

古声溪 k‘：厦声 gg

迄矻矻

古声溪 k‘：厦声 h

墟跬

古声溪 k‘：厦声 d

块†

古声群 g‘：厦声 g

奇岐桥茄瘸葵畿奇祁岐耆其旗祈葵毬渠衢求仇虯侨桥强掮权群

拳狂穷强穷(平)

崎轿荞妓技跽跪柜旧舅巨拒具柩旧臼轿健件噤健建键件倦仅郡群近共共竞竞屐及及傑竭橛呋局剧极局(仄)

古声群 gʻ:厦声 k

骑骑蜞球钳擒钳钤琴擒虔乾拳圈勤芹蛩琼(平)

诰悸臼惧俭俭噤大窘菌(仄)

古声群 gʻ:厦声 h

噤

古声疑 ŋ:厦声 gg

牙衙讶我外吾吴五讹俄鹅遨卧饿傲倪牙衙睨叉艺毅外宜仪疑蚁拟义危伪魏牛愚娱语语遇遇御禦牛獃涯骙碍颜哓乐尧岩岩严俨验吟颜眼岸雁彦言彭研顽刓元原玩阮愿垠银龂憖昂昂卬颙仰迎凝眼研迎硬月业岌齧孽臬月兀仡屹岳咢萼愕玉狱虐额逆玉狱

古声疑 ŋ:厦声 g

龇翱鹹凝硬逆谔

古声疑 ŋ:厦声 ng

雅迎我午忤耦五硬刈龇乐藕岌蛾

古声疑 ŋ:厦声□

阮瓦玩阮

古声疑 ŋ:厦声 h

蚁鱼鱼渔艾岸砚砚额

古声疑 ŋ:厦声 p

歹†

第九表(乙) 厦音古音对照喉声字表

古声影 ʔ:厦声□

央秧弯影鸦哑阿亚亚哑哑哇娃蛙倚乌讴坞妪呕恶倭窝阿鏖猗袄奥腰幺煨倭矮秽伊医噫依衣繄倚椅懿意薏萎威委萎尉於瘀邬污饫忧优幽沤鸥幼哀挨蔼暧爱隘缢歪黯坳欧沤媪拗呕妖腰幺窈要缨赢影映飐安鞍椀案婴嘤英燕鸯庵闇闇黯暗淹厌鹌掩揜厌淹阴音饮荫安鞍鹌按案晏煙烟渊姻鹌偃蝘堰燕宴剜弯冤盌碗腕怨因姻印应温瘟氲恩殷稳隐瘾揾愠翁瓮翁汪泱瓮坱雍央殃鸯拥瓮鞅盎映英婴瘿鹦莺鹰痈影应瓮鸭押恶约厄扼挖阏压鸭押厌闸邑挹揖遏握谒咽斡挖轧乙一壹忆熨鬱握沃吃屋恶益约哑厄益臆抑

古声影 ʔ:厦声 h

恚唉按烟郁

古声影 ʔ:厦声 g

绾

古声影 ʔ:厦声 gg

俺

古声影 ʔ:厦声 bb

要[†]

古声影 ʔ:厦声 d

压[†]

古声影 ʔ:厦声 l

饮

古声影 ʔ:厦声 tz

闸一

古声喻$_{云}$ j：厦声□

晕芋卫为洧韦苇为位胃汙盂羽雨羽有豫芋尤邮有友又员圆院炎院员圆袁园援远远瑗媵孕雲殒运韵王枉往荣雄永咏晔

古声喻$_{云}$ j：厦声 h

园远雨雄雲晕雄熊域

古声喻$_{云}$ j：厦声 dz

榆愈谕

古声喻$_{以}$〇：厦声□

笐也椰耶爷也野夜摇窑移姨夷维惟怡饴以易异惟遗余与舆愉由犹酉诱柚谣摇耀营楹肄异羊杨洋镕养舀样盐琰艳焰淫鸢延椽沿缘铅衍寅引胤匀尹允容庸羊阳勇养用漾样养盈嬴营颖用易亦役绎药葉悦阅佾悦逸聿育欲慾药亦驿腋役疫弋欲浴

古声喻$_{以}$〇：厦声 h

融葉×

古声喻$_{以}$〇：厦声 l

彙簷

古声喻$_{以}$〇：厦声 tz

蟫

古声喻$_{以}$〇：厦声 s

蝇

古声喻$_{以}$〇：厦声 dz

锐

古声晓 x：厦声 h

荒荒昏孝靴花化呼虎吼蒿诃好醢灰火货灰[illegible]花诲羲牺禧希稀喜戏扐挥毁虚呼灰许煦休朽嗅哈海骇害哮吼孝楞兄馨向欢鼾蒿好火好货香向歆好憨蚶喊阚阚险歆欣焮顸罕汉轩掀显宪献楦欢唤

衅昏埙薰训楦烘香响烘荒况胸乡享向嚮享馨兄胸兴兴喝歇血血嚇翕喝瞎豁歇血肸忽霍蛩旭畜赫黑嚇郝

古声晓 x:厦声□

向呵蒿翙枵嚾薨轰劃

古声晓 x:厦声 k

呼许壳

古声晓 x:厦声 gg

戆蝎

古声匣 ɣ:厦声 h

圂瑕虾下夏华踝华画话弧狐侯猴喉岵互护户怙後厚豪蠔河禾和和祸贺何号皓携畦虾和夥会下繫回茴会溃匯惠慧孩颏谐鞋亥械邂懈蟹怀槐颏坏效校候鲎惶横弦横悬酣含函涵咸鹹衔撼憾陷馅嫌喊熊寒韩閒翰汗旱限贤玄弦眩现县桓幻换换患幻眩魂痕很慁混恨杭行降巷项红航行黄皇隍癀弘宏汞晃哄行横刑形还行杏幸鹤合协洽狭曷黠穴絜活核纥学斛涸学鹤核获

古声匣 ɣ:厦声□

黄胡湖荷蠔会祸下鞋话画号喉後馅赚换旱丸颔閒限丸完缓红萤閒閒狎匣活学狭劃画盒盍画

古声匣 ɣ:厦声 g

糊怙镐下会怀猴厚行寒汗县衔鹹棍茎胫合挟峡猾

古声匣 ɣ:厦声 k

糊苛盖镮寰虹瘦阖盍祫挟

古声匣 ɣ:厦声 gg

匣鹄

古声匣 ɣ:厦声 ng

爻肴挟

古声匣 ɣ:厦声 l

舰

第十表 厦音古音对照齿声字表

古声精 ts:厦声 tz

赃钻早嗟姐借租祖组走奏遭糟瘥左早枣佐做灶醮蕉椒灾跻姐际祭霁济最作做糍紫姊子嘴醉赀资咨兹滋鹚子恣酒栽灾宰载糟蚤蝨走灶奏焦礁精餐煎怎讚溅精晶井箭进浆蒋酱怎宰簪尖尖簪浸罾赞讚赞煎笺剪箭荐钻津进尊遵俊棕总粽奖将棕餕宗纵赃赃藏总粽综葬将蒋酱将精增井荐甑脊即作借绩节接帀浃接嚌节节睫撮脊鲫卒作足爵积脊绩则即鲫

古声精 ts:厦声 ts

菁忏谶歼僭祲纂纵纵湒蹙雀

古声精 ts:厦声 s

旌鹚躁

古声精 ts:厦声 dz

子迹

古声精 ts:厦声 d

焦礁津

古声精 ts:厦声 g

子团

古声精 ts:厦声□

仔

古声清 ts‘:厦声 ts

仓舱村娶粗醋瑳磋操草剉蹉操错妻萋妻脆脆刺璀翠脆趋此取厝

次趣刺娶秋鞦猜采彩採蔡菜操草悄请笡倩青浅刺抢採彩参惨佥
籤侵寝沁餐灿迁千浅窜爨亲村忖寸聪葱枪葱仓舱苍枪抢清青蜻
请刺擦戚慼妾葺缉擦漆切撮七簇错蹴促鹊刺慼戚促

古声清 ts‘:厦声 tz

造凑竣促

古声清 ts‘:厦声 s

哨

古声清 ts‘:厦声 t

妾

古声清 ts‘:厦声 k

浅

古声从 dz:厦声 tz

昨徂鲰曹槽剂齐摧齐瓷鹚磁慈才裁脐憔憔残泉钱晴前潜残层钱
前全泉秦存鬃丛鬃丛藏从缯情层嶒前(平)

鳟藏赃藉沮祚骤坐座漕皂哜坐坐罪蕞渍目聚就在贱静渐瓒层荐
贱尽从净静赠截绝截杂集截捷绝疾崒族昨嚼籍寂贼(仄)

古声从 dz:厦声 ts

崔疵材裁墙蚕蚕残存从墙(平)

噪噍灉匠从匠贼凿凿(仄)

古声从 dz:厦声 s

酋

古声从 dz:厦声 dz

字字字

古声从 dz:厦声 d

在

古声从 dz:厦声 k

藏

古声从 dz:厦声 h

磁

古声从 dz:厦声□

钱

古声心 s:厦声 s

桑酸痠孙损算写卸徙苏稣搜溯叟素诉嗽莎梭骚缫锁嫂扫燥小鞘西洗细婿洗岁细丝司腮死四虽绥祟斯私司思顋胥糈须死徙玺赐四笥思絮修羞秀绣顋西赛塞婿扫漱消硝小三散散伞线性姓相箱镶想相様三鬖糁心珊散散伞伞霰线腺仙鲜先鲜癣铣洗线先信酸痠宣选蒜算新辛先信囟孙荀损笋榫巽逊鬆送鬆桑丧送宋丧嵩相箱镶菘悚鲞想相星醒性姓锡削撒索漱惜雪屑塞薛哪飒卅萨撒薛屑雪悉息恤屑速索肃宿粟削昔惜塞息索

古声心 s:厦声 ts

笑髓腮髓碎羞鬚笑啸星鲜醒耸耸粟粟

古声心 s:厦声 tz

僧

古声心 s:厦声 d

裼裼

古声心 s:厦声 t

塞

古声心 s:厦声 h

岁

古声邪 z: 厦声 s

斜邪谢辞随遂穗祠词辞兕饲似叙饲囚袖袖祀纤寻蟳涎旋羡檨烬
巡殉颂诵松象席俗汐习袭俗续夕席

古声邪 z: 厦声 tz

谢已蟳镟镟烬

古声邪 z: 厦声 ts

斜饲徐祀樉象松席

古声邪 z: 厦声 dz

祥

古声邪 z: 厦声 h

篲

古声邪 z: 厦声□

涎

古声照$_{庄}$ tʂ: 厦声 tz

庄装渣诈炸邹阻诅渣债淄斋菑滓债找盏争争争斩蘸簪簪谮盏臻
庄壮争仄札栉窄责仄

古声照$_{庄}$ tʂ: 厦声 ts

捉侧

古声照$_{庄}$ tʂ: 厦声 dz

爪

古声照$_{庄}$ tʂ: 厦声 d

箦

古声照$_{庄}$ tʂ: 厦声 n

爪抓

古声照章 tɕ:厦声 tz

砖指遮这者蔗柘纸招照遮这製赘支枝脂之纸只旨指止这至质志誌锥珠诸藷煮注铸舟帚咒蛀招照正正毡章掌障指詹谵占针佔针箴枕毡战专砖真轸诊拯震谆準准漳掌终锺章种肿掌众种障瘴征锺整肿种正证种众证隻摺汁执折拙质摭职织粥烛嘱酌跖烛

古声照章 tɕ:厦声 s

颤+

古声照章 tɕ:厦声 dz

遮

古声照章 tɕ:厦声 d

砥寘注

古声照章 tɕ:厦声 g

栀指

古声穿初 tʂʻ:厦声 ts

疮差叉炒吵髽初楚础嵯挫差叉初差愁钗瘥抄炒砂钞刬衬榇创窗创衬册察刹察龊龊册策恻测

古声穿初 tʂʻ:厦声 tz

刍牐差

古声穿初 tʂʻ:厦声 t

窗铛

古声穿昌 tɕʻ:厦声 ts

川穿车哆吹鸱侈齿吹炊揣处处醜臭臭穿闯菖敞唱阐川穿喘钏秤舛蠢喘唱充衝昌伥敞铳唱稱秤稱穿赤尺啜出触尺尺

古声穿昌 tɕʻ:厦声 s

犨

古声穿$_{昌}$ tɕ‘:厦声 d

鸱触

古声穿$_{昌}$ tɕ‘:厦声 t

蠢铳

古声穿$_{昌}$ tɕ‘:厦声 k

齿

古声床$_{崇}$ dʐ:厦声 tz

钽剿谗崇(平)

馔状乍助錾栈栈馔撰状舌(仄)

古声床$_{崇}$ dʐ:厦声 ts

床柴柴柴豺谗搀惭谗崭床(平)

簒(仄)

古声床$_{崇}$ dʐ:厦声 s

床傀(平)

事士虿事(仄)

古声床$_{崇}$ dʐ:厦声 d

事

古声床$_{崇}$ dʐ:厦声 t

锄

古声床$_{崇}$ dʐ:厦声 k

柿

古声床$_{船}$ dʑ:厦声 s

蛇射麝谥示屎船神剩纯绳乘乘闪蚀舌实食術赎食射

古声床$_{船}$ dʑ:厦声 tz

蛇绳船食射舌

古声床$_{\text{船}}$ dʑ:厦声 d

唇

古声床$_{\text{船}}$ dʑ:厦声 t

盾

古声审$_{\text{生}}$ ʂ:厦声 s

櫰霜沙纱栅傻灑沙鲨耍疏梳所数数瘦纱砂衰梳蔬帅帅师狮史使使狮师使杀晒使梢衫山产生甡省杉衫摻森参删山芟产瘦讪疝櫰莘双霜双爽省胜杀煞哂霎涩儸杀煞虱刷穑帅率数朔缩色穑瑟虱

古声审$_{\text{生}}$ ʂ:厦声 ts

栓生趑霎

古声审$_{\text{生}}$ ʂ:厦声 t

杀筛

古声审$_{\text{书}}$ ɕ:厦声 s

赊奢捨赦舍烧势世税税说施尸诗失始屎施试世势水书输暑庶戍收手首守兽艄烧少声圣扇伤赏闪审膻扇身绅矧舜瞬商伤赏声升圣盛说摄摄湿设说失式拭铄束叔释適饰识倏室

古声审$_{\text{书}}$ ɕ:厦声 tz

守水婶春春

古声审$_{\text{书}}$ ɕ:厦声 ts

翅试鼠手深瞬伸拭

古声审$_{\text{书}}$ ɕ:厦声 t

翅

古声审$_{\text{书}}$ ɕ:厦声 l

摄

古声审书 ɕ:厦声 h

饷

古声禅 ʑ:厦声 s

阇垂誓匙时氏是视侍恃垂谁睡瑞铢殊树树署竖雠酬寿授受绍城甚豉豉常尚蟾赡忱甚禅蝉膳鳝善辰承蜃慎顺尚上上成城承涉十寔淑孰蜀属植石熟

古声禅 ʑ:厦声 tz

铢谁成上石十

古声禅 ʑ:厦声 ts

市树偿

古声禅 ʑ:厦声 d

赡

古声禅 ʑ:厦声 t

铢

二 《广韵》十六摄与厦门韵母的比较

《广韵》阴韵 7 摄 39 部、阳韵 9 摄 50 部[①],跟厦门韵母的分合异同,比声母更要复杂。现在把阴韵、阳韵、入声分别列成 3 个比较表,以便推求它们参伍错综的状况(参阅第十一、第十二、第十三表)。

① 这里所谓"部",指着异呼异等相承的平、上、去三韵类而言(入声附隶阳韵,例如麻加部赅括麻加、马贾、祃驾三类言,东红部赅括东红、董、送贡、屋谷四类言)。不过这里专为比较韵部的分合异同,所以凡是韵部本同但受庄组或云类声母的影响而分等的,不另分为一部,跟后面兼综声韵的总表稍有不同。

表 11.1

第十一表 《广韵》阴韵七

广韵（摄）	（呼）	（等）	厦韵 / 部	音值	a	ia	uɑ	o	ó	ió	e	ue	i	ui	u	iou	ai
假	开	二	麻加	a	巴 40	迦 1	瓦 2				茄 20						
		三	麻耶	ǐa	也 1	车 36	蛇 2		瘥 1		遮 5		这 1				
	合	二	麻瓜	wa	傻 1		瓜 13					瓜 2					
果	开	一	歌	ɑ	阿 1		歌 5		多 32		锅 3	作 2					
	合	一	戈锅	uɑ	爸 2		过 4		波 37		和 11						
		三	戈靴	ǐuɑ		靴 1					瘸 1						
遇	合	一	模	uo			刳 2	都 88	错 1						呼 6		
		三	鱼	ǐwo				初 13				贮 4	猪 4		诸 55		
		三	虞	ǐu			住 1	刍 11	无 1						蛛 78	鬚 3	
蟹	开	一	哈	ɑi							胎 6	改 2	腮 5	开 1			该 51
		一	泰盖	ɑ:i			大 4										蔼 10
		二	皆谐	ai								疥 1					皆 15

摄与厦门韵母比较表

uai	au	iau	añ	iañ	uañ	oñ	iñ	iouñ	aiñ	uaiñ	auñ	iauñ	m	ng	an	ong
			麻 6		麻 1											
				笪 1												
					寡 1											
			他 3			我 2										
					惰 1	摩 3										
						摸 7							姆 1			墓† 1
		柱 1														
颏 1							奶 1		乃 5							
				艾 1												
									懒 2							

表 11.2

广韵 摄	呼	等	部 \ 厦韵	音值	a	ia	uɑ	o	ó	ió	e	ue	i	ui	u	iou	ai
蟹	开	二	佳街	aːi	罢 4		豸 3				街 1	街 5					钗 11
		二	夬寨	aːi													趸 1
		三	祭例	ĭæi							滞 18						
		三	废刈	ĭɐi							乂 1						
		四	齐鸡	iei							鸡 47	鸡 11	米 12	梯 1			西 4
	合	一	灰	uɑi							推 10	杯 28	胚 2	堆 15	灰 2		内 1
		一	泰外	uɑːi			外 1				会 2	桧 10		蕞 1			霈 1
		二	皆怀	wai			怪 1					怪 1		怀 1			
		二	佳蛙	waːi			卦 3							画 1			派 1
		二	夬快	waːi			话 1					话 1					
		三	祭岁	ĭwæi							脆 4	税 7		脆 2			
		三	废秽	ĭwɐi								秽 2		肺 3			
		四	齐圭	i-wei							闺 4	圭 2		圭 6			

uai	au	iau	añ	iəñ	uəñ	oñ	iñ	iouñ	aiñ	uaiñ	auñ	iauñ	m	ng	an	ong
									覓 2							
									迈 1							
									刈 1							
							泥 4									
块 2													梅 2			
黔 1																
乖 7																
拐 2										拐 1						
夬 2										快 1						

表 11.3

广韵＼厦韵				音值	a	ia	uɑ	o	ó	ió	e	ue	i	ui	u	iou	ai
摄	呼	等	部														
止	开	三	脂夷	i									悲 60		师 11		师 8
		三	之	iː	仔 1								基 55	磁 1	思 26		事 8
		三	支移	iĕ		奇 6			猗 2		皮 8		披 69		赀 6		知 1
		三	微衣	ĕi							毅 1		衣 12	气 1			
	合	三	脂追	wi								葵 3	维 2	追 30	龟 1		
		三	支为	wiĕ							吹 4	倭 2		规 25			
		三	微归	wĕi							尾 5		微 2	归 17			
效	开	一	豪	ɑu	早 1		导 1		褒 72								
		二	肴	au	抛 19					摇 1					匏 1		
		三	宵	ĭæu	焦 2					膔 27							
		四	萧	ieu					嫐 1	挑 7							
流	合	一	侯	ə̆u	扣 1			偷 42	母 1						岣 4	沤 2	
		三	尤	ĭəu				邹 6							邱 15	抽 85	
		四	幽	iəu												幽 7	

uai	au	iau	añ	iañ	uañ	oñ	iñ	iouñ	aiñ	uaiñ	auñ	iauñ	m	ng	an	ong
							尼 4							指 1		
				子 2			耳 4									
							栀 4									
	糟 14					毛 4				高 1	咬 2			毛 1		
	交 38	謬 4	酵 1								矛 8	爪 2	茅 1			
	憔 1	骄 55						舀 1				猫 1				
	峣 1	挑 25										鸟 1				
	偷 30					耦 2					耦× 1					
	兜 5										螯 1				瘦† 1	

表 12.1

第十二表 《广韵》阳韵九

摄	呼	等	部（广韵＼厦韵）	音值	am	iam	im	an	ian	uan	in	un	ang	iang
咸	开	一	覃	ɑm	堪 33	鹌 2	覃 1	鹌 1	鹌 2					
		一	谈	ɑm	担 29	埯 2		毯 2						
		二	咸	am	谗 19	缄 7								
		二	衔	am	监 11	岩 1		芟 1						
		三	盐	ĭæm	尖 2	沾 38			贬 2					
		三	严	ĭɐm		严 3								
		四	添	iem		添 19								
	合	三	凡	ĭwɐm						凡 8			帆 1	
深	开	三	侵	iəm	淋 2	簪 6	金 56		蟫 1		禀 5			
山	开	一	寒	ɑn				丹 55						
		二	删颜	an				班 20		阪 1				
		二	山艰	an				艰 18	坚 1					
		三	仙延	ĭæn				便 4	愆 61		浅 1			
		三	元言	ĭɐn					轩 11					
		四	先前	ien				牵 4	边 40	羡 2	先 1	烟 2		
		一	桓	uɑn				馒 4		般 60	馒 1			

摄与厦门韵母比较表

uang	ong	iong	ieng	ng	añ	iañ	uañ	eñ	iñ	iouñ	aiñ	uaiñ	e
					担 9	饕 1							
					馅 2								
					监 2								
									鹻 4	俭 1			
									甜 4				
	帆 1												
闯 1					今 1	甚 1	闯 2		擒 1		怎 1		寻† 1
							单 29					杆 3	
			间 2				山 4						
						燃 2	煎 4		鲜 10				
						健 1							
			肩 4						天 4				
嚾 1	管 1			酸 8			般 19						短 2

表 12.2

广韵 摄	呼	等	部	厦韵 音值	am	iam	im	an	ian	uan	in	un	ang	iang
山	合	二	删关	wɑn						关 10				
		二	山鳏	wan						鳏 4				
		三	仙缘	ǐwæn					鸢 7	捐 34	绢 1	拳 4		
		三	元原	ǐwɐn				晚 4	楦 1	藩 29		埙 1		
		四	先玄	i-wen					渊 4	狷 1	眩 1			
臻	开	一	痕	ən								吞 10		
		二	臻	ən							臻 2			
		三	真	ǐěn			忍 3	陈 5	姻 4		彬 60	巾 7	人 1	
		三	欣	ǐən			欣 2				谨 2	斤 1		
	合	一	魂	uən								敦 55		
		三	谆	iuěn								菌 29		
		三	文	ǐuen								君 31	蚊 1	
宕	开	一	唐冈	ɑŋ									帮 13	
		三	阳良	ǐaŋ									双 1	凉 9
	合	一	唐光	wɑŋ									圹 2	
		三	阳方	iwaŋ									芳 7	
江	开	二	江	ɔŋ									邦 12	腔 2

uang	ong	iong	ieng	ng	añ	iañ	uañ	eñ	iñ	iouñ	aiñ	uaiñ	e
			还 1	樶 4			樶 1					关 2	
			穿 1	栓 11			捆 3		员 3				
			反 1	园 8			坂 1						
												县 2	
			衬 1						进 1		衬 1		
				裈 10									
				[illegible]butt 1									
				问 1									
	当 46	映 2		当 25	当 1	行 1				鸯 1			
	庄 8	将 74		庄 12		向 1				张 45			
光 1	光 20			荒 4		惶 1							
钫 1	芳 20		筐 1	方 4									
	腔 8	跫 2		扛 2						腔 1			

表 12.3

摄	呼	等	部（广韵＼厦韵）	音值	am	iam	im	an	ian	uan	in	un	ang	iang
曾	开	一	登灯	əŋ				瞢 5			藤 1		崩 1	
		三	蒸丞	iəŋ			矜 1		凝 1		凴 12			
	合	一	登肱	wəŋ										
梗	开	二	庚羹	ɐŋ										
		二	耕宏	ɐŋ					铿 1					铿 1
		三	清征	ǐæŋ							轻 1			
		三	庚京	ǐɐŋ										
		四	青经	ieŋ				瓶 3			屏 2			
	合	二	庚横	wɐŋ										
		二	耕争	wɐŋ										
		三	清倾	ǐwæŋ										
		三	庚荣	ǐwɐŋ										
		四	青萤	iweŋ										
通	合	一	东红	uŋ									东 29	
		一	冬	uoŋ									冬 5	
		三	东融	ǐuŋ			熊 1				雄 1		冯 5	
		三	锺	ǐwoŋ									蜂 4	冗 1

uang	ong	iong	ieng	ng	añ	iañ	uañ	eñ	iñ	iouñ	aiñ	uaiñ	e
			增 21			堋 1			腾 1				
			徵 26						瞪 1				
	弘 1		薨 1										
	盲 2		更 14		打 1			骾 2	更 22				
		铿 1	耕 10			争 1			耕 5				
			征 37			精 15		婴 2	精 8				
			京 25	影 1		京 13				荆 1			
			丁 38			聽 7			经 8				
	矿 2		横 1				横 2					横 2	
	宏 1		轰 1										
			倾 7			营 1							
			兄 6			兄 1							
			扃 3										
	东 36	栊 2	瓮 2		咙 1	痛 1							
	冬 9												
	风 7	弓 24	弓 7	风 2									
	封 10	重 37	供 16							镕 1			

表 13.1　　　　　第十三表　《广韵》入声九摄与

广韵＼厦韵				音值	aq	iaq	uaq	óq	ióq	eq	ueq	iq	uiq	uq	auq	ianq	aq̃	iaq̃
摄	呼	等	部															
咸入	开	一	合	ap	合 3													
		一	盍	ap	搨 3						瞌 1						塌 1	
		二	洽	ap	袷 2						夹 3				筷 1			
		二	狎	ap	甲 5					压 1							趑 1	
		三	葉	ǐæp	猎 1				葉 1			接 2					唔 2	
		三	业	ǐɐp														
		四	帖	ǐep	贴 2	蝶 1					挟 2	蝶 1						
	合	三	乏	iwɐp														
深入	开	三	缉	ǐəp							笠 1							
山入	开	一	曷	ɑt			喝 6											
		二	黠札	at	叭 1		杀 2				八 2							
		二	锗瞎	at												晰 1		
		三	薛列	ǐæt			热 1					舌 4						
		三	月歇	ǐɐt					歇 1									
		四	屑结	iet	截 1						节 2	铁 2						
	合	一	末	uɑt			抹 9			沫 1			拔 2					

厦门入声韵母比较表

oq̃	eq̃	iq̃	iauq̃	uaiq̃	ap	iap	ip	at	iet	uat	it	ut	ak	iak	ok	iok	iek
			岌 1		答 14	拉 1											
					盍 10	臘 2											
	夹 1				恰 3	峡 6											
					甲 6	胛 1											
		瞸 1			厌 1	妾 12			睫 2								
						业 3											
	挟 1				浃 1	怗 10											
										乏 2							
			蝬 1		十 2	汁 4	及 23				蛰 1						
				轕 2				渴 13		辣 1							
								札 8		轧 1		扒 1					
				阈 1				刹 2									
									列 16	热 1							
									歇 4								
								结 2	切 16	决 5	桔 2	屑 1					
								豁 1		末 17		捋 1					

表 13.2

广韵 摄	呼	等	部	音值 \ 厦韵	aq	iaq	uaq	óq	ióq	eq	ueq	iq	uiq	uq	auq	ianq	ãq	iãq
山入	合	二	黠滑	wat														
		二	辖刮	wat														
		三	薛悦	ǐwæt						说/4								
		三	月越	ǐwɐt						月/2				發/1				
		四	屑决	iwet						屑/1	血/1	鈌/1	血/1					
臻入	开	二	栉	ǐĕt														
		三	质	ǐĕt														
		三	迄	ǐət														
	合	一	没	uət										讷/2				
		三	術	ǐuet										窋/1				
		三	物	ǐuət								物/1		沸/1				
宕入	开	一	铎落	ɑk				各/11							博/1			
		三	药略	ǐak		掠/2			约/5									
	合	一	铎郭	wɑk	[illegible]/1													
		三	药缚	ǐwak				爝/1										
江入	开	二	觉	ɔk				朴/4			啄/1				雹/1	碻/1		

oq̃	eq̃	iq̃	iauq̃	uaiq̃	ap	iap	ip	at	iet	uat	it	ut	ak	iak	ok	iok	iek
												猾1					
										刮2							
								别1	悦3	劣10							
									袜1	伐7							
						捏1			穴2								
								虱1	栉1								瑟2
								栗3	吉4			七20					栗3
											乞2	仡2					
												没16					
									橘1	绌1	聿1	出21					
		物1									佛1	不10					
膜1													恪2	谔1	作20		索3
														矍2		却16	
															郭4		
													缚1		缚1	削1	
													角12	爆1	卓6	捉2	搦1

表 13.3

广韵＼厦韵				音值	aq	iaq	uaq	óq	ióq	eq	ueq	iq	uiq	uq	auq	iauq	aq̃	iaq̃
摄	呼	等	部															
曾入	开	一	德得	ək							塞 2							
		三	职织	ǐək		即 2				仄 2		蚀 1						
	合	一	德国	wək														
		三	职域	ǐwək														
梗入	开	二	陌格	ɐk	百 2	坼 3		择 1		格 6								嚇 1
		二	麦革	ɐk		摘 2				厄 8								
		三	昔益	ǐæk		赤 9		射 2	尺 5	汐 1								
		三	陌戟	ǐɐk		屐 2												
		四	锡歷	iek	歷 1	壁 6				裼 2	戚 2	滴 1						
	合	二	陌虢	wɐk														
		二	麦获	wɐk									画 2					
		四	昔役	ǐwæk		役 1												
		四	锡阒	iwek														
通入	合	一	屋谷	uk				嗽 1										
		一	沃	uok														
		三	屋六	ǐuk														
		三	烛	ǐwok					俗 1									

oq̃	eq̃	iq̃	iauq̃	uaiq̃	ap	iap	ip	at	iet	uat	it	ut	ak	iak	ok	iok	iek
								塞1			得1		北2		北1		克13
								力1			直14						食23
															国1		
																	域1
	喀1															剧1	宅16
	脉1																麦11
											摭2					益2	石22
																	逆3
	激1							踢1					剔1				寂18
																	白3
															帼1		画2
																	役2
																	阒1
												秃2	木3		谷17		
													沃3		笃6		
													目7		福5	竹22	菊5
													触2		束1	曲22	玉10

《广韵》跟厦韵的分合异同,在第十一、第十二、第十三表里已然清清楚楚地摆列出来。若再详细加以讨论,势必得把简单明了的表格,重新演绎成拖沓冗长的文字而后可,那未免有点儿不惮词费了。所以这里只能提出重要的几点,略作概括的说明:

(1)假摄各部厦门字音大部分读作 a、ia、ua3 韵,开、合口跟二、三等的分界都很清晰,同高本汉假定的《广韵》音(以下简称高音)相合。果摄歌[ɑ]、戈[uɑ]两部厦门字音大部分都读成 ó 韵,不单开、合无别,而且音值也跟高音不同。所以单从字音看,假、果两摄似乎各不相涉。但是果摄里有一小部分话音转到 a、ia、ua3 韵去;并且这两摄的话音都有朝着 e 韵转变的倾向,可见它们还是同源异流的。

(2)遇摄模部[uo]的 84%厦门字音读作 o,跟流摄侯部[əu]的大部分字音混成一韵。据《韵镜》第十二转模、虞乃是“开合”韵,跟第三转江同;跟其他纯粹合口韵不同。高音标江作[ɔŋ],而标模作[uo],标虞作[ĭu],跟《韵镜》的系统不合。从音理上讲,[ɔ]、[o]的圆唇程度本来界乎开合之间,如果模的音值是[ɔ],那么,《韵镜》拿它同江一律看待,都标作“开合”韵,未尝没有道理。并且模部的字高丽、安南跟日本的汉音都读作[o]音,也跟厦门的 o 韵相近。专从这两点讲,那么《广韵》模部读[ɔ]的可能性,不见得比[uo]少。不过三等虞、鱼两部厦门字音,除去受庄组声母影响的读成 o 韵外,其他大部分字音读作 u 韵,跟一等模部不甚相应。

(3)蟹摄开口一等咍[ɑi]、泰[ɑːi]跟二等皆[ai]、佳[aːi]、夬[aːi],三等祭[ĭæi]、废[iɐi]跟四等齐部[iei],厦门字音也跟别处方言一样,看不出什么显著的差异来。并且合口一等灰部[uɑi]跟四等齐圭部[iwei],也有跟止摄合口混淆的倾向。不过,泰、佳、夬各有一部分话音转到 a 韵或 ua 韵去,很可以作高音标泰作[ɑːi],标佳、夬作[aːi]的佐证。

(4)止摄支[iě]、脂[i]、之[iː]3 部,除去受 tz 系声母影响的开口韵变入 u 韵外,其馀大部分字音都读作 i 韵或 ui 韵。这 3 部的没有分别,厦门字音也跟别处方音一样。不过支部里从“奇”、“義”声符得声的字,厦门话音变到 ia 韵的很多。这一点同上古音支、歌互通的例甚合。

(5)效摄一等豪部[ɑu]的 75%厦门字音读作 ó,二等肴部[au]的 51%厦门字音读作 au,它们彼此间虽然有分别,可是豪部同果摄的歌、戈两部又混成一韵。不过从豪、歌互通,跟肴部话音转入 a 韵两点看,高音拿主要元音[ɑ]、[a]作为豪、肴的分界,是可以承认的。至于三等宵部[iæu]跟四等萧部[ieu],厦门音也没有分别。

(6)流摄一等侯部[əu],厦门字音跟遇摄模部混合,话音跟效摄肴部混合,本身并没有独立的音值。三等尤部[ĭəu]的 75%跟四等幽部[iəu]所有问过的字,一律读作 iou 韵,所以看不出它们的差别来。

(7)咸摄除去合口三等凡部[ĭwɐm]受异化作用(dissimilation)的影响变入 uan 韵外,其他各部的字音都能保持-m 尾,没有多大变化。不过一等覃[ɑm]、谈[ɑm]跟二等咸[am]、衔[am]部没有分别,三等盐[ĭæm]、严[ĭɐm]跟四等添部[ĭem]也没有分别。这一点,厦门音也跟多数的方音相同。

(8)深摄侵部[iəm]的 72%厦门字音读作 im 韵。不过通摄东融部[iuŋ]的“熊”字、曾摄蒸部[iəŋ]的“矜”字,厦门的话音也转入深摄,读作 im 韵。从谐声的偏旁看,本来“熊”从“炎”声、“矜”从“今”声,读作-m 尾恰跟上古音相合。并且“熊”字的韵母在上古音,应当读作[ium],在别处方音因为异化作用变-m 尾为-ŋ 尾,而厦门音因为没有撮口音的关系不受异化作用的影响,-m 尾反倒幸得保存,也算是一种很有趣味的现象。此外,《十五音》里还收了臻摄的“欣、炊、疢、刃”4 字,这许是受了“歆、任”等字的类化。

(9)山摄开口一等寒部[ɑn]跟二等删颜部[an]、山艰部[an],三等仙延部[ǐæn]、元言部[ǐɐn]跟四等先前部[ien],厦门字音都不能分别。至于合口各部除去四等先玄部[ǐwen]因为没有撮口音的关系完全混入先前部外,其馀一、二、三等各部的字音,大都读作 uan 韵,各等间的分界比开口更为宽泛。

(10)臻摄开口大部分读作 in 韵,合口大部分读作 un 韵。只有开口痕部[ən]问过的字跟真部[ien]、欣部[iən] g 系的字,一律转入 un 韵,算是一种例外。

(11)宕、江、通 3 摄厦门音不能分别,宕摄除去唐冈部[ɑŋ]的 15%话音读作 ang 韵、阳良部[iaŋ]的 7%话音读作 iang 韵外,其他一等开口唐冈部、合口唐光部[wɑŋ]跟三等合口阳方部[iwaŋ]的大部分字音都转入 ong 韵,跟通摄的一等相同;三等开口阳良部[iaŋ]的大部分字音转作 iong 韵,跟通摄的三等相同。而通摄的话音也有一大部分转入 ang 韵,又跟宕摄的话音混合。至于江摄的字音读作 ang 的占 44%,读作 ong 韵的占 30%,当然并入宕、通两摄,没有独立的必要。

(12)曾、梗两摄开口的字音,转入 ieng 韵的占大多数。至于合口的字音,只有曾摄登肱部[wəŋ]的一个字、梗摄庚横部[weŋ]的两个字跟耕宏部[wɐŋ]的一个字转入 ong 韵,其馀大部分都跟开口相同。所以这两摄,除去梗摄转入 iñ、iañ 两韵的话音比曾摄的较多以外,并没有什么显著的分别。

(13)半鼻音相对的字音,虽然阴韵、阳韵都有,可是从第十一、第十二两个表的统计数看,由阴韵变来的共有 83 字,由阳韵变来的共有 267 字,略近 1 与 3.2 之比。而且由阴韵变来的大部分是受鼻音声母的影响。可见阳韵韵尾丢掉一半儿鼻音,比在阴韵后另外加上一半儿鼻音较为容易。

(14)m 韵字数很少,并且完全属于明母,所以我们可以断定它是受声母的影响。ng 韵的字大部分由宕、江两摄，梗摄的庚京部[ɪɐŋ]，通摄的东融部[iuŋ]跟山、臻两摄的合口韵变来。至于脂夷部[i]的“指”字、豪部[ɑu]的“毛”字，为数既少，并且都是训读，跟音转的关系较远，所以若推溯 ng 韵的来源，还应当把阳韵 ong、uan 作滥觞。

(15)入声的字音，-p，-t、-k 的韵尾界限很分明，除去话音有由 p 变 t 的 4 个字、由 t 变 p 的 1 个字、由 k 变 t 的 23 个字，此外完全跟《广韵》的分类相合。至于丢掉韵尾的话音入声，-p、-t、-k 的分界完全混淆，各部出入极为参差。所以很难寻出一个有系统的条理来。

以上所说的 15 点，是《广韵》跟厦韵的重要异同。至于细微的出入，参阅第十一、第十二、第十三等表跟第七章的总表，自然可以明了，这里不再赘述。

三 《广韵》四声与厦门七声的比较

《广韵》调类跟厦门调类的异同，比声母、韵母简单得多。据我归纳的结果，厦门的平、上、去、入，大体跟《广韵》的分类相当，它的阴调属于《广韵》全清、次清的声母，阳调属于全浊、次浊的声母。因为全浊上声变成阳去，所以上声只有一类。至于四声彼此的出入跟浊母阴调、清母阳调等现象，那只能算是例外。所以下面所列的比较表凡是跟原则相合的，但注“+”号不举例字；凡是跟原则不合的，完全填入表中。那么，所有的例外，阅表便可了如指掌了(参阅第十四表)。

第十四表　《广韵》四声与厦门七声比较表

广韵四声 / 厦门七声	平		上			去		入	
	清	浊	清	浊		清	浊	清	浊
				全浊	次浊				
阴平	┼	徂钼鯆鲰覰苛荷翱阁邳鹚搥汙铢绌畿苔炰憔调搬蜓甜拈猫纤沾便编捐藩璠屯论鬃蛩从茎绘	糈挨檄孔瘘	鲍	奶	栅桧娉潼蹬	剂		
阳平	弯痂枷蛙拖他诃瘥鲑箠酷圭狈穑涯堋高喷困荀菘倾	┼	桅捧	圈	缭挠	筃	疔豉恋殉	杀	
上	阿唉拐泔钫	韦捆研蟫蚊	┼	踝岵沮镐夥倍豸褫痞歹窕甚长撼噤版袓阪饭膑靥揞盾很汞嗪晃长仗挺艇仍	┼	溯诅讴瘦萎蔼蒯夬笪怎阄俺堰馆腕转喘瞬铳统倴裥	睨兑颤忤瀡趁碾健玩研		

广韵四声 / 厦门七声	平		上			去		入	
	清	浊	清	浊		清	浊	清	浊
				全浊	次浊				
阴去	够票漂羁探竣档疼	跳層祥饨撑	算鈃燥抓纂块耸享	豸赚噤瓒栈		┼	藏鳟华续诰噪滞弊币缔会譬睡悖渍与袖碇赡捻喊鸩讃蛋翰荐伴拌换幻梵並併竞	帕薏	盖†
阳去	低争泾穿	崎荠岭莉田恬槾崙群虹		┼	两卵也咬蚁卤弩五颒艾网	娶膏造係耙字著恚住害贷我瘵飚段斛按溅踰槎站垫赞扮靳闯戆荡藏臓从劲颈泾甑盛	┼		不†昨拂
阴入			拄		麽哶乜	要†颤†	仆	┼	叠择甓抹挟葯讷合阖盍袷及辄聂佛覆鹄復卓涸忸淑嚼辟栗裼劃
阳入	差挢	提†	跬			礅嗷	乜质值鼻曝	踏闸腷碻夹激阔磕摄一滑矻殼壳爆矍	┼

Ⅵ. 标音举例

本篇研究以音系为主，所以关于词汇、语法及语调的研究，当另以专篇讨论。现在只就所记的材料里选出语助词故事一篇、歌谣四首，用第二章拟定的音标跟第三章的厦音罗马字对照标注于下，以为实际记音的参考。其中语助词故事一篇并对译国语，以便解释。

一　语助词故事——北风跟太阳

北风跟太阳(国语)

有一回，北风跟太阳两个人在那儿争论谁的本事大。

北风说："我的本事大极了。世界上的东西没有不怕我的。船碰见了我就会翻，房子碰见了我就会坍，树碰见了我就会倒，什么猫啊、狗啊、花啊、草啊，他们见了我，更是怕得不得了了。你要是真惹动了我的气啊，哼！那我的气才大呐！我能吹得满天都是黑云，把你脸密密地蒙起来，弄得你什么都看不见。世界上本来是我的主人嘿，你知道吗？"

太阳说："哈哈！你简直糊涂极了，人人都管我叫老爷儿，世界上本来是我的主人嘿，怎么会是你的主人呐？你想拿云彩就蒙得住我的脸吗？这简直是不自量力嘿！那怎么做得到呐？我说老北啊，你这个家伙啊,你不过就是会吹罢了。你哪儿有什么真本事啊?”

北风说:“那么你呐,你的本事在哪儿呐?你也吹给我听听啊。”

太阳说:“我啊!我是不爱吹的。”

北风说:“是吗,你不欢喜吹吗?”

太阳说:“是的,我从来不吹的,我啊,我……”太阳就接着说他的本事。说着说着,北风又起来跟他打岔,他们俩就又是你一句我一句的吵了起来。正在吵得利害的时候儿,他们看见了一个走道儿的人,身上穿着一件棉袍子,头上戴着一顶毡帽,一步一步地慢慢儿地走来。太阳说:“有了!咱们就这么着罢!你不是看见那个走道儿的人吗?咱们看谁能够先教这个人把帽子跟袍子脱下来啊,就算谁的本事大,你说怎么啊?”

北风说:“哈哈!这还不容易吗?那不用说就是我赢的咯!”

太阳说:“那么谁先起头儿呐!要是让你先来罢,又太便宜了你;要是让我先来罢,回来你输了又要赖。”

北风说:“咳!你这么傻!这本来很容易办的噻!只要两个一块儿起头儿就行了,不是吗?”

太阳说:“好罢,就这么样罢!”

北风说:“预备好啦$_{\text{了啊}}$!我等着你那$_{\text{呐啊}}$!不要回头输了怪我不等你啊!你好了吗?”

太阳说:“等一火儿,让我暖一暖。”

北风说:“快点嘞!快点嘞!还等什么$_{\text{么啊}}$?好了没有?”

太阳说:“好了你也好啦$_{\text{了啊}}$?”

北风说:“我早好了。现在起头儿啦$_{\text{了阿}}$!(警告)起头!(命令)”

他们俩就一个晒一个吹。北风仗着他会吹的本事,一吹吹得太阳被黑云遮住了,再一吹把那个人的帽子吹到地下了。那个人刚刚追着了他的帽子,北风又一吹,把他的袍子的纽子又吹开了。北风看见了得意极了。他说:“啊!好啦了啊!我赢啦了啊!这还用说吗?我早料得到嘿!我早知道我会赢的嘿!”

太阳听了好笑,他心里想,他几时赢了来着?他把那个人使云彩盖起来,他就算赢了,倒说。没有的事!他就大声儿说:“啊!你说什么么啊?你说你赢啦了啊?你赢了吗?你赢了我没看见啊!没看见不能算答的啊!”正在说着那个人已经把帽子又戴上了,把袍子又扣起来了。北风看见了好不失望,连忙又使起大劲来拼命的吹。谁知道他吹得越利害,那个人就把袍子裹得越紧。把帽子拉得越下。到后来天上的云也吹散了,太阳也出来了,那个人还是那样子。

太阳看见了就说:“也?这个人的袍子跟帽子并没有脱下来嘿!你看,他的帽子嘞,袍子嘞,还是好好儿的穿着呐。那怎么能算你赢了呐?我告送了你罢,吹是没有用的,这是要晒的嘿!”说着他就热热儿的晒起来。

那走道儿的心里想,风么吹,太阳么晒。吹起来么,就冷得要死,晒起来么,又热得要命。这天气倒有点儿讨厌呐!啧!好热!让我看啊。我昨儿走了五十里地,今儿才走了三十里,五十搭三十是八十,那么今天还得要走二十里地呐,这么热法不脱怎么能再走啊!可是回来伤了风?不要紧啊!我里头还穿着好儿层呐,不会伤风的。脱罢!

太阳看见了大高兴。他说:“ㄝ,你看啊,还是我的本事罢?现在是你赢还是我赢?”

北风正在气得像要疯了似的,没有法子出气,忽然看见那个人从衣兜儿里掏出一把扇子来遮着太阳的光,他就说:“太阳你小心着就是了,我下回还有打败你的机会呐。这回本来应该是我赢答的啊,不过因为我大意了一点儿才输答的啊。要是换个法子再比一回我就一定会赢了。你还来不来啊?”

pak˧˨˦ hɔːŋ˥ kap˥˦ lit˥˦ t'aʊ˨˦
北　风　及　日　头　(厦语国际音标注音)

u˧ tɕit˥˦ pɑŋ˥ ‖ pɑk˧˨˦ hɔːŋ˥ kap˥˦ lit˥˦ t'aʊ˨˦ nᵊŋ˧˦ e˨˦˦
有　一　帮音，北　风　及　日　头　两　个

lɑŋ˨˦ ti˧˦ teʔ˦ sio˥˦ tɕĩ˥ k'ũã˩˨˦ tɕi˧˦ tsʊɪ˨˦˦ e˨˦˦ pʊn˥˧˥ su˧˦
人　在　deq　相　争　看　是　谁　的　本　事

k'aʔ˧˨˦ tʊa˧ ‖
较　大。

pɑk˧˨˦ hɔːŋ˥˦ kɔːŋ˥˧ ‖ gʊɑ˥˧˥ e˨˦˦ pun˥˧˥ su˧˦ tɕin˧˦
北　风　讲：“我　的　本　事　甚

tʊɑ˧ ‖ t'ĩ˥˦ k'a˥˦ e˧˦ e˨˦˦ mit˥˦ kĩã˧ bo˨˦ tɕit˥˦ hɑŋ˧˦ bo˨˦
大，天　脚　下　的　物　件　无　一　项　无

kĩã˥˦ gʊɑ˥˧˦ ‖ tsʊn˨˦ nã˧˦ tu˩˨˦ tɪoʔ˥˦ gʊɑ˥˧˦ tɕiu˧˦ e˧˦
惊　我。船　若　遇意　着　我　就　会

pɪǝ̆ŋ˥˧ ‖ ts'u˩ nã˧˦ tu˩˨˦ tɪoʔ˥˦ gʊɑ˥˧˦ tɕiu˧˦ e˧˦ t'ap˧˨ ‖ tɕ'iu˧˦
翻，厝　若　遇意　着　我　就　会　坍，树

nã˧˦ tu˩˨˦ tɪoʔ˥˦ gʊɑ˥˧˦ tɕiu˧˦ e˧˦ to˥˧ ‖ sim˥˧˥ mĩ˦ nĩãũ˥
若　遇意　着　我　就　会　倒，什　么　猫

nã˦ ‖ kaʊ˥˧ la˦ ‖ hʊe˥ la˦ ‖ ts'o˥˧ la˦ ‖ iːn˥ nã˧˦ tu˩˨˦
哪、狗　咯、花　咯、草　咯，伊们(二合)　若　遇意

tɪoʔ˥˦ gʊɑ˥˧˦ koʔ˧˨˦ k'at˦ kĩã˥˦ kaʔ˧˨˦ bʊe˧˦ kɔːŋ˥˧ le˦ ‖ li˥˧
着　我，goq　kat　惊　到　不会(二合)　讲　咧！汝

nã˧˦ hɔ˧˦ gʊɑ˥˧˥ k'i˥˧˥ siǝ̆ŋ˩˨˦ te˧˦ a˦ ‖ hẽ̆˨˦ gʊɑ˥˧ e˨˦˦ siǝ̆ŋ˩˨˦
若　呼　我　起　性　地　啊！哼！我　的　性

te˧˦ tɕia˦ si˧˦ tʊɑ˧˦ le˦ ‖ gʊɑ˥˧ e˧˦ ts'e˥˦ kaʔ˧˨˦ mũã˥˧˥ tĩ˥
地　者　是　大　咧！我　会　吹　到　满　天

ke˦ ke˦ si˧˦ ɔ˥˦ hʊn˨˦ ‖ tɕiɔŋ˧˦ li˥˧˥ e˨˦˦ bin˧ k'ɑm˩˨˦ kaʔ˧˨˦
gehx　是　乌　云，将　汝　的　面　盖意　到

bat˥˧ tɕiu˨˦˥ tɕiu˨˦˥ ‖ pĩ˩˥˧ lɑŋ˧˧ kaʔ˧˨˥ li˥˧˥ bo˨˦˥ k'ũã˩ ki˩
密 稠 稠，变 弄 到 汝 无 看 见

pũã˩˥˧ hɑŋ˧ ‖ t'i˥˥ k'a˥˥ e˧˧ pʊn˥˧˥ tʊe˥˧˥ si˧˧ gʊɑ˥˧˥ tsʊe˩˥˧
半 项。天 脚 下 本 底 是 我 做

tsu˥˧˥ lɑŋ˨˦ ‖ li˥˧˥ tsaɪ˥˥ ĩã˥˧ ma˧ ‖
主 人，汝 知 影 吗?”

lit˥˧ t'aʊ˨˦ kɔːŋ˥˧ ‖ ha˥ ha˥ ‖ li˥˧˥ tɕin˥˥ tɕĩã˩˥˧ hɔ˨˦˥ tɔ˨˦ ‖
日 头 讲：“哈 哈！汝 真 正 糊 涂！

tɑk˥˧ e˨˦ to˥˥ kɪo˩˥˧ gʊɑ˥˧˥ tsʊe˩˥˧ lit˥˧ t'aʊ˨˦ kɔːŋ˥ ‖ t'ĩ˥˥
逐 个 都 叫 我 做 日 头 公。天

k'a˥˥ e˧˧ pʊn˥˧˥ tʊe˥˧˥ si˧˧ gʊɑ˥˧˥ tsʊe˩˥˧ tsu˥˧˥ lɑŋ˨˦ ‖ an˥
脚 下 本 底 是 我 做 主 人，按音

tsũã˥˧˥ si˧˧ li˥˧˥ tsʊe˩˥˧ tsu˥˧˥ lɑŋ˨˦ ni˧ ‖ li˥˧ sĩũ˧˧ ɪəŋ˧˧ hʊn˨˦
怎 是 汝 做 主 人 呢？汝 想 用 云

tɕiu˧˧ e˧˧ k'ɑm˩˥˧ gʊɑ˥˧˥ e˨˦˧ bin˧˧ mã˧ ‖ tse˥˧˥ tɕia˧ si˧˧
就 会 盖意 我 的 面 吗？这 者音 是

put˧˨˥ tsu˧˧ lɪɑŋ˧˧ lɪək˧˨ ‖ be˥ kan˥˧˥ u˧˧ lɔ˧˧ ɪəŋ˧˧ ni˧ ‖
不 自 量 力！bbeq gaan 有 路 用 呢？

gʊɑ˥˧˥ kɔːŋ˥˧˥ laʊ˥˧˥ pɑk˥˧ a˧ ‖ li˥˧˥ tɕi˥˧˥ kɔ˥˧ ‖ li˥˧ kɪan˧ ta˧
我 讲 老 北 啊，汝 这 个！汝 gian da

e˧˧ kɔːŋ˥˧˥ tʊɑ˧˧ ʊe˧ nĩã˧ nĩã˧ ni˧ ‖ li˥˧˥ kan˥˧˥ u˧˧ sim˥˧˥
会 讲 大 话 niahx 呢！汝 那意 有 什

mĩ˥ tɕin˥ pʊn˥˧˥ su˧ ‖
么 真 本 事？”

pɑk˧˨˥ hɔːŋ˥˥ kɔːŋ˥˧ ‖ li˥˧ nĩ˧ ‖ li˥˧ e˨˦˧ pʊn˥˧˥ su˧ ti˧˧ to˥
北 风 讲：“汝 呢，汝 的 本 事 在 那

lo˥˧ ‖ li˥˧ a˩ kɔːŋ˥˧ laɪ˨˦˧ gʊɑ˥˧˥ t'ĩã˥˥ t'ĩã˥ le˧ ‖
里意？汝 也 讲 来 我 听 听 咧。”

lit˥˧ t'aʊ˨˦ kɔːŋ˥˧ ‖ gʊɑ˥˧ a˧ ‖ gʊɑ˥˧ si˧˧ m̩˧˧ aɪ˥˧˥ kɔːŋ˥˧˥
日 头 讲：“我 啊！我 是 不 爱 讲

tʊɑ˧˦ ʊe˧ e˧˦ ‖
大 话 的。”

pɑk˦˥ hɔːŋ˥˦ kɔːŋ˥˩ ‖ tɕĩã˥˦ sit˦˥ e˧˦ ‖ li˥˩ m̩˧˦ aɪ˥˩˥
北 风 讲：“真 实 的？汝 不 爱

kɔːŋ˥˩˥ tʊɑ˧˦ ʊe˧ ‖
讲 大 话？”

lit˥˦ t'aʊ˧˩ kɔːŋ˥˩ ‖ tɕĩã˥˦ sit˦˥ e˧˦ ‖ gʊn˥˩ ɪə̆ŋ˧˦
日 头 讲：“真 实 的！我们(二合) 永

ʊan˥˩˥ m̩˧˦ bat˧ kɔːŋ˥˩ tʊɑ˧˦ ʊe˧ ‖ gʊɑ˥˩ a˧ ‖ gʊɑ˥˦ a˧…… ‖
远 不 曾意 讲 大 话。我 啊！我 啊……”

lit˦˥ t'aʊ˧˩ tɕiap˦˥ lok˥˦ ki˨˩ kɔːŋ˥˩˥ i˥˦ e˧˦ pʊn˥˩˥ su˧ ‖ tɕi˧
日 头 接 落 去 讲 伊 的 本 事。正

teʔ˦˥ kɔːŋ˥˩ ‖ pɑk˦˥ hɔːŋ˥˦ ɪu˧˦ koʔ˦˥ k'i˥˩˥ laɪ˧˦ kap˦˥ i˥
在 讲，北 风 又 再 起 来 及 伊

tã˥˩˥ ts'a˩ ‖ iːn˥˦ nᵊŋ˧˦ e˧˩ ɪu˧˦ koʔ˦˥ li˥˩ tɕit˦˥ ku˧ gʊɑ˥˩
打 岔。伊们(二合) 二 个 又 再 汝 一 句 我

tɕit˥˦ ku˩ ‖ tɕĩ˨˩ laɪ˧˦ tɕĩ˨˩ k'i˩ ‖ tu˥ a˥ tɕĩ˨˩ kaʔ˦˥ lu˧˦
一 句 争 来 争 去，duu-aa 争 到 怒

tɕ'iaŋ˥˩˥ tɕ'iaŋ˧ e˧˦ si˧˦ tsʊn˧ ‖ k'ũã˨˩ kĩ˨˩ tɕit˥˦ e˧˦ kĩã˧˦
冲 冲 的 时 阵音，看 见 一 个 行

lɔ˧˦ e˧˦ laŋ˧˩ ‖ siɪŋ˥˦ k'u˥ tɕ'ĭəŋ˧˦ tɕit˦˥ nĩã˥˩˥ mĩ˧˦ p'aʊ˩ ‖
路 的 人。身 躯 穿 一 领 棉 袍，

t'aʊ˧˦ k'ɑk˦˥ ti˨˩ tɕit˥˦ tɪə̆ŋ˥˩˥ tɕĩ˥˦ bo˧˦ tɕit˥˦ pɔ˧˦ tɕit˥˦
头 壳 戴 一 顶 毡 帽，一 步 一

pɔ˧ ʊn˥˩˥ ʊn˥˩˥ ã˥ kĩã˧˩ ‖ lit˥˦ t'aʊ˧˩ kɔːŋ˥˩ ‖ u˧˦ la˧ ‖
步 稳 稳 aañ 行。日 头 讲：“有 咯！

lan˥˩ tɕiu˧˦ an˥ nĩ˥ sĩ˥ ‖ li˥˩ bo˧˦ k'ũã˨˩ kĩ˨˩ hit˦˥ e˧˦
咱们意 就 按 恁 生音！汝 无 看 见 那 个

kĩã˧˦ lɔ˧ e˧˦ laŋ˧˩ mĩ˧ ‖ k'ũã˨˩ tɕi˧˦ tsʊi˧˦ e˧˦ siə̆ŋ˥˦
行 路 的 人 么？看 是 谁 会 先

hɔ˧˧ hit˥˧ e˧˧ laŋ˧˩ tɕiɔŋ˧ bo˧˧ a˥˧ kap˧˧ p'aʊ˩ t'ᵊŋ˩ k'i˥˧

使意 那 个 人 将 帽 仔 及 袍 脱 起

laɪ˧˧ ‖ tɕiu˧˧ si˧˧ tʊa˧˧ pʊn˥˧ su˧ ‖ li˥˧ sĩũ˧ tsãĩ˥˧

来, 就 是 大 本 事, 汝 想 怎

ĩũ˧ ‖

样?”

pak˧ hɔːŋ˥˧ kɔːŋ˥ ‖ ha˧ ha˧ ‖ tse˥˧ kã˥ m̩˧˧ ɪɔŋ˧˧ i˧ ‖

北 风 讲:“哈 哈! 这 敢 不 容 易!

m̩˧˧ bɪan˥˧ kɔːŋ˥ tɕit˥˧ tiəŋ˧˧ si˧˧ gʊa˥˧ ĩã˩ e˧˧ ‖

不 免 讲 一 定 是 我 赢 的。”

lit˥˧ t'aʊ˩ kɔːŋ˥ ‖ tɕi˧˧ tsʊɪ˩ taɪ˧˧ siəŋ˥˧ k'i˥˧ tɕ'iu˥ nã˧˧

日 头 讲:“是 谁 在 先 起 首, 若

nĩũ˥˧ li˥˧ taɪ˧˧ siəŋ˥˧ ɪu˧˧ ko˥˧ hɔ˧˧ li˥˧ t'aɪ˩˧ pan˧˧ gi˩ ‖

让 汝 在 先, 又 再 使意 汝 太 便 宜,

nã˧˧ n ĩũ˧˧ gʊa˥˧ taɪ˧˧ siəŋ˥ ‖ k'aʔ˥˧ t'ɪəŋ˩ li˥ su˥ la˧ li˥

若 使意 我 在 先, 少 停 汝 输 咯, 汝

ɪu˧˧ koʔ˥˧ be˧˧ p'i˧˧ bin˧ ‖

又 再 要 皮 面。”

pak˥˧ hɔːŋ˥˧ kɔːŋ˥ ‖ hai˧˧ ‖ li˥˧ hia˥ kɔːŋ˧ ‖ tse˥˧ m̩˧˧

北 风 讲:“咳! 汝 hia 憨! 这 不

k'aʔ˥˧ k'ʊaɪ˩˧ sim˥˧ mi˧ ‖ nã˧˧ saɪ˥˧ nᵊŋ˧˧ e˩ pĩ˧˧ pĩ˧˧

较 快 甚 么! 若 使 两 个 平 平

k'i˥˧ tɕ'iu˥ tɕiu˧˧ e˧˧ sai˥ li˧ ‖ tɪoʔ˥ m̩˧˧ ‖

起 首, 就 会 使 哩! 着 不?”

lit˥˧ t'aʊ˩ kɔːŋ˥ ‖ ho˥ an˧ nĩ˧ ho˥ ‖

日 头 讲:“好! 按 恁意 好!”

pak˥˧ hɔːŋ˥ kɔːŋ˥ ‖ u˧˧ pi˧ ki˧ ho˥ ‖ gʊa˥˧ t'ɪəŋ˩˧

北 风 讲:“预 备 gyih 好, 我 听

hauɁ li˩˧ ‖ m̩˧˦ t'ɑŋ˥˦ k'aʔ˨˦ t'ĭəŋ˩ su˥ la˦kɔːŋ˩ guɑ˩˥ bo˨˦
候 汝! 不 可意 少 停 输咯, 讲 我 无

t'ĭəŋ˩˨ hau˧ li˩˧ ‖ ho˩ la˥ ma˥ ‖
听 候 汝。好 咯 么?”

lit˥˦ t'au˩ kɔːŋ˩ ‖ tɕ'ĩã˩˥ t'ĭəŋ˩ hau˧ le˦ ‖ t'ĭəŋ˩˨ hau˧˦
日 头 讲: “且 听 候 咧? 听 候

guɑ˩˥ siau˩˥ liɛt˧ tɕit˥˦ e˧˦ ‖
我 少 热 一 下!”

pɑk˨˦ hɔːŋ˥˦ kɔːŋ˩ ‖ k'aʔ˨˦ kin˩ le˦ ‖ k'aʔ˨˦ kin˩ le˦ ‖
北 风 讲: “较 紧 咧! 较 紧 咧!

Iau˨˦ ti˧˦ t'ĭəŋ˩˨ hau˧ sim˩˥ mi˥ ‖ ho˩ la˦ mĩ˥ ‖
犹 在 听 候 甚 么? 好 咯 吗?”

lit˥˦ t'au˩ kɔːŋ˩ ‖ ho˩ la˦ ‖ li˩ a˧ ho˩ la˦ mã˦ ‖
日 头 讲: “好 咯! 汝 也 好 咯 么?”

pɑk˨˦ hɔːŋ˥˦ kɔːŋ˩ ‖ guɑ˩˥ ho˩˥ lau˦ ku˩ la˦ ‖ tɕi˩˥
北 风 讲: “我 好 老 久 咯。 现

tsun˧ k'i˩˥ tɕ'iu˩ la˦ ‖ i˥ la˦ ‖
在意 起 首 咯! yih 咯!”

iːn˥ nəŋ˧˦ e˩ tɕiu˧˦ tɕit˥˦ e˨˦ p'ɑk˧ tɕit˥˦ e˨˦
伊们(二合) 两 个 就 一 个 曝, 一 个

ts'e˥ ‖ pɑk˨˦ hɔːŋ˥˦ k'o˩˨ i˥˦ e˧˦ ts'e˥˦ e˨˦ pun˩˥ su˧
吹。 北 风 靠 伊 会 吹 的 本 事

a˦ ‖ ts'e˥˦ kaʔ˨˦ lit˥˦ t'au˩ hɔ˧˦ ɔ˥˦ hun˩ lɪa˥ tɪoʔ˨˦ ‖
啊, 吹 到 日 头 被 乌 云 遮 着。

koʔ˨˦ tɕit˥˦ e˧˦ ts'e˥ ‖ tɕiɔŋ˧˦ hit˨˦ e˨˦ lɑŋ˩ e˨˦ bo˧˦ a˩
再 一 下 吹, 将 那 个 人 的 帽 仔

ts'e˥˦ ti˧ t'ɔ˨˦ k'a˥ li˦ ‖ hit˨˦ e˨˦ lɑŋ˩ tu˩˥ a˩˥ ti˧˦ teʔ˨˦
吹 在 涂 脚 里。 那 个 人 duu-aa 在 deq

tɪu˥˦ i˥˦ e˨˦ bo˧˦ a˩ ‖ pɑk˨˦ hɔːŋ˥ ɪu˧˦ koʔ˨˦ tɕit˨˦ e˧˦
追 伊 的 帽 仔, 北 风 又 再 一 下

tsʻe˥ ‖ tɕiɔŋ˧˧ i˥˥ e˧˧ pʻaʊ˩ e˧˧ lɪu˥˩ a˥ ɪa˧˧ tsʻe˥˥ lɔk˧˧
吹，将伊的袍的纽仔也吹落

kʻi˩ la˧ ‖ pɑk˧˧ hɔːŋ˥˥ kʻũã˩˧ lɪaʊ˥ tɕin˥˥ tɕĩã˩˧ tɪək˧˧
去咯。北风看了真正得

kʊat˧ ‖ i˥˥ kɔːŋ˥ ‖ a˥˩˥ ‖ ho˥ la˧ ‖ m̩˧˧ bɪan˥˩ kɔːŋ˥ gʊɑ˥˩
决。伊讲：“啊！好咯！不免讲我

ĩã˧ la˧ ‖ gʊɑ˥˩ tsa˥˩ tɕiu˧˧ lɪaʊ˧˧ tsʻʊt˧ gʊɑ˥˩ tsaɪ˥˥ ĩã˥˩
赢咯！我早就料出我知影

gʊɑ˥˩ e˧˧ ĩã˧ e˧˧ ‖
我会赢的！”

lit˧˧ tʻaʊ˧ tʻĩã˥˥ lɪaʊ˥ ho˥˩ tɕʻɪaʊ˩ ‖ i˥ sim˥˥ laɪ˧
日头听了好笑，伊心内

sĩũ˧ ‖ i˥ ti˥˩ si˧˧ ĩã˧ ‖ i˥ tɕiɔŋ˧˧ hit˧˥ e˧˧ lɑŋ˧ ɪəŋ˩ hʊn˧
想，伊底时赢？伊将那个人用云

kʻɑm˩ kʻi˥˧ laɪ˧˧ tɕiu˧˧ ho˧˧ tsʊe˩˧ ĩã˧ la˧ mã˧ ‖ to˥
盖意起来就号做赢咯么？倒

pɪəŋ˥˩ kɔːŋ˥ ‖ m̩˧˧ ĩã˥˩ m̩˧˧ si˧ tɕiaʔ˧˥ ‖ i˥ tɕiu˧˧ tʊɑ˧˧
反讲！无影无事迹？伊就大

sĩã˥˥ kɔːŋ˥ ‖ a˧˥ ‖ li˥˩ kɔːŋ˥˩ sim˥˩ miʔ˥ ‖ li˥˩ kɔːŋ˥˩ li˥˩
声讲：“啊！汝讲甚么？汝讲汝

ĩã˧ la˥ ne˧ ‖ li˥˩ ĩã˧ la˥ mã˧ ‖ li˥˩ ĩã˧ la˧ gʊɑ˥ koʔ˥
赢咯呢？汝赢咯么？汝赢咯我格意

bo˧˧ kʻũã˩ kĩ˩ le˧ ‖ bo˧˧ kʻũã˩ kĩ˩ bo˧˧ sᵊŋ˥ siaʊ˩ ‖
无看见咧？无看见无算数！”

tu˥˩ a˥˩ tɕi˧ teʔ˧˥ kɔːŋ˥ ‖ hit˧˥ e˧˧ lɑŋ˧ i˥˩ kɪəŋ˥˥ tɕiɔŋ˧
duu-aa在deq讲，那个人已经将

bo˧˧ a˥ koʔ˧˥ ti˩˧ kʻi˥˧ laɪ˧˧ ‖ tɕiɔŋ˧˧ paʻʊ˩ a˧˧ liu˥ kʻi˥˧
帽仔再戴起来，将袍也纽起

laɪ˧˧ ‖ pɑk˧˥ hɔːŋ˥ kʻũã˩˧ kĩ˩˧ tɕin˥˥ tɕĩã˩˧ sit˧˥ bɑŋ˧ ‖
来。北风看见真正失望，

k ũã ˥˩˥ kin ˥˩˥ tʊɑ ˧˧ lat ˥ pĩã ˩˥ mĩã ˧˧ tsʻe ˥ ‖ ti ˧ tsaɪ ˥˥ tsʻe ˥
赶　紧　大　力　拼　命　吹。底　知　吹

kaʔ ˧˩˥ lu ˥˩˥ li ˧˧ haɪ ˧ ‖ hit ˧˩˥ e ˧˥ lɑŋ ˧˥ tɕiɔŋ ˧˧ pʻaʊ ˩ paʊ ˥˥
到　愈　利　害，那　个　人　将　袍　包

kaʔ ˧˩˥ lu ˥˩˥ an ˧˥ ‖ tɕiɔŋ ˧˧ bo ˧˧ a ˥˩ lu ˥˩˥ kʻɪu ˥˩ lu ˥˩˥ lɔk ˥ laɪ ˧˥ ‖
到　愈　严；将　帽　仔　愈　揪　愈　落　来。

kaʊ ˩˥ kaʔ ˧˩˥ aʊ ˧ laɪ ˧˥ ‖ tĩ ˥˥ tɪ ə̆ŋ ˥˩ e ˧˥ hʊn ˧˥ a ˧˧ tsʻe ˥˥ s ũã ˩
到　了　后　来，天　顶　的　云　也　吹　散

la ˧ ‖ lit ˧˥ kɔːŋ ˥ a ˧˧ tsʻʊt ˧˩ laɪ ˧˥ la ˧ ‖ hit ˧˩˥ e ˧˥ lɑŋ ˧˥ ɪaʊ ˧˥
咯，日　光　也　出　来　咯，那　个　人　犹

si ˧˧ an ˧ nĩ ˥ sĩ ˥ ‖
是　按　恁　生[音]！

lit ˧˥ tʻaʊ ˧˥ kũã ˩˥ lɪaʊ ˥˩ tɕiu ˧˧ kɔːŋ ˥˩ ‖ hɔ ˧˥ ‖ tɕi ˥˩˥ e ˧˥ lɑŋ ˧˥
日　头　看　了　就　讲："hoq！这　个　人

e ˧˥ pʻaʊ ˩ kɑp ˥ bo ˧˧ a ˥˩ bo ˧˥ tᵊŋ ˩ kʻi ˥˩˧ laɪ ˧˥ hɔ̃ ˧ ‖ li ˥˩ kʻũã ˩ ‖
的　袍　及　帽　仔　无　脱　起　来！hoñn 汝　看

i ˥˥ e ˧˥ bo ˧˧ a ˥˩ la ˧ ‖ pʻaʊ ˩ la ˧ ‖ ɪaʊ ˧˥ si ˧˧ tɕʻiə̆ŋ ˧˧ kaʔ ˥
伊　的　帽　仔　咯，袍　咯，犹　是　穿　到

ho ˥˩˥ tɑŋ ˥ tɑŋ ˥˥ le ˧ ‖ beʔ ˥ tsãĩ ˥˩˥ ĩũ ˩ sᵊŋ ˥˩ li ˥˩˥ ĩã ˧˥ ni ˧ ‖
好　端　端　咧！要　怎　么　算　汝　赢　呢？

gʊɑ ˥˩ ka ˩ li ˥˩˥ kɔːŋ ˥˩ ‖ tsʻe ˥ si ˧˧ bo ˧˥ lɔ ˧˧ ɪə̆ŋ ˧ e ˧˥ ‖ ɪaʊ ˧˥
我　告　汝　讲，吹　是　无　路　用　的！犹

si ˧˧ tɪoʔ ˧˥ pʻɑk ˥ ɔ ˧ ‖ i ˥ kɔːŋ ˥˩˥ lɪaʊ ˥˩ tɕiu ˧˧ tsʻʊt ˧˩˥ lat ˧˥
是　要　曝　hoq！"伊　讲　了　就　出　力

pʻɑk ˥ ‖
曝。

hit ˧˩˥ e ˧˥ kĩã ˧˥ lɔ ˧ e ˧ sim ˥˥ laɪ ˧˧ sĩũ ˧ ‖ hɔːŋ ˥ nĩ ˧
那　个　行　路　的　心　内　想：风　呢

tsʻe ˥ ‖ lit ˧˥ nĩ ˧ pʻɑk ˥ ‖ tsʻe ˥ n ĩ ˧ tsʻe ˥˥ kaʔ ˧˩˥ kũã ˧˥ kaʔ ˧˩˥
吹，日　呢　曝。吹　呢，吹　到　寒　到

beʔ˦ si˥˧˧ ‖ p'ɑk˥ nĩ˧ p'ɑk˥ kaʔ˧˨˥ lʊaʔ˥˦ kaʔ˧˨˥ beʔ˦ si˥˧˧ ‖
要　死；曝　呢，曝　到　热　到　要　死。

tɕi˥˧˥ lɔ˦˨˧ t'ĩ˥˥ k'i˩ tɕin˥˥ tɕĩã˨˩˧ lɑŋ˨˦ gin˧ ‖ a˧˨˦ ‖ tɕia˥˧
这　路　天　气　真　正　lang ggin n!　啊!　者音

lʊɑt˥ ‖ gʊɑ˥˧ k'ũã˨˩˧ bai˧ le˧ ‖ gʊɑ˥˧˥ tsa˦ lit˥ kĩã˨˦ gɔ˥˧˧
热!　我　看　bbay　咧，我　昨　日　行　五

tsɑp˥˦ li˥˧ ‖ kin˥˥ a˨ lit˥ kĩã˨˦ sã˥˥ tsɑp˥˦ li˥˧ ‖ gɔ˥˧ tsɑp˥
十　里，今　仔　日　行　三　十　里。五　十

koʔ˧˨˥ sã˥˥ tsɑp˥ si˦˨˧ pʊeʔ˧˨˥ tsɑp˥˦ ‖ kin˥˥ a˧ lit˦ ɪaʊ˨˦
又意　三　十　是　八　十，今　仔　日　犹

tɪoʔ˥˦ koʔ˧˨˥ kĩã˨˦ li˦˨˧ tsɑp˥˦ li˥˧ ‖ tɕia˥˧ nĩ˧ lʊɑt˥ ‖ bo˨˦
着　再　行　二　十　里，者音　呢　热，无

tᵊŋ˨˩˧ sã˥ beʔ˦ kan˧ kĩã˨˦ e˨˦ tɪək˧˨˥ ki˩ ‖ m̩˦˨˧ ko˥˥ k'at˧˨˥
脱　衫　bbeq gan　行　会　得　去？不过，较

t'ɪəŋ˨˦ sɪɔŋ˥˥ hɔːŋ˥ le˧ ‖ a˧ ‖ bo˨˦ ɪaʊ˥˧˥ kin˥˧ ‖ gʊɑ˥˧ laɪ˩
停　伤　风　咧!　啊!　无　要　紧!　我　内

bin˦˨˧ ɪau˨˦ tɕ'ɪəŋ˦˨˧ kui˥˧˥ nã˧ nĩã˥˧ le˧ ‖ bʊe˦˨˧ tɕit˥˦ e˧
面　犹　穿　几　若　领　咧。不会　一　下

tɕiu˦˨˧ sɪɔŋ˥˥ hɔːŋ˦˨˧ õ˧ ‖ tᵊŋ˩ k'i˥˧˧ laɪ˨˦ ‖ tᵊŋ˩ k'i˥˧˧
就　伤　风　orññ!　脱　起　来，脱　起

laɪ˨˦ ‖
来。

lit˥˦ t'aʊ˨˦ kũã˨˩˧ lɪaʊ˥˧ tɕin˥˥ tɪək˧˨˥ kʊɑt˧˨ ‖ i˥˥ kɔːŋ˥˧ ‖
日头　看　了　真　得　决。伊　讲：

hɔ˧˨˦ ‖ li˥˧˥ k'ũã˩ ‖ ɪaʊ˥˧˥ si˦˨˧ gʊɑ˥˧˥ e˨˦ pʊn˥˧˥ su˦ hɔ̃˧˥ ‖
"hor!　汝　看　犹　是　我　的　本　事　horñ!

tɕi˥˧˥ tsʊn˦ si˦˨˧ li˥˧˥ ĩã˨˦ ɑk˥ si˦˨˧ gʊɑ˥˧˥ ĩã˨˦ ‖
现　在意　是　汝　赢　抑　是　我　赢？"

pɑk˧˨˥ hɔːŋ˥ tu˥˧˥ a˥˧˥ teʔ˧˨˥ k'i˥˧˥ kaʔ˧˨˥ beʔ˧˨˥ k'i˥˧˥
北　风　duu-aa　在　气　到　要　起

siaʊ˥˧ ‖ bo˨˦ hʊɑt˧˦ t'ɑŋ˥˧ ts'ʊt˨˦ k'i˥˧ ‖ hʊt˨˦ lɪan˨˦ kũã˩
疯意，无　法　可意　出　气，忽　然　看

kĩ˩ hit˨˦ e˨˦ lɑŋ˨ tʊɪ˩˨ te˧˦ a˥˧ laɪ˧ kɪaʔ˧˦ tɕit˧˦ ki˥˧ sĩ˧
见　那　个　人　对　袋　仔　内　举　一　支　扇

ts'ʊt˨˦ laɪ˨˦ lɪa˥ lit˧˦ kɔːŋ˥ ‖ i˥ tɕiu˧˦ kɔːŋ˥˧ ‖ lit˥˦ t'aʊ˨ ‖
出　来　遮　日　光，伊　就　讲：“日　头！

li˥˧ sʊe˩˨ li˧˦ a˧ tɕiu˧˦ si˧˦ ‖ aʊ˧˦ paŋ˥ gʊɑ˥˧ ɪaʊ˨˦ u˧˦
汝　细　腻　啊　就　是！后　帮　我　犹　有

p'aʔ˧˦ paɪ˧ li˥˧ e˨˦ ki˥˧ hʊe˧ a˧ ‖ tɕi˥˧ paŋ˥ pʊn˥˧ tʊe˥˧
打意　败　汝　的　机　会　啊！这　帮　本　底

ɪəŋ˥˧ kaɪ˥˧ si˧˦ gʊɑ˥˧ ĩã˨ e˨˦ ‖ pʊt˨˦ ko˩ in˥˧ ʊɪ˧˦ gʊɑ˥˧
应　该　是　我　赢　的，不　过　因　为　我

t'aɪ˩˨ taɪ˧˦ i˩ la˧ ‖ sɔ˥˧ i˥˧ tɕia˥ e˧˦ su˥˧ li˥˦ ‖ nã˧˦ si˧˦
太　大　意　咯，所　以　才　会　输　汝！若　是

ũã˧˦ pat˧˦ hʊɑt˧˦ koʔ˨˦ pi˥˧ tɕit˧˦ paŋ˥ ‖ gʊɑ˥˧ it˨˦ tɪəŋ˧˦
换　别　法　再　比　一　帮，我　一　定

si˧˦ ĩã˨ e˨˦ ‖ beʔ˥ koʔ˧˦ m̩˧ ‖
是　赢　的。要　再　不？”

Bakhong garp Littaur
北风　及　日头（厦音罗马字注音）

Wuh tzyit bang, Bakhong garp Littaur n'ngh er lang dyihdeq siotziñ
有　一　帮音，北风　及　日头　两　个　人　在 deq　相争

kwañn tzyih tzwui er buunswuh kaq dwah.
看　是　谁　的　本事　较　大。

Bakhong goong: “Ggoa er buunswuh tzyinndwah. Tiñka erh er
北风　讲：“我　的　本事　甚　大。天脚　下　的

mitgyañn bbo tzyit harnq bbo giañ ggoa. tzwun nah duudyoq ggoa tzyuh erh
物件　无　一　项　无　惊　我。船　若　遇意着　我　就　会

beeng; tswuh nah duudyoq ggoa, tzyuh erh tarp; tsyuh nah duudyoq ggoa
翻；厝　若　遇意着　我　就　会　坍；树　若　遇意着　我

tzyuh erh doo; siim-miq nhiau nah, gao lah, hue lah, tsoo lah, In
就 会 倒; 什么 猫 哪、狗 咯、花 咯、草 咯, 伊们二合

nah duudyoq ggoa, goqkat giañ gaq bweh goong leh! Lii nah horh ggoa
若 遇意着 我, goqkat 惊 到 不会二合 讲 咧! 汝 若 呼 我

kii sienqderh ah, hañ! ggoa er sienqderh tziasyih dwah leh! Ggoa erh tse
起 性地 啊, 哼! 我 的 性地 者是 大 咧! 我 会 吹

gaq muañtiñ gehx syih o-hwun, tzionq lii er bbinn kamm gaq bbat
到 满天 gehx 是 乌云, 将 汝 的 面 盖意 到 密

tzyoux, biñlanq gaq lii bbo kwañň-giññ buaññharnq. tiñka erh
稠稠, 变弄 到 汝 无 看 见 半项。 天脚 下

buundoesyih ggoa tzueh tzuulang, lii tzai-eañ mah?"
本底是 我 做 主人, 汝 知影 吗?"

Littaur goong: "Hax! Lii tzintziaññ hordor! dark-er do gioh ggoa
日头 讲: "哈哈! 汝 真正 糊涂! 逐个 都 叫 我

tzueh Littaurgong. tiñka erh buundoesyih ggoa tzueh tzuulang, antzoañsyih
做 日头公。天脚 下 本底是 我 做 主人, 按音怎是

lii tzueh tzuulang nih? Lii syuñň yeng hwun tzyuh erh kamm ggoa er
汝 做 主人 呢? 汝 想 用 云 就 会 盖意 我 的

bbinn mah? Tze tzeasyih but tzwuh lianq liek! bbeqgaan wuh loh yeng nih?
面 吗? 这 者音是 不 自 量 力! bbeqgaan 有 路 用 呢?

Ggoa goong, lao Bak ah, lii tziqgoo! lii gianda erh goong dwah-weh niahx
我 讲, 老 北 啊, 汝 这个! 汝 gianda 会 讲 大话 niahx

nih! Lii gaan wuh siim-miq tzin buunswuh?"
呢! 汝 那意 有 什么 真 本事?"

Bakhong goong: " Lii nih, Lii er buunswuh dyih doloo? Lii arh
北风 讲: "汝 呢? 汝 的 本事 在 哪里意? 汝 也

goong lai ggoa tiañx leh."
讲 来 我 听听 咧。"

Littaur goong: "Ggoa ah, Ggoa syih 'mrh ae goong dwah-weh er."
日头 讲: "我 啊, 我 是 不 爱 讲 大话 的。"

Bakhong goong: "Tziañsyit-er? Lii 'mrh ae goong dwah-weh?"
北风　讲："真实的？汝　不　爱　讲　大话？"

Littaur goong: "Tziañsyit-er! gguun eeng-oan 'mrh bbat goong
日头　讲："真实的！我们二合　永远　不　曾意　讲

dwah-weh. Ggoa ah ggoa......" Littaur tziaplokkih goong Ier
大话。我　啊！我……"　日头　接落去　讲　伊的

buunswuh. Tzi deq goong, Bakhong yow goq kiilai garp I daañtsah.
本事。正　在　讲，北风　又　再　起来　及　伊　打岔。

In n'ngh er yow goq lii tzyit guh ggoa tzyit guh, tziñlai tziñkih,
伊们二合　二　个　又　再　汝　一　句　我　一　句　争来　争去，

Duu-aa tziñ gaq luh tseangx er syi-tzwun, kwaññ-giññ tzyit er gyañloh er
duu-aa　争　到　怒　冲冲　的　时阵音，看见　一　个　行路　的

lang. sinku tsieng tzyit neañ mipawr, taurkak dih tzyitdeeng tziñ-bboh,
人。身躯　穿　一　领　棉袍，头壳　戴　一顶　毡帽，

tzyitborhxv uunx añ gyañ. Littaur goong: "Wuh lah! laan tzyuh
一步一步　稳稳　aañ　行。日头　讲："有　咯！咱们意　就

an-ni-siñ! lii bbo kwaññ-giññ hit er gyañloh er lang mih? Kwaññ
按恁生音！汝　无　看见　那　个　行路　的　人　么？看

tzyit-tzwui erh sieng horh hit er lang tzionq bboh-aa garp pawr t'nq
是　谁　会　先　使意　那　个　人　将　帽仔　及　袍　脱

kiilai, tzyuh syih dwah buunswuh, Lii syuññ tzae youññ?"
起来，就　是　大　本事，汝　想　怎　样？"

Bakhong goong: "Hax! Tze gaññ 'mrh yong-iññ! 'mrh bbean goong
北风　讲："哈哈！这　敢　不　容易！不　免　讲

tzyitdyenq syih ggoa yañ er."
一定　是　我　赢　的。"

Littaur goong: "Tzyihtzwue dayrsieng kii-tseou, Nah neouñ lii
日头　讲："是谁　在先　起首，若　让　汝

dayrsieng, yow goq horh lii tay barnn-ggi, nah neouñ ggoa
在先，又　再　使意　汝　太　便　宜，若　使意　我

dayrsieng, kaqtyeng lii su lah, lii yow goq bbeq pyibbinn."
在先，少停汝输咯，汝又再要皮面。"

Bakhong goong: "Hay! Lii hea gornq! Tzay 'mrh kaq kuay
北风讲："咳！汝 hia 憨！这不较快

siim-miq! Nah sae n'ngh er byñx kii-tseu, tzyuh erh sae lit!
甚么！若使两个平平起首，就会使哩！

Dyoq 'mrh?"
着不？"

Littaur goong: "Hoo! An-ni-hoo!"
日头讲："好！按恁意好！"

Bakhong goong: "Wuhbyih gyih hoo! ggoa tienqhawr lii!
北风讲："预备 gyih 好！我听候汝！

'mrhtang kaqtyeng su lah, goong ggoa bbo tienqhawr lii. Hoo laq
不可意少停输咯，讲我无听候汝。好咯

mih?"
么？"

Littaur ggong: "Tseañ tienqhawr leh? Tienqhawr ggoa seau liat
日头讲："且听候咧？听候我少热

tzyit erh!"
一下！"

Bakhong goong: "Kaq-giin leh! Kaq-giin leh! Yau dyih
北风讲："较紧咧！较紧咧！犹在

tienqhawr siim-miq? Hoo lah mih?"
听候甚么？好咯吗？"

Littaur goong: "Hoo lah! Lii arh hoo lah mah?"
日头讲："好咯！汝也好咯么？"

Bakhong goong: "Ggoa hoo laoguu lah. tzyittzwun kii-tseu lah!
北风讲："我好老久咯。现在意起首咯！

yih lab!"
yih 咯！"

In n'ngh er tzyuh tzyit er park, tzyit er tse.
伊们二合 两 个 就 一 个 曝 一 个 吹。

Bakhong koh I erh tse er buunswuh ah, tse gaq Littaur horh
北风 靠 伊 会 吹 的 本 事 啊，吹 到 日头 被

o-hwun lhiadyoq. goq tzyit erh tse, tzionq hit er lang er bboh-aa
乌云 遮着。 再 一 下 吹，将 那 个 人 的 帽仔

tse dyih tor-ka lii. Hit er lang duu-aa dyihdeq dui I er
吹 在 涂脚 里。那 个 人 duu-aa 在 deq 追 伊 的

bboh-aa, Bakhong yow goq tzyit erh tse, tzionq I er pawr er
帽仔，北风 又 再 一 下 吹 将 伊 的 袍 的

leu-aa yah tse lokkih lah. Bakhong kwañ̃ leau tzintziañ̃ diek guat.
纽仔 也 吹 落去 咯。北风 看 了 真正 得 决。

I goong: "Ah! Hoo lah! 'mrhbbean goong ggoa yañ lah! Ggoa
伊 讲："啊！好 咯！ 不免 讲 我 赢 咯！我

tzaatzyow liaw tsut, ggoa tzai-eañ ggoa erh yañ er!"
早就 料 出，我 知影 我 会 赢 的！"

Littaur tiañleau hoo-tsyaw, I sim lay syuñ̃, I diisyi yañ?
日头 听了 好笑，伊 心 内 想，伊 底时 赢？

I tzionq hit er lang yenq hwun kamm kiilai tzyow hoh tzueh yañ
伊 将 那 个 人 用 云 盖意 起来 就 号 做 赢

laq mih? Doobeeng-goong! 'mrh eañ 'mrh syihtziaq? I tzyow
咯 么？倒 反 讲！ 无 影 无 事迹？伊 就

dwahsiang goong: "Ah! Lii goong siim-miq? Lii goong lii yañ lah
大 声 讲："啊！汝 讲 甚么？汝 讲 汝 赢 咯

neh? Lii yañ lah mih? Lii yañ lah ggoa gorq bbo kwañ̃giñ̃ leh?
呢？汝 赢 咯 么？汝 赢 咯 我 格意 无 看 见 咧？

Bbo kwañ̃giñ̃ bbo s'nqsyaw!"
无 看 见 无 算 数！"

Duu-aa tzit deq goong, hit er lang ii-gieng tzionq bboh-aa
duu-aa 在 deq 讲，那 个 人 已经 将 帽仔

goq dih kiilai, tzionq pawr arh leu kiilai. Bakhong kwaññgiññ
再 戴 起来， 将 袍 也 纽 起来。 北风 看 见

tzintziaññ sit-bbanq, Goangiin dwahlat biaññmiaññ tse. Dyi-tzai tse
真 正 失望， 赶紧 大力 拼命 吹。 底知 吹

gaq luu lihhayr, hit er lang tzionq pawr bau gaq luu arn; tzionq
到 愈 利害， 那 个 人 将 袍 包 到 愈 严； 将

bboh-aa luu kiu luu loklai. Gaw gaq awrlaiarh, tiñdeeng er hwun arh
帽仔 愈 揪 愈 落来。 到 了 后来， 天顶 的 云 也

tse suaññ lah. Litgong arh tsutlai lah, Hit er lang yau syih
吹 散 咯。 日光 也 出来 咯， 那 个 人 犹 是

an-ni-siñ!
按恁生音！

Littaur kwaññleau tzyuh goong: "Hoh! Tzit er lang er pawr
日头 看 了 就 讲： "hoq! 这 个 人 的 袍

garp bboh-aa bbo t'nq kiilai! hoññ! Lii kwaññ, I er bboh-aa
及 帽仔 无 脱 起来！ hoññ！ 汝 看 伊 的 帽仔

lah, pawr lah, yausyih tsyeng gaq hoo dangx leh! bbeq tsaiñyuññ
咯， 袍 咯， 犹是 穿 到 好 端端 咧！ 要 怎么

s'nq lii yañ neh? Ggoa gah lii goong, tse syih bbo loh yenq er!
算 汝 赢 呢？ 我 告 汝 讲， 吹 是 无 路 用 的！

Yausyih dyoq park oh!" I goong leau tzyow tsutlat park.
犹是 要 曝 hoq！" 伊 讲 了 就 出力 曝。

Hit er gyañloh er simlay syuññ: Hong nih tse, lit nih
那 个 行路 的 心内 想： 风 呢 吹， 日 呢

park. tse nih, tse gaq gwañ gaq bbeq sii; park nih, park gaq
曝。 吹 呢， 吹 到 寒 到 要 死； 曝 呢， 曝 到

luat gaq bbeq sii. tzit loh tiñkih tzintziaññ lang-ggyinn! Ah! tzea
热 到 要 死。 这 路 天气 真正 lang gginn！ 啊 者音

luat! Ggoa kwaññ bbay leh, ggoa tzarhlit gyañ ggorhtzarp lii, gin-aa
热！ 我 看 bbay 咧， 我 昨日 行 五十 里， 今仔

lit gyañ sañtzarp lii, ggorhtzarp goq sañtzarp syih bweqtzarp,
日 行 三十 里, 五十 又意 三十 是 八十,

gin-aa lit yau dyoq goq gyañ lihtzarp lii, tzeanih luat, bbo t'nq
今仔 日 犹 着 再 行 二十 里, 者音呢 热, 无 脱

sañ bbeqgan gyañ erh diek kih? 'mrh go, kaqtyeng sionghong leh?
衫 bbeqgan 行 会 得 去? 不 过, 较停 伤风 咧?

Ah! bbo eaugiin! Ggoa laybbinn yau tsieng guui nah nean leh,
啊! 无 要紧! 我 内面 犹 穿 几 若 领 咧,

bweh tzyit erh tzyow sionghong orññ! t'nq kiilai, t'nq kiilai.
不会 一 下 就 伤 风 orññ! 脱 起来, 脱 起来。

Littaur kwaññ leau tzin diekguat. I goong: "Hor! Lii kwaññ
日头 看 了 真 得决。 伊 讲: "Hor! 汝 看

yau syih ggoa er buun-swuh horñ! Tzyittzwun syih lii yañ, ark
犹 是 我 的 本 事 horñ! 现在意 是 汝 赢, 抑

syih ggoa yañ?"
是 我 赢?"

Bakhong duu-aa deq kih gaq bbeq kiiseau, bbo-huat tang
北风 duu-aa 在 气 到 要 起疯意, 无法 可意

tsutkih, hutlian kwaññginññ hit er lang duy derh-aa lay giaq tzyit gi
出气, 忽然 看 见 那 个 人 对 袋仔 内 举 一 支

syiññ tsut-lai lhia litgong, I tzyuh goong: "Littaur! lii suehlih aa
扇 出来 遮 日光, 伊 就 讲: "日头! 汝 细腻 啊

tzyow-syih! Awrbang ggoa yau wuh paq bayr lii er gih-weh ah!
就 是! 后帮 我 犹 有 打意 败 汝 的 机会 啊!

Tzit bang buundoe ieng-gai syih ggoa yañ er, but goh inwuih ggoa
这 帮 本底 应该 是 我 赢 的, 不 过 因为 我

tay dayryih lah, soo-ii tzia erh su lii! Nahsyih waññ bathuat goq
太 大意 咯, 所以 才 会 输 汝! 若是 换 别法 再

bii tzyit bang, ggoa yitdyeng syih yañ er. Bbeq goq 'mrh?"
比 一 帮, 我 一定 是 赢 的。要 再 不?"

二 龙眼干歌*

赵元任先生制谱

（为省符号起见，下面所写比实在音高高半音。

一字几音者都是滑音。全歌时间53秒。）

* 此歌通行于厦门。

①土字作“沯沯”。

②“查某鬼仔”乃厦门对女子狎昵之称谓。

lĭəŋ˨˦ gɪəŋ˥˨ kũã˥ kʊɑ˥

龙　眼　干　歌

lĭəŋ˨˦꜔ gɪəŋ˥˨ kũã˥ ‖ tɕĩã˥꜔ geʔ˧꜔ pũã˩ ‖
龙　眼　干，　正　月　半；
lɑŋ˨˦꜔ tɪɑm˥˨꜒ tɪəŋ˥ ‖ li˥˨꜒ laɪ˨˦꜔ k'ũã˩ ‖
人　点　灯，　你　来　看。

k'ũã˩꜖ sim˥˨꜒ miʔ˧꜔ ‖
看　什　么？

k'ũã˩꜖ sin˥꜔ nĩũ˨˦ ‖
看　新　娘。

sin˥꜔ nĩũ˨˦ kũãĩ˨˦ ia˥˨꜔ ke˧ ‖
新　娘　高　也　低？

ts'ʊɑ˩ bɔ˧꜖ paɪ˩꜖ laʊ˥˨꜕ pe˧ ‖
娶　妇　拜　老　父

---

①“月内”指产妇分娩后之一月言。通常在此月中日日须服补品，谓之“做月内”。

②ga tswaq 即油虫之土名，林君谓或即家贼之转音。粤语谓之 ka tsa，土字写做甴曱。

laʊ ˥˧꜔ pe ˧꜔ bo ˨˦꜓ tɕʻiə̆ŋ ˥꜔ o ˥˧ ‖
老 父 无 穿 袄，

tsʻʊɑ ˩ bɔ ˧꜔ paɪ ˩꜖ hĩã ˥꜓ so ˥˧ ‖
娶 妇 拜 兄 嫂。

hiã ˥꜓ so ˥˧ bo ˨˦꜓ tɕʻiə̆ŋ ˥꜔ kʊn ˨˦ ‖
兄 嫂 无 穿 裙，

tsʻʊɑ ˩ bɔ ˧꜔ paɪ ˩꜖ lɪə̆ŋ ˨˦꜓ tsʊn ˨˦ ‖
娶 妇 拜 龙 船。

lɪə̆ŋ ˨˦꜓ tsʊn ˨˦ pʻu ˥꜓ pʻu ˥꜓ pe ˥ ‖
龙 船 浮 浮 飞，

tsʻʊɑ ˩ bɔ ˧꜔ paɪ ˩꜖ te ˨˦꜓ e ˥ ‖
娶 妇 拜 茶 锅。

te ˨˦꜓ e ˥ tɕʻiɑŋ ˧꜔ tɕʻiɑŋ ˧꜔ kʊn ˥˧ ‖ baʔ ˥꜔ tsʻa ˥˧꜔ sʊn ˥˧ ‖
茶 锅 冲 冲 滚，肉 炒 笋。

sʊn ˥˧ hɔ ˧꜔ si ˥˧꜒ tsa ˥꜓ bɔ ˥˧꜒ kʊɪ ˥˧꜒ a ˥˧ nĩ ˥꜓ tɕit ˥꜔ te ˧ ‖
笋 给 死 查 某 鬼 仔 拈 一 块。

tɕiaʔ ˥꜔ beʔ ˥ taɪ ˧꜔ ‖
吃 干 么？

tɕiaʔ ˥꜔ beʔ ˥ tsʊe ˩꜖ geʔ ˥꜔ laɪ ˧ ‖
吃 要 作 月 内。

geʔ ˥꜔ laɪ ˧꜔ sĩ ˥꜓ sim ˥˧꜒ miʔ ˥꜔ ‖
月 内 生 什 么？

sĩ ˥꜓ ka ˥꜓ tsʊɑʔ ˥ ‖
生 家 贼。

pʻo ˧꜔ tsʻʊt ˥˧꜒ laɪ ˨˦ ‖ pʻo ˧꜔ lɪp ˧꜔ kʻi ˩ ‖
抱 出 来，抱 入 去，

tsɔːŋ ˥˧꜒ bʊe ˧꜔ ʊɑʔ ˥ ‖ tɕit ˥꜔ taʊ ˥˧꜒ bi ˥˧ ‖
总 不会 活。 一 斗 米，

tɕit ˥꜔ taʊ ˥˧꜒ tsʻiə̆k ˦ ‖ kɪu ˩꜖ kaʔ ˦꜒ ʊɑʔ ˥꜓ ʊɑʔ ˥꜖ ʊɑʔ ˥ ‖
一 斗 粟，救 到 活 活 活。

Lieng ggeeng guañ gua
龙 眼 干 歌

Lieng ggeeng guañ，tziañ ggeq buaññ；
龙 眼 干，正 月 半；

Lang deam dieng，lii lai kuaññ.
人 点 灯，你 来 看。

Kuaññ siim-miq? Kuaññ sin-niouñ.
看 什 么? 看 新娘。

Sin-niouñ gwaiñ ea gerh，tsuah bboh bay laoberh.
新娘 高 也 低? 娶 妇 拜 老父。

Laoberh bbo tsyeng óó，tsuah bboh bay hiañ sóó.
老父 无 穿 袄，娶 妇 拜 兄 嫂。

Hiañ sóó bbo tsyeng gwun，tsuah bboh bay lieng tzwun.
兄 嫂 无 穿 裙，娶 妇 拜 龙 船。

Lieng tzwun pux be，tsuah bboh bay der e.
龙 船 浮浮 飞，娶 妇 拜 茶 锅。

Der e tsyanqx guun，bbaq tsaa suun.
茶 锅 冲冲 滚，肉 炒 笋。

Suun horh sii tzabbooguui-aa niñ tzyit derh.
笋 给 死 查某鬼仔 拈 一 块。

tzyaq bbeq dayr? tzyaq bbeq tzueh ggeq lay.
吃 干 么? 吃 要 作 月 内。

Ggeq lay siñ siim-miq? siñ gatzwaq.
月 内 生 什 么? 生 家 贼。

Porh tsut lai，porh lip kih，tsoong bweh Waq. Tzyit dao bbii
抱 出 来，抱 入 去，总 不会 活。一 斗 米，

tzyit dao tsiek，giow gaq waqxx.
一 斗 粟，救 到 活活活。

三 草蜢公歌*

（全歌时间46秒）

* 此歌通行于厦门、晋江、同安。

①"草蜢公"螳螂也。

②"善"音 ggau，此系训读。

③"哪"即"哪里"，音转为 do，故或写作"多"。

ts'ɑʊ˥˩ meʔ˧ kɔːŋ˥ kʊɑ˥

草　蜢　公　歌

tsʻɑʊ˥˩꜒ meʔ˧꜔ kɔːŋ˥ ‖ ɡɑʊ˧˥꜒ tɕʻi˧꜔ ɡu˧˥ ‖
草　蜢　公，　善　饲　牛。
ɡu˧˥ to˥˩꜒ kʻi˩ ‖ ɡu˧˥ bʊe˧꜔ ɡʊn˧˥ ‖
牛　哪　去？　牛　卖　银。
ɡʊn˧˥ to˥˩꜒ kʻi˩ ‖ ɡʊn˧˥ tsʻʊɑ˧꜔ bɔ˧꜔ ‖
银　哪　去？　银　娶　妇。
bɔ˧꜔ to˥˩꜒ kʻi˩ ‖ bɔ˧꜔ sĩ˥꜔ sʊn˥ ‖
妇　哪　去？　妇　生　孙。
sʊn˥꜔ to˥˩꜒ kʻi˩ ‖ sʊn˥꜔ kũã˥˩꜒ aʔ˧˩ ‖
孙　哪　去？　孙　赶　鸭。
aʔ˧˩ to˥˩꜒ kʻi˩ ‖ aʔ˧˩ sĩ˥꜔ nəŋ˧ ‖
鸭　哪　去？　鸭　生　卵

①“给”音 horh，亦系训读，或以“护”字拟其音者非。

nᵊŋ ˧˥ to ˥˩ k'i ˩ ‖ nᵊŋ ˧ tɕ'ĩã ˥˩ keʔ ˦ ‖
卵 哪 去? 卵 请 客。

keʔ ˦˥ to ˥˩ k'i ˩ ‖ keʔ ˦ paŋ ˩˥ lɪo ˧ ‖
客 哪 去? 客 放 尿。

lɪo ˧ to ˥˩ k'i ˩ ‖ lɪo ˧ ɑk ˦˥ hʊe ˥ ‖
尿 哪 去? 尿 沃 花。

hʊe ˥ to ˥˩ k'i ˩ ‖ hʊe ˥ kiɛt ˦˥ tɕi ˥ ‖
花 哪 去? 花 结 子。

tɕi ˥ to ˥˩ k'i ˩ ‖ tɕi ˥ k'ʊeʔ ˥˧ ɪu ˧˥ ‖
子 哪 去? 子 榨 油。

ɪu ˧˥ to ˥˩ k'i ˩ ‖ ɪu ˧˥ tɪɑm ˥˩ he ˥ ‖
油 哪 去? 油 点 火。

he ˥ to ˥˩ k'i ˩ ‖ he ˥ hɔ ˧˥ laʊ ˥ tɕim ˥˩ po ˧˥ a ˥˧
火 哪 去? 火 给 老 婶 婆 仔

tɕiaʔ ˥˧ hʊn ˥ tuʔ ˥˧ tuʔ ˥˧ sit ˦ ‖
吃 烟 剸 剸 熄。

Tsao meq gong gua
草 蜢 公 歌

Tsao-meq gong, ggau tsyih ggu.
草蜢 公, 善 饲 牛。

Ggu tóó kih? Ggu bweh ggun.
牛 哪 去? 牛 卖 银。

Ggun tóó kih? Ggun tswa bboh.
银 哪 去? 银 娶 妇。

Bboh tóó kih? Bboh siñ sun.
妇 哪 去? 妇 生 孙。

Sun tóó kih? Sun goan aq.
孙 哪 去? 孙 赶 鸭。

Aq tóó kih? Aq siñ n'nq.
鸭 哪 去? 鸭 生 卵。

N'nq tóó kih? n'nq tseañ keq.
卵 哪 去? 卵 请 客。

Keq tóó kih? Keq banq lióh.
客 哪 去? 客 放 尿。
Lióh tóó kih? Lióh ak hue.
尿 哪 去? 尿 沃 花。
Hue tóó kih? Hue giet tzii.
花 哪 去? 花 结 子。
Tzii tóó kih? Tzii kweq you.
子 哪 去? 子 榨 油。
You tóó kih? You deam hee.
油 哪 去? 油 点 火。
Hee tóó kih? Hee horh lao tziim bor aa tzyaq hun dwuqx sit.
火哪去? 火 给 老 婶 婆仔 吃 烟 剩剩 熄。

四 阿达子歌*

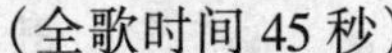
(全歌时间 45 秒)

---

* 此歌通行于泉州、厦门,首句或用“竹有枝,麻有子”。

①“阿达子”为一种植物之子,产于爪哇,可作蜜饯食品。

②“灶脚”即厨下。

a˥ tat˨ tɕi˥˩kʊɑ˥
阿 达 子 歌

a˥˧ tat˨˧ tɕi˥˩ ‖ tsʊe˩˥ laŋ˨˧ sin˥˧ pu˧ u˧ to˧ li˥˩ ‖
阿 达 子， 做 人 新 妇 有 道 理。

an˩˥ an˩˥ k'ʊn˨˦ ‖ tsa˥˩˥ tsa˥˩˥ k'i˥˩ ‖
宴 宴 困， 早 早 起。

k'i˥˩˥ laɪ˨˧ sʊɑ˥ t'aʊ˨˦ bʊɑʔ˥˧ hʊn˥˩ tɪɑm˥˩˥ ɪan˥˧ tɕi˥˩˥ ‖
起 来 梳 头 抹 粉 点 胭 脂。

---

①“拭”读若 liou，乃用水擦抹之意，与拂拭异。

②o loo 赞美也。

③“好八字”即“好命运”。

④“家官”即翁姑。

lɔʔ ˧˥ tsaʊ ˩˥ kʻa ˥ ‖ sʊe ˥˧ ũã ˥˧ ti ˧ ‖
落 灶 脚， 洗 碗 箸。

tɕĩũ ˧˥ tʊɑ ˧˥ tʻĩã ˥ ‖ lɪu ˧˥ toʔ ˧˥ i ˥ ‖
上 大 厅， 拭 桌 椅。

lɪp ˧˥ pɑŋ ˧˥ laɪ ˧ ‖ tsʊe ˩˥ tɕiɑm ˥˧ tɕi ˥ ‖
入 房 内， 做 针 黹。

o ˥˧ lo ˥˧ hĩã ˥ ‖ o ˥˧ lo ˥˧ ti ˧ ‖
o loo 兄； o loo 弟；

o ˥˧ lo ˥˧ tɪɔŋ ˧˥ hu ˥ ho ˥˧ pʊeʔ ˧ li ˧ ‖
o loo 丈 夫 好 八 字；

o ˥˧ lo ˥˧ ke ˥˧ kũã ˥ ho ˥˧ ke ˥˧ si ˩ ‖
o loo 家 官 好 家 世；

o ˥˧ lo ˥˧ pe ˧˥ bu ˥ ho ˥˧ ka ˥˧ si ˩
o loo 父 母 好 教 示。

A dat tzii gua

阿达子歌

A dat tzii, tzueh lang sinpuh wuh dorhlii.
阿 达 子， 做 人 新妇 有 道理。

Annx kun, tzaax kii.
宴宴 困，早早 起。

Kii lai sua taur bbuaq huun deam iantzii.
起 来 梳 头 抹 粉 点 胭脂。

Loq tzawka, soe oañ dyih;
落 灶脚， 洗 碗 箸。

Tzyouññ dwah tiañ, liou doq ii;
上 大 厅， 拭 桌 椅。

Lip barng lay, tzueh tziamtzii.
入 房 内 做 针黹。

O-loo hiañ; o-loo dyih;
o-loo 兄； o-loo 弟；

O-loo dyoqhu hoo bueqlih;
o-loo 丈夫 好 八字；

O-loo geguañ hoo gesih;
o-loo 家官 好 家世
O-loo berh bbuu hoo gah sih.
o-loo 父 母 好 教 示。

五 老鼠干歌*

（全歌时间 34 秒）

* 此歌通行于同安、厦门。

①“老婶婆”即老太婆。

②“投”告诉也。

③“蚵镜”即用蚵壳磨成半透明体以代玻璃者，与江浙所用之“明瓦”相似。

nɪaʊ˥˧ tsʻu˥˧ kũã˥ kʊɑ˥

老　鼠　干　歌

nɪaʊ˥˧꜒ tsʻu˥˧꜒ kũã˥ ‖
老　鼠　干，

kʻan˩꜓ gu˨˦ kʻan˥꜓ be˥˧ tɕĩũ˧꜔ tʊɑ˧꜔ sũã˥ ‖
牵　牛　牵　马　上　大　山。

tʊa˧꜔ sũã˥ bo˨˦꜓ be˥˧꜒ tsʻaʊ˥˧ ‖
大　山　无　马　草，

kʻan˥꜓ kʻi˩꜕ laʊ˥˧꜔ tɕim˥˧꜒ po˨˦ a˩ mᵊŋ˨˦꜓ kʻa˥꜓ kʻaʊ˥˧ ‖
牵　去　老　婶　婆仔　门　脚　口。

tɑk˧˩꜓ tɕit˥꜔ e˧ ‖ tʻĩã˩꜕ tʻĩã˩꜕ tʻĩã˩꜕ ‖
触　一　下，　痛　痛　痛，

taʊ˨˦꜓ o˨˦꜓ kĩã˩ ‖
投　蚵　镜。

o˨˦꜓ kĩã˩ kʻi˩꜕ bʊe˧꜔ o˨˦ ‖ taʊ˨˦꜓ tɕim˥˧꜒ po˨˦ ‖
蚵　镜　去　卖　蚵，　投　婶　婆。

①“大伯”夫兄也。

②“扑扑跳”或作“搏搏弹”。此句以下或多“鸡母扑鸡妹，鸡妹跌落井，井乌乌，举捶杠尼姑，尼姑返上壁，跌落来，跌到赤赤赤”。

tɕim ˥˩˥ po ˦ kʻi ˩˧ tsʊe ˩˦ kʻeʔ ˦˩ ‖ taʊ ˦˧ tʊɑ ˧˧ peʔ ˦˩ ‖
婶 婆 去 作 客, 投 大 伯。

tʊɑ ˧˧ peʔ ˦˩ bʊe ˧˧ tsʻɔ ˥˥ tsʊɑ ˥˩ ‖
大 伯 卖 粗 纸,

taʊ ˦˧ laɪ ˦ taʊ ˦˧ kʻi ˩˧ taʊ ˦˧ tɪoʔ ˥˧ gʊɑ ˥˩ ‖
投 来 投 去 投 着 我;

haɪ ˧˧ gʊɑ ˥˩˥ sim ˥˥ kũã ˥ pʻɔːk ˦˧ pʻɔːk ˦˧ tʻɪo ˦˩ ‖
害 我 心 肝 扑 扑 跳。

Neau tsuu guañ gua

老 鼠 干 歌

Neau tsuu guañ,
老 鼠 干,

kan ggu kan bbee tzyouññ dwan suañ.
牵 牛 牵 马 上 大 山。

Dwah suañ bbó bbee tsau,
大 山 无 马 草,

kau kih lao tziimbor ah m’ng ka kao.
牵 去 老 婶婆 仔 门 脚 口。

Dak tzyit erh,
触 一 下,

teañxx, daur or giaññ.
痛痛痛, 投 蚵 镜。

Or giaññ kih bbueh or, daur tziimbor.
蚵 镜 去 卖 蚵, 投 婶婆。

Tziimbor kih tzue keq, daur dwah beq
婶婆 去 作 客, 投 大 伯。

dwah beq bbueh tso tsoa, daur lai daur kih daur dyoq ggoa.
大 伯 卖 粗纸, 投 来 投 去 投 着 我;

Hayr ggoa sim guañ pokx tioh.
害 我 心 肝 扑扑 跳。

附 录

周辨明先生所记之厦门音

转录万国语言学会出版之 *Le Maître Phonetique* 第 3 辑第 30 册 (1930 年 4 月至 6 月)38 至 40 页

Version of "the north wind and the sun" in the pronunciation of Bien-ming Chiu(_tsiu˭piɛnˊbiŋ) of Amoy(˭e'mŋ)

transcribed by Bien-ming Chiu

[Final p, t, k, ʔ, are pronounced without exsplossion. t is dental. An ə-glide is heard between i and ə final k or ŋ and between u and ə final t; thus the syllables hik, tshiŋ, tut sound like hiək, tshiəŋ, tuət. ɛ, as in tiɛp, hiɛn, appears to be a member of the a-phonome, it is near in qualily to the English æ. When a is followed by ʔ, it has a value approaching the English ʌ. When a syllabic ŋ is preceeded by a consonant, an extremely short ə is generaly instead before it; thus the syllable kŋ, thŋ, nŋ might be written kəŋ, thəŋ, nəŋ.

Vowels and diphthongs are always nasalized when a nasal consonant preceeds. In a broad transcription the nasal mark could be omitted in such words.

According to the original classification there are eight tones. Their approximate values for a mains voices may be shown in musical notation thus:

Tones 1, 2 3, 5, 7 may be represented in phonetic transcriptions of followings: ¯a, `a, ˎa, ´a, _a. These are realy the principal member of five tonemes, Tone 6 (˗a) is a subscribed member of tone 7(_a), and is a trifle lower in pitch and short in quantity than latter.

Tones 4 and 8 are "short" tones. They are only used in syllables ending in a stop (p, t, k, ʔ), the value of which are very short. They may be regarded as special members of tonemes 3 and 1 respectively, and they are accordingly written here with the marks and ¯.

In connected special syllables governed by somewhat complicated laws. The following transcription represents the tones as actually shifted in connected speech. In every group of syllables there is one with a "tone-accent", that is to say retaining its normal tone value. This printed is thick type. Observations made on tone-accents serve as the basis for a theory of "tone-syntax".

To make the values of the tones quite clear, the text in accompanied by a staff-notation of the tones. The normal values of the tones may be represented in staff-notation thus:

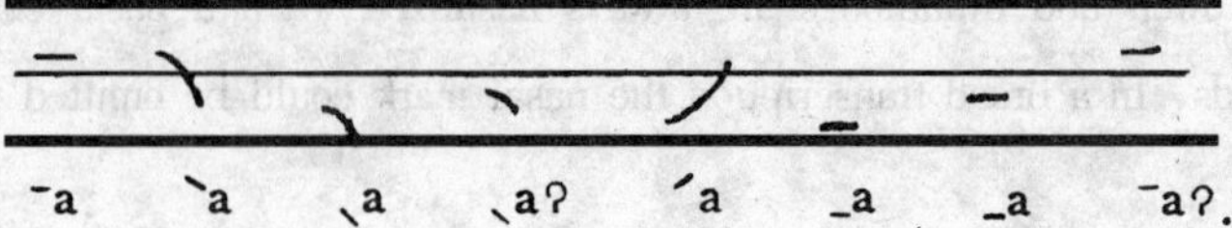

¯a　`a　ˎa　ˎaʔ　´a　_a　_a　¯aʔ.

When a tone is marked by a dot in the staff-notation, it means that the syllable is very short.

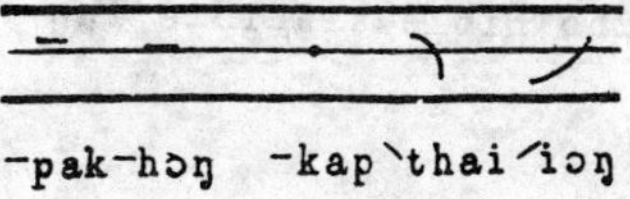

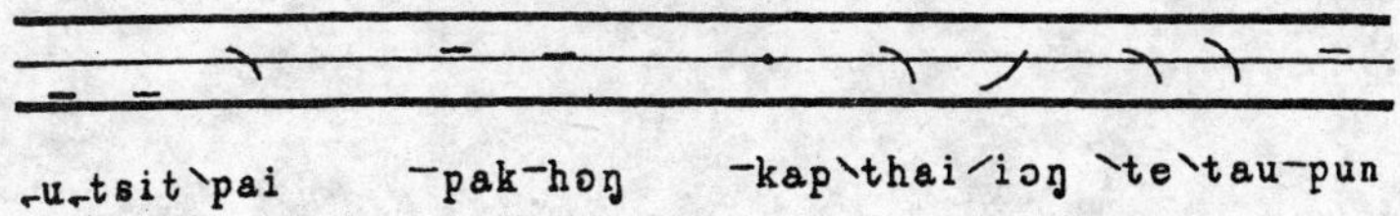

ˍsuˍeˊsi, ˉtuˉa꜀tsitˍeˍkiãˍlɔ ˍeˊlaŋ, ꜀tshiŋ꜀tsit

ˉniã꜀kauˉtut ˎtutˍeˍmĩˊhiu, ˋtuiˉhia ˎke. ˉin ꜀tsiu

ˍsuˊniũ ˋkɔŋ: "ˋlanˉlɔŋ꜀mˉbiɛn ˎtsĩ. ꜀nãˉsaiˋkhoã

ˏtsiˍtsui ˏoeˏhɔˉhitˍeˍkiãˍlɔˍeˊlaŋ ˋthŋˍiˉhitˉniã

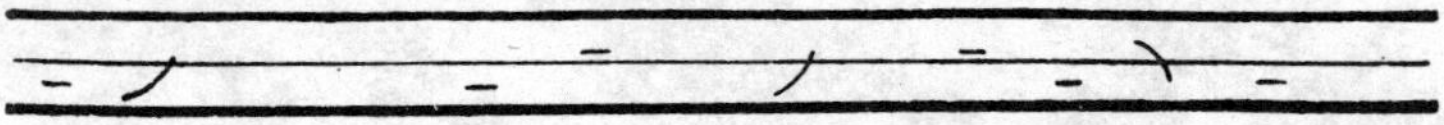

ˍmĩˊhiu ˏtsiuˍtsaiˉtoˏtsitˊe ˉpunˍsuˋkhaˍtoa".

ˉsɔˉiˉpakˉhɔŋ ˏtsiuˉkhiˍhɔŋˉthai. ˍmˉkuˉi ˉhɔŋ

ˉkɔˉdzuˎthau, ˍkiãˍlɔ ˍe ˊlaŋ ˍmĩˊhiu ˉkŋˉdzuˊan.

ˋkauˋbe ˉpakˉhɔŋ ˍboˍiˎhoat, ˏtsiuˋpaŋˍheˎte.

ˋkoˉtiɛpˉaˋku, ˋthaiˊiɔŋ ˏtsiuˉtshutˍhiɛn, ˋsiˎkoe

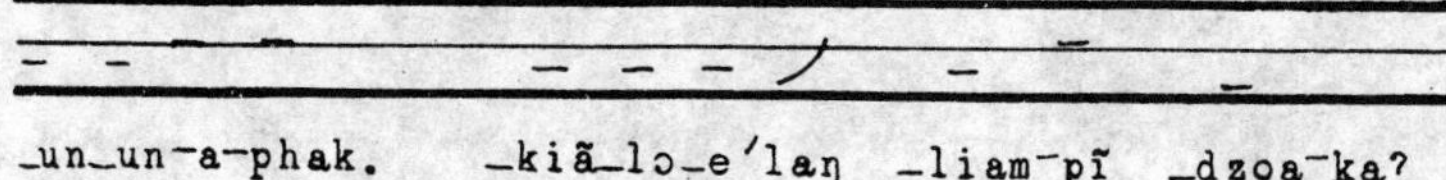

_un_un-a-phak. _kiã_lɔ_eˊlaŋ _liam-pĩ ˏdzoa-ka?

ˋtɔŋˏboe ˊtiau, _mĩˊhiu ˏtsiuˋthŋ-ŋˎnŋˎkhiˎlai.

ˋtui-an-nĩ-pak-hɔŋ ˏdzin-su, _haŋˏhɔkˋthaiˊiɔŋ

-pun_su ˋkha_toa.

Ⅶ. 厦门音与十五音及广韵比较表

这个表是全部音系材料的总汇。表里所收的4636字是参酌《十五音》跟我用Barclay及Campbell字典所作的字表，除去僻字以外，每声每韵每等每呼各取一两个字作代表；因为本篇研究以音为主，所以这个表里所收的字，只求音类的大体完备，而不管字汇是否充实。表的系统以韵为经，以声为纬。韵一方面所包含的条件有厦门音的韵类、韵值、调类、《十五音》韵母、韵摄、《广韵》韵目、等呼7项；声一方面所包含的条件有厦门音的声类、声值、《十五音》声母、《广韵》声类4项。关于等呼的分辨，大体以《韵镜》为准。因为这个表是综合声韵的总表，所以凡是受庄组跟云类声母的影响而分等的，这里也一律分列，跟第五章专为比较韵母分合的办法不同。厦门声类跟《广韵》声类的分合，虽然不像韵母那样复杂，可是也不十分简单。若按分别韵母的行款排列起来，不单所费的空间更多，而且实际上也没有方法印刷。所以现在只能在第166页的表首列出各声母里最常见的古声类，以数字注明次序，表内只有各声母里不常见的古声类是在例字的左端用小字标明声目，其馀的完全用小数字替代。至于表里所用的记号，凡是话音在字下加一横线；由《十五音》的字音变成厦门话音的，在字下加⺂号；由《十五音》的话音变成厦门字音的，在字下加⺂号；在《广韵》算寄韵的字，旁加一圈（∘）；在《十五音》算寄韵的字，旁加一点（•）；在《广韵》跟《十五音》都算寄韵的，另加⊙号。此外，† 是训读或与音理较远的记号，×是例字见于《厦门音新字典》或《十五音》，但未经发音者承认的记号，(　)是例字只见于《十五音》，本表附存其位的记号。还有舒声 om 韵跟促声 op、uak 两韵，在音系的各种表里本来都没有列进去，但是按《广韵》或《十五音》的系统，在总表里似乎还有附存的必要。所以这里仍然把它们列入表中，而在韵类、韵值的外边各加括弧以示区别。

厦门音与十五音

声类	声值	十五音声母	广韵声类 \ 韵类										
			韵类	m				ng					
			韵值	m̩				ŋ̍					
			调类	阳平˨˦		上˥˧	阳去˧	阴平˥					
			十五音韵母	姆(梅)		姆姆	姆(不)	钢钢					
			广韵韵摄	蟹	效	遇	臻入	宕					江
			广韵韵目	灰	肴	姥	物	唐		阳			江
			等呼	合一	开二	合一	合三	开一	合一	开三	开二	合三	开二
b	p	边	1.帮 2.並 3.滂 4.非 5.奉										
p	p‘	颇	1.滂 2.並 3.帮 4.敷 5.奉										
bb	b	门	1.明 2.微										
m	m	门	1.明 2.微										
d	t	地	1.端 2.定 3.透 4.知 5.澄					^{1}当					
t	t‘	他	1.透 2.定 3.端 4.彻 5.澄					^{1}汤					
n	n	柳	1.泥 2.来 3.娘 4.日										
l	l	柳	1.来 2.泥 3.娘 4.日										
g	k	求	1.见 2.群 3.溪 4.疑 5.匣					^{1}冈					^{1}扛
k	k‘	去	1.溪 2.群 3.见 4.晓 5.匣					^{1}康					
gg	g	语	1.疑 2.见 3.溪										
ng	ŋ	语	1.疑										
□	ʔ,○	英	1.影 2.云 3.以 4.晓 5.匣 6.见 7.疑	^{明}梅		^{明}姆	^{非}不†			^{1}央秧			
h	h	喜	1.晓 2.匣 3.影 4.云 5.疑 6.非 7.敷 8.奉	^{明}媒	^{明}茅				^{1}荒			^{6}方	
tz	ts tɕ	曾	1.精 2.从 3.庄 4.章 5.崇 6.船 7.知 8.澄 9.邪 10.书 11.禅					^{1}赃			^{3}庄装		
ts	ts‘ tɕ‘	出	1.清 2.从 3.精 4.初 5.昌 6.崇 7.彻 8.心 9.邪 10.生 11.书					^{1}仓舱			^{4}疮		
s	s	时	1.心 2.邪 3.生 4.书 5.禅 6.崇 7.船					^{1}桑			^{5}霜		
dz	dz	入	1.日 2.娘 3.泥 4.云 5.从										

及广韵比较表

ng											
ŋ											
阴平˥									阳平˨˦		
褌褌									钢(郎)		
山				臻	宕			通	宕		
桓	删	仙		魂	唐		阳	东	唐	阳	
合一	合二	合二	合三	合一	合一	开一	合三	合三	开一	开三	开二
						^{1}帮	^{4}方枋	^{4}枫风	^{2}傍		
									^{2}唐堂	^{5}长肠	
									^{2}糖		
									^{2}郎榔		
				^{1}褌	^{1}光						
				^{1}昏	^{1}荒						
			^{4}砖								
		^{10}栓	^{5}川	^{1}村							^{6}床
^{1}酸痠	^{3}闩			^{1}孙							^{6}床

韵类			ng											
韵值			ŋ̍											
调类			阳平˨˦							上˥˧				
十五音韵母			钢(郎)	褌(传)						钢(榜)		褌捲		
韵摄			宕	山			臻	宕	效	宕	梗	山		
广韵韵目			阳	删	元	仙	魂	唐	豪	荡	梗	缓	阮	狝
等呼			合三	合二	合三	合三	合一	合一	开一	开一	开三	合一	合三	合三
b	p	边								[1]榜				
p	p‘	颇												
bb	b	门												
m	m						[1]门		[1]毛				[2]晚	
d	t	地											非返†	[4]转
t	t‘	他				[5]传								
n	n	柳												[4]软
l	l													
g	k	求										[1]管		[1]捲卷
k	k‘	去												
gg	g	语												
ng	ŋ													
□	ʔ,◯	英		[1]弯				[5]黄			[1]影		[7]阮	
h	h	喜	[8]防		[4]园									
tz	ts tɕ	曾												
ts	ts‘ tɕ‘	出												
s	s	时												
dz	dʑ	入												

ng											
ŋ̍											
上˥˧			阴去˨˩								阳去˧
褌$_{\text{捲}}$			钢$_{\text{杠}}$		褌$_{\text{卷}}$						钢(浪)
臻		止	宕		山					臻	宕
混	準	旨	宕	漾	换	缓	谏	愿	线	恩	宕
合一	合四	开三	开一	开三	合一	合一	合二	合三	合三	合一	开一
											[2]傍
			[1]当							[1]顿	
			[1]盪							[1]裉。	
			[1]钢杠		[1]贯		[1]串	[3]券	[1]卷		
			[从]藏†					[1]劝			
	[3]笐。			[4]向·							
		[4]指†			[1]钻					[2]鳟	[2]藏臓
							[见]串。		[5]穿		
[1]损						[1]算					

韵类			ng									a		
韵值			ŋ									a		
调类			阳去˧									阴平˥		
十五音韵母			钢(浪)			裈(断)						嘉嘉		
韵摄			宕	江	宕	山				臻		假	果	蟹
广韵韵目			养	绛	漾	换	缓	愿	线	恩	问	麻	戈	佳
等呼			开三	开二	开二	合一	合一	合三	合二	合一	合三	开二	合一	开二
b	p	边						^{5}饭						
p	pʻ	颇												
bb	b	门												
m	m										^{2}问			
d	t	地	^{5}丈	^{5}撞		^{1}断								
t	tʻ	他												
n	n	柳	^{2}两·				^{2}卵							
l	l													
g	k	求										^{1}家嘉		^{1}佳
k	kʻ	去											^{1}呿	
gg	ɡ	语												
ng	ŋ													
□	ʔ,○	英									^{2}晕			
h	h	喜						^{4}远		^{2}圂				
tz	ts tɕ	曾			^{5}状				^{5}馔			^{3}渣		
ts	tsʻ tɕʻ	出										^{4}差叉		
s	s	时										^{3}沙纱		
dz	dʑ	入												

a											
a											
阴平˥						阳平˨˦					上˥˧
嘉嘉	胶(胶)					嘉枷		胶(琶)			嘉贾
蟹	假	效		山	宕入	假	蟹	假	蟹	效	假
灰	麻	肴	宵	谏	药	麻	佳	麻	佳	肴	马
合一	开二	开二	开四	开二	开三	开二	开二	开二	开二	开二	开二
	1巴羓。疤。					2琶爬		2琶爬			1把
	1葩	1抛脬									
								1麻		1猫	
								1麻痳			1马妈。
			精焦礁。								
						2[illegible]					
1傀		1胶鲛				1痂·枷					1假贾
					3脚						
						1牙衙					
											1雅·
						1鸦·					1哑
						2瑕虾					
						8茶					
						澄查	6.柴	澄查	6柴		
				3栅							

韵类			a											
韵值			a											
调类			上˥˧						阴去˩					阳去˧
十五音韵母			嘉贾		胶绞				嘉嫁		胶教			嘉下
韵摄			假	止	假	果	效		假	山入	假	效	流	假
广韵韵目			马	止	马	歌	皓	巧	祃	辖	祃	效	候	祃
等呼			合二	开四	开二	开一	开一	开二	开二	开二	开二	开二	开一	开二
b	p	边			[1]把			[1]饱			[1]霸灞	[1]豹		[2]耙。
p	p‘	颇			[1]吧。					[明]帕	[1]怕			
bb	b	门												
m	m	门												[1]骂
d	t	地										[4]罩		
t	t‘	他							[4]诧					
n	n	柳												
l	l	柳												
g	k	求						[1]绞疚。搅	[1]假嫁			[1]教		
k	k‘	去						[1]巧					[1]扣	
gg	g	语												[1]讶
ng	ŋ	语												
□	ʔ,○	英		[精]仔·†		[1]阿			[1]亚哑		[1]亚哑			
h	h	喜										[1]孝		[2]下夏
tz	ts tɕ	曾					[1]早		[3]诈炸					[5]乍
ts	ts‘ tɕ‘	出						[4]炒吵						
s	s	时	[3]傻						[3]洒					
dz	dʑ	入												

a						ia					
a						Ia					
阳去˧						阴平˥					阳平˩
嘉下		胶咬				迦迦					迦伽
假	果	蟹	效		宕入	假			果	止	假
马	果	蟹	效	巧	铎	麻			戈	支	麻
开四	合一	开二	开二	开二	开一	开二	开三	开四	合三	开三	开三
	2爸	2罢									
			2炮疱。								
							4爹				
				4齩		1迦				2奇	
3也											
									1靴		
					2昨·		4遮这⊙	1嗟			
							5车				
							4赊奢				7蛇
							章遮				

韵类			ia											
韵值			ɪa											
调类			阳平˨˦			上˥˧		阴去˨˩			阳去˧			
十五音韵母			迦伽			迦(者)		迦寄			迦崎			
韵摄			假	止		假		假		止	假		止	
广韵韵目			麻	支		马		祃		寘	祃		支	纸
等呼			开四	开三	开四	开三	开四	开三	开四	开三	开三	开四	开三	开三
b	p	边												
p	p‘	颇												
bb	b	门					^{1}乜							
m	m	门												
d	t	地												
t	t‘	他												
n	n	柳												
l	l	柳												
g	k	求			^{2}岐					^{1}寄			^{2}·崎	
k	k‘	去		^{2}骑										
gg	g	语												
ng	ŋ	语												
□	ʔ,○	英	^{6}椰耶爷。				^{3}也野					^{3}夜		
h	h	喜												^{5}蚁
tz	ts tɕ	曾				^{4}者	^{1}姐	^{4}蔗柘	^{1}·借			^{2}藉 ^{9}谢		
ts	ts‘ tɕ‘	出	^{9}斜			^{5}哆								
s	s	时	^{2}斜邪			^{4}捨	^{1}写	^{4}赦舍	^{1}卸		^{7}射麝	^{2}谢		
dz	dʑ	入				^{1}惹								

ua											
ʊɑ											
阴平˥						阳平˨˦				上˥˧	
瓜$_{瓜}$						瓜$_{檬}$				瓜$_{回}$	
假		果		遇	蟹	假		果		假	果
麻		戈	歌	模	佳	麻		戈	歌	马	哿
合二	开二	合一	开一	合一	开二	合二	开三	合一	开一	合二	开一
								^{1}磨			
									^{1}拖		
									^{1}箩		
^{1}瓜		^{1}过	^{1}歌								
^{1}誇				^{1}刳							
											^{1}我
^{1}哇·					^{1}娃	^{1}蛙				^{7}瓦	
^{1}花·						^{2}华				^{2}踝	
							^{6}蛇				
^{4}髽											
	^{3}沙鲨·									^{3}耍。	

韵类			ua											
韵值			ʊɑ											
调类			上˥˧		阴去˩								阳去˧	
十五音韵母			瓜回		瓜卦								瓜(赖)	
韵摄			止		假	果	遇		蟹				假	果
广韵韵目			纸		祃	过	暮	遇	泰	蟹	卦	怪	马	箇
等呼			开三	开四	合二	合一	合一	合三	开一	开二	合二	合二	开三	开一
b	p	边				^{1}簸								
p	pʻ	颇				^{1}破								
bb	b	门												
m	m													
d	t	地						^{4}住	^{1}带					^{2}舵
t	tʻ	他								^{5}豸				
n	n	柳												
l	l													
g	k	求							^{1}盖		^{1}卦挂◦	^{1}怪		
k	kʻ	去			^{1}跨		^{1}袴							
gg	g	语												
ng	ŋ													
□	ʔ,◯	英		^{1}倚										
h	h	喜			^{1}化^{2}华·									
tz	ts tɕ	曾	^{4}纸											
ts	tsʻ tɕʻ	出												
s	s	时	^{1}徙											
dz	dʑ	入											^{1}若	

ua						o					
ʊɑ						ɔ					
阳去˧						阴平˥					
瓜(赖)						沽沽					
遇	蟹				效	遇				流	
遇	泰		卦	夬	号	模	鱼	虞		侯	尤
合四	合一	开一	合二	合二	开一	合一	合二	合二	合三	开一	开二
						^{1}哺					
						^{1}铺			^{5}麸		
		^{2}大				^{1}都					
										^{1}偷	
		^{1}赖									
						^{1}沽孤 ^{5}枯				^{1}钩沟	
						^{3}箍^{4}呼					
	^{1}外										
						^{1}乌				^{1}讴	
			^{2}画	^{2}话		^{1}呼					
						^{1}租^{2}徂	^{5}钼	^{初}刍		^{2}鲰	^{3}邹
^{1}娶					^{定}导 †	^{1}粗	^{4}初·				
						^{1}苏酥	^{3}疏梳			^{1}搜	

韵类			o												
韵值			ɔ												
调类			阳平˨˦					上˥˧							
十五音韵母			沽$_{\text{糊}}$					沽$_{\text{古}}$							
韵摄			遇			流		遇							
广韵韵目			模	鱼	虞	侯	尤	姥	暮	语		御	麌	遇
等呼			合一	合三	合三	开一	开三	合一	合一	合二	合三	合二	合二	合三
b	p	边	^{2}葡◦蒲 ^{1}逋			^{2}裒		^{1}补						
p	p‘	颇	^{2}菩					^{1}普^{3}圃						
bb	b	门	^{1}摸摹				^{1}谋	^{1}姥						
m	m													
d	t	地	^{2}徒途			^{2}投骰		^{1}肚赌						
t	t‘	他	^{2}涂			^{2}头		^{1}土						
n	n	柳												
l	l		^{1}卢炉	^{1}胪	^{1}镂	^{1}楼		^{1}鲁卤						
g	k	求	^{5}糊					^{1}古鼓						
k	k‘	去	^{5}糊					^{1}苦			^{4}许			
gg	g	语	^{1}吾吴											
ng	ŋ													
□	ʔ,○	英	^{5}胡湖					^{1}坞						^{1}妪
h	h	喜	^{2}弧狐			^{2}侯猴喉	^{8}浮·	^{1}虎^{2}岵						
tz	ts tɕ	曾						^{1}祖组		^{3}阻	^{2}沮	^{3}诅		
ts	ts‘ tɕ‘	出								^{4}楚础				
s	s	时							^{1}溯	^{3}所			^{3}数·	
dz	dʑ	入												

o											
ɔ											
上V			阴去˩						阳去˧		
沽$_{\text{古}}$			沽$_{\text{固}}$						沽$_{\text{估}}$		
流			遇			流			遇		
厚	有	宥	暮	遇		候	厚	侯	暮	姥	御
开一	开三	开二	合一	合二	合三	开一	开一	开一	合一	合一	合二
			[1]布[3]怖		[4]<u>傅</u>				[2]步捕	[2]部	
[1]剖			[1]铺							[2]簿	
									[1]暮墓		
[1]斗			[1]妒			[1]鬥			[2]度渡	[2]杜肚	
			[1]兔吐			[1]透					
									[1]路露	[1]卤[2]弩	
[1]狗笱			[1]故顾			[1]构媾		[1]够		[1]诂[5]怙	
[1]口			[1]库袴			[1]扣寇	[1]釦				
										[1]五	
[1]呕			[1]恶								
[1]吼	[6]缶								[2]互护	[2]户怙	
[1]走						[1]奏[清]凑			[2]祚		[5]助
			[1]醋								
[1]叟		[3]瘦	[1]素诉	[3]数		[1]嗽					

韵类			o				ó							
韵值			ɔ				o							
调类			阳去˧				阴平˥					阳平˩		
十五音韵母			沽估				高高					高(劳)		
韵摄			遇	流			果		效	止		果		假
广韵韵目			遇	候	厚	宥	戈	歌	豪	支		戈	歌	麻
等呼			合三	开一	开一	开二	合一	开一	开一	开三	开二	合一	开一	开四
b	p	边					^{1}嶓		^{1}褒			^{2}婆		
p	p‘	颇			^{2}蔀		^{3}波^{1}坡							
bb	b	门		^{1}茂										
m	m	门												
d	t	地		^{2}豆痘。				^{1}多	^{1}刀				^{2}驼^{3}他	
t	t‘	他						^{1}佗	^{1}叨滔					
n	n	柳												
l	l	柳		^{1}漏陋			^{1}覼					^{1}螺	^{1}罗锣	
g	k	求					^{1}戈	^{1}哥歌	^{1}高膏 ^{4}翱					
k	k‘	去					^{1}科	^{1}珂^{5}苛						
gg	g	语										^{1}讹	^{1}俄鹅	
ng	ŋ	语												
□	ʔ,○	英	^{2}芋				^{1}倭窝。 ^{6}锅	^{1}阿^{5}荷 ^{4}呵	^{1}鏖 ^{4}蒿	^{1}猗				
h	h	喜	^{4}雨	^{2}後	^{2}厚				^{1}蒿			^{2}禾和	^{1}诃^{2}河	
tz	ts tɕ	曾				^{2}骤			^{1}遭糟					^{1}痤
ts	ts‘ tɕ‘	出						^{1}瑳磋	^{1}操		^{4}嵯			
s	s	时					^{1}莎梭		^{1}骚缫					
dz	dʑ	入												

6												
o												
阳平ɿ		上V					阴去˩					
高(劳)		高果					高告					
效	遇	果		效		流	果		效		遇
豪	虞	果	哿	皓	篠	厚	过	箇	号	皓	暮
开一	合三	合一	开一	开一	开四	开一	合一	开一	开一	开一	开一
				1保宝			1播簸		1报		
		1颇3跛					1破				
	2无					1母					
2逃陶		1朵	泥那†	1岛倒					1到倒		
2桃		1妥		1讨			1唾		1套		
1劳牢 2猱				1老2恼	2嫐×						
		1果		1稿5镐			1过	1箇	1告		
			1可3哿	1考栲			1课		1靠2诰		
1遨											
									1奥		
5嚎。				1袄							
2豪嚎。				1好							
2曹槽			1左	1早枣			1剉 4挫	1佐做。	1灶		
				1草				1蹉	1操2噪		1错
		1锁		1嫂					精躁 1扫	1燥	

韵类			ó						ió					
韵值			o						io					
调类			阳去˧						阴平˥			阳平˨˦		
十五音韵母			高膏						茄(标)			茄茄		
韵摄			果				效		效			效		
广韵韵目			过	果	箇	哿	号	皓	宵		萧	宵		肴
等呼			合一	合一	开一	开一	开一	开一	开三	开四	开四	开三	开四	开二
b	p	边					[2]暴		[1]膘					
p	p‘	颇						[2]抱					[2]瓢	
bb	b	门	[1]磨				[1]帽							[1]描
m	m													
d	t	地	[2]惰			[2]舵	[2]导盗	[2]道				[5]潮		
t	t‘	他									[1]挑			
n	n	柳												
l	l				[1]逻		[1]涝							
g	k	求					[1]膏					[2]桥		
k	k‘	去												
gg	g	语	[1]卧		[1]饿		[1]傲					[日]蛲		
ng	ŋ													
□	ʔ,○	英								[1]腰	[1]幺		[3]摇窑。	
h	h	喜	[2]和	[2]祸	[2]贺	[2]何	[2]号	[2]皓						
tz	ts tɕ	曾	[2]坐座				[2] 漕[清]造	[2]皂	[4]招	[1]蕉椒				
ts	ts‘ tɕ‘	出												
s	s	时							[4]烧					
dz	dʑ	入										[1]桡		

ió											e
ɪo											e
阳平˨˦	上˥˧		阴去˩				阳去˧				阴平˥
茄茄	茄(表)		茄(叫)				茄荞				稽稽
果	效		效				效				蟹
戈	小		笑		啸	宵	笑	小	宵	啸	哈
合三	开三	开四	开三	开四	开四	开四	开三	开三	开三	开四	开一
	[1]表										
				[1]剽		[1]票漂					
							[1]庙				
					[1]钓			[5]赵			
					[1]枭						[1]胎
[2]茄					[1]叫		[2]轿		[2]荞		
					[3]徼						
			[4]照	[1]醮							[1]灾
				[8]笑							
		[1]小		[1]鞘							
										[3]尿	

韵类			e											
韵值			e											
调类			阴平˥											
十五音韵母			稽稽				伽伽				嘉嘉	桧桧		
韵摄			蟹				假		蟹		假	蟹	止	果
广韵韵目			佳	齐	霁	灰	麻		咍	灰	麻	灰	支	歌
等呼			开二	开四	开四	合一	开二	开三	开一	合一	开二	合一	合三	开一
b	p	边												
p	p‘	颇												
bb	b	门												
m	m	门												
d	t	地		^{1}低堤										
t	t‘	他		^{1}梯		^{1}推			^{1}胎	^{1}推				
n	n	柳												
l	l	柳												
g	k	求	^{1}街	^{1}鸡							^{1}家加	^{1}诙		
k	k‘	去		^{1}溪			^{3}茄痂·							^{1}科
gg	g	语												
ng	ŋ	语												
□	ʔ,○	英												^{6}锅·
h	h	喜		^{1}醯								^{1}灰		
tz	ts tɕ	曾		^{1}跻	^{2}剂			^{4}遮这。			^{3}渣			
ts	ts‘ tɕ‘	出		^{1}妻萋							^{4}差叉		^{5}吹	
s	s	时		^{1}西				^{5}阇			^{3}纱砂			
dz	dʑ	入												

e											
e											
阴平˥				阳平˩							
居居		规规		稽鞋			伽瘸			嘉伽	桧葵
蟹		蟹	止	蟹		果	果			假	蟹
灰	齐	齐	微	齐		戈	戈		箇	麻	灰
合一	开四	合四	合三	开四	合四	合一	合一	合三	开一	开二	合一
			[4]飞·							[2]琶爬	[2]赔
[1]胚											
	[1]迷			[1]迷							
				[2]题啼						[5]茶	
				[2]提隄							
				[1]黎		[1]螺	[1]螺				
		[1]闺			[2]鞋			[2]瘸		[1]枷	
										[3]茄	
				[1]倪					[2]箇 †	[1]牙衙	
					[2]携畦					[2]虾	
				[2]齐							

韵类			e											
韵值			e											
调类			阳平˨˦					上˥˧						
十五音韵母			桧葵			居其	糜	稽改			伽(短)			嘉贾
韵摄			止		果	止	止	蟹		山	假		山	假
广韵韵目			支		戈	支	支	荠	霁	缓	马		缓	马
等呼			合三	开三	合一	开三	开三	开四	开四	合一	开三	开四	合一	开一
b	p	边												把·
p	p'	颇		^{2}皮		^{2}皮								
bb	b	门				^{1}糜	^{1}糜							^{1}马码
m	m	门												
d	t	地								^{1}短			^{1}短	
t	t'	他						^{1}体						
n	n	柳												
l	l	柳				^{1}璃鹂		^{1}礼						
g	k	求												^{1}假
k	k'	去						^{1}启						
gg	g	语							^{1}睨					
ng	ŋ	语												
□	ʔ,○	英												
h	h	喜			^{2}和									
tz	ts tɕ	曾										^{1}姐		
ts	ts' tɕ'	出	^{知}箠											
s	s	时	^{5}垂					^{1}洗						
dz	dʑ	入									^{1}惹			

e											
e											
上˥˧					阴去˨˩						
桧粿			居己	规鬼	稽计					伽(退)	
止		果	止	蟹	蟹					蟹	
尾	纸	果	尾	贿	代	祭			霁	队	祭
合三	合四	合一	合三	合一	开一	开三	开四	合四	开四	合一	合四
							^{2}弊币				
^{2}尾			^{2}尾								
					^{1}戴	^{5}滞			^{1}帝	^{溪}坱·†	
						^{5}滞			^{1}替^{2}缔	^{1}退	
				^{1}儡							
		^{1}粿							^{1}计继		
									^{1}契		
		^{1}火^{2}夥									^{心}岁
						^{4}製	^{1}际祭		^{1}霁济		
	^{8}髓							^{1}脆	^{1}妻		^{1}脆
						^{4}势世			^{1}细婿		

韵类			e											
韵值			e											
调类			阴去˩						阳去˧					
十五音韵母			嘉嫁		桧哙			皆介	稽易					
韵摄			假	山入	蟹		果	蟹	蟹					
广韵韵目			祃	辖	队	祭	过	卦	代	泰	废	祭		霁
等呼			开二	开二	合一	合三	合一	开二	开一	合一	开三	开三	开四	开四
b	p	边			^{1}背									
p	p‘	颇		明帕	^{1}配									
bb	b	门											^{1}袂	
m	m													
d	t	地							^{2}代					^{2}第递
t	t‘	他			^{1}退									
n	n	柳												
l	l											^{1}例厉励		^{1}丽
g	k	求	^{1}假嫁				^{1}过							
k	k‘	去												
gg	g	语									^{1}乂		^{1}艺	
ng	ŋ													
□	ʔ,○	英								^{5}会				
h	h	喜					^{1}货			^{2}会				^{2}繫见係
tz	ts tɕ	曾						^{3}债						^{2}哜
ts	ts‘ tɕ‘	出												
s	s	时				^{4}税						^{5}誓		
dz	dʑ	入												

e												
e												
阳去˧												
稽$_{\text{易}}$				伽$_{\text{(代)}}$			嘉$_{\text{下}}$			桧$_{\text{趼}}$		
止		果		蟹		果	假	遇	蟹	止		深
未	至	过	果	代	霁	过	祃	麌	齐	寘	未	侵
开三	开四	合一	合一	开一	开四	合一	开二	合三	开四	开三	合三	开三
							^{1}耙	^{5}父				
										^{2}被		
											^{2}未	
	^{2}地			^{2}代	^{2}递							
							^{5}下		^{端}低 †			
^{1}毅•												
			^{5}祸				^{5}下					
					^{见}係		^{2}下					
		^{2}坐				^{2}坐						
												^{9}寻 †
	^{7}谥											

韵类			e					ue							
韵值			e					ʊe							
调类			阳去˧					阴平˥							
十五音韵母			居具					桧桧					稽稽	
韵摄			蟹			止		蟹		止			蟹	
广韵韵目			祭	霁	荠	寘	未	灰	泰	脂	支		佳	齐
等呼			开三	开四	开四	开三	合三	合一	合一	合二	合三	合四	开二	开四
b	p	边		^{2}薜	^{2}陛			^{1}杯盃						
p	p‘	颇				^{2}被								^{1}批
bb	b	门	^{1}寐				^{2}未							
m	m	门												
d	t	地	^{5}滞											
t	t‘	他												
n	n	柳												
l	l	柳	^{1}例											
g	k	求						^{1}傀	^{1}桧×				^{1}街	^{1}鸡
k	k‘	去						^{1}恢诙魁						^{1}溪
gg	g	语												
ng	ŋ	语												
□	ʔ,○	英						^{1}煨			^{1}倭			
h	h	喜						^{1}灰				^{1}隳		
tz	ts tɕ	曾												
ts	ts‘ tɕ‘	出												
s	s	时								^{3}衰				
dz	dʑ	入												

ue											
ʊe											
阴平˥		阳平˨˦						上˥˧			
稽$_{稽}$	瓜$_{瓜}$	桧$_{葵}$				稽$_{鲑}$		桧$_{粿}$		稽$_{改}$	
遇	假	蟹		止	蟹			蟹		蟹	
鱼	麻	灰	泰	脂	佳	齐		贿	海	海	蟹
合二	合二	合一	合一	合四	开二	合四	开四	合一	开一	开一	开二
		[2]赔◦陪 [3]醅							[2]倍		
		[1]枚									[1]买
		[2]颓	[2]兑				[2]题蹄				
							[1]犁	[2]馁			
	[1]瓜			[2]葵		[1]鲑圭				[1]改	[1]解
					[5]鞋						[1]矮
	[1]花	[2]回茴									
		[2]摧					[2]齐				
[4]初											
[3]梳蔬											

韵类			ue											
韵值			ʊe											
调类			上˥˧		阴去˩									
十五音韵母			稽改	居巳	桧会						稽计		乖怪	高告
韵摄			蟹	遇	蟹		止	蟹			蟹		蟹	果
广韵韵目			荠	语	泰	队	至	祭		废	怪	霁	怪	箇
等呼			开四	合三	合一	合一	合二	合三	合四	合三	开二	开四	合二	开一
b	p	边			^{1}贝	^{1}辈背								
p	p‘	颇				^{1}配								
bb	b	门												
m	m	门												
d	t	地	^{1}底抵	^{1}贮		^{1}对								
t	t‘	他	^{1}体			^{1}退						^{1}替		
n	n	柳												
l	l	柳												
g	k	求			^{1}脍^{5}会						^{1}疥		^{1}怪	
k	k‘	去										^{1}契		
gg	g	语												
ng	ŋ	语												
□	ʔ,○	英			^{4}翙					^{1}秽				
h	h	喜				^{1}诲				^{6}废				
tz	ts tɕ	曾			^{1}最			^{4}赘						^{1}作做。
ts	ts‘ tɕ‘	出												
s	s	时	^{1}洗				^{3}帅	^{4}税说	^{1}岁			^{1}细		
dz	dʑ	入												

ue								i			
ʊe								i			
阳去˧								阴平˥			
桧趼					稽易		瓜(赖)	居居			
蟹					蟹	止	蟹	止			
泰	队	贿	祭		怪	至	夬	支			脂
合一	合一	合一	合三	合四	合二	开四	合二	开二	开三	开四	开三
[1]狈	[2]佩								[1]碑	[1]卑	[1]悲
									[1]披陂		[1]丕[2]邳
					[1]卖						
						[2]地			[4]知		[昌]鸱
											[4]絺
	[2]内										
									[1]奇妓		[1]饥
									[1]攲		
[1]外											
			[2]卫				[5]话				
[2]会	[2]溃	[2]汇							[1]羲牺		[御]郗絺·
		[2]罪							[4]支枝		[4]脂
								[4]差			[5]鸱
									[4]施		[4]尸
			[1]芮	[以]锐							

韵类			i											
韵值			i											
调类			阴平」										阳平˨˦	
十五音韵母			居居								稽稽	皆皆	居其	
韵摄			止				蟹			遇	蟹	蟹	止	
广韵韵目			脂	之		微	咍	灰	齐	鱼	齐	咍	支	
等呼			开四	开三	开四	开三	开一	合一	开四	合三	开四	开一	开三	开四
b	p	边												^{2}脾
p	pʻ	颇						^{1}坯胚					^{2}皮疲	
bb	b	门											^{1}縻	^{1}弥
m	m													
d	t	地								^{1}猪			^{5}池	
t	tʻ	他		^{4}笞										
n	n	柳												
l	l												^{1}离璃	
g	k	求		^{1}基期		^{1}机^{2}畿					^{1}乩◦		^{2}奇	^{2}岐
k	kʻ	去		^{1}欺									^{2}骑	
gg	g	语											^{1}宜仪	
ng	ŋ													
□	ʔ,○	英	^{1}伊	^{1}医噫		^{1}依衣			^{1}繄					^{3}移
h	h	喜		^{1}禧		^{1}希稀								
tz	ts tɕ	曾		^{4}之										
ts	tsʻ tɕʻ	出		^{7}痴			^{8}腮·							
s	s	时		^{4}诗	^{1}丝司 精鹚							^{1}腮	^{5}匙	
dz	dʑ	入											^{1}儿	

i											
i											
阳平ᐟ										上ᐠ	
居其										居己	
止							蟹		遇	止	
脂			之		微		哈	齐	鱼	纸	
开三	开四	合四	开三	开四	开三	合三	开一	开四	合三	开三	开四
	[2]琵							[2]鼙		[1]彼	
[1]眉楣						[2]微				[1]靡	[1]弭
[5]迟			[5]持							[5]豸	
							[2]苔			[5]褫	
[1]莉			[1]厘							[1]逦	
[2]祁耆			[2]其旗		[2]祈						
			[2]蜞							[2]绮	[1]企
			[1]疑							[1]蚁	
	[3]姨夷	[3]维惟		[3]怡饴						[1]倚椅	
									[5]鱼		
			[8]持	[1]糍·						[4]纸只	[1]紫
										[5]侈	
			[5]时	[2]辞							
			[1]而							[1]尔	

韵类			i											
韵值			i											
调类			上˥˧								阴去˩			
十五音韵母			居己					稽改	皆改		居记			
韵摄			止				蟹	假	止		止			
广韵韵目			旨		止		尾	荠	马	旨	寘		支	至
等呼			开三	开四	开三	开四	开三	开四	开三	开三	开三	开四	开三	开三
b	p	边		[1]比								[1]臂		[1]秘
p	p‘	颇	[2]痞否 [3]鄙									[2]譬		
bb	b	门	[1]美					[1]米						
m	m	门												
d	t	地	章砥					[1]邸抵底			[4]智章寘			[4]致
t	t‘	他			[4]耻						书翅			知疐
n	n	柳												
l	l	柳	[1]履		[1]里鲤									
g	k	求	[1]几 章指		[1]己纪		[1]几				[1]寄		[1]羁	[1]冀
k	k‘	去			[1]起 昌<u>齿</u>		[1]岂							[1]器
gg	g	语			[1]拟									
ng	ŋ	语												
□	ʔ,○	英				[3]以								[1]懿
h	h	喜			[1]喜						[1]戏			
tz	ts tɕ	曾	[4]旨指	[1]姊	[4]止	[1]<u>子</u>			[4]<u>这</u>。					[4]至质
ts	ts‘ tɕ‘	出			[5]齿						[1]刺 [4]<u>翅</u>			
s	s	时	[4]失	[1]<u>死</u>	[4]始					[4]屎	[4]<u>施</u>			
dz	dʑ	入			[1]耳	精<u>子</u>								

i											
i											
阴去˩										阳去˧	
居记								稽计	皆介	居具	
止			蟹			遇	曾	蟹	蟹	止	
至	志	未	祭		霁	御	职	霁	代	寘	
开四	开三	开三	开三	合三	开四	合三	开三	开四	开一	开三	开四
[1]庇痺					[1]闭					[2]被	[2]避
[1]屁										[2]被	
非庇 †	[4]置								[1]戴		
					[1]剃			[1]替			
										[1]离	
	[1]记										
[1]弃		[1]气				[1]去					
										[1]义	
	[1]意						[1]薏				[3]易
				[7]肺							
	[4]志誌										
	[11]试										
[1]四	[4]试		[4]世		[4]势						

韵类			i											
韵值			i											
调类			阳去˧											
十五音韵母			居$_{\text{具}}$											
韵摄			止											遇
广韵韵目			纸		至		旨	志		止			未	御
等呼			开三	开四	开三	开四	开三	开三	开四	开二	开三	开四	合三	合三
b	p	边		^{2}婢	^{2}备	^{2}比								
p	pʻ	颇												
bb	b	门											^{2}未	
m	m													
d	t	地			^{5}稚		^{5}雉	^{5}治			^{5}痔			^{4}箸
t	tʻ	他												
n	n	柳												
l	l				^{1}利痢			^{1}吏						
g	k	求	^{2}妓技				^{2}跽							
k	kʻ	去								^{崇}柿				
gg	g	语												
ng	ŋ													
□	ʔ,○	英							^{3}异					
h	h	喜												
tz	ts tɕ	曾										^{9}已		
ts	tsʻ tɕʻ	出							^{9}饲		^{禅}市			
s	s	时	^{5}氏是		^{7}示^{5}视			^{5}侍			^{5}恃^{澄}峙			
dz	dʑ	入			^{1}二				^{5}字					

i			ui								
i			ʊɪ								
阳去˧			阴平˥								
稽易		皆赉	规规								
蟹	止	蟹	止					蟹			
霁	至	代	支		脂		微	灰	咍	齐	
开四	开四	开一	合三	合四	合三	合四	合三	合一	开一	合四	开四
[2]弟	[2]地	[从]在			[4]追			[1]堆			
								[1]推			[1]梯
				[1]规[3]窥		[1]龟	[1]归	[1]傀		[1]圭闺	
			[1]亏						[1]开		
				[1]萎			[1]威				
				[1]㧑			[1]挥[6]非[8]妃				
					[4]锥[8]椎						
			[5]吹炊					[2]崔[透]推			
						[1]虽绥					

韵类			ui											
韵值			ʊɪ											
调类			阳平˨˦								上˥˧			
十五音韵母			规葵								规鬼			
韵摄			止					蟹			止			
广韵韵目			支		纸	脂		之	灰	皆	纸		寘	旨
等呼			合三	合四	合三	合三	合四	开四	合一	合二	合三	合四	合三	合三
b	p	边												
p	pʻ	颇												
bb	b	门												
m	m	门												
d	t	地							^{1}捶					
t	tʻ	他	^{5}锤						^{3}捶					
n	n	柳												
l	l	柳							^{1}雷镭·					^{1}垒^{4}蕊
g	k	求					^{2}葵			^{5}怀†				
k	kʻ	去									^{3}诡			^{3}轨
gg	g	语	^{1}危											
ng	ŋ	语												
□	ʔ,○	英	^{2}为		^{6}桅		^{3}惟遗				^{1}委		^{1}萎	^{2}洧
h	h	喜						从磁·			^{1}毁			
tz	ts tɕ	曾										^{1}嘴·		^{10}水
ts	tsʻ tɕʻ	出									^{5}揣	^{8}髓		
s	s	时	^{5}垂	^{2}随		^{5}谁								^{4}水
dz	dʑ	入												

ui											
ʊɪ											
上˥˧			阴去˩								
规$_{\text{鬼}}$			规$_{\text{季}}$								
止		蟹	止						蟹		
微	尾	賄	寘	至			未		队	霁	废
合三	合三	合一	合三	合二	合三	合四	合三	开三	合一	合四	合三
									^{1}对		
		^{1}腿							^{1}退·		
		^{1}儡									
	^{1}鬼					^{1}季	^{1}贵			^{1}桂	
		^{1}傀			^{1}愧	^{2}悸		^{1}气			
^{2}韦	^{2}苇						^{1}尉				
	^{6}匪^{7}悱						^{6}芾^{7}费				^{7}肺
						^{1}醉					
		^{1}璀				^{1}翠			^{8}碎		
			^{5}睡	^{3}帅		^{1}祟					

韵类			ui											
韵值			ʊɪ											
调类			阴去˩	阳去˧										
十五音韵母			规季	规柜										
韵摄			蟹	止						蟹				
广韵韵目			祭	寘		纸	至		未	泰	废	队	卦	祭
等呼			合四	合三	合四	合三	合三	合四	合三	合一	合三	合一	合二	合四
b	p	边									^{5}吠			
p	p‘	颇												
bb	b	门												
m	m													
d	t	地					^{5}坠					^{1}队		
t	t‘	他												
n	n	柳												
l	l			^{1}累			^{1}泪		以彙					
g	k	求				^{2}跪	^{2}柜							
k	k‘	去												
gg	g	语		^{1}伪					^{1}魏					
ng	ŋ													
□	ʔ,○	英		^{2}为			^{2}位		^{2}胃				^{5}画	
h	h	喜			^{3}恚						^{8}吠			邪篲
tz	ts tɕ	曾					^{11}谁			^{2}蕞				
ts	ts‘ tɕ‘	出	^{1}脆											
s	s	时		^{5}瑞				^{2}遂穗						
dz	dʑ	入												

ui	u										
ʊɪ	u										
阳去˧	阴平˥										
规柜	艍艍										居居
蟹	遇		流	止						蟹	遇
霁	虞	鱼	尤	支	脂			之		咍	鱼
合四	合三	合三	开三	开四	合三	开二	开四	开二	开四	开一	合三
	[4]蛛										
											[4]摅
					[1]龟						[1]居车
		[1]祛	[1]邱								[1]祛
	[2]汙										[1]於瘀
[2]惠慧	[6]夫 [7]孚敷										[1]虚[溪]墟
	[4]珠[7]株 [11]铢	[7]诸		[1]赀			[1]资咨	[3]淄	[1]兹滋		[4]诸
				[1]厮		[3]师狮	[1]私		[1]司思	[1]颸	[4]书

韵类			u											
韵值			u											
调类			阴平˥						阳平˧˥					
十五音韵母			居居				沽沽	规规	艍齁					
韵摄			遇				遇	蟹	遇	止			流	
广韵韵目			鱼	语	虞		模	灰	虞	支	脂	之	侯	尤
等呼			合四	合四	合三	合四	合一	合一	合三	开四	开四	开四	开一	开三
b	p	边												
p	p‘	颇												^{5}·浮
bb	b	门							^{2}无诬					
m	m													
d	t	地			^{4}蛛株			^{1}堆	^{5}厨					
t	t‘	他			^{禅}铢									
n	n	柳												
l	l													
g	k	求			^{1}痀俱								^{3}齁	^{2}毬
k	k‘	去			^{1}驱^{3}拘									
gg	g	语												^{1}牛
ng	ŋ													
□	ʔ,○	英							^{2}盂					
h	h	喜					^{1}呼	^{1}灰·	^{8}符扶芙					^{8}浮
tz	ts tɕ	曾									^{2}瓷	^{2}慈磁鹚		
ts	ts‘ tɕ‘	出				^{1}趋				^{2}疵				
s	s	时	^{1}胥	^{1}糈	^{4}输	^{1}须			^{5}铢殊			^{2}祠词辞		
dz	dʑ	入												

u											
u											
阳平˨˦							上˥˧				
艍恂	居其					沽糊	艍久				
效	遇					遇	遇			流	止
肴	鱼			虞		模	姥	语	麌	有	纸
开二	合二	合三	合四	合三	合四	合一	合一	合三	合三	开三	开四
^{2}匏						^{2}葡			^{4}斧		
									^{2}武舞 敷抚		
		^{5}除									
	崇锄										
						^{1}滤		^{4}汝			
		^{2}渠		^{2}衢						^{1}久	
				^{1}愚娱				^{1}语			
			^{3}余舆		^{3}愉		^{1}邬		^{2}羽雨		
		^{5}鱼渔							^{6}府^{7}抚		
		^{4}藷							^{7}主		
			^{9}徐								^{1}此
		^{1}如		^{1}儒^{4}榆					^{1}乳		

韵类			u											
韵值			u											
调类			上˥˧									阴去˩		
十五音韵母			艍久				居已				沽古	艍句		
韵摄			止			蟹	遇			止	流	遇		
广韵韵目			旨	止		荠	语	麌		纸	厚	暮	御	遇
等呼			开四	开二	开四	开四	合三	合三	合四	开四	开一	合一	合三	合三
b	p	边												
p	p‘	颇												
bb	b	门									[1]母拇			
m	m													
d	t	地				[1]抵	[1]贮							[章]注
t	t‘	他												
n	n	柳												
l	l						[1]旅[3]女 [4]汝	[1]缕						
g	k	求					[1]举							
k	k‘	去											[1]去	
gg	g	语					[1]语							
ng	ŋ													
□	ʔ,○	英						[2]羽				[1]污		
h	h	喜					[1]许	[1]煦						[6]付[7]赴
tz	ts tɕ	曾			[1]子		[4]煮[7]楮							[4]注铸
ts	ts‘ tɕ‘	出					[5]处[11]鼠		[1]取			[1]厝		
s	s	时	[1]死	[3]史使			[4]暑			[1]徙玺				
dz	dʑ	入					[1]汝	[1]乳 [4]愈						

u											
u											
阴去˩											阳去˧
艉句						居记					艉旧
流		止				遇				止	遇
候	宥	寘	至	志		御		遇		寘	遇
开一	开三	开四	开四	开二	开四	合三	合四	合三	合四	开四	合三
	[4]<u>富</u>										
											[2]务
						[4]著					
[1]句								[1]据锯			
											[1]<u>遇</u>
							[3]与	[1]饫			
	[6]富[7]副										[8]附
		[2]渍	[1]恣								[7]住
					[1]次	[5]处			[1]趣	[1]刺	
		[5]赐	[1]四	[3]使	[1]笥思	[4]庶		[4]戍	[1]絮		[5]树

韵类			u											
韵值			u											
调类			阳去˧											
十五音韵母			艍旧										居具	
韵摄			遇		流		止						遇	
韵摄			虞	御	宥	有	至	旨	志		止		御	语
等呼			合三	合三	开三	开三	开四	开四	开四	开二	开二	开四	合三	合三
b	p	边				^{5}妇								
p	pʻ	颇												
bb	b	门												
m	m													
d	t	地		^{5}筯										
t	tʻ	他												
n	n	柳												
l	l												^{1}虑	^{1}侣
g	k	求			^{2}旧	^{2}舅								^{2}巨拒
k	kʻ	去				^{2}臼								
gg	g	语											^{1}御	^{1}禦
ng	ŋ													
□	ʔ,○	英				^{2}有							^{2}豫	
h	h	喜	^{8}父		^{8}伏	^{8}妇负								
tz	ts tɕ	曾	^{7}拄				^{2}自							
ts	tsʻ tɕʻ	出												
s	s	时						^{2}兕	^{2}饲	^{6}事	^{6}士	^{2}似	^{5}署	
dz	dʑ	入							^{5}字					

u					iou						
u					ɪu						
阳去˧					阴平˥					阳平˨˦	
居具					丩丩				交交	丩求	
遇				止	流			遇	流	流	
语	遇	麌		志	尤		幽	虞	侯	尤	
合四	合三	合四	合三	开四	开三	开四	开四	合三	开一	开三	开四
							^{1}彪				
						^{1}丢。				^{5}稠筹	
					^{4}抽^{5}紬						
					彻抽†					^{1}留流	
	^{2}具				^{1}丩					^{2}求仇	
	^{2}惧					^{1}丘^{3}鸠				^{2}球	
	^{1}遇										
	^{2}芋				^{1}忧优		^{1}幽		^{1}沤鸥	^{2}尤邮	^{3}由犹
					^{1}休						
	^{9}住	^{2}聚	^{9}拄		^{4}舟						
		^{1}娶				^{1}秋鞦 ^{8}羞		^{8}鬚		^{4}愁	
^{4}叙	^{5}树		^{5}竖	^{2}饲	^{4}收	^{1}修羞				^{5}雠酬 昌雔	从酋^{2}囚
	^{4}谕			^{5}字						^{1}柔	

韵类			iou											
韵值			ɪu											
调类			阳平˨˦		上˥˧				阴去˩				阳去˧	
十五音韵母			丩求	牛牛	丩久			牛肘	丩救				丩旧	
韵摄			流	流	流			流	流			遇	流	
广韵韵目			幽	尤	有		黝	有	宥		幼	遇	宥	
等呼			开四	开三	开三	开四	开四	开三	开三	开四	开四	合三	开三	开四
b	p	边												
p	p'	颇												
bb	b	门	[1]缪											
m	m	门												
d	t	地							[5]昼				[5]宙胄	
t	t'	他			[4]丑			[知]肘						
n	n	柳						[知](肘)						
l	l	柳			[1]绺柳 [3]钮纽				[1]溜					
g	k	求	[2]虯		[1]久九		[1]纠		[1]究救				[2]柩旧	
k	k'	去												
gg	g	语		[1]牛										
ng	ŋ	语												
□	ʔ,○	英			[2]有友	[3]酉诱					[1]幼		[2]又	[3]柚
h	h	喜			[1]朽				[1]嗅[7]仆				[8]復	
tz	ts tɕ	曾			[10]守[4]帚	[1]酒			[4]咒·			[4]蛀		[2]就
ts	ts' tɕ'	出			[5]醜[11]手				[5]臭					
s	s	时			[4]手首 守				[4]兽	[1]秀绣 [2]袖			[5]寿授	[2]袖
dz	dʑ	入			[1]蹂									

iou			ai								
ɪu			aɪ								
阳去˧			阴平˥								
ㄐ旧			皆皆								
流		遇	蟹					止			
有	幼	遇	哈	海	皆	佳	齐	支	之	脂	
开三	开四	合三	开一	开一	开二	开二	开四	开三	开二	开二	开三
	^{1}谬										
^{5}纣											^{1}秖
			^{1}胎^{2}苔							^{生}筛	
^{2}臼			^{1}该		^{1}皆阶						
			^{1}开		^{1}揩						
			^{1}哀	^{1}挨							
			^{1}咍								
			^{1}栽灾		^{3}斋			^{7}知	^{3}菑		
		^{禅}树	^{1}猜			^{4}钗					
^{5}受			^{1}颸				^{1}西			^{3}狮师	

韵类			ai											
韵值			aɪ											
调类			阳平Ʌ						上V					
十五音韵母			皆(来)						皆改					
韵摄			蟹				止	山入	蟹					止
广韵韵目			哈	皆	佳	齐	脂	黠	海	哈	泰	骇	蟹	旨
等呼			开一	开二	开二	开四	开三	开二	开一	开一	开一	开二	开二	开三
b	p	边		^{2}排	^{2}牌								^{1}摆	
p	p'	颇												
bb	b	门		^{1}埋			^{1}眉							
m	m													
d	t	地	^{2}臺	^{明}埋 †					^{2}歹。					
t	t'	他	^{2}抬					^{生}杀						
n	n	柳												
l	l		^{1}来				^{1}梨							
g	k	求							^{1}改				^{1}解	
k	k'	去							^{1}恺凯			^{1}楷		
gg	g	语	^{1}敳		^{1}涯				^{1}𫘤					
ng	ŋ													
□	ʔ,○	英									^{1}蔼			
h	h	喜	^{2}孩颏	^{2}谐	^{2}鞋				^{1}海	^{3}唉		^{1}骇		
tz	ts tɕ	曾	^{2}才裁			^{2}脐			^{1}宰					
ts	ts' tɕ'	出	^{2}材裁	^{6}豺	^{6}柴				^{1}采彩採					
s	s	时												^{7}屎
dz	dʑ	入												

ai											
aɪ											
上˥˧		阴去˩									阳去˧
皆改		皆介									皆赉
止		蟹								止	蟹
至	止	泰		代	夬	怪	卦		霁	志	泰
开三	开二	开一	合一	开一	开二	开二	合二	开二	开四	开二	开一
			^{3}霈								
							^{1}派				
		^{1}带		^{1}戴							^{2}大
		^{1}泰太		^{1}态							
		^{1}丐盖		^{1}概		^{1}介界疥					
^{3}觊				^{1}慨^{3}溉							
		^{1}暧		^{1}爱				^{1}隘	^{1}缢		
											^{1}害
	^{3}滓			^{1}载			^{3}债				
		^{1}蔡		^{1}菜			^{4}瘥				
	^{3}使			^{1}赛塞	^{6}虿	^{3}杀		^{3}晒	^{1}婿·	^{5}使	

韵类			ai										uai	
韵值			aɪ										ʊaɪ	
调类			阳去˧										阴平˥	阳平˨˦
十五音韵母			皆(赉)										乖乖	乖(怀)
韵摄			蟹							止			蟹	蟹
广韵韵目			代	海	队	夬	怪	卦	蟹	至	止	志	皆	皆
等呼			开一	开一	合一	开二	开二	开二	开二	开三	开四	开二	合二	合二
b	p	边				[2]败	[2]惫	[2]稗						
p	p‘	颇												
bb	b	门												
m	m	门												
d	t	地	[2]代袋 [3]贷	[2]殆怠								[崇]事		
t	t‘	他		[2]待										
n	n	柳												
l	l	柳	[1]赉		[2]内					[1]利				
g	k	求											[1]乖	
k	k‘	去												
gg	g	语	[1]碍											
ng	ŋ	语												
□	ʔ,◯	英											[1]歪·	
h	h	喜		[2]亥			[2]械	[2]邂	[2]懈蟹					[2]怀槐
tz	ts tɕ	曾	[2]在											
ts	ts‘ tɕ‘	出									[9]祀			
s	s	时									[2]祀	[6]事		
dz	dʑ	入												

uai										au	
ʊaɪ										aʊ	
阳平˩	上˥˩			阴去˨˩				阳去˧		阴平˥	
乖(怀)	乖拐			乖怪				乖(坏)		交交	
蟹	蟹			蟹				蟹		效	
咍	蟹	怪	夬	泰	队	夬	怪	赌	怪	豪	肴
开一	合二	合二	合二	合一	合一	合二	合二	合一	合二	开一	开二
											1包胞 2皀
											1抛脬
	1拐柺	3蒯	1夬				1怪				1交胶鲛
					1块	1快					1敲
								1[illegible]			
				1[illegible]							1坳
2颏									2坏	1哮	
										1糟	
										1操	4抄
											3梢

韵类			au											
韵值			aʊ											
调类			阴平˥				阳平˧˦					上˥˧		
十五音韵母			交交				交猴					交狡		
韵摄			效		流		效			流		效		流
广韵韵目			巧	宵	侯	尤	豪	肴	萧	侯	尤	皓	巧	厚
等呼			开二	开四	开一	开三	开一	开二	开四	开一	开三	开一	开二	开一
b	p	边	2鲍					2匏·					1饱	
p	p'	颇												
bb	b	门											1卯	
m	m													
d	t	地			1兜					2投骰				1斗
t	t'	他			1偷					2头				
n	n	柳												
l	l									1楼	1流留	1老		
g	k	求			1沟钩					5猴			1绞 痰。	1狗
k	k'	去				3阄							1巧	1口
gg	g	语							1峣					
ng	ŋ													
□	ʔ,○	英			1欧沤		5号			5喉		1媪	1拗	1呕
h	h	喜												1吼
tz	ts tɕ	曾		2憔				5剿				1蚤[illegible]		1走
ts	ts' tɕ'	出										1草	4炒 吵	
s	s	时												
dz	dʑ	入												

au										iau	
aʊ										ɪaʊ	
上\	阴去˩				阳去˧					阴平˥	
交狡	交教				交厚					娇娇	
流	效		流		效			流		效	
有	号	效	侯	宥	皓	效	巧	侯	厚	宵	
开三	开一	开二	开一	开三	开一	开二	开二	开一	开一	开三	开四
						^{2}鉋				^{1}膘	^{1}标
		^{1}炮			^{2}抱		^{2}龅疱。				^{3}标
			^{1}鬥					^{2}豆脰痘·		^{4}朝	
			^{1}透								
					^{1}老	^{3}闹		^{1}漏			
^{1}九	端到†	^{1}教较校							^{5}厚	^{1}骄	
											^{1}𫏋
						^{1}乐					
								^{5}後		^{1}妖^{4}枵	^{1}腰
		^{1}孝				^{2}效校		^{2}候鲎		^{1}枵	
	^{1}灶		^{1}奏			^{3}找。				^{4}招	^{1}焦礁^{2}憔
		^{4}钞		^{5}臭							
	^{1}扫	^{4}艄。	^{1}漱							^{4}烧	^{1}消硝

韵类			iau											
韵值			ɪaʊ											
调类			阴平˥	阳平˨˦						上˥˧				阴去˨˩
十五音韵母			娇娇	娇乔						娇皎				娇叫
韵摄			效	效						效				效
广韵韵目			萧	肴	宵		萧	小	笑	巧	宵	小	筱	笑
等呼			开四	开二	开三	开四	开四	开三	开三	开二	开三	开四	开四	开三
b	p	边									^{1}表			^{1}裱
p	p‘	颇												
bb	b	门				^{1}猫苗						^{1}藐。		
m	m													
d	t	地	^{1}貂雕 ^{2}调		^{5}朝潮		^{2}调条							^{5}召
t	t‘	他	^{1}挑刁				^{2}鮡						^{2}窕	
n	n	柳												
l	l			蹘。	^{1}燎		^{1}僚	^{1}缭	^{1}疗				^{1}了	
g	k	求			^{2}侨桥					^{1}搅	^{1}矫		^{1}缴	
k	k‘	去								^{1}巧				
gg	g	语					^{1}尧				日蛲			
ng	ŋ													
□	ʔ,○	英	^{1}幺			^{3}谣摇				^{1}窈				
h	h	喜												
tz	ts tɕ	曾												^{4}照
ts	ts‘ tɕ‘	出										^{1}悄		
s	s	时										^{1}小	泥鹏	^{4}少
dz	dʑ	入			^{1}桡						^{1}扰绕 庄爪			

iau									ã̃		
ɪaʊ									ã		
阴去˩				阳去˧					阴平˥		
娇叫				娇轿					监监		
效				效				遇	咸		
笑	宵	啸	萧	笑		小	啸	麌	谈	敢	衔
开四	开四	开四	开四	开三	开四	开三	开四	合三	开一	开一	开二
	^{1}票漂										
				^{1}庙	^{1}妙						
		^{1}弔钓		^{5}召		^{5}兆	^{2}调		^{1}担		
		^{1}粜	^{2}跳	^{1}瘹。				^{5}柱			
				^{1}疗			^{1}料				
		^{1}叫		^{2}轿						^{1}橄	^{1}监
		^{1}窍							^{1}坩		
^{1}要					^{3}耀						
^{8}笑		^{8}啸			^{2}噍						
清哨						^{5}绍			^{1}三		^{2}衫
							^{3}尿				

韵类			aŋ̃											
韵值			ã											
调类			阴平˥			阳平˨˦			上˥˧				阴去˩	
十五音韵母			监监			监檻			监敢				监酵	
韵摄			深	宕	果	咸	通	假	咸	梗	假	果	咸	效
广韵韵目			侵	唐	歌	谈	东	麻癞	敢	梗	马	哿	阚	效
等呼			开三	开一	开一	开一	合一	开二	开一	开二	开二	开一	开一	开二
b	p	边												
p	p‘	颇												
bb	b	门												
m	m	门						[1]麻癞			[1]马妈。码			
d	t	地	[见]今†	[1]当					[1]胆	[1]打			[1]担	
t	t‘	他			[1]他									
n	n	柳				[2]蓝	[2]哝		[2]揽			[1]那		
l	l	柳												
g	k	求							[1]敢					[1.]酵
k	k‘	去												
gg	g	语												
ng	ŋ	语												
□	ʔ,○	英												
h	h	喜												
tz	ts tɕ	曾												
ts	ts‘ tɕ‘	出												
s	s	时												
dz	dʑ	入												

aⁿ					iaⁿ							
ã					ĩã							
阳去˧					阴平˥					阳平˩		
监(那)					惊惊					惊行		
咸		假		果	梗					梗	宕	曾
陷	豏	马	祃	箇	庚		清		青	庚	唐	登
开二	开二	开二	开二	开一	开三	合三	开三	开四	开四	开二	合一	开一
												[1]堋
			[1]骂									
									[1]聽厅			
		[4]若		[1]那								
					[1]京惊					[5]行		
[5]馅	[5]豏							[1]缨				
						[1]兄			[1]馨		[2]惶	
							[4]正	[1]精				
							[4]声					

韵类			ieñ											
韵值			ĩã											
调类			阳平˨˦						上˥˧					
十五音韵母			惊行						惊囝					
韵摄			梗					山	梗				咸	深
广韵韵目			庚	清			青	仙	静		梗	迥	敢	寝
等呼			开三	开三	开四	合四	开四	开三	开三	开四	开三	开四	开一	开三
b	p	边	^{2}平							^{1}饼	^{1}丙			
p	p‘	颇	^{2}坪											
bb	b	门												
m	m	门			^{1}名									
d	t	地		^{5}程呈								^{1}鼎		
t	t‘	他					^{2}庭							
n	n	柳							^{2}领					
l	l	柳												
g	k	求												
k	k‘	去												
gg	g	语												
ng	ŋ	语	^{1}迎											
□	ʔ,○	英			^{1}赢	^{3}营					^{1}影			
h	h	喜						^{日}燃 †						
tz	ts tɕ	曾		^{11}成									^{1}饏	
ts	ts‘ tɕ‘	出								^{1}请				
s	s	时		^{5}城										^{5}甚
dz	dʑ	入												

iañ											
ĩñ											
上˥˧		阴去˩					阳去˧				
惊$_{\text{团}}$		惊$_{\text{镜}}$					惊$_{\text{件}}$				
假	止	梗			宕	通	梗				宕
祃	止	映	劲	径	漾	送	耕	映	径	青	漾
开四	开四	开三	开四	开四	开三	合一	开二	开三	开四	开四	开三
			^{1}併								
								^{1}命			
				^{2}碇。					^{2}定		
						^{1}痛					
										^{2}岭	
	^{精}子团	^{1}镜									
		^{1}庆									
		^{1}映									^{1}飏
					^{1}向						
		^{4}正					^{3}争				
^{1}笡·			^{1}倩								
		^{4}圣									

韵类			iañ			uañ								
韵值			ĩã			ũã								
调类			阳去˧			阴平˥					阳平˨˦			
十五音韵母			惊$_{件}$			官$_{官}$					官$_{寒}$			
韵摄			山		蟹	山					山			梗
广韵韵目			愿	猕	泰	桓	寒	删	山	仙	桓	寒	仙	庚
等呼			开三	开三	开一	合一	开一	合二	开二	开四	合一	开一	合四	合二
b	p	边				^{1}般^{2}搬					^{2}盘			
p	p‘	颇				^{1}潘								
bb	b	门												
m	m										^{1}鳗			
d	t	地					^{1}单					^{2}壇弹		
t	t‘	他					^{1}摊滩				^{2}团			
n	n	柳										^{2}拦		
l	l													
g	k	求	^{2}健	^{2}件		^{1}官棺	^{1}肝杆乾					^{5}寒		
k	k‘	去				^{1}宽								
gg	g	语												
ng	ŋ													
□	ʔ,○	英					^{1}安鞍							
h	h	喜			^{5}艾	^{1}欢						^{1}鼾		^{2}横
tz	ts tɕ	曾								^{1}煎		^{2}残	^{2}泉	
ts	ts‘ tɕ‘	出						^{7}闩						
s	s	时							^{3}山					
dz	dʑ	入												

uañ											
ũã											
阳平˨˦	上˥˧								阴去˨˩		
官寒	官寡								官观		
假	山					梗	假	深	山		
麻	缓	旱	产	阮	仙	梗	马	寝	换	翰	旱
开二	合一	开一	开二	合三	合三	合二	合二	开四	合一	开一	开一
				^{4}坂					^{1}半		
									^{1}判		
^{1}麻	^{1}满										
										^{1}旦	
										^{1}炭	
					^{4}掴						
		^{1}赶·				^{1}矿	^{1}寡		^{1}灌		
	^{1}款·									^{1}看	
	^{1}梡·									^{1}案	
			^{3}盏					^{1}怎		^{1}讚	
			^{4}刬								
		^{1}散·	^{3}产							^{1}散	^{1}伞

韵类			uañ										oñ	
韵值			ũã										ɔ̃	
调类			阴去˩			阳去˧							阴平˥	
十五音韵母			官观		光	官汗							扛诃	
韵摄			山		深	山					果	臻入	遇	效
广韵韵目			线		沁	换	翰	旱	谏	线	过	物	模	豪
等呼			合三	开四	开三	合一	开一	开一	合二	开四	合一	合三	合一	开一
b	p	边										敷拂		
p	p‘	颇				^{2}伴								
bb	b	门												
m	m												^{1}摸·	
d	t	地				^{1}段	^{2}弹				^{2}惰			
t	t‘	他												
n	n	柳					^{2}烂							
l	l													
g	k	求					^{5}汗		影绾					
k	k‘	去												
gg	g	语												
ng	ŋ													
□	ʔ,○	英				^{5}换		^{5}旱						
h	h	喜					^{3}按^{5}岸							^{1}蒿 †
tz	ts tɕ	曾								^{1}溅^{2}贱				
ts	ts‘ tɕ‘	出	^{5}穿		^{5}闯									
s	s	时		^{1}线										
dz	dʑ	入												

oñ											
ɔ̃											
阳平˨˦			上˥˧						阴去˩		阳去˧
扛(毛)		姑(奴)	扛(火)			姑(努)			扛(货)		扛(冒)
效	果	遇	效	果		遇		流	效	果	效
豪	戈	模	皓	果	哿	姥	暮	厚	号	过	号
开一	合一	合一	开一	合一	开一	合一	合一	开一	开一	合一	开一
[1]毛	[1]摩										[1]冒
		[1]奴			[1]娜	[1]努					
					[1]我	[1]午	[1]忤	[1]耦			
			[1]好	[1]火					[1]好	[1]货	

韵类			oñ			eñ		iñ						
韵值			ɔ̃			ẽ		ĩ						
调类			阳去˧			阴平˥	上˥˩	阴平˥						
十五音韵母			姑(怒)			更更	更径	更更				栀栀		
韵摄			遇		流	梗	梗	梗				山		
广韵韵目			姥	暮	候	清	梗	庚	耕	清	青	仙		先
等呼			合一	合一	开一	开四	开二	开二	开二	开四	开四	开三	开四	开四
b	p	边												^{1}边
p	p‘	颇											^{1}篇偏	
bb	b	门												
m	m						^{1}猛×							
d	t	地						^{御}瞠						
t	t‘	他						^{4}撑						^{1}天
n	n	柳		^{1}怒	^{1}耨									
l	l													
g	k	求					^{1}鲠×	^{1}更庚	^{1}耕		^{1}经			
k	k‘	去						^{1}坑						
gg	g	语												
ng	ŋ		^{1}五											
□	ʔ,○	英				^{1}婴嘤		^{1}英			^{定}蜓			
h	h	喜												
tz	ts tɕ	曾							^{3}争	^{1}精晶		^{4}毡		
ts	ts‘ tɕ‘	出						^{10}生·			^{1}青^{3}菁 ^{8}星		^{8}鲜	
s	s	时						^{3}生甡						
dz	dʑ	入												

ĩn											
ĩ											
阴平˥				阳平˩˥							
栀栀				更(平)							
咸		蟹	止	梗						曾	
盐	添	海	支	庚		耕	清		青	登	蒸
开三	开四	开一	开三	开二	开三	开二	开三	开四	开四	开一	开三
				^{2}棚	^{2}平坪						
				^{2}彭	^{2}坪	^{2}抨					
				^{1}盲	^{1}明				^{1}冥		
	^{2}甜										
	^{1}添						^{5}程			^{2}腾	^{5}瞪
	^{1}拈	^{1}奶·									
^{4}碱			^{章}栀								
								^{3}楹			
								^{2}晴			

韵类			iñ											
韵值			ĩ											
调类			阳平˨˦										上˥˧	
十五音韵母			梔[illegible]										更[illegible]	
韵摄			山				咸	深	山	蟹	止		梗	
广韵韵目			仙			先	盐	侵	桓	齐	脂	寘	梗	静
等呼			开三	开四	合三	开四	开三	开三	合一	开四	开三	开三	开二	开四
b	p	边												
p	p'	颇												
bb	b	门												
m	m			^{1}棉						^{1}弥			^{1}猛	
d	t	地	^{5}缠											
t	t'	他												
n	n	柳	^{2}连			^{1}年	^{3}黏			^{1}泥	^{3}尼			
l	l													
g	k	求											^{1}鲠	
k	k'	去					^{2}钳	^{2}擒						
gg	g	语												
ng	ŋ													
□	ʔ,○	英		^{从}钱·	^{2}员圆				^{5}丸					
h	h	喜				^{2}弦								
tz	ts tɕ	曾		^{2}钱·		^{2}前								^{1}井
ts	ts' tɕ'	出												
s	s	时										^{5}豉	^{3}省	
dz	dʑ	入												

iñ											
ĩ											
上˅								阴去˩			
更䴥		梔(你)						更径			
梗		山		咸	蟹	止		梗			
劲	迥	弥	铣	琰	齐	止	旨	映		诤	劲
开四	开四	开四	开四	开三	开四	开三	开三	开二	开三	开二	开四
			¹匾扁								
									³柄		
								⁵撑			
				⁴染		¹你¹耳					
²灕										³争	
	⁸醒	¹浅									
											¹性姓
					³祢	¹耳·	¹尔				

韵类			iñ											
韵值			ĩ											
调类			阴去˩						阳去˧					
十五音韵母			更径	栀见					更(病)				栀(泥)	
韵摄			梗	山			臻	止	梗				山	
广韵韵目			径	线		霰	震	寘	诤	映	劲	静	线	霰
等呼			开四	开三	开四	开四	开四	开四	开二	开三	开三	开四	合三	开四
b	p	边		^{1}变						^{2}病				
p	p‘	颇				^{1}片								
bb	b	门												
m	m													^{1}麵
d	t	地									^{5}郑			^{2}淀
t	t‘	他												
n	n	柳												
l	l													
g	k	求	^{1}径			^{1}见								
k	k‘	去												
gg	g	语												
ng	ŋ							^{1}硬						
□	ʔ,○	英				^{1}燕							^{2}院	
h	h	喜												^{5}砚
tz	ts tɕ	曾			^{1}箭		^{1}进					^{2}静		
tz	ts‘ tɕ‘	出						^{1}刺						
s	s	时		^{4}扇										
dz	dʑ	入												

in̄								uin̄			ioun̄
ĩ								ũĩ			ĩũ
阳去˧								阳平˨˦	上˥˧	阳去˧	阴平˥
桅(泥)								桧葵	桧粿	桧酐	姜姜
山	咸	蟹		止				蟹	蟹	蟹	宕
铣	掭	霁	齐	寘	至		志	灰	贿	队	阳
开四	开四	开四	开四	开三	开三	开四	开四	合一	合一	合一	开三
^{2}辫											
					^{2}鼻						
		^{1}谜×						^{1}枚梅	^{1}每	^{1}妹昧	
											^{4}张
		^{1}泥	^{2}莉								
											^{1}薑
						^{3}肄	^{3}异				
											^{1}香
	透[illegible]										^{4}章
											^{5}菖
				^{5}豉							^{4}伤

韵类			iouñ											
韵值			ĩñ											
调类			阴平˥				阳平˨˦			上˥˧			阴去˩	
十五音韵母			薑薑				薑强			薑(两)			薑(帐)	
韵摄			宕		江	梗	宕		通	宕		效	宕	
广韵韵目			阳	唐	江	庚	阳		锺	养		小	漾	
等呼			开四	开一	开二	开三	开三	开四	合四	开三	开四	开四	开三	开四
b	p	边												
p	p‘	颇												
bb	b	门												
m	m	门												
d	t	地					5场			5长			4帐涨	
t	t‘	他												
n	n	柳					2凉樑 3娘			2两				
l	l	柳												
g	k	求				1荆	2强							
k	k‘	去			1腔									
gg	g	语												
ng	ŋ	语												
□	ʔ,○	英		1鸯				3羊杨洋	3镕		3养	3舀		
h	h	喜											1向	
tz	ts tɕ	曾	1浆							4掌	1蒋		4障	1酱
ts	ts‘ tɕ‘	出						2墙		5厰	1抢		5唱	
s	s	时	1相镶箱				5常			4赏				1相
dz	dʑ	入												

iouñ					aiñ						
ĩũ					ãĩ						
阳去˧					阴平˥	阳平˨˦	上˥˧				
薑彊					閒闻	閒(观)	閒赧		巾艮	金锦	皆改
宕				咸	山	蟹	蟹		臻	深	蟹
漾		养		琰	山	佳	海	蟹	震	寝	海
开三	开四	开三	开四	开三	开二	开二	开一	开二	开二	开四	开一
								疑歹†			
						^{1}(观)		^{1}买			
		^{5}丈									
^{2}量 ^{4}让							^{1}乃	^{1}妳			
^{1}彊					^{1}(闲)						
				^{2}俭 †							
	^{3}样										
^{11}上										^{1}怎⊙†	^{1}宰
	^{2}匠		^{9}象						^{4}衬·		^{1}採彩
^{5}尚			^{1}想								

韵类			aiñ								uaiñ			
韵值			ãĩ								ũãĩ			
调类			上˥˧		阴去˩	阳去˧					阴平˥		阳平˧˥	
十五音韵母			皆改	居己	閒(歡)	閒					官官		观权	官寒
韵摄			蟹	止	蟹	蟹					山		效	梗
广韵韵目			骇	旨	怪	泰	代	夬	卦	废	删	寒	豪	庚
等呼			开二	开三	开二	开一	开一	开二	开二	开三	合二	开一	开一	合二
b	p	边												
p	p‘	颇												
bb	b	门												
m	m	门						^{1}迈	^{1}卖					
d	t	地												
t	t‘	他												
n	b	柳	^{2}懒			^{2}赖 ^{1}奈	^{1}耐							
l	l	柳												
g	k	求									^{1}关	^{1}杆	^{1}高	
k	k‘	去												
gg	g	语												
ng	ŋ	语								^{1}刈×				
□	ʔ,○	英												
h	h	喜			^{1}歡									^{2}横
tz	ts tɕ	曾		^{4}指										
ts	ts‘ tɕ‘	出												
s	s	时												
dz	dʑ	入												

uaĩ̃						auĩ̃					
ũãĩ						ãũ					
上ˀ		阴去˩		阳去˧		阳平ˀ				上˥	
干柬	乖拐	观见	乖怪	观县	闩	爻(挠)			坚(年)	. 爻(脑)	
山	蟹	山	蟹	山	山	效		流	山	效	
旱	佳	谏	夬	霰	霰	肴	巧	尤	先	皓	巧
开一	合二	合二	合二	合四	合四	开二	开二	开四	合四	开一	开二
						^{1}矛蝥		^{1}蝥			
						^{3}铙	^{3}挠				^{1}恼
^{1}桿。杆	^{1}拐	^{1}惯		^{5}县							
			^{1}快								
						^{匣}爻肴				^{1}咬×	
									^{2}悬 †		
					^{1}槺						

韵类			auñ			iauñ				am				
韵值			ãũ			ĩãũ				ɑm				
调类			阴去˩	阳去˧		阴平˥	上˥˩		阴去˩	阴平˥				
十五音韵母			高贯	爻(貌)		嗅嗅	嗅(鸟)		嗅(酢)	甘甘				
韵摄			效	效	流	效	效		效	咸				
广韵韵目			号	效	厚	宵	巧	筱	巧	覃	谈	咸	衔	盐
等呼			开一	开二	开一	开三	开二	开四	开二	开一	开一	开二	开二	开四
b	p	边												
p	p‘	颇												
bb	b	门												
m	m	门		[1]貌										
d	t	地								[1]耽湛	[1]担			
t	t‘	他								[1]贪探				
n	n	柳				[明]猫	[庄]爪·	[1]鸟	[庄]抓					
l	l	柳												
g	k	求									[1]甘疳柑		[1]监	
k	k‘	去								[1]堪龛			[1]嵌	
gg	g	语												
ng	ŋ	语		[1]乐	[1]藕×									
□	ʔ,○	英								[1]庵				
h	h	喜	[1]好								[1]憨蚶 [2]酣			
tz	ts tɕ	曾								[1]簪				[1]尖
ts	ts‘ tɕ‘	出								[1]参		[6]谗搀		
s	s	时									[1]三鬖	[3]杉衫		
dz	dʑ	入												

ɑm											
ɑm											
阳平ʎ					上ʋ					阴去˩	
甘两					甘敢					甘监	
咸				深	咸					咸	
覃	谈	咸	衔	侵	感	敢	勘	谈	豏	勘	阚
开一	开一	开二	开二	开三	开一	开一	开一	开一	开二	开一	开一
^{2}谭	^{2}谈					^{1}胆					^{1}担
^{2}覃墰	^{2}痰					^{1}毯					
^{1}岚 ^{2}男南	^{1}蓝篮	^{3}喃		^{1}<u>淋</u>		^{1}览揽					
			^{5}<u>衔</u>		^{1}感	^{1}敢橄					
					^{1}坎					^{1}勘	^{1}阚<u>嵌</u>
			^{1}岩								
							^{1}闇	^{6}泔	^{1}黯	^{1}闇暗	
^{2}含函涵		^{2}咸鹹	^{2}衔		^{2}撼	^{1}喊 见<u>橄</u>			^{1}阚		
		^{5}谗							^{3}斩		
^{2}蚕	^{6}惭	^{6}谗	^{6}崭		^{1}惨						
		^{6}儳			^{1}糁				^{3}摻		

韵类			am											
韵值			ɑm											
调类			阴去˩						阳去˧					
十五音韵母			甘监						甘鑑					
韵摄			咸	咸入	咸			深	咸					
广韵韵目			覃	盍	陷	鉴	艳	沁	勘	阚	感	敢	陷	槛
等呼			开一	开一	开二	开二	开三	开二	开一	开一	开一	开一	开二	开二
b	p	边												
p	p‘	颇												
bb	b	门												
m	m	门												
d	t	地					禅赡			[2]淡	[2]禫	[2]淡		
t	t‘	他	[1]探											
n	n	柳												
l	l	柳								[1]滥				匣舰
g	k	求				[1]鉴监								
k	k‘	去		[3]盖 †										
gg	g	语												
ng	ŋ	语												
□	ʔ,○	英									[5]颔			
h	h	喜				[1]阚			[2]憾				[2]陷 馅。	
tz	ts tɕ	曾			[3]蘸					[5]錾			[1]站	
ts	ts‘ tɕ‘	出				[3]忏		[3]谶						
s	s	时												
dz	dʑ	入												

iam											
iɑm											
阴平˥							阳平˨˦				
兼兼							兼甜				
咸				深			咸				
盐		添	覃	咸	侵		盐		严	添	衔
开三	开四	开四	开一	开二	开三	开二	开三	开四	开三	开四	开二
4沾		3沾 4佔			4<u>枮</u>						
		1添								2甜恬	
		2拈					1帘 3黏	以檐			
		1兼		1缄							
		1谦					2钳钤				
									1严		1<u>岩</u>
1淹	1厌		1鹌。				2炎	3盐			
										2嫌	
4詹谵 占	1尖		1簪		4针	3簪		2潜			
1佥	1籤 3歼										
	2纤						5蟾				

韵类			iam											
韵值			ɪɑm											
调类			阳平˨˦		上˥˧						阴去˩			
十五音韵母			兼甜		兼減						兼剑			
韵摄			咸	深	咸						咸			
广韵韵目			咸	侵	琰		俨	忝	敢	豏	艳		酽	梵
等呼			开二	开三	开三	开四	开三	开四	开一	开二	开三	开四	开三	合三
b	p	边												
p	p'	颇												
bb	b	门												
m	m													
d	t	地		^{5}沉				^{1}点						
t	t'	他			^{4}谄			^{1}忝						
n	n	柳												
l	l			^{1}临	^{1}敛殓					^{1}脸				
g	k	求	^{5}鹹		^{1}检					^{1}減			^{1}剑	
k	k'	去						^{1}歉		^{1}歉				^{1}欠
gg	g	语					^{1}俨							
ng	ŋ													
□	ʔ,○	英			^{1}掩	^{3}琰			^{1}揜			^{1}厌		^{1}淹
h	h	喜			^{1}险									
tz	ts tɕ	曾									^{4}佔			
ts	ts' tɕ'	出												
s	s	时			^{4}闪									
dz	dʑ	入			^{1}染									

iam											im
ɪam											ɪm
阴去˩			阳去˧								阴平˥
兼$_{\text{剑}}$			兼$_{\text{验}}$								金$_{\text{金}}$
咸			咸							深	深
㮇	陷	豏	艳		琰		忝	㮇	添	沁	侵
开四	开二	开二	开三	开四	开三	开四	开四	开四	开四	开三	开三
^{1}店	^{4}站						^{2}簟	^{1}垫	^{2}恬		
^{1}㮇										^{5}沈	^{4}琛
^{2}捻。			^{1}殓					^{2}念			影饮 †
											^{1}金今
					^{2}俭						^{1}钦^{3}襟
			^{1}验								
				^{3}艳焰							^{1}阴音
		^{2}喊									^{1}歆
						^{2}渐					^{7}砧枯 ^{4}针
^{3}僭											^{11}深
			^{5}赡								

韵类			im											
韵值			im											
调类			阴平˥					阳平˨˦				上˥˧		
十五音韵母			金金			箴(箴)		金(琳)				金锦		
韵摄			深	臻	曾	深		深		咸	通	深		臻
广韵韵目			侵	欣	蒸	侵		侵		覃	东	寝		轸
等呼			开四	开三	开三	开三	开二	开三	开四	开一	合三	开三	开四	开三
b	p	边												
p	pʻ	颇												
bb	b	门												
m	m													
d	t	地						^{5}沉				^{4}戡		
t	tʻ	他												
n	n	柳												
l	l							^{1}林临淋				^{3}廪檩		
g	k	求										^{1}锦		
k	kʻ	去			^{3}矜			^{2}琴擒				^{2}噤		
gg	g	语						^{1}吟						
ng	ŋ													
□	ʔ,○	英							^{3}淫			^{1}饮		
h	h	喜		^{1}欣							^{2}熊			
tz	ts tɕ	曾				^{4}箴	^{3}簪		^{9}蟳	定覃		^{4}枕 ^{10}婶		
ts	tsʻ tɕʻ	出	^{1}侵 ^{3}祲										^{1}寝	
s	s	时	^{1}心				^{3}森	^{5}忱	^{2}寻蟳			^{4}审		
dz	dʑ	入						^{1}壬				^{1}任		^{1}忍

im									(om)		an
ɪm									(ɔm)		an
阴去˩						阳去˧			阴平˥	阳平˨˦	阴平˥
金禁					箴噤	金妗			箴箴	箴(丼)	干干
深			臻		深	深		臻	深	咸	山
沁		寑	震	焮	沁	沁	寑	震	侵	感	寒
开三	开四	开三	开三	开三	开二	开三	开三	开三	开二	开一	开一
[4]揕							[5]朕			[1]丼×	[1]丹单
[5]鸩			[4]疢×								[1]滩摊
[1]禁		[2]噤									[1]干乾
[1]撳											[1]刊
[1]荫											[1]安鞍
				[1]焮×		[群]噤					[1]顸
	[1]浸				[3]谮						
	[1]沁										[1]餐
						[5]甚			[3]参×		[1]珊
						[1]任 [2]赁		[1]刃×			

韵类			an											
韵值			an											
调类			阴平˥							阳平˨˦				
十五音韵母			干干							干(阑)				
韵摄			山			咸		曾	梗	山				
广韵韵目			删	山	先	覃	衔	登	清	寒	删	山	桓	仙
等呼			开二	开二	开四	开一	开二	开一	开三	开一	开二	开二	合一	开四
b	p	边	[1]班斑颁											[2]便
p	p‘	颇	[1]扳攀											
bb	b	门										[1]蛮	[1]馒鳗	
m	m	门												
d	t	地								[2]坛弹				
t	t‘	他							[4]蛏					
n	n	柳												
l	l	柳								[1]兰 [2]难		[1]斓		
g	k	求	[1]奸	[1]艰间										
k	k‘	去			[1]牵									
gg	g	语									[1]颜			
ng	ŋ	语												
□	ʔ,○	英				[1]鹌						[5]闲		
h	h	喜								[2]寒韩		[2]闲		
tz	ts tɕ	曾						[1]罾		[2]残				
ts	ts‘ tɕ‘	出								[2]残				
s	s	时	[3]删	[3]山			[3]芟							
dz	dʑ	入												

an											
an											
阳平ㄑ				上ㄟ							
干(阑)				干柬							
臻	咸	曾		山					臻	咸	
真	覃	登	青	旱	潸	产	铣	阮	震	敢	艳
开三	开一	开一	开四	开一	开二	开二	开四	合三	开三	开一	开三
			^{2}瓶		^{1}版板	^{2}版					
					^{1}眅						
^{1}闽								^{2}晚輓			
^{5}陈											
				^{1}坦^{2}袒 ^{3}疸					^{4}趁	^{1}毯	
^{1}鳞			^{1}零	^{1}懒	^{3}赧						
				^{1}赶		^{1}简柬	^{1}茧			^{1}敢	
				^{1}侃							
						^{1}眼					^{影}俺
				^{1}罕							
		^{2}层				^{3}盏					
	^{2}蚕		^{定}田								
				^{1}散伞		^{3}产					

韵类			an											
韵值			an											
调类			上˥˩		阴去˩								阳去˧	
十五音韵母			幹柬		干涧								干(烂)	
韵摄			曾	流	山						臻	曾	山	
广韵韵目			等	宥	翰	旱	谏	裥	霰	线	震	登	翰	旱
等呼			开一	开二	开一	开一	开二	开二	开四	开四	开三	开一	开一	开一
b	p	边												
p	p‘	颇					[1]襻	[1]盼						
bb	b	门												
m	m	门												
d	t	地	[1]等		[1]旦 [2]蛋								[2]惮 诞	[2]但 蛋。
t	t‘	他			[1]炭叹						[4]趁			
n	n	柳												
l	l	柳											[1]烂 [2]难	
g	k	求			[1]干		[1]涧谏	[1]闲						
k	k‘	去	[1]肯		[1]看									
gg	g	语											[1]岸	
ng	ŋ	语												
□	ʔ,○	英			[1]按案		[1]晏							
h	h	喜			[1]汉 [2]翰								[2]汗	[2]旱
tz	ts tɕ	曾			[1]赞谮	[2]瓒						[2]层	[1]赞	
ts	ts‘ tɕ‘	出			[1]灿									
s	s	时		[3]瘦†	[1]散 伞。		[3]讪疝		[1]霰	[1]线 腺。				
dz	dʑ	入												

an								ian			
an								Ian			
阳去˧								阴平˥			
干(烂)								坚(坚)			
山								山			
谏	裥	产	霰	线	换	桓	愿	仙			元
开二	开二	开二	开四	开四	合一	合一	合三	开三	开四	合四	开三
	[1]扮 [2]瓣办					明槾			[1]鞭 [2]便		
									[1]偏篇 [3]编		
					[1]慢		[2]万				
			[2]靛								
								[1]愆			
[1]雁				[1]彦							
		[5]限								[3]鸢	
		[2]限									[1]轩掀
[5]栈								[4]毡	[1]煎		
									[1]迁		
								[4]膻	[1]仙鲜		

韵类			ian												
韵值			ɪan												
调类			阴平˥						阳平˨˦						
十五音韵母			坚坚						坚(年)						
韵摄			山			臻	咸	梗	山						
广韵韵目			先		山	真	覃	耕	仙		线	仙	元	先	
等呼			开四	合四	开二	开四	开一	开二	开三	开四	合四	合四	开三	开四	
b	p	边	^{1}边												
p	p'	颇													
bb	b	门								^{1}棉				^{1}眠	
m	m	门													
d	t	地	^{1}颠癫						^{5}缠躔					^{2}田填	
t	t'	他	^{1}天											^{2}填	
n	n	柳													
l	l	柳	^{1}嗹						^{1}连联					^{1}莲 ^{2}年	
g	k	求	^{1}坚肩		^{3}悭										
k	k'	去	^{1}牵					^{1}铿	^{2}虔乾						
gg	g	语											^{1}言·		
ng	ŋ	语													
□	ʔ,○	英	^{1}煙烟	^{1}渊		^{1}姻	^{1}鹌			^{3}延 邪涎	^{3}椽	^{3}沿缘铅			
h	h	喜												^{2}贤弦	
tz	ts tɕ	曾	^{1}笺							^{2}钱				^{2}前	
ts	ts' tɕ'	出	^{1}千												
s	s	时	^{1}先						^{5}禅蝉	^{2}涎					
dz	dʑ	入							^{1}然						

ian											
Ian											
阳平/			上\								
坚(年)			坚蹇								
山	臻	曾	山								臻
先	真	蒸	狝		阮	铣		先	线	愿	轸
合四	开三	开三	开三	开四	开三	开四	合四	开四	开三	开三	开三
				[1]褊		[1]扁					
	[1]缗		[1]免勉								[1]愍
			[4]展			[1]典碘。					
						[1]腆[2]殄					
			[1]辇			[1]撚			[3]碾		
		[4]凝	[1]蹇							[2]健	
				[1]遣谴			[2]犬				
			[1]齴					[1]研			
					[1]偃蝘				[1]堰		
[2]玄眩						[1]显					
				[1]剪							
			[5]阐	[1]浅							
				[1]鲜癣		[1]铣洗					

韵类			ian											
韵值			ɪan											
调类			上˥˩			阴去˩								阳去˧
十五音韵母			坚蹇			坚见								坚健
韵摄			咸		深	山						臻	咸	山
广韵韵目			琰	豏	侵	线		霰	愿		獮	震	艳	线
等呼			开三	开二	开四	开三	开四	开四	开三	合三	开二	开四	开三	开三
b	p	边	^{1}贬			^{1}变	^{1}遍						^{1}窆	^{2}卞
p	pʻ	颇					^{1}骗。	^{1}片						
bb	b	门												
m	m	门												
d	t	地												
t	tʻ	他						^{1}瑱						
n	n	柳												
l	l	柳		^{1}脸										
g	k	求						^{1}见	^{1}建					
k	kʻ	去					^{1}谴							
gg	g	语												
ng	ŋ	语												
□	ʔ,○	英						^{1}燕宴						
h	h	喜							^{1}宪献	^{1}楦				
tz	ts tɕ	曾			^{以}蟫	^{4}战	^{1}箭	^{1}薦 ^{2}荐			^{5}栈			
ts	tsʻ tɕʻ	出												
s	s	时				^{4}扇	^{1}线	^{1}先				^{1}信		^{5}膳鳝。
dz	dʑ	入												

ian										uan	
ɪan										ʊɑn	
阳去˧										阴平˥	
坚健										观观	
山										山	
线			霰		愿	先	阮	狝	铣	桓	删
开四	合三	合四	开四	合四	开三	开四	开三	开三	开四	合一	合二
^{2}便								^{2}辨辩	^{2}辫	^{1}般 ^{2}搬	
										^{1}潘	
^{1}面			^{1}麵								
			^{2}电殿			^{2}田				^{1}端	
										^{1}湍	
			^{1}錬练								
					^{2}健		^{2}键	^{2}件		^{1}官观	^{1}关
										^{1}宽	
^{3}衍	^{2}院									^{1}刓	
			^{2}现^{5}砚	^{2}县						^{1}欢	
^{2}贱		^{9}镟									
								^{5}善		^{1}酸痠	^{1}闩

韵类			uan											
韵值			ʊɑn											
调类			阴平˥				阳平˨˦							
十五音韵母			观观				观权							
韵摄			山				山							咸
广韵韵目			山	仙		元	桓	删	线	仙		元	阮	凡
等呼			合二	合三	合四	合三	合一	合二	合三	合三	合四	合三	合三	合三
b	p	边												
p	p‘	颇				4藩·	2盘							
bb	b	门					1瞒蹣							
m	m													
d	t	地												
t	t‘	他					2团			5传				
n	n	柳												
l	l						1銮		1恋	1挛				
g	k	求	1鳏		2捐					2权				
k	k‘	去						5镮寰		2拳			2圈	
gg	g	语					1刓	1顽				1元原		
ng	ŋ													
□	ʔ,○	英	1弯			1冤	5丸完			2员圆		2袁园援		
h	h	喜				7番翻 8璠	2桓					8烦矾繁		8凡
tz	ts tɕ	曾		4专砖							2全泉			
ts	ts‘ tɕ‘	出		5川穿										
s	s	时			1宣					7船	2旋			
dz	dʑ	入												

uan											
ʊɑn											
上˥˧								阴去˨˩			
观$_{\text{琯}}$								观$_{\text{贯}}$			
山								山			
缓	换	阮	狝		线	潸		换	缓	谏	裥
合一	合一	合三	合三	合四	合三	合二	开二	合一	合一	合二	合二
		^{4}坂					^{2}阪	^{1}半			
^{1}坢								^{1}判^{2}伴	^{2}拌		
^{1}满		^{2}晚挽									
^{1}短								^{1}断			
^{1}疃								^{3}锻			
^{1}卵^{2}煖			^{4}软·								
^{1}管錧	^{1}馆		^{1}卷捲			影绾		^{1}贯罐		^{1}惯	
^{1}款											
	^{1}玩	^{1}阮									
^{1}盌碗·	^{1}腕^{7}玩	^{2}远^{7}阮									
		^{6}反^{8}饭						^{1}唤^{2}换			^{2}幻
					^{7}转			^{1}钻			
					^{5}喘			^{1}窜爨	^{3}纂	见串^{6}篡	
				^{1}选				^{1}蒜	^{1}算		
			^{1}软								

韵类			uan											
韵值			ʊɑn											
调类			阴去˩						阳去˧					
十五音韵母			观$_{贯}$						观$_{县}$					
韵摄			山					咸	山					
广韵韵目			线		愿	霰	元	梵	换	缓	谏	线		
等呼			合三	合四	合三	合四	合三	合三	合一	合一	合二	合二	合四	合三
b	p	边							^{2}畔叛					
p	pʻ	颇					^{5}袢		^{2}伴					
bb	b	门												
m	m	门												
d	t	地							^{2}段	^{2}缀				^{5}传
t	tʻ	他												
n	n	柳												
l	l	柳							^{1}乱					^{1}恋
g	k	求	^{1}眷	^{1}绢	^{3}券	^{1}狷								^{2}倦
k	kʻ	去			^{1}劝									
gg	ɡ	语												
ng	ŋ	语												
□	ʔ,○	英			^{1}怨					^{5}缓				^{2}瑗
h	h	喜			^{6}贩			^{7}汎泛 ^{8}梵	^{2}换		^{2}患			
tz	ts tɕ	曾										^{5}馔	^{9}镟	
ts	tsʻ tɕʻ	出	^{5}钏											
s	s	时												
dz	dʑ	入												

uan							in				
ʊɑn							in				
阳去˧							阴平˥				
观县							巾巾				
山					咸		臻			山	梗
线	愿	狝		裥	梵	范	真		臻	先	清
开四	合三	合二	合三	合二	合三	合三	开三	开四	开二	开四	开四
							[1]彬	[1]宾			
								[1]缤			
			[5]篆				[4]珍	[精]津			
											[1]轻
	[1]愿										
	[2]远							[1]因姻			
	[8]饭			[2]幻	[8]梵	[8]范範犯					
		[5]撰					[4]真[7]珍	[1]津	[3]臻		
								[1]亲			
[1]羡檨							[4]身绅	[1]新辛	[3]莘	[1]先	

韵类			in											
韵值			in											
调类			阴平˥	阳平˨˦									上˥˧	
十五音韵母			巾巾	巾(璘)									巾谨	
韵摄			深	臻		山		梗	曾		山	通	臻	
广韵韵目			侵	真		先		青	蒸	登	桓	东	轸	
等呼			开三	开三	开四	开四	合四	开四	开三	开一	合一	合三	开三	开四
b	p	边		[2]贫	[2]蘋			[2]屏瓶	[2]凭					[2]膑
p	pʻ	颇												
bb	b	门		[1]珉	[1]民	[1]眠					[1]馒		[1]敏闵	[1]黾
m	m	门												
d	t	地		[5]陈尘						[2]藤				
t	tʻ	他												
n	n	柳												
l	l	柳		[1]邻鳞		[1]怜			[1]绫					
g	k	求	[1]今											[1]紧
k	kʻ	去												
gg	g	语												
ng	ŋ	语												
□	ʔ,○	英			[3]寅									[3]引
h	h	喜					[2]眩					[4]雄		
tz	ts tɕ	曾			[2]秦				[6]绳				[4]轸诊	
ts	tsʻ tɕʻ	出												
s	s	时		[5]辰 [7]神					[5]承 以蝇				[4]矧 [5]蜃	
dz	dʑ	入		[1]人仁										

in											
in											
上˥˧				阴去˩					阳去˧		
巾谨				巾艮					巾近		
臻	山	深	曾	臻			山	曾	臻		
隐	狝	寑	拯	震			线	证	震		焮
开三	开四	开三	开三	开二	开三	开四	合四	开三	开三	开四	开三
		^{1}禀				^{1}殡					
		^{1}品									
					^{4}镇				^{4}阵		
					^{4}趁						
		^{2}您。							^{1}吝		
^{1}谨							^{1}绢		^{2}仅		^{1}靳
	^{清}浅										
						^{1}印		^{1}应		^{3}胤	
					^{1}衅						
			^{4}拯		^{4}震	^{1}进				^{9}烬	
				^{4}榇				^{5}秤			
						^{1}信囟			^{5}慎	^{2}烬	
		^{1}恁								^{1}认	

韵类			in			un							
韵值			in			ʊn							
调类			阳去˧			阴平˥							
十五音韵母			巾$_{近}$			君$_{君}$							巾$_{巾}$
韵摄			臻	山	曾	臻						山		臻
广韵韵目			轸	线	证	魂	真	谆		文	痕	元	先	痕
等呼			开四	开四	开三	合一	开三	合三	合四	合三	开一	合三	开四	开一
b	p	边	[2]牝膑							[4]分				
p	p‘	颇								[3]奔 [1]喷				
bb	b	门		[1]面										
m	m	门												
d	t	地				[1]敦[2]屯 [3]炖								
t	t‘	他				[1]暾					[1]吞			
n	n	柳												
l	l	柳												
g	k	求				[1]裈		[1]菌		[1]君军				[1]根跟
k	k‘	去				[3]昆崑 [1]坤								
gg	g	语												
ng	ŋ	语												
□	ʔ,○	英			[2]媵孕	[1]温瘟°				[1]氲				[1]恩
h	h	喜				[1]昏				[6]分芬 [1]薰[8]棼		[1]埙	[3]烟	
tz	ts tɕ	曾	[2]尽			[1]尊		[4]谆	[1]遵					
ts	ts‘ tɕ‘	出				[1]村	[11]伸	[7]春						
s	s	时	[2]肾		[7]剩	[1]孙								
dz	dʑ	入			[1]认									

ɯn											
ʊn											
阴平˥			阳平˨˦								
巾$_{巾}$			君$_{群}$								巾$_{(璘)}$
臻			臻							山	臻
真	谆	欣	魂	谆		文	稕	痕	真	仙	痕
开三	合三	开三	合一	合三	合四	合三	合四	开一	开三	合三	开一
			^{3}喷								
			^{2}盆								
			^{1}门			^{2}文闻			^{1}旻		
			^{2}豚	^{船}唇							
			^{2}<u>豚</u>								
			^{1}论仑	^{1}伦轮							
^{1}巾	^{1}均钧	^{1}斤筋	^{2}群							^{2}<u>拳</u>	
			^{1}困								
											^{1}垠
		^{1}殷				^{2}雲					
			^{2}魂			^{4}<u>雲</u>^{8}坟		^{2}痕			
			^{2}存							^{6}<u>船</u>	
			^{2}<u>存</u>								
				^{7}纯	^{1}荀^{2}巡		^{2}殉				

韵类			un											
韵值			ʊn											
调类			阳平˨˦			上˥˧								
十五音韵母			巾(璘)			君滚								
韵摄			臻			臻								山
广韵韵目			真	谆	欣	混	准		吻	轸	文	稕	很	狝
等呼			开三	合四	开三	合一	合三	合四	合三	开三	合三	合三	开一	合三
b	p	边				^{1}本								
p	p'	颇				^{2}捹								
bb	b	门							^{2}吻		^{1}蚊			
m	m	门												
d	t	地												
t	t'	他				^{2}盾	船盾 昌蠢							
n	n	柳												
l	l	柳								^{4}忍				
g	k	求				^{1}衮滚								
k	k'	去			^{2}勤芹		^{2}窘。					^{2}菌·	^{1}恳	
gg	g	语	^{1}银		^{1}龂									
ng	ŋ	语												
□	ʔ,○	英		^{3}匀		^{1}稳	^{2}殒。	^{3}允						
h	h	喜							^{6}粉^{7}忿 ^{8}愤				^{2}很	
tz	ts tɕ	曾					^{4}準准							
ts	ts' tɕ'	出				^{1}忖	^{5}蠢					^{11}瞬		^{5}舛喘
s	s	时				^{1}损		^{1}笋 榫。						
dz	dʑ	入												

un											
ʊn											
上˥˧		阴去˩								阳去˧	
巾谨		君棍							巾艮	君郡	
臻		臻						山	臻	臻	
准	隐	慁	稕		谆	问	魂	愿	恨	慁	混
合四	开三	合一	合三	合四	合四	合三	合一	合三	开一	合一	合一
						[4]粪					[2]笨
		[1]喷									
										[1]闷	
		[1]顿								[2]钝	[2]遁
		[1]褪					[2]饨				
		[1]论								[1]论	
		[5]棍							[1]艮		
		[1]困睏。									
[3]尹	[1]隐瘾	[1]揾				[1]愠					
						[1]训[6]粪		[1]楦		[2]慁	[2]混
				[1]俊	清竣						
		[1]寸									
		[1]巽逊	[4]舜瞬								
										[3]嫩	

韵类			un								ang			
韵值			ʊn								ɑŋ			
调类			阳去˧								阴平˥			
十五音韵母			君$_{郡}$			巾$_{近}$					江$_{江}$			
韵摄			臻		山	臻					宕			江
广韵韵目			魂	稕	问	霰	魂	恨	震	焮	唐	阳		江
等呼			合一	合三	合三	开四	合一	开一	开三	开三	开一	开二	合三	开二
b	p	边									^{1}帮		^{4}枋	^{1}邦
p	p'	颇											^{4}芳	
bb	b	门			^{2}问紊									
m	m													
d	t	地									^{1}珰			
t	t'	他				^{2}填								初窗
n	n	柳												
l	l		^{1}仑	^{4}闰润										
g	k	求			^{2}郡		^{2}群			^{2}近				^{1}江
k	k'	去												
gg	g	语							^{1}慭					
ng	ŋ													
□	ʔ,○	英			^{2}运韵									
h	h	喜			^{8}份 ^{4}晕			^{2}恨						
tz	ts tɕ	曾							^{7}阵					
ts	ts' tɕ'	出												
s	s	时		^{5}顺								^{3}双		
dz	dʑ	入		^{1}闰										

ang											
αŋ											
阴平˥					阳平˨˦						
江江					江(人)						
曾	通				宕	江	通				
登	东	董	冬	锺	唐	江	东		冬	锺	肿
开一	合一	合一	合一	合三	开一	开二	合一	合三	合一	合三	合三
[1]崩					[5]房			[5]冯		[5]缝	
				[4]蜂			[2]篷				[4]捧
					[1]忙芒	[1]龙					
	[1]东		[1]冬				[2]同铜				
	[1]通						[2]桐	[5]蟲			
					[2]囊		[1]聋		[2]脓		
	[1]工										
	[1]空	[1]孔									
					[1]昂						
	[1]翁						[5]红				
	[1]烘				[2]杭行	[2]降					
	[1]棕		[2]鬃				[2]丛				
	[1]聪葱										
			[1]鬆								

韵类			ang											
韵值			ɑ̇ŋ											
调类			阳平˧˥		上˥˧					阴去˨˩				
十五音韵母			江(人)		江港					江绛				
韵摄			臻	咸	宕		江	通	臻	宕				江
广韵韵目			真	凡	荡	养	讲	董	文	宕		唐	漾	绛
等呼			开三	合三	开一	合三	开二	合一	合三	开一	合一	开一	合三	开二
b	p	边			^{1}绑°								^{4}放	
p	pʻ	颇		^{5}帆		^{4}纺								
bb	b	门				^{2}网			^{2}蚊					
m	m	门												
d	t	地						^{1}董				^{7}档		
t	tʻ	他						^{1}桶						
n	n	柳												
l	l	柳	^{4}人		^{1}朗			^{1}笼						
g	k	求					^{1}讲港							^{1}绛降
k	kʻ	去						^{1}孔		^{1}炕	^{1}旷圹			
gg	g	语												
ng	ŋ	语												
□	ʔ,○	英												
h	h	喜												
tz	ts tɕ	曾						^{1}总						
ts	tsʻ tɕʻ	出												
s	s	时												
dz	dʑ	入												

ang										iang	
ɑŋ										ɪɑŋ	
阴去˩		阳去˧								阴平˥	
江绛		江共								姜姜	
通		江		宕		通				宕	
送	冬	绛	讲	漾	养	送		董	用	阳	
合一	合一	开二	开二	合三	合三	合一	合三	合一	合三	开三	开四
			^{2}棒								
							^{5}缝				
				^{2}望	^{2}网		^{1}梦				
^{1}冻						^{2}洞		^{2}动	^{5}重		
	^{2}疼										
						^{2}弄					
							^{2}共				
^{1}瓮											
		^{2}巷	^{2}项							^{1}香	
^{1}粽										^{4}漳	
											^{1}枪
^{1}送											

韵类			iang										uang	
韵值			ɪɑŋ										ʊɑŋ	
调类			阴平˥		阳平˨˦	上˥˧				阴去˩		阳去˧	阴平˥	
十五音韵母			姜姜		姜强	姜襁				姜(乓)		姜響	光光	
韵摄			江	梗	宕	宕		通	江	宕		宕	宕	山
广韵韵目			江	耕	阳	养		肿	讲	漾		漾	唐	桓
等呼			开二	开二	开三	开三	开四	合三	开二	开三	开四	开三	合一	合一
b	p	边												
p	p‘	颇												
bb	b	门												
m	m													
d	t	地												
t	t‘	他												
n	n	柳												
l	l				^{1}凉							^{1}亮		
g	k	求											^{1}光×	
k	k‘	去	^{1}腔×	^{1}铿					^{3}讲×					
gg	g	语												
ng	ŋ													
□	ʔ,○	英												^{4}嚾
h	h	喜				^{1}响								
tz	ts tɕ	曾				^{4}掌	^{1}奖				^{1}将×			
ts	ts‘ tɕ‘	出								^{5}唱				
s	s	时										^{5}上		
dz	dʑ	入						^{1}冗×						

uang		ong									
ʊɑŋ		ɔːŋ									
上˥˧	阳去˧	阴平˥									
光(钫)	光(闯)	公公									
宕	深	通					宕				江
阳	沁	东		冬	锺		唐		阳		江
合三	开三	合一	合三	合一	合三	合四	合一	开一	合三	开二	开二
								^{1}磅			
		^{1}东		^{1}冬				^{1}当			
		^{1}通						^{1}汤			
		^{1}公功					^{1}光	^{1}刚罡。			^{1}扛肛
		^{1}空						^{1}康	^{1}匡		^{1}腔
		^{1}翁					^{1}汪				
^{6}<u>钫</u>×		^{1}烘	^{6}风 ^{7}丰		^{6}封 ^{7}蜂		^{1}荒		^{6}方 ^{7}芳		
		^{1}棕鬷		^{1}宗 ^{2}鬃		^{1}纵		^{1}赃		^{3}庄	^{4}桩
	^{7}<u>闯</u>	^{1}葱						^{1}仓舱		^{4}创	^{4}窗
				^{1}鬆				^{1}桑丧		^{3}霜	^{3}双

韵类			ong											
韵值			ɔːŋ											
调类			阴平˥	阳平˧˥										
十五音韵母			公$_{公}$	公$_{狂}$										
韵摄			梗	通					宕				梗	
广韵韵目			庚	东			冬	锺	唐		阳		登	耕
等呼			合二	合一	合二	合三	合一	合三	开一	合一	开二	合三	合一	合二
b	p	边				^{5}冯			^{2}旁			^{5}房		
p	pʻ	颇												
bb	b	门		^{1}蒙					^{1}忙			^{2}亡忘		
m	m													
d	t	地		^{2}同童			^{2}疼		^{2}唐棠					
t	tʻ	他							^{2}糖					
n	n	柳												
l	l			^{1}笼			^{2}农	^{3}浓	^{1}郎 ^{2}囊					
g	k	求	^{1}觥									^{2}狂		
k	kʻ	去												
gg	g	语							^{1}昂卬					
ng	ŋ													
□	ʔ,○	英										^{2}主		
h	h	喜		^{2}红				^{8}逢	^{2}航行	^{2}黄皇 隍癀		^{8}妨防	^{2}弘	^{2}宏
tz	ts tɕ	曾		^{2}从	^{5}崇				^{2}藏					
ts	tsʻ tɕʻ	出									^{6}床			
s	s	时												
dz	dʑ	入												

ong											
ɔːŋ											
阳平˨˦		上˥˧									
公$_{\text{狂}}$		公$_{\text{广}}$									
梗	咸	通						宕			
庚	凡	董		送	肿	宋	用	荡		养	
开二	合三	合一	合三	合三	合三	合一	合三	合一	开一	合三	开二
		[1]琫							[1]榜		
	[5]帆										
[1]盲									[1]莽蟒	[2]网	
		[1]董							[1]党谠		
		[1]桶		[昌]铳		[1]统			[1]傥		
					[1]垄				[1]朗		
								[1]广			
		[1]孔									
								[1]坱		[2]枉往	
		[2]汞	[6]讽		[7]捧 [8]唪		[8]俸	[2]晃		[6]仿 [7]纺	
		[1]总									
									[1]苍		
											[3]爽

韵类			ong											
韵值			ɔːŋ											
调类			上˥˩		阴去˨˩									阳去˧
十五音韵母			公$_{广}$		公$_{贡}$									公$_{狂}$
韵摄			梗	山	通		宕						江	通
广韵韵目			梗	缓	送	宋	宕		漾		荡	唐	绛	送
等呼			合二	合一	合一	合一	合一	开一	合三	开二	开一	开一	开二	合二
b	p	边						^{1}谤						
p	pʻ	颇											^{1}胖	
bb	b	门												^{1}梦
m	m	门												
d	t	地			^{1}冻栋			^{1}当				^{1}档		^{2}洞 恸。
t	tʻ	他			^{1}痛			^{1}盪						
n	n	柳												
l	l	柳												^{1}弄
g	k	求	^{1}矿	^{1}<u>管</u>	^{1}贡				^{1}诳					
k	kʻ	去			^{1}控		^{1}旷	^{1}抗						
gg	g	语												晓戇
ng	ŋ	语												
□	ʔ,○	英			^{1}瓮						^{1}坱			
h	h	喜							^{1}况 ^{6}放					^{2}哄
tz	ts tɕ	曾			^{1}粽	^{1}综		^{1}葬		^{3}壮				
ts	tsʻ tɕʻ	出								^{4}创				
s	s	时			^{1}送	^{1}宋		^{1}丧						
dz	dʑ	入												

ong										iong	
ɔːŋ										iɔŋ	
阳去˧										阴平˥	
公$_{狂}$										恭$_{恭}$	
通				宕			江	梗	遇	通	
送	董	用	肿	漾		宕	绛	映	暮	东	
合三	合一	合三	合三	合三	开二	开一	开二	开二	合一	合三	合四
						^{2}傍磅。					
								^{2}膨			
				^{2}妄望					^{1}墓†		
	^{2}动					^{2}宕 ^{8}荡	^{5}撞			^{4}中忠	
										^{知}衷	
						^{1}浪					
										^{1}弓宫	
										^{1}穹	
										^{1}雍	
^{8}凤		^{8}俸	^{8}奉							^{1}胸	
					^{5}状	^{1}藏赃				^{4}终	
										^{5}充	
											^{1}嵩

韵类			iong											
韵值			iɔŋ											
调类			阴平˥								阳平˨˦			
十五音韵母			恭恭				姜姜				恭穷			
韵摄			通		宕	江	宕		江	梗	通			
广韵韵目			锺		阳	江	阳		江	耕	锺		东	
等呼			合三	合四	开三	开二	开三	开四	开二	开二	合三	合四	合三	合四
b	p	边												
p	p‘	颇												
bb	b	门												
m	m													
d	t	地					^{4}张				^{5}重			
t	t‘	他											^{5}虫	
n	n	柳												
l	l										^{1}龙		^{1}隆	
g	k	求	^{1}恭供				^{1}姜疆 ^{3}羌						^{2}穷	
k	k‘	去	^{2}蛩		^{1}蜣	^{1}跫			^{1}腔	^{1}铿				
gg	g	语									^{1}颙			
ng	ŋ													
□	ʔ,○	英					^{1}央殃鸯					^{3}容庸		
h	h	喜					^{1}乡						^{4}雄熊	^{以}融
tz	ts tɕ	曾	^{4}锺 ^{10}春				^{4}章	^{1}将				^{2}从		
ts	ts‘ tɕ‘	出	^{5}衝	^{2}从 ^{3}纵			^{5}昌伥	^{1}枪						
s	s	时					^{4}商伤	^{1}相箱镶				^{2}松		^{1}菘
dz	dʑ	入											^{1}戎绒	

iong											
iɔŋ											
阳平ㄧ			上Ⅴ				阴去˩				
恭穷	姜强		恭拱		姜襁		恭供				
通	宕		通		宕		通				
东	阳		肿		养		送		用		肿
合一	开三	开四	合三	合四	开三	开四	合三	合一	合三	合四	合三
	[5]长肠				[5]长仗		[4]中				
			[4]宠[知]冢								
[1]栊	[1]良樑 [3]娘		[1]垄		[1]两						
	[2]强		[1]拱		[1]襁				[1]供		
			[1]恐								
					[1]仰						
		[3]羊阳	[1]拥	[3]勇		[3]养		[1]瓮			
					[1]享						
			[4]种肿		[4]掌	[1]蒋	[4]众		[4]种		
	[禅]偿	[2]墙			[5]敞	[1]抢	[5]铳			[2]从[3]纵	[8]耸
				[1]悚	[4]赏	[1]鲞想					
	[1]攘[2]孃	[邪]祥	[1]宂		[1]壤						

韵类			iong											
韵值			iɔŋ											
调类			阴去˩						阳去˧					
十五音韵母			恭供	姜(乓)					恭共			姜嚮		
韵摄			宕	宕					通			宕		
广韵韵目			漾	漾		宕	养	荡	送	用		漾		养
等呼			开三	开三	开四	开一	开三	开一	合三	合三	合四	开三	开四	开四
b	p	边												
p	p‘	颇												
bb	b	门												
m	m													
d	t	地		^{5}帐 涨帐					^{5}仲	^{5}重		^{5}仗		
t	t‘	他	^{4}畅	^{4}畅										
n	n	柳												
l	l											^{1}谅亮 ^{4}让		
g	k	求								^{2}共				
k	k‘	去												
gg	g	语												
ng	ŋ													
□	ʔ,○	英			^{1}鞅	^{1}盎		^{1}映			^{3}用		^{3}漾样	^{3}养
h	h	喜		^{1}向 书饷	^{1}嚮		^{1}享							
tz	ts tɕ	曾		^{4}障 瘴	^{1}酱将						^{2}从			
ts	ts‘ tɕ‘	出		^{5}唱									^{2}匠	
s	s	时			^{1}相						^{2}颂诵	^{5}尚上		^{2}象
dz	dʑ	入										^{1}让		

ieng											
ɪə̆ŋ											
阴平˥											
经$_{经}$											
梗											
庚			劲	清			青		静	耕	
开二	开三	合三	开四	开四	开三	合四	开四	合四	开四	开二	合二
	^{1}兵										
^{1}烹			^{1}娉							^{3}绷	
							^{1}丁^{3}町				
^{4}樽^{初}铛							^{1}厅				
^{1}更	^{1}京惊						^{1}经	^{1}扃		^{1}耕^{5}茎	
	^{1}卿			^{1}轻		^{1}倾					
	^{1}英			^{1}婴					^{1}瘿	^{1}鹦莺	^{4}轰
		^{1}兄					^{1}馨				
				^{1}精	^{4}征 ^{彻}侦					^{3}争	
				^{1}清	^{7}桯		^{1}青蜻				
				^{精}旌	^{4}声		^{1}星				

韵类			ieng											
韵值			iəŋ											
调类			阴平˥											
十五音韵母			经经								巾巾	干干	坚坚	恭恭
韵摄			曾				通		宕	蟹	曾	山	山	通
广韵韵目			蒸		登		锺	用	阳	海	蒸	山	先	东
等呼			开三	开四	开一	合一	合三	合三	合三	开一	开三	开二	开四	合三
b	p	边	[1]冰											
p	p‘	颇			[3]崩									
bb	b	门												
m	m	门												
d	t	地			[1]登 灯						[4]徵 [5]瞪			
t	t‘	他												
n	n	柳												
l	l	柳						[知]湩		[2]奶				
g	k	求	[1]兢				[1]供					[1]间	[1]肩	[1]弓宫
k	k‘	去						[1]銎	[1]筐					
gg	g	语												
ng	ŋ	语												
□	ʔ,○	英	[1]鹰			[4]薨	[1]痈							
h	h	喜					[1]胸				[1]兴			
tz	ts tɕ	曾		[2]缯	[1]增 [心]僧·		[4]锺 [10]舂							
ts	ts‘ tɕ‘	出	[5]称											
s	s	时	[4]升											
dz	dʑ	入												

ieng											
ɪəŋ											
阳平˨˦											
经$_{畏}$											
梗									曾		
庚				清			青		登	蒸	
开二	开三	合二	合三	开三	开四	合四	开四	合四	开一	开三	开四
^{2}棚	^{2}平								^{2}朋棚		
^{2}彭澎	^{2}坪评						^{2}萍		^{2}鹏		
^{1}盲	^{1}明盟				^{1}名		^{1}冥				
				^{5}呈			^{2}亭庭		^{2}滕藤	^{5}澄	
				^{5}程			^{2}停		^{2}誊腾		
							^{1}铃^{2}宁		^{1}棱^{2}能	^{1}陵绫	
						^{1}倾^{2}琼					
	^{1}迎									^{1}凝	
			^{2}荣		^{3}盈嬴	^{3}营		^{5}萤			
^{2}行		^{2}横					^{2}刑形				
						^{2}情			^{2}层		^{2}嶒
				^{5}成城						^{5}承 ^{7}绳乘	

韵类			ieng											
韵值			ɪə̆ŋ											
调类			阳平˨˦							上˥˧				
十五音韵母			经(暻)					干(阑)		经(景)				
韵摄			通			山		山		梗				
广韵韵目			东	锺		山	删	山	先	梗			耿	静
等呼			合三	合三	合四	开二	合二	开二	开四	开二	开三	合三	开二	开三
b	p	边									[1]丙秉			
p	p'	颇												
bb	b	门								[1]猛	[1]皿			
m	m													
d	t	地		[5]重										
t	t'	他												[4]逞
n	n	柳												
l	l			[1]龙										[1]领
g	k	求	[2]穷								[1]警景	[1]憬	[1]耿	
k	k'	去												
gg	g	语												
ng	ŋ													
□	ʔ,○	英	[2]雄			[5]闲		[5]闲			[1]影	[2]永		
h	h	喜					[2]还							
tz	ts tɕ	曾							[2]前					[4]整
ts	ts' tɕ'	出			[9]松									
s	s	时								[3]省				
dz	dʑ	入												

ieng											
ɪə̆ŋ											
上˥										阴去˩	
经景							干柬		观绾	经径	
梗				曾	通	山	山		山	梗	
静		迥		等	肿	裥	产	霰	阮	映	庚
开四	合四	开四	合四	开一	合二	开二	开二	开四	合三	开三	开二
[1]饼屏									[4]反	[1]柄	
		[1]茗									
		[1]顶鼎		[1]等							
		[2]挺艇									[4]撑
		[1]冷									
		[1]刭	[1]颎			[1]裥	[1]简			[1]敬[2]竞	
	[1]顷			[1]肯						[1]庆	
							[1]眼	[1]研			
	[3]颍										
[1]井					[4]肿种						
[1]请											
		[1]醒									

韵类			ieng											
韵值			ɪəŋ											
调类			阴去˩											
十五音韵母			经径									恭供		巾艮
韵摄			梗			曾		通		臻	山	通		曾
广韵韵目			劲		径	嶝	证	用	送	震	霰	送	肿	证
等呼			开三	开四	开四	开一	开三	合三	合一	开二	开四	合三	合三	开三
b	p	边		^{2}併並										
p	p‘	颇			^{1}聘									
bb	b	门												
m	m	门												
d	t	地			^{1}碇。钉	^{1}嶝						^{4}中		
t	t‘	他			^{1}聽									
n	n	柳												
l	l	柳												
g	k	求			^{1}径	^{1}亘		^{1}<u>供</u>						
k	k‘	去			^{1}罄									
gg	g	语												
ng	ŋ	语												
□	ʔ,○	英					^{1}应		^{1}<u>瓮</u>					
h	h	喜					^{1}兴							
tz	ts tɕ	曾	^{4}正证					^{4}<u>种</u>			^{1}<u>薦</u>	^{4}众		^{4}證
ts	ts‘ tɕ‘	出					^{5}秤称			^{4}衬		^{5}铳	^{8}<u>耸</u>	
s	s	时	^{4}圣	^{1}姓性										^{3}胜
dz	dʑ	入												

ieng											
ɪə̆ŋ											
阳去˧											
经$_{\text{劲}}$											
梗											曾
映			诤	径	劲		梗	迥	静	青	嶝
开二	开三	合三	开二	开四	开三	开四	开二	开四	开四	开四	开一
	^{2}病							^{2}並			
^{1}孟	^{1}命										
				^{2}定掟							^{2}邓
				^{1}令^{2}佞							
	^{2}竞		^{4}硬	^{5}胫		^{1}劲			^{1}颈	^{1}泾	
	^{1}迎		^{1}硬								
		^{2}咏									
^{2}行							^{2}杏				
						^{2}净			^{2}静		^{2}赠
					^{4}盛						

韵类			ieng						aq					
韵值			ɪəŋ						aʔ					
调类			阳去˧						阴入˧					
十五音韵母			经劲				恭共		胶甲					嘉骼
韵摄			曾		通	山	通	梗	咸				梗	咸
广韵韵目			证		东	线	用	耿	合	盍	狎	洽	陌	怗
等呼			开三	开四	合一	合三	合四	开二	开一	开一	开二	开二	开二	开四
b	p	边												
p	p‘	颇											^{1}拍	
bb	b	门												
m	m													
d	t	地	^{5}瞪						^{1}搭	^{1}搨				^{2}叠·
t	t‘	他								^{1}塔				^{1}贴
n	n	柳												
l	l													
g	k	求							^{1}合		^{1}甲			
k	k‘	去			^{5}虹							^{3}袷		
gg	g	语												
ng	ŋ													
□	ʔ,○	英					^{3}用				^{1}鸭押			
h	h	喜						^{2}幸						
tz	ts tɕ	曾		^{1}甑										
ts	ts‘ tɕ‘	出				^{5}穿								
s	s	时	^{7}乘											
dz	dʑ	入												

aq										iaq	
a?										ɪa?	
阴入˧˨		阳入˥								阴入˧˨	
嘉骼		胶蠟							嘉逆	迦(剽)	
山	梗	咸					山	宕	梗	梗	
黠	陌	盍	合	狎	洽	葉	屑	铎	锡	陌	
开二	开二	开一	开一	开二	开二	开三	开四	合一	开四	开二	开三
^{1}叭	^{1}百										
			^{3}踏							^{5}择	
										^{4}坼	
		^{1}蜡				^{1}猎			^{1}曆•		
											^{3}隙
								^{5}瘼×			
				^{5}匣							
				影闸	初牐		^{2}截				

韵类			iaq											
韵值			ɪaʔ											
调类			阴入˧							阳入˥				
十五音韵母			迦(鷩)							迦屐				
韵摄			梗				曾	宕		咸	梗			
广韵韵目			麦	昔		锡	职	药		怗	陌		锡	昔
等呼			开二	开三	开四	开四	开四	开三	开四	开四	开二	开三	开四	开四
b	p	边				[1]壁								
p	pʻ	颇				[1]癖[2]甓							[2]甓	
bb	b	门												
m	m													
d	t	地	[4]摘										[2]籴	
t	tʻ	他												
n	n	柳												
l	l		[知]摘					[1]掠						
g	k	求										[2]屐		
k	kʻ	去												
gg	g	语												
ng	ŋ													
□	ʔ,○	英								[定]蝶				[3]易亦绎
h	h	喜									[5]额			
tz	ts tɕ	曾		[4]隻	[1]脊		[1]即							
ts	tsʻ tɕʻ	出		[5]赤	[1]刺									
s	s	时				[1]锡			[1]削					[2]席
dz	dʑ	入			[精]迹									

iaq		uaq								ɓq	
Ia?		ʊɑ?								o?	
阳入˧		阴入˨			阳入˧					阴入˨	
迦屐		瓜咽			瓜(捋)					高阁	
梗	曾	山			山			假	止	宕	江
昔	职	末	曷	黠	末	曷	薛	麻	纸	铎	觉
合四	开三	合一	开一	开二	合一	开一	开三	开二	合四	开一	开二
		^{1}钵			^{2}钹					^{1}粕	^{1}朴
		^{1}泼			^{2}拔						
		^{1}抹			^{1}末						
		^{1}剟									^{4}桌
										^{1}拓	
						^{1}辣^{2}捺					
			^{1}割							^{1}各阁	
		^{1}阔									
^{3}役					^{5}活					^{1}恶	
			^{1}喝						^{溪}跬		
	^{6}食							^{初}差		^{1}作	
			^{1}攃								
				^{3}杀煞		^{1}撒。				^{1}索	
							^{1}热				

韵类			óq						ióq					
韵值			oʔ						ɪoʔ					
调类			阴入˨	阳入˥					阴入˨				阳入˥	
十五音韵母			高阁	高(两)					茄脚				茄略	
韵摄			通	宕		江	梗		宕	梗		山	宕	
广韵韵目			屋	铎	药	觉	陌	昔	药	昔		月	药	
等呼			合一	开一	开三	开二	开二	开三	开三	开三	开四	开三	开三	开四
b	p	边		^{2}薄										
p	pʻ	颇		^{2}泊										
bb	b	门		^{1}莫										
m	m	门												
d	t	地			^{5}⿰火著。		^{5}择						^{5}著	
t	tʻ	他												
n	n	柳												
l	l	柳		^{1}落									^{1}略	
g	k	求							^{1}脚					
k	kʻ	去												
gg	g	语												
ng	ŋ	语												
□	ʔ,○	英				^{5}学			^{1}约					^{3}药
h	h	喜				^{2}鹤						^{1}歇·		
tz	ts tɕ	曾						^{6}射 ^{8}掷			^{1}借			
ts	tsʻ tɕʻ	出								^{5}尺				
s	s	时	^{1}嗽								^{1}惜			
dz	dʑ	入												

ióq				eq							
Io?				e?							
阳入˧				阴入˨							
茄略				嘉骼					伽荚	桧刮	
梗		通	咸	咸	梗			曾	山	山	
昔		烛	叶	狎	陌	麦	锡	职	薛	薛	
开三	开四	合四	开四	开二	开二	开二	开四	开二	合四	合三	合四
						[1]擘					
				影压		庄簀	心裼				
					[1]格	[1]隔搹					
					[1]客						[1]缺
						[1]厄阸					
			以叶×								
[11]石							[1]绩	[3]仄			
	[9]席					[4]册					
		[2]俗							[1]雪	[4]说	

韵类			eq											
韵值			eʔ											
调类			阴入˨		阳入˦									
十五音韵母			桧刮		嘉逆					伽(笠)		桧桧		
韵摄			山	效	梗			假		山	蟹	山		梗
广韵韵目			屑	笑	陌	麦	昔	陌	马	薛	齐	末	月	麦
等呼			合四	开四	开二	开二	开四	开三	开四	合四	开四	合一	合三	开二
b	p	边			^{2}白帛									
p	p‘	颇										明沫		
bb	b	门		影要†		^{1}麦			^{1}乜。				^{2}袜	^{1}麦
m	m													
d	t	地												
t	t‘	他			^{5}宅						^{2}提 †			
n	n	柳												
l	l													
g	k	求						^{4}逆						
k	k‘	去												
gg	g	语											^{1}月	
ng	ŋ													
□	ʔ,○	英												
h	h	喜												
tz	ts tɕ	曾								^{2}绝				
ts	ts‘ tɕ‘	出												
s	s	时	^{1}屑				^{2}汐							
dz	dʑ	入												

ueq											
ʊeʔ											
阴入˧									阳入˥		
伽荚								桧刮	伽(笠)		
曾	江	梗	山		咸			山	山		深
德	觉	锡	黠	屑	盍	洽	怗	屑	黠	屑	缉
开一	开二	开四	开二	开四	开一	开二	开四	合四	开二	开四	开三
			[1]八						[2](拔)		
	[4]啄										
											[1]笠
						[1]裌					
					[1]瞌。	[3]夹	[1]箧				
						[2]夹	[匣]挟				
								[1]血			
				[1]节						[2]截	
		[1]戚慼									
[1]塞											

韵类			ueq	iq										
韵值			ʊeʔ	iʔ										
调类			阳入˥	阴入˩								阳入˥		
十五音韵母			伽(笠)	居药								居(裂)		
韵摄			咸	咸			山				梗	山		臻
广韵韵目			洽	葉		琰	薛	屑		线	锡	薛	屑	物
等呼			开二	开三	开四	开三	开四	开四	合四	开三	开四	开三	开四	合三
b	p	边					^{1}鳖							
p	pʻ	颇												
bb	b	门											^{1}篾	^{2}物
m	m	门												
d	t	地									^{1}滴			
t	tʻ	他						^{1}铁						
n	n	柳												
l	l	柳										^{1}裂		
g	k	求												
k	kʻ	去							^{1}缺					
gg	g	语												
ng	ŋ	语												
□	ʔ,○	英	^{5}狭											
h	h	喜												
tz	ts tɕ	曾		^{4}摺	^{1}接							^{1}舌		
ts	tsʻ tɕʻ	出												
s	s	时				^{7}闪 †	^{1}薛			^{章}颤 †				
dz	dʑ	入												

iq		uiq				uq					auq
iʔ		ʊɪʔ				uʔ					aʊʔ
阳入˥		阴入˩		阳入˥		阴入˩					阴入˩
居(裂)		规		规		艍歃			欢适	君骨	交侠
咸	曾	山		山	梗	臻		遇	山	臻	咸
帖	职	末	屑	末	麦	术	没	麌	月	物	洽
开四	开三	合一	合四	合一	合二	合三	合一	合三	合三	合三	开二
				2拔		知窋	3荺		4发	敷沸	
2碟。							泥讷	4拄			
											1侠。
		1挖。			5劃画						
			1血								
	7蚀										

韵类			auq				iauq				aq			iaq
韵值			aʊʔ				ɪaʊʔ				ãʔ			ĩãʔ
调类			阴入˩	阳入˥			阴入˩	阳入˥			阴入˩			阴入˩
十五音韵母			交铗	交(礉)			娇譄	娇(嗷)			监唔			惊
韵摄			宕	江	效	流	山	江	效		咸			梗
广韵韵目			铎	觉	效	候	辖	觉	宵	啸	盍	叶	狎	陌
等呼			开一	开二	开二	开一	开二	开二	开三	开四	开一	开二	开二	开二
b	p	边												
p	p‘	颇	^{3}博	^{2}雹										
bb	b	门				^{1}贸								
m	m													
d	t	地												
t	t‘	他												
n	n	柳									^{透}塌†			
l	l													
g	k	求							^{1}挢	^{1}嗷				
k	k‘	去			^{1}礉			^{1}碻						
gg	g	语												
ng	ŋ													
□	ʔ,○	英												
h	h	喜												^{1}吓
tz	ts tɕ	曾					^{7}哳							
ts	ts‘ tɕ‘	出											^{10}趑	
s	s	时										^{3}唔		
dz	dʑ	入												

oq̃		eq̃						iq̃			
ɔ̃ʔ		ẽʔ						ĩʔ			
阴入˩	阳入˧	阴入˩		阳入˧				阴入˩			
扛(麽)	扛(膜)	更(喀)		更(脉)				栀(嗫)			
果	宕	梗	止	咸		梗		咸	假	止	果
果	铎	陌	纸	洽	怗	麦	锡	叶	马	纸	果
合一	开一	开二	开三	开二	开四	开二	开四	开三	开四	开三	合一
[1]麽	[1]膜		[1]咩			[1]脉			[1]乜	[1]咩	[1]麽
								[3]嗫			
		[1]喀									
				见夹	匣挟		见激				

韵类			iq̃	uaiq̃		iauq̃		ap						
韵值			ɪʔ	ũã ĩʔ		ĩãũʔ		ɑp						
调类			阳入˧	阴入˨	阳入˧	阳入˧		阴入˨						
十五音韵母			梔(物)	閂(闊)	閂(閫)	嘄岌		甘蛤						
韵摄			臻	山	山	咸	深	咸						深
广韵韵目			物	曷	辖	合	缉	合	盍	狎	洽	怗	叶	缉
等呼			合三	开一	开二	开一	开三	开一	开一	开二	开二	开四	开四	开三
b	p	边												
p	pʻ	颇												
bb	b	门												
m	m		^{2}物											
d	t	地						^{1}答 ^{3}搭						
t	tʻ	他							^{1}榻塔					
n	n	柳												
l	l								端塌					
g	k	求						^{1}鸽 ^{5}合		^{1}甲				^{2}及
k	kʻ	去						^{3}阁	^{1}瞌 ^{3}盖 ^{5}阖盍		^{1}恰 ^{5}袷			
gg	g	语												
ng	ŋ					^{1}岌	^{1}蠓。							
□	ʔ,○	英		^{6}辐	^{1}阘.					^{1}压鸭押			^{1}厌	
h	h	喜												
tz	ts tɕ	曾						^{1}帀			^{7}劄	^{1}浃		
ts	tsʻ tɕʻ	出												
s	s	时		^{1}跚				^{1}飒						
dz	dʑ	入												

ap				iap							
ɑp				ɪɑp							
阳入˥				阴入˨							
甘(纳)				兼(粒)							
咸			深	咸							深
合	盍	狎	缉	叶		怗	业	洽	狎	合	缉
开一	开一	开二	开三	开三	开四	开四	开四	开二	开二	开一	开二
^{2}沓^{3}踏	^{2}蹋			^{5}辄							
					清妾·	^{1}帖贴					
^{2}纳				^{2}蹑^{3}聂 书摄						^{1}拉	
						^{1}颊^{3}箧 ^{5}挟	^{1}劫	^{1}夹^{5}峡	^{1}胛		
	^{1}<u>磕</u>					^{5}挟	^{1}怯				
^{5}盒	^{5}盍	^{1}闸 ^{5}狎		^{2}晔							
^{2}合											
^{2}杂			^{11}<u>十</u>		^{1}接						
					^{1}妾			^{10}霎			
^{1}卉				^{4}摄				^{3}霎			^{3}涩

韵类			iap										ip	
韵值			ɪap										ɪp	
调类			阴入˨		阳入˥								阴入˨	
十五音韵母			兼(粒)		兼侠					甘(纳)			金急	
韵摄			深	山	深	咸					咸		深	
广韵韵目			缉	屑	缉	叶		业	怗	洽	盍	叶	缉	
等呼			开三	开四	开三	开三	开四	开三	开四	开二	开一	开四	开三	开四
b	p	边												
p	p‘	颇												
bb	b	门												
m	m													
d	t	地							^{2}蝶叠					
t	t‘	他							^{2}叠					
n	n	柳												
l	l			^{2}捏	^{1}笠粒						^{1}腊·蜡·	^{1}猎·		
g	k	求											^{1}急级	
k	k‘	去											^{1}泣^{3}汲	
gg	g	语						^{1}业						
ng	ŋ													
□	ʔ,○	英					^{3}叶						^{1}邑	^{1}挹揖
h	h	喜							^{2}协	^{2}洽狭			^{1}翕	
tz	ts tɕ	曾	^{4}汁										^{4}执	
ts	ts‘ tɕ‘	出												^{1}葺缉 ^{5}湒
s	s	时				^{4}摄 ^{5}涉							^{4}湿	
dz	dʑ	入				^{1}颞								

ip			(op)	at							
ɪp			(ɔp)	at							
阴入˩	阳入˥		阴入˩	阴入˩							
金急	金及		箴(唼)	干葛							
深	深		咸	山					臻		曾
缉	缉		合	曷	黠	辖	屑	末	栉	质	德
开二	开三	开四	开一	开一	开二	开二	开四	合一	开二	开四	开一
					^{1}八叭。						
				^{1}妲							
				^{1}闼							^{心}塞
	^{1}立粒										
	^{2}及			^{1}割			^{1}结				
				^{1}渴							
	^{1}岌										
				^{1}遏	^{1}揠						
				^{1}喝^{2}曷	^{2}黠	^{1}瞎		^{1}豁			
		^{2}集	^{1}(噆)		^{3}札		^{1}节				
				^{1}擦	^{4}察	^{4}刹				^{1}漆	
^{3}僁	^{5}十	^{2}习袭		^{1}萨撒。	^{3}杀煞				^{3}虱		
	^{1}入										

韵类			at							iet				
韵值			at							ɪɛt				
调类			阴入˩	阳入˥						阴入˩				
十五音韵母			干葛	干(辣)						坚结				
韵摄			梗	山		臻	曾		止	山				
广韵韵目			锡	曷	薛	质	德	职	志	薛			月	屑
等呼			开四	开一	开三	开三	开一	开三	开三	开三	开四	合三	开三	开四
b	p	边			2别						1鳖			
p	p‘	颇												1撇2蹩
bb	b	门				1密								
m	m													
d	t	地		2达					5值	4哲				
t	t‘	他	1踢								4澈撤			1铁
n	n	柳												
l	l			1辣2捺		1栗		1力						
g	k	求												1结洁
k	k‘	去											1揭	1契
gg	g	语											晓蝎	1啮
ng	ŋ													
□	ʔ,○	英											1谒	1咽
h	h	喜											1歇	
tz	ts tɕ	曾								4折				1节
ts	ts‘ tɕ‘	出					2贼							1切
s	s	时								4设	1薛			1屑
dz	dʑ	入										1爇		

iet											
ɪɛt											
阴入˨				阳入˥							
坚结				坚傑							
山	臻			山						臻	
屑	质	栉	术	薛			屑		月	质	
合四	开三	开二	合四	开三	开四	合四	开四	合四	合三	开三	开四
				^{2}别							
					^{1}灭		蔑		^{2}袜		
				^{5}辙			^{2}垤			^{5}秩	
				^{1}列							
	^{1}吉		^{1}橘	^{2}杰竭							
	^{1}诘										
				^{1}孽			^{1}臬				
						^{3}悦阅					^{3}佾
^{1}血							^{2}絜	^{2}穴			
		^{3}栉					^{2}截				
				^{7}舌							
				^{1}热							

韵类			iet	uat										
韵值			ɪɛt	ʊɑt										
调类			阳入˥	阴入˧									阳入˥	
十五音韵母			坚傑	观适									观橛	
韵摄			咸	山							臻	咸	山	
广韵韵目			叶	末	辖	月	薛		黠	屑	术	乏	末	月
等呼			开四	合一	合二	合三	合三	合四	开二	开四	合三	合三	合一	合三
b	p	边		^{1}拨钵									^{2}拔	
p	p‘	颇		^{1}泼						^{2}鳖 ^{1}撇				
bb	b	门		^{1}抹									^{1}末沫	
m	m	门												
d	t	地		^{1}裰			^{4}缀						^{2}夺	
t	t‘	他		^{1}脱										
n	n	柳												
l	l	柳					^{1}劣							
g	k	求		^{1}括	^{1}刮					^{1}决诀				^{2}橛
k	k‘	去		^{1}阔		^{1}阙				^{1}缺				
gg	g	语												^{1}月
ng	ŋ	语												
□	ʔ,○	英		^{1}斡挖。					^{1}轧					
h	h	喜				^{6}髪发						^{1}法	^{2}活	^{8}伐罚
tz	ts tɕ	曾	^{1}睫 ^{2}捷	^{1}撮			^{4}拙				^{1}绌			
ts	ts‘ tɕ‘	出		^{1}撮			^{5}啜							
s	s	时			^{3}刷		^{4}说	^{1}雪						
dz	dʑ	入												

uat					it						
ʊɑt					it						
阳入˦					阴入˨						
观橛					巾吉						
山				咸	臻			山	梗		曾
薛			曷	乏	质		迄	屑	昔		职
合三	合四	开三	开一	合三	开三	开四	开三	开四	开三	开四	开三
					[1]笔	[1]必毕					
						[1]匹					
											[彻]敕
[1]捋埒			[1]辣								
								[1]桔			
							[1]乞				
							[3]迄				
	[3]悦				[1]乙	[1]一壹					[1]忆
				[8]乏		[1]肸					
	[2]绝				[4]质				[4]摭	[1]脊	[4]职织
						[1]七					[11]拭
					[4]失	[1]悉					[4]式拭
		[1]热									

韵类			it											ut
韵值			it											ʊt
调类			阴入˨			阳入˦								阴入˨
十五音韵母			巾吉			巾[illegible]								君骨
韵摄			曾			臻				山	曾	深	止	臻
广韵韵目			职		德	质		物	术	屑	职	缉	至	没
等呼			开四	开二	开一	开三	开四	合三	合四	开四	开三	开三	开四	合一
b	p	边				^{2}弼		^{5}佛			^{2}愎		^{2}鼻	
p	pʻ	颇												
bb	b	门				^{1}密	^{1}蜜							
m	m													
d	t	地			^{1}得					^{2}侄	^{5}直	^{5}蛰		^{1}咄
t	tʻ	他												
n	n	柳												
l	l													
g	k	求												^{1}骨
k	kʻ	去												^{1}窟
gg	g	语												^{3}矻
ng	ŋ													
□	ʔ,○	英					^{3}逸		^{3}聿					
h	h	喜												^{1}忽
tz	ts tɕ	曾	^{1}鲫				^{2}疾 影 二							^{1}卒
ts	tsʻ tɕʻ	出												
s	s	时	^{1}息	^{3}穑		^{7}实					^{5}寔 ^{7}食			
dz	dʑ	入				^{1}日								

ut											
ʊt											
阴入˩							阳入˥				
君骨							君滑				
臻				山		通	臻				
术			物	黠	屑	屋	没	术		物	(麧)
合二	合三	合四	合三	开二	开四	合一	合一	合三	合四	合三	开一
			^{4}不	^{1}扒			^{2}勃			^{5}佛	
							^{2}饽				
							^{1}没			^{2}物	
	^{4}㤕						^{2}突				
	^{4}怵					^{1}秃					
						^{1}角	^{2}讷	^{1}律			
							^{1}滑				
			^{1}屈								
							^{1}兀				
			^{1}熨鬱								
			^{6}弗^{7}拂沸^{8}佛				^{2}核			^{8}佛	^{2}纥
	^{7}窋							^{8}术	^{2}崒		
	^{5}出										
^{3}帅率		^{1}恤			^{1}屑			^{7}術			

韵类			ut					ak						
韵值			ʊt					ɑk						
调类			阳入˥					阴入˧						
十五音韵母			君滑			巾吉		江角						
韵摄			臻	山		臻		江	宕	通				梗
广韵韵目			迄	末	黠	没	迄	觉	铎	沃	屋	烛		锡
等呼			开三	合一	合二	合一	开三	开二	开一	合一	合三	合三	合四	开四
b	p	边						^{1}剥驳			^{4}腹			
p	p‘	颇									^{5}覆			
bb	b	门												
m	m													
d	t	地										昌触		
t	t‘	他												^{1}剔
n	n	柳												
l	l			^{1}捋										
g	k	求			^{5}猾			^{1}角觉较						
k	k‘	去						^{1}确	^{1}恪	^{1}喾	^{1}麴			
gg	g	语	^{1}仡			^{3}矻	^{1}屹							
ng	ŋ													
□	ʔ,○	英						^{1}握		^{1}沃				
h	h	喜												
tz	ts tɕ	曾											清促	
ts	ts‘ tɕ‘	出												
s	s	时												
dz	dʑ	入												

ak											
ok											
阳入˨			阳入˦								
江角			江礫								
曾	山	遇	江	宕		通				曾	效
德	黠	遇	觉	铎	药	屋			沃	德	号
开一	开二	合三	开二	开一	合三	合一	合三	合四	合一	开一	开一
[1]北					[5]缚						
		[4]仆									[2]曝
						[1]木		[1]目		[1]墨	
			[5]浊				[5]逐		[2]毒		
						[2]读					
			[3]搙				[1]六				
			[4]殼 [1]壳。								
							[1]岳				
			[2]学			[2]斛					
	[4]察			[2]凿							

韵类			iak				(uak)		Ok					
韵值			ɪak				(ʊɑk)		ɔ:k					
调类			阴入˧	阳入˥			阴入˧	阳入˥	阴入˧					
十五音韵母			姜脚	姜矍			光(叱)	光映	公国					
韵摄			宕	宕		江	臻	山	通				江	宕
广韵韵目			药	药	铎	觉	迄	薛	屋		沃	烛	觉	映
等呼			开三	开三	开一	开二	开三	合三	合一	合三	合一	合三	开二	合一
b	p	边							^{1}卜				^{1}驳	
p	p‘	颇				^{3}爆			^{1}扑				^{1}撲	
bb	b	门												
m	m													
d	t	地							^{1}啄豥		^{1}笃督		^{5}卓	
t	t‘	他												
n	n	柳												
l	l													
g	k	求		^{1}矍	^{4}谔·			^{2}(映)	^{1}谷					^{1}郭 ^{3}鞟
k	k‘	去							^{1}哭		^{3}梏 ^{1}酷			^{1}廓
gg	g	语									匣鹄			
ng	ŋ													
□	ʔ,○	英					^{1}(叱)		^{1}屋					
h	h	喜								^{6}福^{8}復				^{1}霍
tz	ts tɕ	曾												
ts	ts‘ tɕ‘	出							^{1}簇				^{4}龊	
s	s	时	^{4}铄						^{1}速			^{4}束	^{3}数朔	
dz	dʑ	入												

ok										
ɔːk										
阴入˩				阳入˦						
公$_{\text{国}}$				公$_{\text{咯}}$						
宕	曾		梗	通				江	宕	
铎	德		麦	屋			沃	觉	药	铎
开一	合一	开一	合二	合一	合三	合四	合一	开二	合三	开一
		^{1}北		^{2}僕	^{5}伏				^{5}缚	^{2}薄
^{1}粕^{3}博				^{2}曝						
				^{1}木		^{1}目				^{1}莫
				^{2}独			^{2}毒			^{2}度铎
				^{2}读						
				^{1}鹿辘				^{1}荦		^{1}落^{2}诺
	^{1}国		^{1}帼							
										^{1}咢萼愕
^{1}恶										
^{1}壑^{2}涸					^{8}復			^{2}学		^{2}鹤
^{1}作				^{2}族				^{8}浊		^{2}昨
^{1}错										^{2}凿
^{1}索										

韵类			iok										
韵值			Iɔk										
调类			阴入˧˨										
十五音韵母			恭菊								姜脚		
韵摄			通					江	梗		宕		
广韵韵目			屋			烛		觉	昔		药		
等呼			合二	合三	合四	合三	合四	开二	开三	开四	开三	开四	合三
b	p	边											
p	p‘	颇											
bb	b	门											
m	m												
d	t	地		^{4}竹筑									
t	t‘	他		^{4}<u>畜</u>									
n	n	柳											
l	l			^{3}忸									
g	k	求		^{1}菊							^{1}脚		
k	k‘	去		^{1}麴		^{1}曲					^{1}却		
gg	ɡ	语											
ng	ŋ												
□	ʔ,○	英								^{1}<u>益</u>	^{1}约		
h	h	喜		^{1}畜^{3}郁		^{1}旭							
tz	ts tɕ	曾		^{4}粥		^{4}烛 嘱	^{1}足				^{4}酌	^{1}爵 ^{2}嚼	
ts	ts‘ tɕ‘	出			^{1}蹴 ^{3}蹙	^{5}触	^{1}促 ^{8}粟	^{4}龊 庄捉	^{5}尺			^{1}鹊 ^{3}雀	
s	s	时	^{3}缩	^{4}叔 ^{5}淑	^{1}肃宿		^{1}<u>粟</u>						^{1}削
dz	dʑ	入											

iok							iek			
ɪɔk							ɪə̆k			
阳入˥							阴入˧			
恭局				姜脚			经格			
通				宕		梗	梗			
屋		烛		药		陌	陌			麦
合三	合四	合三	合四	开三	开四	开二	开二	开三	合二	开二
							^{1}伯百			
							^{1}拍			^{1}擘
		^{5}逐		^{5}著燿						^{4}摘
^{1}陆六		^{1}录绿		^{1}略掠						
		^{2}局					^{1}格	^{1}戟		^{1}革隔
						^{2}剧	^{1}客喀	^{1}隙	^{3}虢	
		^{1}玉狱		^{1}虐						
	^{3}育		^{3}欲慾		^{3}药		^{1}哑			^{1}厄
							^{1}赫吓			
							^{3}窄			^{3}责
							^{7}坼			^{4}册策
^{5}孰蜀		^{7}赎^{5}属	^{2}俗续							
^{1}肉		^{1}辱		^{1}若弱						

韵类			iek										
韵值			ɪək										
调类			阴入˧										
十五音韵母			经格										
韵摄			梗				曾				通		宕
广韵韵目			昔		锡		德	职			屋	烛	铎
等呼			开三	开四	开四	合四	开一	开二	开三	开四	合三	合三	开一
b	p	边			^{1}壁				^{1}逼				
p	pʻ	颇	^{8}碧	^{2}辟^{3}璧	^{1}僻^{2}甓								^{1}粕
bb	b	门											
m	m	门											
d	t	地			^{1}的滴		^{1}德得				^{4}竹		
t	tʻ	他			^{1}踢^{心}裼		^{1}忒		^{4}敕饬				
n	n	柳											
l	l	柳											
g	k	求			^{1}激				^{1}棘		^{1}菊		
k	kʻ	去			^{1}喫	^{1}阒	^{1}克刻					^{1}曲	
gg	ɡ	语											
ng	ŋ	语											
□	ʔ,○	英		^{1}益					^{1}臆抑				
h	h	喜					^{1}黑						^{1}郝
tz	ts tɕ	曾	^{4}跖	^{1}积脊	^{1}绩		^{1}则	^{3}仄		^{1}即鲫		^{4}烛	
ts	tsʻ tɕʻ	出	^{5}尺	^{1}刺	^{1}戚感			^{4}侧测 庄侧					
s	s	时	^{4}释适	^{1}昔惜			^{1}塞	^{3}色穑	^{4}饰识 ^{5}植^{7}食	^{1}息	^{4}倏		^{1}索
dz	dʑ	入											

iek										
ɪək										
阴入˨				阳入˦						
经$_{\text{格}}$		恭$_{\text{菊}}$	巾$_{\text{吉}}$	经$_{\text{极}}$						
臻		通	臻	梗						
栉	质	烛	质	陌			麦		昔	
开二	开三	合三	开三	开二	开三	开二	开二	合二	开三	开四
						^{2}白帛				
				^{1}陌			^{1}麦脉			
				^{5}泽择					^{5}掷	
				^{5}宅						
	^{1}栗									
				^{1}额	^{1}逆					
								^{4}劃 ^{5}画		^{3}亦驿腋
							^{2}核	^{2}获		
			^{7}窒							^{2}籍
		^{1}促^{8}粟								
^{3}瑟虱			^{4}室						^{5}石 ^{7}射	^{2}夕席

韵类			iek									
韵值			ɪək									
调类			阳入˥									
十五音韵母			经$_{极}$								恭$_{局}$	
韵摄			梗		曾				通	江	通	
广韵韵目			昔	锡	职			德	烛	觉	屋	烛
等呼			合四	开四	开三	开四	合三	开一	合四	开二	合三	合三
b	p	边										
p	p‘	颇										
bb	b	门		^{1}觅				^{1}墨默				
m	m											
d	t	地		^{2}敌笛				^{2}特			^{5}轴	
t	t‘	他										
n	n	柳										
l	l			^{1}歷^{2}溺	^{1}力^{3}匿			^{1}勒	^{1}绿	^{3}搦		
g	k	求			^{2}极				^{2}局			
k	k‘	去										
gg	g	语										^{1}玉狱
ng	ŋ											
□	ʔ,○	英	^{3}役疫			^{3}弋			^{3}欲浴			
h	h	喜					^{4}域					
tz	ts tɕ	曾		^{2}寂				^{2}贼				
ts	ts‘ tɕ‘	出										
s	s	时									^{5}熟	
dz	dʑ	入										

厦门音与十五音及广韵比较表索引(甲)韵类索引

页数 韵类 调类	阴平	阳平	上	阴去	阳去	阴入	阳入
m		166	166		166		
ng	166,167	167,168	168,169	169	169,170		
a (aq)	170,171	171	171,172	172	172,173	284,285	
ia (iaq)	173	173,174	174	174	174	285,286	286,287
ua (uaq)	175	175	175,176	176,177	287	287	
o	177	178	178,179	179	179,180		
ó (óq)	180	180,181	181	181	182	287,288	288
ió (ióq)	182	182,183	183	183	183	288	288,289
e (eq)	183 – 185	185,186	186,187	187,188	188 – 190	289,290	290
ue (ueq)	190,191	191	191,192	192	193	291	291,292
i (iq)	193,194	194,195	195,196	196,197	197 – 199	292	292,293
ui (uiq)	199	200	200,201	201,202	202,203	293	293
u (uq)	203,204	204,205	205,206	206,207	207 – 209	293	
iou	209	209,210	210	210	210,211		
ai	211	212	212,213	213	213,214		
uai	214	214,215	215	215	215		
au (auq)	215,216	216	216,217	217	217	293,294	294
iau (iauq)	217,218	218	218	218,219	219	294	294
añ (aq̃)	219,220	220	220	220	221	294	
iañ (iaq̃)	221	221,222	222,223	223	223,224	294	
uañ	224	224,225	225	225,226	226		
oñ (oq̃)	226	227	227	227	227,228	295	295
eñ (eq̃)	228		228			295	295

（续表）

页数＼调类 韵类	阴平	阳平	上	阴去	阳去	阴入	阳入
iñ (iq̃)	228,229	229,230	230,231	231,232	232,233	295	296
uiñ		233	233		233		
iouñ	233,234	234	234	234	235		
aiñ	235	235	235,236	236	236		
uaiñ (uaiq̃)	236	236	237	237	237	296	296
auñ		237	237	238	238		
iauñ (iauq̃)	238		238	238			296
am (ap)	238	239	239	239,240	240	296	297
iam (iap)	241	241,242	242	242,243	243	297,298	298
im (ip)	243,244	244	244	245	245	298,299	299
(om)(op)	245	245				299	
an (at)	245,246	246,247	247,248	248	248,249	299,300	300
ian (iet)	249,250	250,251	251,252	252	252,253	300,301	301,302
uan (uat)	253,254	254	255	255,256	256,257	302	302,303
in (it)	257,258	258	258,259	259	259,260	303,304	304
un (ut)	260,261	261,262	262,263	263	263,264	304,305	305,306
ang (ak)	264,265	265,266	266	266,267	267	306,307	307
iang (iak)	267,268	268	268	268	308	308	
uang (uak)	268		269		269	308	308
ong (ok)	269,270	270,271	272,272	272	272,273	308,309	309
iong (iok)	273,274	274,275	275,276	310	311		
ieng (iek)	277,278	279,280	280,281	281,282	283,284	311-313	313,314

厦门音与十五音及广韵比较表索引(乙)部首索引①

① 说明:例如"一 303□7"即谓一字读书音见于第 303 页英母第七行;"下 189g,□,h8"即谓下字说话音见于第 189 页求英喜三母之第八行也。余可据此类推。

【十】	十 299 s 2	十 297 tz 4	❷支 193 tz 10	❸卉 297 s 1
	❹毕 303 b 7	华 175 h 7	又 176 h 3	协 298 h 7
	❻卓 308 d 11	直 304 d 9	丧 272 s 6	又 269 s 9
	卖 236 m 7	又 193 bb 6	卑 193 b 11	❼南 239 l 1
	❾乾 245 g 12	又 250 k 7	乾 224 g 5	❿真 257 tz 8
	博 309 p 1	博 294 p 1	⓫斡 248 g 3	準 262 tz 5
【厂】	❷厅 277 t 8	厅 220 t 10	仄 312 tz 6	仄 289 tz 9
	厄 311 □ 11	厄 289 □ 7	❸厉 188 l 10	❹压 296 □ 8
	压 289 d 5	厌 242 □ 10	又 296 □ 11	又 241 □ 2
	❼厚 180 h 3	厚 217 g 10	❽厝 206 ts 10	原 254 gg 10
	❿厨 204 d 7	⓬厮 203 s 5	厰 234 ts 8	⓮歷 314 l 2
	曆 285 l 10			
【匚】	❷匹 303 p 7	❹匡 269 k 10	匠 276 ts 11	匠 235 ts 2
	巨 208 g 12	❺匣 285 □ 5	医 194 □ 2	❽匿 314 l 3
	匪 201 h 2	❾匾 231 b 4		
【卜】	卜 308 b 7	❸占 241 tz 1	外 193 gg 1	外 177 gg 2
	卢 178 l 1	❻卦 176 g 9		
【刂】	❷刈 236 ng 8	❸刊 245 k 12	❹刑 279 h 8	刓 254 gg 5
	列 301 l 5	刚 269 g 9	则 312 tz 5	创 272 ts 8
	又 269 ts 11	❺刬 225 ts 4	别 301 b 5	别 300 b 3
	利 198 l 3	利 214 l 8	删 246 s 1	判 255 p 9
	判 225 p 10	到 281 g 3	❻刺 207 ts 11	又 196 ts 9
	又 312 ts 2	刺 286 ts 3	又 232 ts 6	刳 175 k 5
	到 181 d 10	到 217 g 2	刮 302 g 3	刹 299 ts 7
	剂 184 tz 3	刻 312 ts 6	刷 302 s 3	❼荆 234 g 4

又 305 h 4	又 305 h 11	佛 305 b 11	❻佳 170 g 12
侍 198 s 6	供 275 g 10	又 274 g 1	供 282 g 6
又 278 g 5	使 206 s 2	又 207 s 5	使 213 s 2
又 213 s 11	例 190 l 1	又 188 l 10	侄 304 d 8
侦 277 tz 6	侣 208 l 12	侃 247 k 5	侧 312 ts 6
侨 218 g 3	佾 301 □ 12	佩 193 b 2	侈 195 ts 11
依 194 □ 4	併 282 b 2	併 223 b 4	❼俨 242 gg 5
便 249 b 10	又 253 b 1	便 246 b 12	修 209 s 7
保 181 b 5	促 310 ts 5	促 313 ts 3	又 306 tz 11
俄 180 gg 11	俭 243 k 6	俭 235 k 5	俗 311 s 4
俗 289 s 3	係 189 h 6	又 188 h 12	信 259 s 7
信 252 s 10	侵 244 ts 1	侯 178 h 4	俊 263 tz 5
❽俸 273 h 3	又 271 h 8	倩 223 ts 4	债 213 tz 8
债 188 tz 6	借 174 tz 7	借 288 tz 9	值 300 d 7
倚 195 □ 11	倚 176 □ 2	俺 247 gg 12	倾 277 k 7
倾 279 k 7	倒 181 d 5	倒 181 d 10	倏 312 s 9
俱 204 g 3	候 217 h 9	倭 180 □ 5	又 190 □ 9
倪 185 gg 5	倍 191 b 10	倦 256 g 12	健 253 g 6
又 251 g 11	健 224 g 1	❾做 181 tz 9	做 192 tz 12
偃 251 □ 6	偿 275 ts 2	傀 201 k 3	又 199 g 9
又 190 g 6	傀 171 g 1	偷 177 t 11	偷 216 t 3
儳 239 s 3	停 279 t 8	偏 249 p 10	偏 228 p 11
假 172 g 7	又 171 g 12	假 188 g 1	又 186 g 12
❿傲 182 gg 5	傅 179 b 6	傥 271 t 10	傍 273 b 7
傍 169 b 12	又 167 b 10	⓫傻 172 s 1	⓬僚 218 l 5

【几】　几 196 g 1,5　❶凡 254 h 12　❷凤 273 h 1　❻凯 212 k 7
凭 258 b 7

【亠】　❶亡 270 bb 10　❷卞 252 b 12　六 311 l 1　六 307 l 8
❸市 198 ts 9　玄 251 h 1　❹交 215 g 12　亦 313 □ 11
亦 286 □ 12　产 247 s 7　产 225 s 4　亥 214 h 2
❻变 252 b 4　变 232 b 2　京 277 g 2　京 221 g 6
享 276 h 5　又 275 h 6　夜 174 □ 10　卒 304 tz 12
❼弯 254 □ 1　弯 168 □ 2　哀 211 □ 4　亭 279 d 8
亮 276 l 10　亮 268 l 10　帝 187 d 10　❽高 180 g 7
高 236 g 11　离 194 l 11　离 197 l 11　衮 262 g 4
❾商 274 s 5　率 305 s 1　❿就 210 tz 12　⓯赢 222 □ 3

【冫】　❸冯 270 b 4　冯 265 b 9　❹冰 278 b 1　决 302 g 8
❺冻 272 d 3　冻 267 d 1　况 272 h 7　冷 281 l 3
❻净 283 tz 7　❽准 262 tz 5　凉 268 l 3　又 234 n 5
❾凑 179 tz 7　减 242 g 8　⓮凝 279 gg 11　凝 251 g 3

【冖】　❸写 174 s 5　❺罕 247 h 5　❻冢 275 t 4　❽冥 279 bb 8
冥 229 m 10　冤 254 □ 4

【讠】　❷计 187 g 10　认 259 dz 11　又 260 dz 3　❸讨 181 t 5
让 276 dz 10　又 276 l 10　让 235 n 1　讪 248 s 5
训 263 ts 7　记 197 g 2　❹讲 266 g 5　讲 268 k 7
讴 127 □ 11　讶 172 gg 12　讷 305 l 8　讷 293 d 8
许 206 h 5　许 178 k 9　讹 180 gg 10　论 263 l 3
又 261 l 4　又 263 l 11　讽 271 h 4　设 300 s 8
诀 302 g 8　❺证 282 tz 1　诂 179 g 11　诃 180 h 11
评 279 p 2　诅 178 tz 10　识 312 s 7　诈 172 tz 7

	防 168 h 1	❺际 187 tz 8	陆 311 l 1	阿 180 □ 6
	阿 172 □ 4	陈 258 d 2	陈 247 d 1	阻 178 tz 8
	附 207 h 12	陂 193 b 10	❻陋 180 l 2	陌 313 bb 5
	降 265 h 7	降 266 g 12	限 249 □,h 3	❼陛 190 b 3
	除 205 d 3	险 242 h 3	院 253 □ 2	院 232 □ 11
	❽陵 279 l 11	陶 181 d 1	陷 240 h 11	陪 191 b 3
	❾随 200 s 2	隄 185 t 5	隍 270 h 8	隆 274 l 11
	隐 263 □ 2	❿隔 311 g 11	隔 289 g 7	隙 311 k 9
	隙 285 g 12	隘 213 □ 9	⓫障 276 tz 2	障 234 tz 11
	⓱隳 190 h 10			
【-阝】	❷邓 283 d 12	❹邦 264 b 12	邪 174 s 1	邬 205 □ 8
	那 220 n 10	那 181 d 4	又 221 n 5	❺邳 193 p 12
	邮 209 □ 11	邱 203 k 4	邻 258 l 2	邸 196 d 6
	邹 177 tz 12	❻耶 174 □ 1	郁 310 h 2	郑 232 d 9
	郎 270 l 7	郎 167 n 10	郝 312 h 11	郗 193 h 12
	郡 264 g 3	❽都 177 d 7	郭 308 g 12	部 179 b 11
	⓫鄙 196 p 1			
【凵】	❸出 305 ts 2	❻函 239 h 1	❼画 313 □ 9	又 177 h 4
	画 293 □ 6	又 202 □ 11	⓫凿 309 ts 11	凿 307 ts 5
【刀】	刀 180 d 7	❶刃 245 dz 9	❷切 300 ts 12	分 260 h 8
	分 260 b 8	刍 177 tz 9	❹负 208 h 4	争 277 tz 11
	争 231 tz 11	又 223 tz 8	又 228 tz 7	色 312 s 6
	❺龟 199 g 7	龟 203 g 6	免 251 bb 4	初 177 ts 8
	初 191 ts 1	❻兔 179 t 4	券 256 g 3	券 169 g 9
	❾象 276 s 12	象 235 ts 4	剪 251 tz 5	⓯詹 241 tz 1

【力】	力 314 l 10	力 300 l 6	❷办 249 b 2	劝 256 k 3
	劝 169 k 9	❸功 269 g 3	加 184 g 9	务 207 bb 12
	❹动 273 d 2	动 267 d 9	劣 302 l 5	❺劫 297 g 8
	励 188 l 10	助 179 tz 12	男 239 l 1	努 227 n 7
	劲 283 g 7	❻势 187 s 7	又 197 s 6	❼勃 305 b 8
	勉 251 bb 4	勇 275 □ 5	❽哿 181 k 4	❾勘 239 k 11
	⓫勤 262 k 3			
【厶】	❸去 197 k 7	又 206 k 11	❺县 253 h 5	县 237 g 5
	❻参 238 ts 8	又 245 s 10		
【又】	又 210 □ 11	❶叉 170 ts 10	叉 184 ts 9	❷友 210 □ 3
	反 255 h 3	反 281 b 10	双 269 s 12	双 264 s 10
	❸圣 282 s 1	圣 223 s 3	对 201 d 10	对 192 d 4
	发 302 h 4	发 293 b 10	❹戏 196 h 9	观 253 g 11
	欢 253 h 11	欢 224 h 4	❻取 206 ts 7	叔 310 s 2
	受 211 s 1	艰 246 g 2	❼叟 179 s 1	叙 209 s 1
	❽难 246 l 8	又 248 l 11	叠 298 d 7	⓫叠 284 d 12
	又 298 t 7			
【廴】	❹延 250 □ 8	❻建 252 g 7		
【工】	工 265 g 2	❷左 181 tz 4	巧 216 k 11	巧 172 k 6
	又 218 k 8	❼差 193 ts 9	又 170 ts 10	差 287 tz 9
	又 184 ts 9			
【土】	土 178 t 6	❸圭 191 g 7	又 199 g 11	在 214 tz 1
	在 199 d 3	至 196 tz 12	尘 258 d 2	圹 266 k 9
	地 199d 2	地 199 d 7	又 189 d 2	场 234 d 5
	❹坏 215 h 10	坚 250 g 1	坂 255 b 3	坂 224 b 5

	坐 182 tz 1	坐 189 tz 3,7	坎 239 k 6	均 261 g 2
	坞 178 □ 6	坟 261 h 7	坑 228 k 6	块 215 k 6
	坱 187 d 11	坠 202 d 5	❺坩 219 k 10	坯 194 p 6
	坴 271 l 6	又 275 l 4	坪 279 p 2	坪 229 b,p 6
	又 222 p 1	坦 247 t 5	坤 260 k 4	坱 271 □ 9
	又 272 □ 9	坼 311 ts 8	坼 285 t 11	幸 284 h 6
	坢 255 p 1	坡 180 p 5	坳 215 □ 12	❻城 279 s 5
	城 222 s 2	垫 243 d 9	垤 301 d 8	垠 261 gg 12
	垒 200 l 12	❼埋 212 bb 2	埋 212 d 2	埙 260 h 10
	袁 254 □ 10	埒 303 l 1	❽基 194 g 2	域 314 h 5
	堂 167 d 10	堆 199 d 9	堆 204 d 6	堋 221 p 13
	❾堪 238 k 8	塔 296 t 7	塔 284 t 8	堰 251 □ 10
	堤 184 d 2	❿墓 179 bb 10	墓 273 bb 10	填 250 d,t 12
	填 264 t 4	塌 296 l 7	塌 294 n 9	塗 128 d 1
	塗 178 t 1	塞 312 s 5	又 213 s 5	塞 299 t 12
	又 291 s 1	⓫墙 275 ts 3	墙 234 ts 6	墟 203 h 12
	⓬墨 314 bb 6	墨 307 bb 11	增 278 tz 3	⓭壑 309 h 1
	壇 246 d 8	壇 224 d 10	壁 312 b 3	壁 286 b 4
	壜 239 t 1	⓱壤 275 dz 6		
【士】	士 208 s 9	❹壳 307 k 4	声 277 s 6	声 221 s 8
	❾壹 303 □ 7	❿鼓 178 g 6	⓫嘉 170 g 10	臺 212 d 1
	⓱馨 277 h 8	馨 221 h 10	⓲鼙 195 b 9	
【艹】	❶艺 188 gg 11	艾 224 h 3	节 300 tz 12	节 291 tz 5
	又 299 tz 8	❸芋 209 □ 2	芋 180 □ 1	芒 265 bb 6
	❹芙 204 h 7	苇 201 □ 2	芾 201 h 8	芮 193 dz 4

	蒲 178 b 1	蒙 270 bb 2	⓫蔑 301 bb 8	蔡 213 ts 3
	蔗 174 tz 6	蔼 212 □ 9	⓬蕃 205 tz 3	蕞 202 tz 8
	蕉 182 tz 8	蕊 200 l 12	蔬 191 s 1	⓭薑 233 g 12
	苹 258 b 3	薨 278 □ 4	薛 300 s 9	薛 292 s 5
	薦 252 tz 6	薦 282 tz 9	薏 197 □ 8	薄 309 b 11
	薄 288 b 2	薜 190 b 2	⓮藉 174 tz 10	藏 270 tz 7
	又 273 tz 7	藏 169 k 4	又 169 tz 12	薰 260 h 8
	藐 218 bb 10	⓯藕 238 ng 3	爇 300 dz 10	藤 279 d 10
	藤 258 d 8	藩 254 p 4	⓳蘸 240 tz 3	
【廾】	❸异 233 □ 8	异 198 □ 7	❹弄 272 l 12	弄 267 l 7
	弃 197 k 1	⓬弊 187 b 8		
【大】	大 213 d 12	大 176 d 3	❶太 213 t 3	夬 215 g 4
	❷央 274 □ 5	央 166 □ 7	❸夹 297 g 9	夹 291 k,gg 7
	又 295 ng 5	夺 302 d 11	夷 195 □ 2	❺奉 273 h 4
	奈 236 n 4	奔 260 p 8	奇 194 g 11	又 193 g 10
	奇 173 g 11	❻契 187 k 10	又 300 k 12	契 192 k 10
	奖 268 tz 5	牵 250 k 1	牵 246 k 3	❼套 181 t 10
	❽匏 216 b 6	匏 205 b 1	奢 173 s 8	爽 271 s 12
	❾奥 181 ng 10			
【尢】	❶尤 209 □ 11			
【扌】	❷打 220 d 8	扑 308 p 7	扒 305 b 5	❸扛 269 g 12
	扛 166 g 10	扣 179 k 7	扣 172 k 11	执 298 tz 11
	扫 181 s 10	扫 217 s 2	❹扶 204 h 7	抚 205 h 10
	又 205 bb 10	技 198 g 1	扰 218 dz 9	拒 208 g 12
	找 217 tz 7	批 190 p 12	抄 215 ts 12	折 300 tz 8

捋 303 l 1	捋 306 l 2	换 255 h 9	又 256 h 7
换 226 □ 4	挽 255 bb 3	挨 211 □ 5	捆 225 n 6
❽捧 271 h 6	捧 265 p 12	描 182 bb 12	捺 300 l 2
捺 287 l 7	掩 242 □ 3	㧻 308 d 7	捷 302 tz 1
排 212 b 2	捶 200 d 7,t 7	推 199 ts 9	推 184 t 8
又 199 t 9	又 184 t 4	掀 249 h 12	捨 174 s 4
採 212 ts 7	採 235 ts 12	授 210 s 11	捻 243 l 1
掠 311 l 5	掠 286 l 6	接 297 tz 6	接 292 tz 3
掷 313 d 10	掷 288 tz 6	捲 255 g 4	捲 168 g 12
掟 283 d 5	控 272 k 3	探 238 t 8	又 240 t 1
据 207 g 9	掺 239 s 10	❾揕 245 d 1	搭 296 d 6
搭 284 d 7	揠 299 □ 6	揩 211 k 6	揽 239 l 7
揽 220 n 7	提 185 t 5	提 290 t 9	揖 298 □ 12
揾 263 □ 3	揭 300 k 11	揣 200 ts 9	揿 245 k 1
搜 177 s 11	揜 242 □ 7	援 254 □ 10	搀 238 ts 10
搅 218 g 8	搅 172 g 6	握 306 □ 6	❿搙 307 l 4
摄 297 l,s 5	摄 298 s 4	摸 178 bb 1	摸 226 m 11
弇 289 g 7	摅 203 t 12	搨 284 d 8	摆 212 b 11
携 185 h 6	搬 253 b 11	搬 224 b 4	摇 218 □ 4
摇 182 □ 11	搦 314 l 8	搯 262 p 4	摊 245 t 12
摊 224 t 5	⓫摧 191 tz 3	摭 303 tz 10	摘 311 d 11
摘 286 d,l 1	撇 300 p 12	撇 302 p 8	摺 292 tz 2
⓬撒 299 s 5	撒 287 s 7	撲 308 p 11	撑 281 t 12
撑 228 t 6	又 231 t 9	撮 302 tz,ts 2	播 181 b 8
擒 244 k 6	擒 230 k 6	撚 251 l 7	撞 273 d 8

	吝 259 l 10	君 260 g 8	吷 308 g 6	邑 298 □ 11
	吼 179 h 1	吼 216 h 12	❺呿 170 k 11	呵 180 □ 6
	咙 220 n 5	咒 210 tz 7	咄 304 d 12	呼 177 h 7
	又 204 h 5	呼 176 k 7	哵 296 s 2	咏 283 □ 3
	呶 171 l 7	哈 211 h 4	❻哇 175 □ 1	哄 272 h 12
	哑 172 □ 7,9	又 311 □ 8	又 171 □ 12	咸 239 h 3
	咢 309 gg 11	虽 199 s 7	品 259 p 3	咽 300 □ 12
	响 268 h 4	哆 174 ts 4	咬 237 ng 11	咬 173 g 5
	哜 188 tz 12	咨 203 tz 8	咩 295 m 4	又 295 m 11
	❼哥 180 g 6	哮 215 h 11	哳 294 tz 5	哲 300 d 8
	哇 250 l 1	哨 219 s 1	哭 308 k 7	唤 255 h 9
	唉 212 h 8	❽唪 271 h 6	啄 308 d 7	啄 291 d 2
	唱 276 ts 2	唱 234 ts 11	唱 268 ts 8	唾 181 t 8
	兽 210 s 7	啸 219 ts 3	啜 302 ts 5	❾喷 261 b 4
	又 260 p 8	又 263 p 3	喜 196 h 3	喃 239 l 3
	喊 239 h 7	喊 243 h 3	喝 299 h 5	喝 287 h 4
	喘 262 ts 12	喘 255 ts 6	哂 294 s 10	喉 178 h 4
	喉 216 □ 8	啼 185 d 5	善 253 s 9	嗟 173 tz 9
	喾 306 k 8	喀 311 k 8	喀 295 k 3	❿嗅 210 h 7
	⓫嘉 170 g 10	嗽 179 s 7	嗽 288 s 1	嘤 228 □ 4
	⓬噆 299 tz 4	噍 219 ts 6	嘱 310 tz 4	⓭噤 244 k 10
	又 245 g 3	噤 245 h 7	嘴 200 tz 10	器 196 k 12
	噪 181 ts 10	嗷 294 g 8	噫 194 □ 2	嚯 268 □ 12
	⓱嚼 310 tz 10			
【囗】	❶囚 209 s 12	四 207 s 4	四 197 s 1	❸因 257 □ 9

	团 254 t 5	团 224 t 9	回 191 h 3	团 223 g 2
	❹园 254 □ 10	园 168 h 3	困 263 k 3	❺国 309 g 2
	困 261 k 4	❼圃 178 p 6	圂 170 h 8	圆 254 □ 8
	圆 230 □ 3	❽圈 254 k 11		
【巾】	巾 261 g 1	❶帀 296 tz 6	币 187 b 8	布 179 b 4
	帅 305 s 1	又 192 s 5	又 201 s 5	❸师 203 s 7
	师 211 s 11	帆 271 p 2	帆 266 p 2	❹帐 276 d 2
	帐 234 d 11	希 194 h 4	❺帖 297 t 7	帕 188 p 2
	又 172 p 8	帛 313 b 7	帛 290 b 3	[illegible] 204 g 11
	帚 210 tz 3	❻帮 264 b 9	又 167 b 7	带 213 d 3
	带 176 d 7	❽常 234 s 5	帼 309 g 4	❾帽 182 bb 5
【山】	山 246 s 2	山 224 s 7	❸屹 306 gg 5	岁 187 h 12
	又 192 s 7	岂 196 k 5	❹岌 299 gg 2	岌 296 ng 4
	岐 194 g 12	岐 174 g 3	岺 264 l 1	又 261 l 4
	岚 239 l 1	岛 181 d 5	❺岵 178 h 6	岸 248 gg 11
	岸 226 h 5	岩 239 gg 4	岩 241 gg 12	岳 307 gg 8
	岭 223 n 11	❻峙 198 s 9	峡 297 g 9	峣 216 gg 7
	❽崎 174 g 11	崭 239 ts 4	崑 260 k 4	崔 199 ts 9
	崩 278 p 3	崩 265 b 1	崒 305 tz 10	崇 270 tz 3
	❾嵌 238 k 11	嵌 239 k 12	嵯 180 ts 9	❿嵩 273 s 12
	⓬嶓 180 b 5	嶒 279 tz 12	嶝 282 d 4	
【彳】	❸行 270 h 7	又 279 h 1	又 265 h 6	又 283 h 1
	行 221 g 11	❹役 314 □ 1	役 287 □ 1	❺征 277 tz 6
	徂 177 tz 7	往 271 □ 11	彼 195 b 11	径 282 g 3
	径 232 g 1	❻待 214 t 2	衍 253 □ 1	律 305 l 9

	很 262 h 11	後 180 h 2	後 217 □ 9	❼徒 178 d 1
	徐 205 ts 4	❽術 305 s 9	徙 206 s 8	徙 176 s 1
	得 312 d 5	得 304 d 3	銜 239 h 4	銜 239 g 4
	❾街 184 g 1	街 190 g 11	御 208 gg 11	復 210 h 11
	又 309 h 6	又 308 h 8	❿衙 171 gg 7	衙 185 gg 11
	微 195 bb 7	⓬德 312 d 5	徵 278 d 9	衝 274 ts 1
	⓭徼 183 k 6	⓳衢 205 g 5		
【彡】	❹形 279 h 8	❻彦 249 gg 5	❽彬 257 b 8	彪 209 b 8
	彩 212 ts 7	彩 235 s 12	❾彭 279 p 1	彭 229 p 5
	⓬影 280 □ 9	影 168 □ 9	又 222 □ 9	
【犭】	❷犯 257 h 7	❹狂 270 g 10	犹 209 □ 12	狈 193 b 1
	❺狎 297 □ 3	狐 178 h 1	狗 179 g 1	狗 216 g 12
	❻狭 298 h 8	狭 292 □ 1	狮 203 s 7	狮 211 s 11
	独 309 d 5	狱 311 gg 3	狱 314 gg 10	❼涓 256 g 4
	❽猜 211 ts 4	猪 194 d 8	猎 298 l 10	猎 285 l 7
	猫 218 bb 4	猫 238 n 4	又 171 bb 11	猗 180 □ 8
	猛 280 bb 8	猛 228 m 5	又 230 m 11	❾猾 306 g 8
	猴 178 h 4	猴 216 g 8	猱 181 l 1	
【夕】	夕 313 s 11	❸舛 262 ts 12	多 180 d 6	❽梦 272 bb 12
	梦 267 bb 8	⓫夥 187 h 3		
【夂】	❷处 206 ts 5	又 207 ts 7	冬 269 d 5	冬 265 d 4
	❺备 198 b 3	❼夏 172 h 12		
【饣】	❷饥 193 g 12	❹饨 263 t 8	饪 244 dz 10	饫 207 □ 9
	饬 312 t 7	饭 255 h 3	又 257 h 2	饭 170 h 6
	饮 244 □ 10	饮 243 l 12	❺饰 312 s 7	饱 216 b 11

饱 172 b 6　饲 208 s 7　又 209 s 5　饲 198 ts 7
饴 195 □ 5　❻𫗦 293 g 12　蚀 293 s 2　饷 276 h 2
饼 281 b 1　饼 222 b 8　❼饽 305 p 8　饿 182 gg 3
馁 191 l 9　❽馅 240 h 11　馅 221 □ 1　馆 255 g 2
⓫馒 246 bb 11　馒 258 bb 9　⓬馔 256 tz 10　馔 170 tz 7

【丬】❸壮 272 tz 8　状 273 tz 6　状 170 tz 3　❻将 276 tz 3
又 274 tz 6　将 268 tz 9

【广】广 271 g 9　❸庄 269 tz 11　庄 166 tz 8　庆 281 k 11
庆 223 k 3　❹床 270 ts 9　床 167ts,s 12　库 179 k 4
庇 197 b 1　庇 197 d 1　应 282 □ 5　应 259 □ 9
❺店 243 d 1　庙 219 bb 5　庙 183 bb 8　府 205 h 10
底 196 d 6　底 192 d 1　庚 228 g 6　废 192 h 8
❻度 179 d 10　又 309 d 11　庭 279 d 8　庭 222 t 5
❼席 313 s 11　席 286 s 12　又 289 ts 2　座 182 tz 1
唐 270 d 7　唐 167 d 10　❽庶 207 s 7　庵 238 □ 8
康 269 k 9　康 166 k 5　庸 274 □ 10　❿廊 308 k 12
⓭廪 244 l 10

【门】门 261 bb 4　门 168 m 5　❶闩 253 s 12　闩 224 ts 6
又 167 s 2　❷闪 242 s 3　闪 292 s 4　❸闭 197 b 6
问 264 bb 3　问 170 m 9　闯 269 ts 2　又 226 ts 3
❹闰 264 dz 2　又 264 l 2　闲 235 g 6　又 235 g 6
又 246 h 10　闲 246 □ 10　又 280 □ 4,6　间 246 g 2
间 278 g 10　闵 258 bb 11　闷 263 bb 11　❺闸 297 □ 3
闸 285 tz 5　闹 217 l 7　❻闺 199 g 11　闺 185 g 3
闻 261 bb 7　闼 299 t 5　闽 247 bb 1　阁 296 k 6

	阁 287 g 11	❼阄 216 k 4	阅 301 □ 7	❽阇 184 s 6
	阐 251 ts 4	❾阒 312 k 4	阌 296 □ 3	阍 239 □ 8
	又 239 □ 11	阔 302 k 2	阔 287 k 3	❿阖 296 k 7
	阙 302 k 4	⓬阚 239 h 10	又 239 k 12	又 240 h 4
【氵】	❷汁 298 tz 1	汇 193 h 3	汉 248 h 3	❸汗 248 h 11
	汗 226 g 5	汙 203 □ 2	污 206 □ 10	江 264 g 12
	汐 290 s 5	汎 256h 6	汲 298 k 11	池 194 d 11
	汝 206 dz 5	汝 206 l 5	又 205 l 9	汤 269 t 9
	汤 166 t 5	❹汪 269 □ 8	沤 209 □ 10	又 216 □ 3
	沙 170 s 10	沙 175 s 2	沃 306 □ 8	泛 256 h 6
	沟 177 g 11	沟 216 g 3	没 305 bb 8	沉 244 d 6
	沉 242 d 2	沈 243 t 11	沁 245 ts 2	❺沫 302 bb 11
	沫 290 p 10	浅 251 ts 5	浅 231 ts 3	又 259 k 2
	法 302 h 10	泔 239 □ 9	沽 177 g 7	河 180 h 11
	沾 241 d 1	又 241 d 3	泪 202 l 5	沮 178 tz 9
	泊 288 p 2	沿 250 □ 10	注 206 tz 12	注 206 d 12
	泣 298 k 11	泥 230 n 8	泥 233 n 3	沸 305 h 4
	沸 293 b 11	波 180 p 5	泼 302 p 2	泼 287 p 3
	泽 313 d 5	泾 283 g 11	治 198 d 6	❻洁 300 g 12
	洒 172 s 7	洧 200 □ 12	浃 296 tz 10	浊 309 tz 9
	浊 307 d 4	洞 272 d 12	洞 267 d 7	测 312 ts 6
	洗 251 s 7	洗 192 s 1	又 186 s 6	活 302 h 11
	活 287 □ 6	涎 250 s 8	又 250 □ 8	派 213 p 8
	洽 298 h 8	济 187 tz 10	洋 234 □ 6	浓 270 l 6
	津 257 tz 9	津 257 d 9	❼涝 182 l 5	酒 210 tz 4

	忙 265 bb 6	❹忝 242 t 6	怀 214 h 12	怀 200 g 8
	忧 209 □ 6	忤 227 ng 8	怅 276 d 2	忱 244 s 6
	快 215 k 7	快 237 k 4	忸 310 l 2	❺怯 297 k 8
	怙 179 g 11	又 179 h 11	怵 305 t 2	怖 179 b 4
	性 282 s 2	性 231 s 12	怕 172 p 9	怜 258 l 4
	怡 305 d 2	怪 176 g 10	又 215 g 8	怪 192 g 11
	怡 195 □ 5	❻恸 272 d 12	恃 198 s 9	恭 274 g 1
	恢 190 k 6	恺 212 k 7	恻 312 ts 6	恬 241 t 11
	恬 243 d 10	恤 305 s 3	恰 296 k 9	恪 306 k 7
	恼 181 l 5	恼 237 n 12	恨 264 h 6	❼悚 275 s 5
	悭 250 g 3	悄 218 ts 10	悦 303 □ 2	又 301 □ 7
	❽情 279 tz 7	惜 312 s 2	惜 288 s 9	惭 239 ts 2
	悱 201 h 2	惧 209 k 2	悸 201 k 7	惟 195 □ 3
	又 200 □ 5	惊 277 g 2	惊 221 g 6	惮 248 d 11
	惨 239 ts 6	惯 255 g 11	惯 237 g 3	❾愤 262 h 7
	惰 182 d 1	惰 226 d 9	愠 263 □ 7	愕 309 gg 11
	愎 304 b 9	惶 221 h 12	愧 201 k 6	愉 205 □ 6
	慨 213 k 5	❿慎 259 s 10	⓫慢 249 bb 6	⓬憬 280 g 10
	憔 217 tz 12	憔 216 tz 2	⓭懒 236 n 1	憾 240 h 7
	懈 214 h 7			
【宀】	❷宁 279 l 8	宂 275 dz 4	宂 268 dz 6	❸守 210 s 3
	守 210 tz 3	宅 313 t 5	宅 290 t 3	安 245 □ 12
	安 224 □ 5	字 209 dz 5	又 208 dz 7	字 198 dz 7
	❹完 254 □ 5	宋 272 s 4	宏 270 h 12	牢 181 l 1
	灾 211 tz 4	灾 183 tz 12	❺宝 181 b 5	宗 269 tz 5

	定 283 d 5	定 223 d 10	宕 273 d 7	宠 275 t 4
	宜 194 gg 11	审 244 s 10	宙 210 d 11	官 253 g 11
	官 224 g 4	实 304 s 4	❻宣 254 s 3	室 313 s 4
	宫 273 g 11	宫 278 g 12	宪 252 h 7	客 311 k 8
	客 289 k 6	❼害 213 h 12	宽 253 k 11	宽 224 k 4
	家 170 g 10	家 184 g 9	宴 252 □ 6	宾 257 b 9
	宰 212 tz 7	宰 235 tz 12	❽寇 179 k 7	寅 258 □ 3
	寄 196 g 9	寄 174 g 8	寂 314 tz 2	宿 310 s 3
	密 304 bb 4	密 300 bb 4	❾寒 246 h 8	寒 224 g 10
	富 207 h 2	富 207 b 2	寔 304 s 9	寐 190 bb 1
	❿寘 196 d 9	寝 244 ts 11	⓫寡 225 g 8	察 299 ts 6
	察 307 ts 2	⓭寰 254 k 6		
【辶】	❷边 250 b 1	边 228 b 12	❸达 300 d 2	迈 236 m 6
	过 181 g 8	过 188 g 5	又 175 g 3	迁 249 ts 10
	迄 303 gg 8	巡 261 s 6	❹进 259 tz 7	进 232 tz 5
	远 255 □ 3	又 257 □ 2	远 170 h 6	运 264 □ 3
	还 280 h 5	连 250 l 7	连 230 n 1	近 264 gg 8
	返 168 d 11	迎 279 gg 2	又 283 gg 2	迎 222 ng 1
	这 173 tz 8	这 196 tz 7	又 184 tz 6	迟 195 d 1
	❺迦 173 g 7	❻选 255 s 5	适 312 s 1	追 199 d 6
	逃 181 d 1	迹 286 dz 3	送 272 s 3	送 267 s 1
	迷 185 bb 5	迷 185 bb 2	逆 313 gg 6	逆 290 g 6
	退 192 t 4	又 201 t 10	退 187 t 11	退 188 t 3
	逊 263 s 3	❼逋 178 b 1	速 308 s 7	逦 195 l 11
	逐 311 d 1	逐 307 d 8	逞 280 t 12	造 182 tz 5

	透 179 t 7	透 217 t 4	逢 270 h 6	递 188 d 12
	又 189 d 6	通 269 t 3	通 265 t 2	❽逻 182 l 3
	逸 304 □ 5	❾逼 312 b 7	遇 207 gg 12	又 207 gg 2
	遏 299 □ 5	遗 200 □ 5	遁 263 d 12	道 182 d 6
	遂 202 s 6	遍 252 b 5	❿遨 181 gg 1	遣 251k 5
	⓫遭 180 tz 7	遮 184 tz 6	又 173 dz 8	遮 173 tz 8
	⓬遵 260 tz 7	⓭避 214 h 6	避 197 b 12	
【彐】	❷归 199 g 8	❸当 269 d 9	又 272 d 6	当 169 d 4
	又 220 d 2	又 166 d 5	❹录 311 l 3	❿彙 202 l 7
【尸】	尸 193 s 12	❶尹 263 □ 1	尺 312 ts 1	又 310 ts 7
	尺 288 ts 8	❷尼 230 n 9	❸尽 260 tz 1	❹层 279 tz 10
	层 248 tz 10	又 247 tz 3	屁 197 p 1	尿 219 dz 8
	尿 183 dz 11	尾 187 bb 1,4	局 311 g 3	局 314 g 7
	❺居 203 g 12	屈 305 k 4	❻屋 308 □ 7	昼 210 d 7
	屏 280 b 1	屏 258 b 6	屎 196 s 8	屎 212 s 12
	❼展 251 d 4	屑 300 s 12	屑 305 s 6	又 290 s 1
	屐 286 g 10	❾属 311 s 3	⓬屦 196 l 1	
【己】	己 198 tz 10	又 196 g 3	❶巴 171 b 2	❻巷 267 h 3
【弓】	弓 273 g 11	弓 278 g 12	❶弔 219 d 3	引 258 □ 12
	❷弗 305 h 4	弘 270 h 11	❹张 274 d 5	又 233 d 12
	❺弧 178 h 1	弥 194 bb 12	弥 229 m 8	弦 250 h 12
	弦 230 h 4	弩 174 l 11	❻弭 195 bb 12	❼弱 311 dz 5
	❽弹 246 d 8	弹 226 d 5	又 224 d 10	❾弼 304 b 4
	强 275 g 2	强 234 g 5	⓭彊 235 g 1	⓰疆 274 g 5
【女】	女 205 l 5	❷奶 229 n 3	又 278 l 8	奴 227 n 3

	纤 241 s 2	纥 305 h 12	约 310 □ 9	约 288 □ 7
	级 298 g 11	纪 196 g 3	❹纯 261 s 5	纱 170 s 10
	纱 184 s 9	纳 297 l 1	纸 195 tz 11	纸 176 tz 1
	纵 269 tz 7	又 275 ts 11	又 274 ts 2	纺 271 h 11
	纺 266 p 4	纽 210 l 3	❺线 252 s 5	又 248 s 8
	线 226 s 2	练 253 l 4	组 178 tz 6	绅 257 s 8
	细 187 s 10	细 192 s 10	䌷 209 t 6	织 303 tz 12
	绌 302 tz 9	终 273 tz 11	绎 286 □ 12	绍 219 s 7
	经 277 g 8	经 228 g 9	❻绑 266 b 3	绒 274 dz 11
	结 300 g 12	结 299 g 8	绕 218 dz 9	绛 266 g 12
	绝 303 tz 2	绝 290 tz 8	绞 216 g 11	绞 172 g 6
	统 271 t 7	❼绢 256 g 2	绢 259 g 8	绣 210 s 8
	绨 193 t 12	又 193 h 12	绥 199 s 7	继 187 g 10
	❽绩 312 tz 3	绩 289 tz 8	绫 279 l 11	绫 258 l 7
	续 311 s 4	绮 195 k 11	绳 279 s 11	绳 258 tz 7
	维 195 □ 3	绷 277 p 11	绺 210 l 3	综 272 tz 4
	绾 255 g 7	绾 226 g 7	绿 311 l 3	绿 314 l 7
	缀 302 d 5	❾缄 241 g 5	缉 298 ts 12	缎 256 d 8
	缓 256 □ 8	缔 187 t 10	缕 206 l 6	编 249 p 10
	缗 251 bb 2	缘 250 □ 10	❿缚 309 b 10	缚 307 b 6
	缝 265 b 11	又 267 p 8	缠 250 d 7	缠 230 d 1
	缢 213 □ 10	缤 257 p 9	⓫缨 221 □ 9	缩 310 s 11
	缪 210 bb 1	缫 180 s 7	⓬缭 218 l 6	缯 278 tz 2
	⓭缴 218 g 11			
【马】	马 220 m 9	又 171 m 12	马 186 bb 12	❹驱 204 k 3

杨 234 □ 6　❹枉 271 □ 11　林 244 l 6　枝 193 tz 10
杯 190 b 6　柜 202 g 5　果 181 g 3　枣 181 tz 5
枚 233 m 9　又 191 bb 3　板 247 b 6　松 274 s 10
松 280 ts 3　枪 274 ts 6　枪 267 ts 12　枫 167 b 9
构 179 g 7　杭 265 h 6　枋 167 b 8　又 264 b 11
枕 244 tz 10　❺标 217 b,p 12　栈 252 tz 9　栈 249 tz 1
柑 238 g 9　荣 279 □ 4　枯 243 tz 12　枯 241 d 6
枯 177 g 7　柿 301 tz 3　柄 281 b 11　柄 231 p 10
柘 174 tz 6　栊 275 l 1　柩 210 g 11　栋 272 d 3
查 171 ts 7　又 171 ts 9　相 276 s 3　又 274 s 6
相 234 s 1　又 234 s 12　枵 217 h 11　枵 217 □ 11
柚 210 □ 12　枴 215 g 2　柬 247 g 7　栀 229 g 4
栅 171 s 5　柳 210 l 3　柱 219 t 9　柿 198 k 8
亲 257 ts 9　染 242 dz 3　染 231 n 5　枷 121 g 7
枷 185 g 11　柽 277 ts 6　树 207 s 12　又 209 s 2
又 211 ts 3　柔 209 dz 11　❻桂 201 g 11　桔 303 g 9
栲 181 k 5　栽 211 tz 4　桓 254 h 5　栗 313 l 2
栗 300 l 4　桡 218 dz 3　桡 182 dz 10　柴 212 ts 3
柴 171 ts 8　又 171 ts 10　桌 286 d 12　档 272 d 10
档 266 d 10　桐 265 t 8　株 204 d 3　又 203 tz 2
桥 218 g 3　桥 182 g 10　栓 167 ts 3　桧 190 g 7
桃 181 t 1　桅 200 □ 3　格 289 g 6　又 311 g 8
桩 269 tz 12　校 217 h 7　又 217 g 3　核 305 h 8
又 313 h 8　样 276 □ 11　样 235 □ 2　案 248 □ 3
案 225 □ 11　根 260 g 12　桑 269 s 9　桑 166 s 5

【车】	车 203 g 12	又 173 ts 8	❶轧 302 □ 7	❷轨 200 k 12
	军 260 g 8	❸轩 249 h 12	❹转 255 tz 6	转 168 d 12
	斩 239 tz 10	轮 261 l 5	软 255 l 4	又 255 dz 4
	软 168 n 12	轰 277 □ 12	❺轴 314 d 9	轸 258 tz 11
	轻 277 k 5	轻 257 k 12	❻载 213 tz 5	轿 219 g 5
	轿 183 g 8	较 217 g 3	较 306 g 6	❼辄 297 d 5
	輓 247 bb 9	❽辇 251 l 4	辈 192 b 4	❾辖 296 □ 2
	输 204 s 3	⓫辘 309 l 5	⓬辙 301 d 5	
【戈】	戈 180 g 5	❷戎 274 dz 11	戍 207 s 9	成 279 s 5
	成 222 tz 2	❸我 227 ng 6	我 175 gg 12	❺战 252 tz 4
	❼戚 312 tz 3	戚 291 ts 3	❽戟 311 g 9	❾戡 244 d 10
	❿截 301 tz 8	截 285 tz 8	又 291 tz 11	⓭戴 215 d 5
	戴 187 d 6	又 197 d 10		
【比】	比 198 b 4	又 196 b 2		
【瓦】	瓦 175 □ 11	❹瓮 272 □ 3	瓮 275 □ 9	又 282 □ 7
	又 267 □ 1	❻瓷 204 tz 9	瓶 258 b 6	又 247 b 4
	⓬甑 284 tz 2	⓭甓 312 p 3	甓 286 p 4,11	
【止】	止 196 tz 3	❶正 282 tz 1	正 223 tz 3	又 221 tz 8
	❷此 205 ts 12	❸步 179 b 10	❹武 205 bb 10	❺歪 214 □ 11
【支】	❿敲 215 k 12			
【日】	日 304 dz 4	❶旦 248 d 3	旦 225 d 11	旧 210 g 11
	旧 208 g 3	❷早 181 tz 5	早 172 tz 5	旭 310 h 4
	❸旱 248 h 12	旱 226 □ 6	时 195 s 4	旷 272 k 5
	旷 266 k 9	❹昔 312 s 2	昆 260 k 4	昌 274 ts 5
	明 279 bb 2	明 229 m 6	昏 260 h 4	昏 167 h 5

	❽赌 178 d 6	赎 311 s 3	赏 275 s 6	赏 234 s 8
	赐 207 s 3	赔 191 b 3	赔 185 b 12	❾赖 177 l 3
	赖 236 n 4	❿赘 192 tz 6	赛 213 s 5	⓬赞 248 tz 3
	赞 248 tz 11	赠 283 tz 12	⓭赡 240 d 5	又 243 s 4
【见】	见 252 g 6	见 232 g 4	❹规 199 g 5	❺览 239 l 7
	觉 306 g 6	觋 235 m 7	❻觊 213 k 1	⓫觑 180 l 5
【牛】	牛 210 gg 2	又 204 gg 12	❷牝 260 b 1	❹物 305 bb 11
	物 292 bb 12	又 296 m 1	❺荦 309 l 9	❻特 314 d 6
	牺 193 h 10	❼犁 191 l8	⓰犨 209 s 11	
【手】	手 210 s 3	手 210 ts 3	❻挛 254 l 8	拳 254 k 8
	拳 261 g 11	❽掌 275 tz 6	掌 268 tz 4	又 234 tz 8
	❿摹 178 bb 1	摩 227 m 2	⓭擘 311 p 11	擘 289 b 7
	⓯攀 246 p 1			
【毛】	毛 168 m 7	又 227 m 1	❺毡 249 tz 9	毡 228 tz 10
	❼毬 204 g 12	❽毯 239 t 7	毯 247 t 11	
【气】	气 197 k 3	气 201 k 9	❾氲 260 □ 8	
【攵】	❷收 209 s 6	❸改 212 g 7	改 191 g 11	❹败 214 b 4
	放 272 h 7	放 266 b 11	❺故 179 g 4	❻致 196 d 12
	敌 314 d 2	效 217 h 7	❼赦 174 s 6	教 217 g 3
	教 172 g 10	救 210 g 7	敕 312 t 7	敕 303 d 12
	敏 258 bb 11	敛 242 l 3	敢 239 g 7	敢 247 g 11
	又 220 g 7	❽散 247 s 5	又 248 s 3	散 225 s 3
	又 225 s 11	敬 281 g 11	敞 275 ts 6	敦 260 d 4
	❾数 178 s 11	又 179 s 5	又 308 s 11	❿敷 203 h 2
	⓬整 280 tz 12			

	脰217 d 9	豚261 d 4	豚261 t 4	脸242 l 8
	脸252 l 2	脬215 p 12	脬171 p 3	望273 bb 5
	望267 bb 5	脱302 t 2	❽期194 g 2	腊298 l 9
	朝217 d 11	又218 d 3	腆251 t 7	脾194 b 12
	腋313 □ 11	腔274 k 7	又269 k 12	腔268 k 1
	又234 k 3	腕255 □ 2	❾腰217 □ 12	腰182 □ 8
	腮194 ts 5	腮194 s 10	腹306 b 9	腺248 s 8
	膢260 □ 3	腾229 t 11	腿201 t 3	❿膜295 m 2
	膏182 g 5	又180 g 7	膑260 b 1	又258 b 12
	⓫膘217 b 11	膘182 b 7	滕279 d 10	⓬膨273 p 9
	膳252 s 12	⓭膻249 s 9	臆312 □ 7	臂196 b 10
	臓169 tz 12			
【欠】	欠242 k 12	❷次207 ts 6	❹欧216 □ 3	欣244 h 2
	❼欲311 □ 4	欲314 □ 7	❽款255 k 1	款225 k 2
	欺194 k 2	欹193 k 10	❾歇300 h 11	歇288 h 10
	歆243 h12	❿歌180 g 6	歌174 g 4	歉242 k 6,8
	歆236 h 3			
【风】	风269 h 4	风167 b 9	❸飑223 □1 2	❺飒296 s 6
【殳】	❺段256 d 7	段226 d 4	❻殷261 □ 3	❼殼307 k 4
	❾毁200 h 9	殿253 d 4	⓫毅189 gg 1	
【文】	文261 bb 7	❷齐185 tz 5	齐191 tz 8	❻斋211 tz 6
	❽斑246 b 1	⓬斓246 l 10		
【方】	方269 h 10	方166 h 9	又167 b 8	❹於202 □ 12
	❺施193 s 10	施196 s 9	❻旅206 l 5	旁270 b 7
	❼旌277 s 5	族309 tz 5	旋254 s 9	❿旗195 g 4

【火】	火 227 h 5	又 187 h 3	❶灭 301 bb 6	❷灰 190 h 6
	灰 204 h 6	又 184 h 10	灯 278 d 3	❸灶 181 tz 10
	又 217 tz 2	灿 248 ts 3	❹炖 260 d 4	炒 216 ts 11
	炒 172 ts 6	炊 199 ts 4	炕 266 k 8	炎 241 □ 8
	炉 178 l 1	❺炭 248 t 3	炭 225 t 11	炸 172 tz 7
	炮 217 p 3	烂 248 l 11	烂 226 n 5	❻烘 269 h 3
	烘 265 h 2	烦 254 h 10	烧 217 s 11	烧 182 s 7
	烛 310 tz 4	烛 312 tz 10	烟 250 □ 1	烟 260 h 11
	烬 259 tz,s 11	❽焮 245 h 5	焰 243 □ 5	颎 281 g 4
	❾煙 250 □ 1	煨 190 □ 6	煖 255 l 1	⓫[illegible] 311 d 5
	[illegible] 288 d 3	熨 305 □ 4	❷燎 218 l 3	燃 222 h 6
	⓭燥 181 s 11	⓰爆 308 p 4	❷爨 255 ts 9	
【斗】	斗 179 d 1	斗 216 d 12	❻料 219 l 8	❼斜 174 s 1
	又 174 ts 1	斛 307 h 7	❿斡 302 □ 2	
【灬】	❹杰 301 g 5	❺点 242 d 6	[illegible] 215 b 12	❻热 301 dz 5
	热 287 dz 8	又 303 dz 3	❼烹 277 p 1	❽煮 206 tz 5
	焦 217 tz 12	焦 171 d 4	然 250 dz 7	❾煦 206 h 6
	照 218 tz 12	照 183 tz 4	煞 299 s 6	煞 287 s 5
	煎 249 tz 10	煎 224 tz 8	❿熊 274 h 11	熊 244 h 9
	⓫熟 314 s 9	⓬燕 252 □ 6	燕 232 □ 4	
【户】	户 179 h 11	❸启 186 k 6	❹所 178 s 8	房 270 b 10
	房 265 b 6	❺扁 251 b 7	扁 231 b 4	扃 277 g 9
	❻扇 232 s 2			
【礻】	❶礼 186 l 6	❷祁 195 g 1	❸祀 214 ts 9	祀 214 s 9
	❹视 198 s 3	祈 195 g 6	❺祖 178 tz 6	神 258 s 2

	祚 179 tz 10	祢 231 dz 6	祠 204 s 10	❻祥 275 dz 3
	❼祸 182 h 2	祸 189 □ 4	祲 244 ts 1	❽禅 250 s 7
	❾福 308 h 8	⓬禧 194 h 2		
【心】	心 244 s 1	❶必 303 b 7	❸志 197 tz 2	忘 270 bb 10
	忒 312 t 5	忍 262 l 8	忍 244 dz 12	❹态 213 t 5
	忠 273 d 11	念 243 l 9	忿 262 h 7	忽 304 h 12
	❺思 207 s 6	又 203 s 10	怎 225 tz 9	又 235 tz 11
	怨 256 □ 3	急 298 g 11	总 271 tz 3	总 266 tz 6
	怒 228 n 2	怠 214 d 2	❻恚 202 h 3	恐 275 k 4
	恶 179 □ 4	又 309 □ 1	恶 287 □ 11	虑 208 l 11
	恩 260 □ 12	恁 259 dz 3	息 304 s 1	又 312 s 8
	恋 256 l 12	又 254 l 7	恣 207 tz 4	恳 262 k 11
	❼悬 237 h 10	患 256 h 9	您 259 l 3	悉 303 s 7
	❽惠 203 h 1	惹 174 dz 4	又 186 dz 9	悲 193 b 12
	惫 214 b 5	❾想 275 s 7	想 235 s 4	感 239 g 6
	愚 205 gg 5	愁 209 ts 11	愆 249 k 9	愈 206 dz 6
	意 197 □ 2	慈 204 tz 10	愍 251 bb 12	❿愿 257 gg 2
	慁 263 h 11	⓫慧 203 h 1	慼 312 ts 3	慼 291 ts 3
	憖 264 gg 7	慾 311 □ 4	憨 238 h 9	⓲懿 196 □ 12
	㉑戆 272 gg 12			
【示】	示 198 s3	❺祟 201 s 7	❻票 219 p 2	票 183 p 7
	❼祭 187 tz 8	❽禁 245 g 1	禀 259 b 3	⓫禦 208 gg 12
【石】	石 313 s 10	石 289 tz 1	❸矼 306 gg 4	又 304 gg 12
	矾 254 h 10	矿 272 g 1	矿 225 g 7	码 220 m 9
	码 186 bb 12	❹研 251 gg 9	研 281 gg 9	砖 254 tz 2

	❹界 213 g 7	❺留 209 l 11	留 216 l 9	畜 310 h 2
	畜 310 t 2	畔 256 b 7	❻畦 185 h 6	略 311 l 5
	略 288 l 11	❼番 254 h 4	❿畿 194 g 4	⓫疃 255 t 1
【罒】	❸罗 180 l 11	❹罚 302 h 12	❺罡 269 g 9	罢 173 b 3
	❽署 208 s 11	置 197 d 2	罪 193 tz 3	罩 172 d 10
	⓬羁 196 g 11	罾 246 tz 6		
【皿】	皿 280 bb 9	❸盂 204 □ 7	❹盃 190 b 6	盆 261 p 4
	盈 279 □ 6	❺盏 247 tz 7	盏 225 tz 4	盐 241 □ 9
	盍 297 □ 2	又 296 k 7	监 238 g 11	又 240 g 4
	监 219 g 12	盎 276 □ 4	盌 255 □ 1	益 312 □ 2
	益 310 □ 8	❻盛 283 s 6	盘 254 p 5	盘 224 b 9
	盒 297 □ 1	盗 182 d 5	盖 213 g 3	又 296 k 7
	盖 240 k 2	又 176 g 7	❽盟 279 bb 2	⓬盪 272 t 6
	盪 169 t 4			
【钅】	❷针 241 tz 6	又 243 tz 12	钉 282 d 3	❸釦 179 k 8
	钏 256 ts 1	钓 219 d 3	钓 183 d 6	钗 211 ts 7
	钝 263 d 11	钞 217 ts 3	钢 169 g 4	钤 241 k 8
	钦 243 k 12	钩 261 g 2	钩 177 g 11	钩 216 g 3
	钫 269 h 1	钮 210 l 3	❺钱 250 tz 8	钱 230 tz,□ 2
	钳 241 k 8	钳 230 k 5	钵 302 b 2	钵 287 b 3
	钹 287 b 6	钻 255 tz 9	钻 169 tz 6	钼 177 tz 8
	铣 228 s 6	铁 300 t 12	铁 292 t 6	铃 279 l 8
	铄 308 s 1	铅 250 □ 10	铇 217 b 7	铎 309 d 12
	❻铙 237 n 7	铛 277 t 1	铜 265 d 8	铢 204 t 3
	又 204 s 7	又 203 tz 2	铣 251 s 7	铳 271 t 5

【白】	白 313 b 7	白 290 b 3	❶百 311 b 8	百 285 b 2
	❷皂 182 tz 6	❸的 312 d 3	❹皇 270 h 8	皆 211 g 6
	❼皓 182 h 6			
【瓜】	瓜 174 g 1	瓜 191 g 2	⓫瓢 182 p 11	⓮瓣 249 b 2
【用】	用 276 □ 9	用 284 □ 5	❶甪 305 l 7	
【鸟】	鸟 238 n 6	❷鸠 209 k 7	鸡 184 g 2	鸡 190 g 12
	❸鸢 249 □ 11	❹鸥 209 □ 10	鸦 171 □ 7	鸩 245 t 1
	❺莺 277 □ 11	鸭 296 □ 8	鸭 284 □ 9	鸯 274 □ 5
	鸯 234 □ 2	鸱 193 ts 12	又 193 d 12	❻鸽 296 g 6
	❼鹂 186 l 4	鹄 308 gg 9	鹅 180 gg 11	❽鹊 310 ts 10
	鹌 241 □ 4	鹌 250 □ 5	又 246 □ 4	鹏 279 p 10
	❾鹚 194 s 3	又 204 tz 10	❿鹤 309 h 11	鹤 288 h 4
	⓫鹦 277 □ 11	⓭鹰 278 □ 1		
【疒】	❷疗 218 l 7	又 219 l 5	❸疝 248 s 5	❹疥 213 g 7
	疥 192 g 9	疮 166 ts 8	疫 314 □ 1	疢 245 t 4
	疤 171 b 2	❺疳 238 g 9	病 283 b 2	病 232 b 8
	疸 247 t 5	疾 304 tz 5	痈 278 □ 5	疼 270 d 5
	疼 267 t 2	疴 204 g 3	疱 217 p 8	疱 173 p 4
	痂 171 g 7	痂 184 k 5	疲 194 p 11	❻痔 198 d 9
	疵 204 ts 8	痍 219 t 5	痎 216 g 11	痎 172 g 6
	痕 261 h 9	❼痘 180 d 2	痘 217 d 9	痞 196 p 1
	痢 198 l 3	痛 272 t 3	痛 223 t 7	痠 253 s 11
	痠 167 s 1	❽痲 220 m 6	又 171 m 9	痺 197 b 1
	痴 194 ts 2	瘀 203 □ 12	痰 239 t 2	❾瘟 260 □ 4
	瘦 179 s 3	瘦 248 s 2	瘥 180 tz 12	又 213 ts 8

【聿】	聿 304 □ 7	❹肃 310 s 3	❼肆 233 □ 7	
【母】	母 206 bb 9	又 181 bb 7	❷每 233 m 10	❹毒 309 d 8
	毒 307 d 10			
【疋】	❼疏 177 s 8	❾疐 196 t 12	疑 195 gg 4	
【皮】	皮 194 p 11	皮 186 p 2	皮 186 p 4	❺皰 217 p 8
	皰 173 p 4			
【矛】	矛 237 m 7	❹矜 244 k 3		
【耒】	❹耕 277 g 11	耕 228 g 7	耙 172 b 12	耙 189 b 8
	❽耦 227 ng 9	❿耨 228 n 3		
【老】	老 216 l 10	又 181 l 5	老 217 l 6	考 181 k 5
	❹耆 195 g 1			
【耳】	耳 196 dz 3	耳 231 dz,n 7	❹耻 196 t 3	耸 275 ts 12
	耸 282 ts 11	耿 280 g 11	耽 238 d 8	聂 297 l 5
	❺聋 265 l 8	职 303 tz 12	❻联 250 l 7	❼聘 282 p 3
	❽聚 209 tz 3	❾聪 265 ts 2	⓰聽 282 t 3	聽 221 t 10
【臣】	❷卧 182 gg 1			
【西】	西 184 s 2	西 211 s 8	❸要 219 □ 1	要 290 bb 2
	❻覃 239 t 1	覃 244 tz 8	⓬覆 306 p 9	
【页】	❷顶 281 d 3	顷 281 k 2	❸预 245 h 12	项 267 h 4
	顺 264 s 2	须 204 s 4	❹顽 254 gg 6	顾 179 g 4
	顿 263 d 3	顿 169 d 11	颁 246 b 1	颂 276 s 9
	❺领 280 l 12	领 222 n 7	颇 181 p 3	颈 283 g 10
	❻颊 297 g 7	颍 281 □ 2	颏 212 h1	颏 215 h 1
	❼颓 191 d 3	颔 240 □ 9	❾题 185 d 5	题 191 d 8
	颙 274 gg 9	颙 203 s 11	又 211 s 4	颜 246 gg 9

	额 313 gg 5	额 26 h 9	❿颞 298 dz 4	颠 250 d 1
	⓫额 215 gg 9	⓭颤 292 s 8		
【虍】	❷虎 178 h 6	❸虐 311 gg 5	❹虔 250 k 7	❺虚 203 h 12
	❾虢 311 k 10			
【虫】	虫 274 t 11	虫 265 t 9	❷虬 210 g 1	虱 313 s 1
	虱 299 s 10	❸虹 284 k 3	虾 171 h 7	虾 185 h 11
	蚤 213 s 6	蚁 195 gg 11	蚁 174 h 12	蚤 216 tz 10
	❹蚕 239 ts 1	蚕 247 ts 2	蚊 262 bb 9	蚊 266 bb 7
	❺蚶 238 h 9	萤 279 □ 9	蛇 173 s 12	蛇 175 tz 8
	蛀 210 tz 10	蛋 248 d 3	又 248 d 12	蛏 246 t 7
	❻蛙 175 □ 7	蛩 274 k 1	蛰 304 d 10	蛲 218 gg 9
	蛲 182 gg 10	蛾 296 ng 5	蛛 204 d 3	又 203 d 2
	蜓 228 □ 9	蛮 246 bb 10	❼蜃 258 s 11	蜀 311 sl
	蜂 269 h 6	蜂 265 p 5	蜣 274 k 3	❽蜻 277 ts 8
	蜞 195 k 4	蜡 297 l 9	蜡 285 l 3	蝇 258 s 7
	蝉 250 s 7	蜜 304 bb 5	❾蝶 298 d 7	蝶 286 □ 8
	蝘 251 □ 6	蝎 300 gg 11	蝥 237 m 7,9	蝨 216tz 10
	❿蟒 271 bb 10	融 274 h 12	⓫螺 180 l 10	螺 185 l 7,8
	⓬蟫 252 tz 3	蟳 244 s 7	蟳 244 tz 7	⓭蟾 241 s 8
	蟹 214 h 7	⓮蠔 181 □ 1	蠔 181 h 1	⓯蠢 262 ts 5
	又 262 ts 5			
【缶】	缶 179 h 2	❹缺 302 k 8	缺 289 k 12	又 292 k 7
	⓱罐 255 g 9			
【舌】	舌 301 s 5	舌 292 tz 10	❺甜 241 t 11	甜 229 d 2
	⓭䑙 233 tz 2			

部首				
【竹】	竹 310 d 2	竹 312 d 9	❸笃 308 d 9	❹笔 303 b 6
	笑 219 ts 1	笑 183 ts 5	笄 262 s 6	笐 169 □ 2
	❺笺 250 tz 1	笨 263 b 12	笼 270 l 2	笼 266 l 6
	笪 223 ts 1	笛 314 d 2	符 204 h 7	笴 179 g 1
	笠 298 l 3	笠 291 l 12	笥 207 s 6	第 188 dl 2
	❻筐 278 k 7	等 281 d 5	等 248 d 1	筑 310 d 2
	策 311 ts 11	筛 211 t 11	答 296 d 6	筋 261 g 3
	❼筹 209 d 11	筯 208 d 2	简 247 g 7	简 281 g 8
	❽箦 289 d 7	箧 297 g 7	箧 291 k 8	箸 198 d 12
	箍 177 k 7	算 255 s 10	算 169 s 7	箇 181 g 9
	箇 185 gg 10	箩 175 l 10	箠 186 ts 1	管 255 g 1
	管 272 g 2	又 168 g 10	❾箱 274 s 6	箱 234 s 1
	範 257 h 7	箴 244 tz 4	箭 252 tz 5	箭 232 tz 3
	篇 249 p 10	篇 228 p 11	篆 257 d 4	❿篮 239 l 2
	篡 255 ts 11	篷 265 p 8	⓫篲 202 h 12	篾 292 bb 11
	簇 308 ts 7	⓬簟 243 d 8	簪 238 tz 8	又 241 tz 7
	又 241 tz 4	又 244 tz 5	⓭簸 181 b 8	簸 176 b 4
	簿 179 p 11	⓮籍 313 tz 11	纂 255 ts 10	籤 241 ts 2
【臼】	臼 211 g 1	臼 208 k 4	❹舀 234 □ 10	❺舂 24 tz 1
	舂 278 tz 5	❼舅 208 g 4		
【自】	自 208 tz 5	❹臬 301 gg 8	臭 210 ts 7	又 217 ts 5
【血】	血 301 h 1	血 293 h 4	又 291 h 9	❺衅 259 h 6
【舟】	舟 209 tz 6	❹舰 240 l 12	舱 269 ts 9	舱 166 ts 5
	般 253 b 11	般 224 b 4	航 270 h 7	❺船 254 s 8
	船 261 tz 11	舵 182 d 4	舵 176 d 12	❻艇 281 t 3

	❼艄 217 s 3			
【衣】	衣 194 □ 4	❷表 218 b 9	表 183 b 2	❹衰 190 s 8
	衷 273 t 11	❺袭 299 s 3	袋 214 d 1	❻裁 212 ts 1
	又 212 tz 1	裂 292 l 10	裒 178 b 4	装 166 tz 8
	❽製 187 tz 7	❾褒 180 b 7		
【羊】	羊 275 □ 3	羊 234 □ 6	❷羌 274 g 5	❸美 196 bb 1
	养 276 □ 12	又 275 □ 7	养 234 □ 9	❹羞 209 s 7
	羞 209 ts 7	羓 171 b 2	❻羡 257 s 1	❼群 261 g 4
	群 264 g 5	❿羲 193 h 10		
【米】	米 196 bb 6	❷籴 286 d 11	❹粉 262 h 7	❺粗 177 ts 7
	粜 219 t 3	粜 183 t 6	粕 309 p 1	又 312 p 11
	粕 287 b 11	粒 299 l 2	粒 298 l 3	❻粪 263 h 7
	粪 263 b 7	粟 313 ts 3	又 310 ts 4	粟 310 s 5
	粥 310 tz 2	❽精 277 tz 5	精 221 tz 9	又 228 tz 8
	粿 187 g 3	粽 272 tz 3	粽 267 tz 1	糁 239 s 6
	❾糊 178 k 1	又 178 g 1	糍 195 tz 5	糈 204 s 2
	❿糖 270 t 7	糖 167 t 10	⓫糟 180 tz 7	糟 215 tz 11
	糜 194 bb 11	糜 186 bb 5	糜 186 bb 4	
【艮】	艮 263 g 10	❶良 275 l 2		
【羽】	羽 206 □ 6	又 205 □ 10	❹翅 196 ts 9	又 196 t 9
	翁 269 □ 3	翁 265 □ 2	扇 252 s 4	❻翊 192 □ 3
	翕 298 h 11	❽翠 201 ts 7	❿翰 248 h 3	翱 180 g 7
	⓬翻 254 h 4			
【糸】	❹素 179 s 4	索 312 s 11	又 30 s 1	索 287 s 11
	紧 258 g 12	紊 264 bb 3	❺累 202 l 2	❻絮 301 h 8

紫 195 tz 12　絮 207 s 10　⓫繁 254 h 10　⓬緊 194 □ 7
⓭繄 188 h 12

【麦】 麦 313 bb 8　麦 290 bb 4　又 290 bb 12　❸麸 176 p 10
❽麴 310 k 2　麴 306 k 9　❾麵 253 bb 4　麵 232 m 12

【走】 走 179 tz 1　走 216 tz 12　❷赴 206 h 12　赵 183 d 9
❸赶 247 g 5　赶 225 g 3　起 196 k 3　❺趁 259 t 6
趁 247 t 10　又 248 t 9　趋 204 ts 4　❻趑 294 ts 11
❽趣 207 ts 10

【赤】 赤 286 ts 2　❹赧 247 l 6　❼赫 311 h 8

【豆】 豆 180 d 2　豆 217 d 9　❹豉 233 s 5　豉 230 s 10
❺登 278 d 3　❿豏 221 □ 2

【酉】 酉 210 □ 4　❶酋 209 s 12　❸酌 310 tz 9　配 192 p 4
配 188 p 3　❺酣 238 h 4　酥 177 s 7　❻酱 276 tz 3
酱 234 tz 12　酬 209 s 11　❼酵 220 g 12　酷 308 k 9
酸 253 s 11　酸 167 s 1　❽醋 179 ts 4　醉 201 tz 7
醅 191 b 3　❾醒 281 s 3　醒 231 ts 2　醜 210 ts 3
⓬醮 183 tz 5　⓭醢 184 h 2

【辰】 辰 258 s 2　❸辱 311 dz 3　唇 261 d 5

【豕】 ❼豪 181 h 1　❾豫 208 □ 11

【卤】 卤 179 l 11　又 178 l 6　❾鹹 239 h 3　鹹 242 g 1

【里】 里 196 l 3　❷厘 195 l 4　重 274 d 9　又 276 d 8
重 280 d 2　又 267 d 10　❹野 174 □ 5　❺量 235 n 1

【足】 足 310 tz 5　❺跖 312 tz 1　跛 181 p 3　❻跬 287 h 10
跫 274 k 4　跨 176 k 3　跻 217 k 12　跳 219 t 4
路 179 l 10　跪 202 g 4　跻 184 tz 2　跟 260 g 12

【齿】	齿 196 ts 3	齿 196 k 3	❷啮 300 gg 12	❹龂 262 gg 3
	❼龊 310 ts 6	龊 308 ts 11	❾龉 gg 4	
【黾】	黾 258 bb 12			
【隹】	隻 286 tz 2	❸雀 310 ts 10	❹集 299 tz 3	雁 249 gg 1
	雄 274 h 11	雄 258 h 10	又 280 □ 1	雅 171 ng 12
	❺雉 198 d 5	雍 273 □ 11	❽雕 218 d 1	
【金】	金 243 g 12	❹鉴 240 g 4	❻銎 278 k 6	銮 254 l 5
	❼錾 240 tz 8	⓫鏖 180 □ 7		
【鱼】	鱼 205 h 3	鱼 195 h 10	❹鲁 178 l 6	鲍 216 b 1
	鲎 217 h 9	❻鲑 185 g 6	鲑 191 g 7	鲛 215 g 12
	鲛 171 g 3	鲱 218 t 5	鲜 251 s 5	又 249 s 10
	鲜 228 ts 11	鲞 275 s 7	❼鲠 230 g 11	又 228 g 5
	鲤 196 l 3	鲨 175 s 2	鲫 312 tz 8	鲫 304 tz 1
	❽鲰 177 tz 11	鲹 269 tz 3	❿鳏 254 g 1	⓫鳗 246 bb 11
	鳗 224 m 9	⓬鳖 300 b 9	鳖 292 b 5	鳝 252 s 12
	鳞 258 l 2	鳞 247 l 1	鳟 169 tz 11	
【革】	革 311 g 11	❷勒 314 l 6	❹靴 173 h 10	靳 259 g 1
	❺鞅 276 □ 3	❻鞋 212 h 3	鞋 191 □ 6	鞍 245 □ 12
	鞍 224 □ 5	❼鞘 183 s 5	❽鞟 308 g 12	❾鞦 209 ts 7
	鞭 249 b 10			
【骨】	骨 304 g 12	❹骰 178 d 4	骰 216 d 8	⓬髓 200 ts 10
	髓 187 ts 2			
【鬼】	鬼 201 g 2	❹魂 261 h 4	魁 190 k 6	❽魏 202 gg 7
【食】	食 312 s 7	又 304 s 9	食 287 tz 2	❼餐 245 ts 12
	❽饕 222 tz 11			

PHONETICS AND PHONOLOGY OF THE AMOY DIALECT

ENGLISH SUMMARY

The Dialect of Amoy is one of the most important among Chinese dialect groups. Taken in a wider sense, it may be considered to cover the region from Southern Fukien, to Ch'ao Chou(潮州) and Swatow(汕头), Hainan(琼崖), Taiwan, the Philippine Islands, Singapore, and others parts of the South Seas, in so far as Chinese is spoken there. The population speaking it is estimated at about twelve to fifteen million. It goes without saying that in such a vast linguistic area as this, some variations are become to exist among the different parts of this region. But the speech of Amoy and Kulangsu(鼓浪屿) may be taken as the comparatively most prevailing variety, and the scope of the present study will be confined for the time being to the Amoy Dialect in this narrower sense. For the sake of brevity, we shall simply call this the Amoy Dialect, while the whole dialect group in the wider sense will be known as the Hoklo Speech(福佬话).

The study of the Dialect of Amoy was initiated by foreign missionaries. First of all, Medhurst, in his *Dictionary of the Hokkien Dialect*(《福建方言字典》), for the first time collected the native sounds of Chang Chou(漳州). But he based his work mainly upon the common native phonological book of Chang Chou(漳州), "Sip-ngo-im" (i.e. Shih wu yin 十五音). Consequently, the main part of his material contains rather the literal pronunciation of Chinese characters than the vernacular sounds. He did put in some of the speech pronunciation of Chang Chou(漳州) or Chang P'u(漳浦), but they are, as Douglas remarks[①], far from being exact. The first dictionary which was based upon actual living speech was *the Chinese English Dictionary of the Vernacular or Spoken Language of Amoy*(《厦门白话字典》), by Carstairs Douglas. This book was written in 1873 and published in 1899. According to its preface, the author arrived at Amoy in 1855. At first he only copied for his own use from the manuscript of J. Lloyd's *Vocabulary of the Vernacular of Amoy*(《厦门词汇》), and made some additions according to *the Manuals of the Vernacular of Amoy*(《厦门话课本》) prepared by Doty and Macgown. Afterwards, he also made use of the manuscript of Alexander Stronach's *Dictionary of the Vernacular of Amoy*(《厦门话字典》) and various native phonological works, such as "Sip-Ngo-Im" (i.e. the Shih Wu Yin 十五音), and published the dictionary after rearrangement and enlargement to meet the needs of the church. Since its publication, Thomas Barclay[②] and then R. G.[③] made some supplements to it. Finally, in 1913 W. Campbell, making use of all the materials available at the time, compiled a new dictionary bearing the title of *A Dictionary of the Amoy Vernacular*(《厦门音新字典》). At present day, these two dictionaries are of course the most important ones for the study of the Amoy dialect. But as Douglas's dictionary has only English explanations, but no Chinese equivalents, whereas Campbell's has

---

① cf. Douglas: preface of the *Dictionary of the Vernacular or Spoken Language of Amoy*.

② *Supplement to the Dictionary of the Vernacular or Spoken Language of Amoy*, 1923.

③ "A Few Petty Additions to Dr. Douglas' Dictionary" *China Review*, Ⅶ, pp. 274-276.

only Chinese equivalents but no English explanations, neither will be quite complete without the other and the most useful way of using them would be to combine the two so that one could supplement the other.

On the part of Chineses cholars, an institute for the study of the Dialect of Amoy under the name"Hagusia"(厦语社) was established in about 1920 by Dr. Chiu Bien Ming(周辨明), Mr. Shao Ch'ing Yuan(邵庆元), among others. Their purpose was "to propagate the use of a practical system of alphabetic writing for Hagu(i.e., the Amoy Vernacular with its kindred dialects)", and "by means of this medium of writing to promote the increase of knowledge and education among the Hagu-speaking people-an initial and necessary step in the movement for universal education". They improved the old system of Romanization which had been and was being used by the missionaries for notating the sounds of the Amoy Dialect. They also published some pamphlets, the "*Hagu Jipp-buun*"①(《厦语入门》i.e., introduction to the study of the Vernacular of Amoy), the "*Oel-seng Kangr-hool*"(《卫生讲话》i.e., Remarks on Health), the "*Hagu Ter-phi^n e Siaur-soat*"(《厦语短篇小说》i.e., short Stories in the Vernacular of Amoy), and one periodical, "*the Tsilamtsiam*"(《指南针》i.e., the compass). Beside these, an attempt to invent a certain system of Chinese signs for the notation of the Amoy Dialect without resorting to Roman Characters has also been made by Mr. Lu Kung Chang(卢戆章). His system is embodied in his "中华新字漳泉语通俗教科书"②(A Common Textbook of the Vernacular of Chang Chou and Ch'üan Chou written in New Characters). He invented a system of simple

① The Roman Characters used here as well as in the following are according to the system of Romanization of the Hagusia.

② Published in 1916.

Chinese letters similar to the western alphabets to spell the native sounds of Amoy and called them "seng"(僧 monk, i.e. the finals with -m -n -ŋ) "ni" (尼 nun, i.e. the final m̩ ŋ̍) sounds, and "Fu"(夫 husband, i.e. the vowels and diphtongs) "ch'i"(妻 wife, i.e. the nasalized vowels) sounds. This may also be regarded as an exotic line in the history of the study of the Dialect of Amoy.

It will perhaps not be cut of place to state why a person like myself, not a native of Amoy, should undertake the present work in this field in the fifty-seven years after the appearance of the dictionary of the vernacular of Amoy. In the first place, though the above stated foreign missionaries worked out a system of *classification* of the sounds of Amoy, yet if we look for the exact phonetic *values* of the initials, the finals, and the tones, or for the particular changes of one and the same phoneme in different connections, we are at a loss to find any adequate answer from their results. For instance, for the initial sound of the class 查、斋、遭、租、珠, both Barclay and Campbell have "ts-", and for that of the class 支、占、招、真、章, they have "ch-". But, for the aspirated sounds of both "ts-" and "ch-" classes, such as 差、材、操、初、枢, and 车、千、亲 etc., they have in both cases "chh". Here the question arises: does the rule that dental affricatives when palatalized become complete palatals apply only to unaspirated sounds, or is it simply due to their unintentional inconsistency? Again, for the finals of words like 边、篇、颠、天 etc., Barclay has "-ien", while Campbell has "-ian". Is the principal vowel in such finals [e] or [a], or something between the two, that is to say, [ɛ] or [æ]? If we take it to be "a" which seems more probable, still another question arises: is this "a" the front [a] or the back [ɑ], or the middle [ᴀ]? Answers to such questions and the like are not to be found in their works. In fact, their works, may be regarded as being of the nature of *phonological study* rather than *phonetic study*, they serve only as reference books for distinguishing the *classes* of sounds, and not as a basis for analysing their *values*.

In the second place, the Hoklo Speech is not only a dialect group covering a very large area of the country, it is also of great value for the study of the ancient sounds of China. For instance, the absence of labio-dental (轻唇) sounds and the failure of the initials 知、彻、澄, to become affricates may be considered a living testimony to the theory of Ch'ien ta Hsin (钱大昕 1728—1805) of the Ch'ing (清) dynasty, that the sounds in question were bilabials and pure dentals. Furthermore, the final sounds -m of the spoken sound of the character "熊", by virtue of the principal vowel [y] changing into [i], is still preserved nowadays; and from the colloquial pronunciation of the characters 骑、寄、崎、蚁, etc., we can find some clue to the ancient sounds of the rime 支. For such historical phonological researches, certainly we can not get any light from the works of the former missionaries. As to the ancient sounds of China, the work of Bernhard Karlgren is certainly of great importance. It is therefore all the more pity that among the twenty-six dialects which he compiled in his *Dictionary of Chinese Dialects* (《方音字典》), he only included the dialect of Swatow and not of Amoy as well. It seems therefore still worth while now to take up the work of comparing this Dialect with the sound system of the Ch'ieh Yün (切韵), with a view to get some clue to the sounds of archaic Chinese from their relation to each other. There then are the motives which have led me to undertake the present study.

Although I lived in Amoy for about eight months, from the Autumn of 1926 to the Spring of 1927, my memory of the sounds I heard during that period have gradually faded away, and it would be difficult for me to recall everything quite accurately now. Therefore, a large part of the present work is based upon a new set of recording, taken from the spoken sounds of Mr. L. K. Lin. Mr. Lin was born in Amoy and lived there for more than twenty years though he speaks Mandarin fluently, yet before his arrival at Peiping last Autumn, he had never had any other liguistic environment than that of Amoy. Therefore I believe that his spoken sounds are thoroughly reliable as a model. I prepared two type-lists of single characters one for the "sustained tones"(舒声) one for the "abrupt tones"(促声)①, taking the Chinese characters in Barclay's *Dictionary of the Vernacular of Amoy*(《厦门话字典补编》) as a basis, and supplemented with *the Dictionary of the Amoy Vernacular* by Campbell and with Shih Wu Yin(十五音). Then Mr. Lin read them over and I recorded the sound value of each class in the International Phonetic Alphabet. At the same time, those characters which did not seem to correspond to any words actually used in the Amoy Dialect were struck out. The system of sound classes and sound values of the initials and finals in the present work are the results of induction from the materials of these two lists. In studying the tones, I availed myself of the tabular forms which Dr. Y. R. Chao had prepared during last Winter in his research of the Canton dialect, only changing those parts which do not suit the Dialect of Amoy. The story text used for the study of Particles, "The North Wind and the Sun"(北风跟太阳), has been composed anew by Mr. Lin with the words and expressions of pure Amoy Speech. As to the process of recording, apart from the direct

① In Chinese prosody, the traditional four tones were divided into 平(even) and 仄(oblique), which include 上(rising), 去(going), and 入(entering). It is, however, more convenient for phonetic purposes to group the first three tones together, as opposed to the last tone, and in discussing this point with Dr. Y. R. Chao, we proposed to call the two new classes of tones 舒声(sustained, or easy-going tones) and 促声(abrupt tones). They correspond to the 1st, 5th; 2nd, 6th; 3rd, 7th on the one hand and the 4th, 8th tones on the other, in the Amoy system of tone enumoration.

recording described above, those aspects which were considered to be essential to the study of the Dialect of Amoy, such as the values of tones of single characters, the changes of tones in combinations, the tones of words in a connected story, etc. studied by having the material recorded into dictaphone twice, which was then investigated and average result was taken.

The first part of this monograph is a Phonetic study of the Dialect of Amoy. On the basis of Mr. Lin's pronunciation I conclude that in the Dialect of Amoy there are twenty initials, fifty-seven finals, and seven tones. Their sound values are represented, with what I feel to be comparatively reliable transcriptions, in the list of initials on page 13, the list of finals on page 17, the table of the positions of articulation of the consonants and vowels on page 16 and 21, and the musical notation of tones on pages 25—28. Assimilation and Absorption of the consonants (see pp. 22, 23) as well as enclitics and the changes of tones in combination (see pp. 28—34) are also discussed at some length in this chapter.

The second part is a phonological study of the Dialect of Amoy. In the study of a dialect, if we are concerned only with the classes of sounds (their exact value having already been determined in the first part of the study), it will sufficient now to use a simplified system of notation by using mostly the letters of the ordinary Latin alphabet. For this purpose, I have compared the system of Medhurst, Doty, Douglas, Campbell, and Chou Bien Ming, and applied the principle of the National Romanzation in devising a system of practical romanization in which practically all diacritical marks are dispensed with and tones are indicated simply by alteration of the letters themselves. A complete list of the sound elements is given on pp. 36—39; for the rules of pronunciation see pp. 39—41. All the sounds which may be produced by the various combinations of these initials and finals are contained in the syllabaries on tables 2 and 3.

The third and the fourth parts are concerned with a comparative study of the Dialect of Amoy with historical phonology. The material of the third part consists of a native phonological handbook of Chang P'u(漳浦) under the title of Shih Wu Yin(十五音), published more than one hundred years ago. The difference between the classification of sounds in this book and the modern Dialect of Amoy are all represented in "the table of comparison of Amoy initials with the fifteen sounds" on p.69, and in "the table of comparison of Amoy finals with the fifty elementary characters" on pp. 72 and 74. From this study we can also see more or less the difference between the vernacular sounds on the sea coast and those of inner parts of southern Fukien. The material of the fourth part is Kuang Yün(广韵)—the golden treasury of sources for the study of Ancient Chinese. The comparative study of this part, of course, is much more complicated than the third part. All the results we have obtained so far are arranged in tables six to fourteen. A complete view of the differences and similarities between the Kuang Yün(广韵) and the Dialect of Amoy may be had by examining these tables.

The fifth part contains a few examples of practical transcription. There are one story and four pieces of local songs. The transcription used in this part is an average between broad and narrow transcriptions. In addition to the transcription in the International Phonetic Alphabet, the sound classes are also given with the dialectal Romanzation in parallel text. Dr. Y. R. Chao has been kind enough to prepare the musical notes for the tones and the rhythms of those local songs, which will enable one to reconstruct the only singsong manner to recitation.

The last part, the table of the comparison of the sounds of Amoy with the Shih Wu Yin(十五音) and the Kuang Yün(广韵), is a summary of the two preceeding parts. The words contained in this table are those from the list of words which I prepared with the Shih Wu Yin(十五音) and the dictionaries of Barclay and of Campbell as a basis. It contains, with the exception of rare words, one or two representive characters from each class of initials, finals, and from each kind of medial(including no medial as a special case). The study of sound being the main purpose of the present work, our attention is directed more to the completeness of the classification of sounds than to the richness of vocabulary. As for the method of reading the tables and the special marks used in those tables, explanations are to be found in pp. 164, 165.

For the completion of this monograph, My indebtedness to Mr. L. K. Lin is of course more than I can adequately express. He has not only been most generous with his time, but has also given me freely valuable information concerning general aspects of the dialect. I am also very grateful to my assistant Mr. Liu Wên Chin(刘文锦). Mr. Liu has painstakingly helped me a good deal in the comparative study of the historical phonological part. Therefore, if this small work should prove to be some contribution to the linguistic world, it is all the gift of their cooperation. As to errors and omissions on the author's part, he sincerely wishes that scholars in this line will kindly point them out and correct them.

Peiping, April 30, 1931,

Lo Ch'ang-p'ei.

临川音系

编印说明

《临川音系》,中央研究院历史语言研究所单刊甲种之十七,1940 年商务印书馆出版,1947 年商务印书馆再版,1958 年北京科学出版社新版。本书编校据 1958 年科学出版社新版,《自序》据 1940 年原版。《临川音序跋》,1942 年发表于重庆《图书月刊》2 卷 2 期,本书作为附录载于书末。本书的《叙论》,曾单独抽出修订发表,后收入《语言与文化》附录。本书由尉迟治平编校。本书新版由刘纶鑫编校。

再版序言

这本专刊出版已经15年了。现在为供应全国方言调查的需要把它重印,照我看还有几点值得参考的地方:

(一)调查一种语言或方言,是跟说这种语言或方言的人的历史分不开的。这本书一起头儿先应用史传、族谱和地方志的记载,找出客家几次迁徙的路线跟江西的关系,再从语音的特点,比较临川话和客家话的共同性与个别性。这样两方面互相参证,就可以把"客、赣"方言的亲属关系联系起来,在过去方言研究的著作中还算是一个典型。

(二)分析单字调和联词调的时候,靠浪纹计的实验来辅助耳听的不足,从现代实验语音学的水平来说,固然是很初步的;可是就15年前的情况来说,还算是一种比较科学的方法,对于教学示例上还有相当的帮助。

(三)书中所列"临川韵镜"、"临川同音字汇"、"临川声类和《广韵》声类比较表"、"临川韵类和《广韵》韵类比较表"等,采取化整为零、分片分段的列表方法,既便于印刷,也便于阅读,比起《厦门音系》里的几个大表来,方便多了。

(四)客赣方言也跟闽语一样,读书音和说话音是有显著分别的。"临川同音字汇"里,不单有专为说话音设立的"猪、鱼、更、横、萤、挖、白、壁"8个话音韵部,另外还可以根据调查的材料,归纳成7种文、白不同的型式。这对于展开客赣方言调查的时候,有不少启发的作用。

(五)分析方言的语音特点,并且找出每个方音和普通话的对应规律,是研究方言的主要目标之一。这本书里比较了临川音和北京音的异同,列出了简明的声类、韵类、调类的比较表,本地人根据这个条理来扩充,就可以编成一本"临川人怎样学习普通话"。江西别个地方的人应用这种方法,来研究自己的方言跟普通话的异同,也可以更快、更好地学会了普通话。

(六)过去出版的几部研究方言的书,大部分偏重语音,而忽略了词汇。这本书的第五章,列举了22类临川话跟普通话相差较多的特殊词汇,除了标注语音之外,还尽可能地附了一些解释。其中,像考证田鸡叫"石蛤"、大姑叫"贺姑"、厨子叫"馔夫"、窗户叫"槺门"……都还算是"怡然理顺",不至于穿凿附会,多少矫正一些专顾追求本字、不管音理的不科学的作风。

以上六点,是我现在重印这本专刊的意义。至于书里所引的人名、书名以及观点、方法,几乎全照15年前的情况,没有大加改动。读者们发现原书本身的错误,希望多加批评、指正!

罗常培　1956.3.1,北京。

自　序

这本专刊是综合三部分材料写成的：

(1)1933 年 7 月我在青岛所记游国恩先生的读音；

(2)1934 年 11 月我在北京所记黄森梁先生的读音；

(3)1935 年 5 月赵元任先生在江西调查方言时所灌的音档。

我还记得，我所以要记录这种方言的动机是由认识游国恩先生引起的。当 1933 年夏我从上海到青岛初次遇见游先生的时候，刚一请教他的"贵处"，我就觉得"临川"[tim˦ t'uan˧]两个字有 3 点值得我们注意：

(1)闭口韵的[-m]尾还像闽、粤方言那样地保存着；

(2)来母字在[i]元音的前头从[l]变成[t]；

(3)穿母三等字从舌面塞擦声[tɕ']变成舌尖塞声[t']。

这种现象的确是不很寻常。尤其是后两点，在那时候我所知道的几种方言里还很少碰见过。像我这有历史音韵学癖好的人，对于这种不寻常的方言材料当然是感觉浓厚兴味的。于是由好奇心的驱策，我就商请游先生抽出几天闲空儿来允许我记录他的乡音。承游先生热心赞助，毫不犹豫地答应了我的请求。我就从 7 月 22 日起到 25 日止，匆匆地把音系的大概记录了下来。这时候青岛的气候虽然不像上海那样酷暑郁蒸，然而温度却也在华氏八十四五度上下，我们当时工作的时间每天都在 4 小时以上，中间有一天一直从上午 8 点钟做到下午6点钟,除去午饭后休息一会儿,几乎全都在紧张地工作着;在我这有特别嗜好的人,自然可以拿兴味来克服劳累,然而对于游先生却未免太不情了!所以我就是为酬答游先生的盛谊起见,也应该把这短时间所获得的一点儿材料整理出来。不过,我在旅行消夏期间所带的工具,除了两个耳朵和一枝自来水笔以外,是别无长物的;况且游先生在那时候已然决定7月底到北京去,仓卒之间对于许多要问的东西都来不及细问;所以我总想再请一位发音人质正一过,然后开始整理。

那年8月回到上海以后,因为一时找不到发音人,又加上别的工作牵掣,我暂时就把这件事情搁下了。1934年9月我从上海回到北京,由朋友展转介绍认识了黄森梁先生。于是在11月28日、29日,12月6日和13日,4天之内一共工作了20小时,除去把音系加详的重问一次以外,又把单字调和连词调用浪纹计(Kymograph)记录下来,同时还记了不少的词汇。经过这一次补充,本来可以放心地整理了,可是终于因为教书和杂事的扰乱,一搁又是一年多!今年4月中,我到南京去,又承赵元任先生的厚谊,把他去年所灌的临川音档让杨时逢先生给我灌了一份副片。这份音档一共有6面,所包含的材料有:

(1)单字音(两面):晁志魁发音;

(2)连词调,故事,总理遗嘱,"话事"(一面):晁志魁发音;

(3)字调,特别词(一面):游馀庆发音;

(4)会话(一面):晁志魁、朱达铭发音;

(5)会话(一面):游馀庆、李有枢发音。

于是潜伏了很久的兴趣又重新振奋起来,使我不得不马上把这三次所得的材料一块儿整理出来,好了却一桩夙愿。所以这篇文章的写成,完全由于各方面的因缘凑合,那么我在"开场白"的末了儿,就得郑重声谢我的发音人：

游国恩先生和黄森梁先生！

还有给我复制音档的：

赵元任先生和杨时逢先生！

以及帮助我缮校全稿的：

周殿福先生和谭志中先生。

1936 年 5 月 5 日，罗常培写于北京北海静心斋之叠翠楼。

第一章　叙　论

壹·一　临川在地理上的位置

在江西省的东部，当汝、宁两水会流的地方，有一个县城，东濒汝水，西濒宁水，四周有灵谷、铜陵诸峰环列着好像屏障一样，在形胜上，从前人说它是“二水绕郭，五峰镇城”的[①]，那就是我们现在所要讨论的临川。临川是旧抚州府治所在地。抚州府所属共有6县：临川的东南是金溪，西南是宜黄、乐安，西是崇仁，东北是东乡。它的位置在6县里最适中，并且是赣东水陆交通的枢纽，因为向来从赣入闽的大道，得要自南昌东南行，经过本县和南城，越杉关以达福建省境，将来的闽赣铁路也预定沿着这条路线去修。至于水路一方面，则东南有汝水，从血禾岭发源，经过广昌、南丰以达本县，再向西北流，到大江口会于赣水，自南城以下都可以通舟楫。西南有宜黄水自宜黄县来，西有宁水自崇仁县来，到本县境，两水会合流入汝水。东部的东乡和金溪两县，也可以由汝水的支流和本县交通。可见从前把抚州府治设在这一县，在地理上是有意义的。

① 《江西通志》卷四十六，页十一，引宋州守家坤翁《景定志》。

壹·二　研究临川方言的意义

当1933年夏,我从上海到青岛,乍一遇见游国恩先生,我就发现临川方音有3个特点:(1)保持闭口韵尾,(2)来纽三、四等声母变成[t],(3)章、昌二纽变同端、透。从此以后就引起我研究这个方言的兴趣来了。可是,我们打算研究广州、汕头、厦门、福州、上海、温州、宁波等处的方言,至少还可以找到几本西洋传教士用罗马字标音的字典和圣经;关于这个方言,不幸连这一点可供参考的书本上材料都没有。经我搜检的结果,只发见70年前英国的艾约瑟教士(Joseph Edkins)在他所作的《官话文法》[①]里,曾经有几句话说到抚州方言,他说:

> 在江西省东部的抚州府,所有的全浊音已经全变成送气音。六个韵尾辅音只是没有k。声调有七个,他们的音高是不规则的。[②]

这也许是关于这个方言的最早纪录了。可是,从这一点儿贫乏的材料,我们又能知道些什么呢?所以要想理清它的系统,只有我们自己努力去垦辟这块土地。

但是,我对于这个方言,另外却还有一个观点。当我把这个音系的概略整理出来以后,我觉得它有几点颇和客家话的系统相近。例如:"全浊"一律变"次清",晓、匣两组的合口变[f],保存闭口的[-m]、[-p]韵尾,蟹、山两摄残馀古一、二等分立的痕迹,鱼、虞两韵的精组

---

① *A Grammar of the Chinese Colloquial Language Commonly Called the Mandarin Dialect*, 2nd.ed., Shanghai, Presbyterian Mission Press, 1864.

② *Mandarin Grammar*, p.86.

和见系变[-i],以及侯韵读作[-ɛ : u],梗摄的话音读作[a ŋ]或[ia ŋ]之类,临川音都和可以代表客家的梅县音相同。可是临川的章、昌和知、彻同变[t]、[tʻ]以及来纽三、四等变[t]之类,却是梅县音所没有的;梅县的去声不分阴阳,声母[n]、[l]不混,模韵的精组和鱼、虞两韵的庄组同变[-ɿ],以及宕、江、通三摄的入声保存[-k]尾之类,也显然和临川音不同。然而从音系的全部来看,总算是大同小异的,所以我颇疑心他们是同系异派的方言,并且从客家迁徙的历史上,也可以找出一些线索来。

客家迁徙的动因,据正史和客族宗谱的记载,在南宋以前主要的有 3 次:第一次是晋永嘉乱后元帝的渡江;第二次是唐僖宗末黄巢的起义;第三次是南宋末年元人的南侵。关于这三次迁徙的背景和经过,《客家研究导论》中论《客家的源流》一章已经有详细的记载。① 它的结论说:

> 客家先民东晋以前的居地,实北起并州上党,西届司州弘农,东达扬州淮南,中至豫州新蔡、安丰;换言之,即汝水以东,颍水以西,淮水以北,北达黄河以至上党,皆为客家先民的居地。上党在今山西长治县境,弘农在今河南灵宝县南四十里境上,淮南在今安徽寿县境内,新蔡即今河南新蔡县,安丰在今河南潢川、固始等县附近。客家先民虽未必尽出这些地方,然此实为他们基本住地,欲考证客家源流,不能不注意及此。客家先民第一次迁移运动的途径,远者自今日山西长治起程,渡黄河,依颍水,顺流南下,经汝颍平原,达长江南北岸;或者由今日河南灵宝等地,依洛水,逾少室山,至临汝,亦经汝颍平原达长江南北岸。要之,客家先民第一期的迁移,大抵皆循颍、汝、淮诸水流域,向南

① 参阅《客家研究导论》40—58 页。

> 行动,这是可从该地自然地理推证出来的。至于第二期的迁移,则远者多由今河南光山、潢川、固始,安徽寿县、阜阳等地,渡江入赣,更徙闽南,其近者则径自赣北或赣中,徙于赣南或闽南,或粤北边地。第三期的迁移,则多自赣南或闽南徙于粤东、粤北。①

此外,清初因为人口膨胀和咸同之际因为"土客相仇"的两次迁徙,都和本题没有什么关系,所以这里不去说它。关于客家三次迁徙,在客家族谱和地方志里,有好些跟江西移民有关系的材料,现在分别叙述如下:

关于第一次迁徙的记载,据《兴宁温氏族谱》说:

> 我温族发源于山西、河南,子孙蕃衍。……逮东晋五胡乱华,怀愍帝为刘渊所掳,我峤公时为刘琨记室。晋元帝渡江,峤公奉琨命,上表劝进。

又《崇正同人系谱》"温氏"条:

> 后峤出镇洪都,子孙因家焉。

又同书"赖氏"条:

> 今赖氏郡望亦称松阳。遇子匡,显于义熙时。后见晋室凌夷,遂告归。其子硕,字仲方,晋末丁世变,避居南康。

又同书"钟氏"条:

> 其族皆处中州。东晋末,有钟简者,世居颍州,生三子:长曰善,次曰圣,三曰贤。元熙二年,避寇南迁……贤则徙居江西赣州。

若拿正史来印证,则《晋书·地理志》"司州"条说:

> 元帝渡江……后以弘农人流寓于寻阳者侨立为弘农郡。

---

① 参阅《客家研究导论》63—64页。

又“扬州”条说：

> 及胡寇南侵，淮南百姓皆渡江。成帝初，苏峻、祖约为乱于江、淮，胡寇又大至，百姓南渡者转多，乃于……寻阳侨置松滋郡[①] 遥隶扬州。

到安帝时，何无忌以“司州之弘农，扬州之松滋”二郡，寄在寻阳，人户杂居，并宜建督，安帝从之。后又省松滋郡为松滋县，弘农郡为弘农县，并属寻阳郡。《宋书·州郡志》江州寻阳太守下也说：

> 江左流民寓寻阳，侨立安丰、松滋二郡，遥隶扬州，安帝省为松滋县。寻阳又有弘农县流寓，(宋)文帝元嘉十八年省并松滋。

徐文范《南北朝舆地表·郡县表》卷十一“东晋浔阳郡”下，参合晋、宋两志说：

> 元帝侨立弘农郡，成帝侨置松滋、安丰二郡，遥隶扬州。[②]安帝末领松滋、弘农二郡为二县，旋又省安丰郡为县，并属郡。

又《晋书·地理志》“豫州”条：

> (孝武)因新蔡县人于汉九江王黥布旧城置南新蔡郡。

《宋书·州郡志》以南新蔡太守隶属江州，东晋时领有褒信、慎、宋3县，徐文范《南北朝舆地表》依照《宋志》的说法，也把南新蔡郡附在东晋的浔阳郡下。当时为安插河南、安徽一带的流民，既然在浔阳郡所属的地方侨置郡县，可见他们逃到江西的很多了。此外刘铎所修《江西通志·舆地略》论广信的风俗说：

> 信自永嘉东迁，衣冠避地，风气渐开。

又同书“吉安府”条引《通典》说：

> 衣冠所萃，文艺儒术为盛，闾阎力役，吟咏不辍。

---

① 晋松滋县故城在今安徽霍丘县东十五里。

② 《晋书·地理志》“扬州”条原文。

那么,我们就可以说:东晋永嘉以后,中原流民逃到江西的,北自九江,东至上饶,南经吉安以达赣州、南康,都有他们的足迹。这就是客家第一次迁徙和江西所发生的关系。

自唐僖宗乾符二年(875)濮州人王仙芝在长垣起义,有众三千馀,破曹、濮两州,又扩充了一万多人,声势很大。曹州人黄巢遂和他的徒党8人,募集了几千人来响应仙芝。这两股合起来,转攻河南道15州,不久就聚集到好几万人。于是分兵进攻淮南道的申、光、安、舒、庐、寿、和、黄、蕲等州,山南道的邓、郢、复、隋、朗等州,江南道的江、洪、岳、潭、宣、润等州。五年(878)仙芝牺牲后,尚让率仙芝溃众归黄巢,推巢为王,号冲天大将军。从此黄巢率河南、山南两道的百姓十几万,进攻淮南,被官军所阻,乃转入浙东。旋收众逾江西,破虔、吉、饶、信等州,刊山伐木,开道七百里,直趋闽西的建州。六年(879),由别道围福州。旋又出湖、湘,陷桂、管,进攻广州。不幸赶上大瘟疫,部下死亡很多,不得已领众北还。从桂州编大木排,沿湘水,下衡、永,破潭州,进逼江陵,十月遂据荆南,号五十万众。在荆门被曹全晸、刘巨容所败,巢乃渡江东走,部众被俘虏的很多。后来又整顿残部攻下鄂州,转攻江西,再入饶、信、杭州,攻临安,为戍将董昌所败。又回兵来打宣、歙等15州,数受挫折,乃退保饶州。乘机再陷睦、婺、宣州,又和仙芝部刘汉宏的残众合起来,渡采石,侵扬州。所过居民逃散,官兵望风而降。广明元年(880)九月,全军渡淮,攻申、光、颍、宋、徐、兖、汝等州,十一月攻陷洛阳,进取陕、虢。遂破潼关,入长安,称齐帝。[①] 总计黄巢从起义到称帝,中间曾被他进攻的地方,拿现在的省份来算,前后几乎有10省。其中尤以今日河南西南部、湖北东南部、湖南东南和东北两部、广西东北部、广东中部、江西

① 参阅《旧唐书》卷二百下、《新唐书》卷二百二十五下《黄巢传》。

中部北部、福建西北部和北部、安徽西南部、浙江西北部等地方，战事最厉害。这些地方，恰好是客家第一次迁徙后所居住的，他们为避免兵灾，只好再向别处奔逃。这时候全国打仗，民不聊生，只有江西东南部（即上饶以南，赣水以东）、福建西南部（即旧汀州八属）、广东东部和北部（即惠、潮、嘉、和、清、南、韶、连各属），侥幸没受战争的祸害。于是东晋永嘉以后迁移到河南西南部、江西中部北部和安徽南部的客家，到这时候就有一大部分迁移到上面所说的乐土。其中有由江西迁到别处的，如始兴《平阳堂饶氏重修族谱》说：

> 始祖讳元亮，世为饶之鄱阳人，仕唐德宗，晚寓南城（建昌府）。生五子……后遭兵燹，迁徙无常，不能悉数。

始兴《范阳卢氏五修谱》说：

> 至于有唐，有讳富公者，南京分脉，而迁江右虔州虔化县。富生广，广生卓，卓生光稠公。僖宗乾符二年，王仙芝、黄巢操谋不轨，摽掠州郡，远近震骇。公独以虔、韶二州请命京师，愿通道输贡。……稠公生三子：长希一，次延昌，三孟坚。……益公（延昌八世孙）与县尹公（孟坚八世孙）筮出闽省，令莆田，考满，次永定，属上杭大塘坳瓦子乡而居。

《江西罗氏大成谱》说：

> 迨下唐僖宗之末，黄巢作乱，我祖仪贞公，致仕隐吉，因家吉丰。长子景新从赣州府宁都州，历数十年，又迁闽省江州府宁化县石壁村，成家立业。

又《崇正同人系谱》"罗氏"条说：

> 历代相承，繁殖中土。自东晋南渡，罗之族人遂有南来而奠居于江、浙之间者。据《罗氏族谱》称：唐末有铁史公之子景新，因避黄巢之乱，与父分散于虔州，乃迁于豫章，之闽省汀州宁化县石壁洞葛藤村紫源里家焉。

《松口钟氏族谱》说：

响公为江阳(?)太守，时因军乱大变，自颖川逃难，在江西雩都县竹子坝穽窊乡住。后流在福建宁化县白虎村安家乐业。

《崇正同人系谱》“温氏”条说：

至九郎公(原住江西南昌)因避黄巢之乱，转徙闽汀之上杭。

又同书“古氏”条说：

……五代至古蕃(原住洪州)，生于唐乾符四年，曾任窦州都监，有子六人，当五季之世，中原扰攘，遂南迁岭表。长曰全交，居古云；次全规，居江下；三全则，居白沙；四全望，居增城；五全让，居惠州；六全赏，居高州。

又胡曦《宋乡贤罗学士遗事考略》引《兴国州罗氏家谱》说：

昌儒(世居豫章)唐昭宗朝进士，官循州刺史，因黄巢乱，道路梗塞，流寓不归。

也有由别处迁到江西南部或东部的，如《崇正同人系谱》“萧氏”条说：

……至三十世孙萧觉，仕唐，值世乱，举族出逃，分居湖广及江西泰和、庐陵等县。

兴宁《吴氏族谱》引其上世《文福公实录》说：

吾祖宣公，随父任，居蜀阆州。……吾祖夫妇有深远之虑，挈眷回籍。于后晋高祖天福元年丙申，时吾年四岁，吾祖年六十有三，偕祖母与父纶公，叔经公、绍公，合家渡江，徙今江西抚州府临川县之石井。留二叔经公居此，又与父纶公，三叔绍公，易居江西建昌府南丰县。……时后汉乾祐元年戊申岁九月。

这些客家巨族，或从赣北移到赣南(饶氏)，或从赣南移到汀州(廖、卢、罗、钟诸氏)，或从赣中移到广东(古氏和兴国罗氏)，还有由外省移到赣南或赣东的(萧、吴二氏)，这就是客家第二次迁徙和江西所发生的关系。

在客家第二次迁徙后，将近四百年的光景，元兵大举伐宋，端宗德祐二年(1276)二月，临安陷落，帝“率百官拜表祥曦殿，诏谕郡县，使降大元”。五月，陈宜中等立益王昰于福州，改元景炎。九月，元兵从明州、江西两路进迫。招讨也的迷失会东省兵于福州，元帅吕师夔、张荣实将兵入梅岭。景炎二年(1277)正月，元军破汀关，是时宋臣文天祥、张世杰、陈宜中、陆秀夫诸人，犹力谋抵抗；闽、粤、赣的义民也纷纷的起来勤王。于是闽、粤、赣的交界地遂成为双方展转攻守的场所。向日住在这些地方的客家，或展转逃窜，流入广东东部、北部；或愤起勤王，随从帝昰、帝昺战死于硐州或崖门[1]：结果遂成了客家的第三次迁徙。我们现在从客族谱牒中也发现一些关于当时江西移民的记载。如五华《魏氏族谱》说：

> 三十九(世)淑玉公(原住江西石城县)，生四子曰：元、亨、利、贞。时值宋末，天下混乱，有文天祥、陆秀夫、张世杰三人，扶宋主在赣州霸截水道。元主起兵二十馀万，从建昌而来，杀戮人民，在此经过，是谁敢当？我祖兄弟惊恐流涕，商议只得移别处逃生。以是兄弟行经宁化，不得已号泣分袂，移居三郡。元公至惠州长乐(今五华)，为一世开基祖。……亨公迁福建汀州上杭，后迁惠州龙川县。……

兴宁《黄陂曾氏族谱》说：

> 惇官封鲁国公。宋政和壬辰年，由南丰徙福建宁化县石壁下居焉。生子仲辉，辉子桢孙、佑孙，因宋、元兵扰，不能安居，由宁化徙广东长乐县家焉。现居兴宁、梅县、平远、镇平、五华、龙川、惠州、河源、和平、广州、新宁等县之曾姓，皆为此祖之后。

和平《徐氏族谱》说：

---

① 关于这一段的事实，可参阅《宋史》卷四十七《瀛国公纪》。

> 吾祖德隆,实积之六世孙。王父曰暄,为宋宁宗时都统,扼于权奸,去位,卜居于豫章之吉水。孙男二:道隆、德隆,均先后为度宗时提刑。解组未几,元兵南下,道隆起兵勤王,力战而父子俱殁。德隆则随宋帝度岭而南。迨宋祚已绝,义不臣元,遂择龙川乌龙镇(案乌龙镇即今和平县),居之。

又《崇正同人系谱》"徐氏"条,述徐氏别派的迁徙经过说:

> 宋末有徐一郎者,自江西宁都迁福建上杭,其弟二郎迁连城,传五世,曰真人,迁居长乐(今五华)。

又同书"谢氏"条说:

> 宋景炎年间,有江西赣州之宁都谢新,随文信国勤王,收复梅州,任为梅州令尉,时景炎二年三月也。新长子天祐,遂家于梅州之洪福乡。

又同书"饶氏"条说:

> 宋末其族人有世居永丰之名四郎者,父为福建汀州推官,丁世变,因家于汀之八角楼。及四郎复迁于潮之神泉乡,即今大埔境。

以上这五姓都是由赣中或赣南迁移到福建西南部或广州东部北部的,这就是客家第三次迁徙和江西所发生的关系。至于清朝康熙以后,因为人口过剩,再从旧嘉应、汀、赣各州所属搬到赣西的遂川、万载、萍乡、修水等县的客家,我们现在还不把他计算在内。

在以上这些材料里,虽然只有兴宁《吴氏族谱》提到一次我们所要讨论的临川,可是这个地方正在饶水以南、赣水以东,恰好是唐末黄巢民兵所没到的地带。所以我颇疑心它的方音系统或许可以代表第二期客家遗传下来的语言。

但是,这个假设只能算是一个问题的发端。我尝说,如果有人把客家问题彻底地研究清楚,那么,关于一部分中国民族迁徙的途径和语言演变的历程，我们就可以认识了多一半。从事这件工作，一方面固然可以拿语言的系统去推迹民族迁徙的途径，一方面也可以拿民族迁徙的历史去联系语言的关系，我这一次的研究，就是一个初步的试验。江西省的纯客住县，还有

寻邬　安远　定南　龙南　虔南

信丰　南康　大庾　崇义　上犹

等10县，住在这些地方的客族，有从唐、宋时就落籍其地的，也有从明、清以后才由闽、粤搬去的。至于已经知道的非纯客住县，则有

赣县　兴国　雩都　会昌　宁都

石城　瑞金　广昌　永丰　万安

遂川　吉安　万载　萍乡　修水

吉水　泰和

等17县，住在这些地方的客族，和湘、赣系的人们错杂居住，交涉很多，可是他们的语言风俗，直到现在还是截然不混。我觉得，我们现在不但对于所谓“纯客住县”和“非纯客住县”要一一地调查，就是其他和客家话系统相近的江西方言也得仔细地比较，为的是好找出各期客家话的流变。1935年5月赵元任先生所灌的江西音档，计有

(a)　旧浔阳道所属的11个单位：

九江　都昌　鄱阳　湖口　乐平　馀干

靖安　永修　修水*　奉新　铜鼓

(b)　旧豫章道所属的12个单位：

南昌　新建　临川　乐安　南城　黎川

南丰　上饶　玉山　弋阳　贵溪　唐丰

(c)　旧庐陵道所属的14个单位：

吉安*　庐陵　永阳镇　高安　宜丰　新喻　宜春

万载*　萍乡*　安福　永新　宁冈　遂川*　万安*

(d)旧赣南道所属的5个单位：

赣县* 石城* 宁都* 雩都* 大庾**

其中有双星号(**)的是所谓“纯客住县”，有单星号(*)的是所谓“非纯客住县”。我们应当拿广义的客家作范围，把其中和客家话相近的先整理出来，进一步再和广东、广西、福建、湖南、四川、台湾等处所有的客家话去比较，同时再多搜集客家的宗谱，作为推寻迁徙途径的帮助，那么，整个客家语组的纵横两方面，或者就可以显豁地表现出来了。到了那个时候，我这个假设才有证实的希望。

现在我姑且拿这一本专刊作为这种未来工作的一个“楔子”。

第二章 语音的分析

临川的语音一共有19个声母、73个韵母、7个声调，现在分别叙列于下：

贰·一 声母

p	布[①]	p‘	铺部	m	模	f	夫敷扶呼胡
t	都猪诸驴	t‘	土徒褚除处	l	奴庐拿润		
ts	租阻摘	ts‘	粗徂初锄撑茶			s	苏似梳士舒殊蛇
tɕ	居焦	tɕ‘	气渠秋樵	ȵ	尼鱼饶	ɕ	虚悬小袖收授熊
k	孤	k‘	苦狂	ŋ	吾	h	孝何

○阿儿，
伊於夷，
乌无王瓦，
鬱院悦颙

① 音标后面是代表所含古声类的例字，参看第四章507—529页。

第一表　临川方音声母表

方法＼部位（上阻／下阻／简称） 状态／声带／气流			上唇 下唇 双唇	上齿 齿唇	齿背 舌尖 舌尖前	齿龈 舌尖中	前硬颚 舌面 舌面前	软颚 舌根	喉
塞音	清	不送气	p			t		k	(ʔ)
		送气	p‘			t‘		k‘	
塞擦音	清	不送气			ts		tɕ		
		送气			ts‘		tɕ‘		
鼻音	浊		m				ȵ	ŋ	
边音	浊					l			
擦音	清			f	s		ɕ		h
半元音	浊		(w,ɥ)				(j)		○

[p]、[t]、[k]是强的清塞音，和北京的[b̥]、[d̥]、[g̊]不同。[p]、[t]用作入声韵尾的时候，读成不爆发的闭音(implosive)。

[p‘]、[t‘]、[k‘]也是很强的送气清塞声，[‘]代表普通送气的性质，不是[h]，也不是[x]。

[ts]、[ts‘]、[s]是由舌尖和齿背阻碍而成的，部位比英文的[ts]、[s]靠前。

[tɕ]、[tɕ‘]、[ȵ]、[ɕ]的部位很靠前，是由舌面前和前硬颚阻碍而成的；[tɕ]、[tɕ‘]、[ɕ]和北京“基、欺、希”的声母读音相近，[ȵ]比一般

[ɲ]的音彩还要尖锐一点儿。

[n]和[l]在这种方言里是一个“变异音”(variphone),和上江官话的一般现象相同。在我所问过的发音人,对于古泥、娘、来3母字往往任意换读成[n]、[l]两音,既然找不出语源学的根据,也谈不到语音学的演变条理,所以我在这里虽然用一l来代表它,实际的读音却出入于[n]和[l]之间的。

[h]是喉部的清擦声,部位很后,并不和舌根音[k]、[kʻ]、[ŋ]一样。

凡是用元音起头儿的字,在开口呼(没有介音的韵母)的前头往往有喉塞音[ʔ],在齐齿呼(有[i]介音的韵母)的前头往往有[j],在合口呼(有[u]介音的韵母)的前头往往有[w],在撮口呼(有[y]介音的韵母)的前头往往有[ɥ]。然而在我所问过的发音人里,各人自己就不能保持一致的读法,有时候闭喉作用和摩擦成分很强,有时候简直用元音起头儿,一点儿听不出任何辅音的音彩。所以我为简便起见都把它们认作没有声母的[○]类,并不细加区别。

贰·二　韵母

ɿ 资兹紫①	ŋ̍ 五	ɵ 如儒而二儿	
	u 模初厨母妇	i 兮艺刘伊怡 移衣於于	
o 多	uo 果		yo 靴
a 沙	ua 花卦话	ia 借	
e 猪取		ie 些鱼婆	

①音标以后是代表所含古韵类的例字,下加横线的是话音,下加～～线的是城内音。参看第四章538—572页。

oi 该	uoi 雷		
ai 代泰解界	uai 外怪快		
əi 肺飞	ui 崔卫圭 追规鬼		
au 刀包		iau 标雕	
ɛːu 烧头浮愁		iu 流纠	
om 堪敢			
am 男谈斩衫		iɛm 廉剑添	
eːm 森占		im 心	
on 乾团番船	uon 官		
an 凡难谏眼	uan 关鳏	iɛn 鞭讶	yɛn 全园悬
eːn 根臻旃灯耕生	ueːn 肱		
ən 奔分	un 敦春	in 真勤京轻星陵	yn 伦君
oŋ 江张旁	uoŋ 光狂	ioŋ 娘匡	
aŋ 生争程	uaŋ 横	iaŋ 饼兄	
	uŋ 公农逢	iuŋ 倾兄萤嵩龙	
op 鸽盍			
ap 答臘狭甲		iɛp 叶劫帖	
ep 涩		ip 执	
ot 割拨	uot 斡拙		
at 法达杀瞎	uat 挖刮	iɛt 灭谒铁	yɛt 绝月穴
et 栉哲	ut 骨出物	it 毕乞	yt 恤屈疫
oʔ 托卓酌	uoʔ 郭	ioʔ 略	
aʔ 栅隔尺		iaʔ 掷壁	
	uʔ 哭督目	iuʔ 六欲	
eʔ 刻白策	ueʔ 国虢		
		iʔ 席逆即	

若把这73个韵母分析起来，我们可以得到：

(1)8个主要元音：ɵ、i、u、a、o、e、ɛ、ə；

(2)1个舌尖元音：ɿ；

(3)1个元音化的辅音：ŋ̩；

(4)3个介音：i-、u-、y-；

(5)2个元音韵尾：-i、-u；

(6)6个辅音韵尾：-m、-n、-ŋ、-p、-t、-ʔ。

不过我这里所采的是“音位记音法”，若是详细描写它们的音值，有些元音还包含着附属的细微差别：

[ɿ]是辅音化的舌尖元音，只在[ts]、[ts']、[s]3个声母的后头出现，所以音值没有什么差异。[1]

[ŋ̩]“五、伍、午”等字读作自成音缀的[ŋ̩]，但是它不像厦门方音那样地和别的声母相拼。

[ɵ]是一个半高的中元音，唇的状态介于“中性”和“略圆”之间。在这个方音里它从来不和任何声母相拼，所代表的音类和北京的卷舌韵“儿”相当，不过还得加入遇摄三等的“如、儒、汝、乳”几个字。

[i]单用时近于第一标准元音；在[iu]、[im]、[in]、[ip]、[it]几韵里和用在介音[i-]或韵尾[-i]的时候，都有变成松[ɪ]的趋势。

[u]单用时是一个很紧的后高元音，舌位和第八标准元音相当，圆唇是长缝式的，有时候后面好像随着一个[v]音，所以听起来觉得含有摩擦的成分，而不像是单纯的元音。但在[un]、[uŋ]、[ut]几韵里和用作介音[u-]或韵尾[-u]的时候，都有变成松音[ʊ]的趋势。

[a]是一个介乎第五标准元音和中低元音[ᴀ]之间的音。只有在[i]音的前后和[an]、[at]两韵里，有变成平均[ᴀ]的趋势，其馀没有大

---

① 这个音标是借用瑞典方音字母。

差异。

[o]包含3个不同的音值:在没有韵尾或在[ʔ]前头的时候,读作第七和第六标准元音中间的音但稍靠前;在[oi]、[on]、[ot]3韵里,部位更靠前,圆唇的程度近于“中性”,听起来有中元音的色彩;在[om]、[oŋ]、[op]3韵里,几乎比第六标准元音还要低一点儿。

[e]在[e]、[ie]、[em]、[en]几韵里,是一个近乎[ᴇ]的长音;在[ep]、[et]、[eʔ]、[ueʔ]里,是一个近乎[ᴇ]的短音。

[ɛ]包含两个不同的音值:在[ɛːu]韵里,有靠近中元音[ɜ]的趋势;在[iɛm]、[iɛn]、[iɛp]、[iɛt]4韵里都和第三标准元音相近,但在舒音[iɛm]和[iɛn]里的略低而长,在促音[iɛp]和[iɛt]里的略高而短。至于[yɛn]和[yɛt]里的主要元音,听起来有点像[ø],那是受撮口介音[y]的影响所致。

[ə]只见于[əi]、[ən]两韵,在[ui]、[un]、[ut]3韵的主要元音和韵尾之间,实际也有这样一个“音渡”(glide),为便利起见,我们不把它写出来。

上文已经说过,介音[i-]、[u-]和韵尾[-i]、[-u]都有变成松音[ɪ]和[ʊ]的趋势。所以介音是元音性的,不是辅音性的,听起来不像北京音里的那么短。

[y]只有当作介音的一种用法,既没有当主要元音用的,也没有当韵尾用的。它的音值比标准[y]音稍低稍后,但没有松到[ʏ]的程度。

[-m]、[-n]、[-ŋ]3种韵尾,在我所问过两位发音人的口里都算是够稳定的。间或有几个特别的读法,如“暹罗”读作[ɕiɛn˧ no˦],“盍不”读作[°hat˧ put˧],“贬”读作[piɛn˥],“凡”读作[fan˦],“品”读作[pʻin˥],“站”读作[tsan˧˩],“脸”读作[tiɛn˥]之类,有的可以用“同化”(assimilation)和“异化”(dissimilation)的道理去解释,有的只能认为少

数的例外。但是在赵元任先生所灌的音档里,晁志魁君几乎把所有的闭口韵都读成抵颚韵,这恐怕是受了南昌音或外处音的影响所致。至于梗、曾两摄的古[-ŋ]尾,除去一部分话音外,都变成[-n]尾,那倒是这种方言里内部一致的演变。

[-p]、[-t]两个古韵尾,在这种方言里也还没有消失。有少数[-p]尾字的文言读法,或变成[-t](如"蛰"[tʻit˥]、"泣"[tɕʻit˧]、"捷"[tɕʻiɛt˥]之类),或失落韵尾(如"拉"[la˧]),或变成[ʔ](如"粒"[tiʔ˧]之类),那是很少见的。但晁志魁君的读音大部分都读成[-t]尾,也不免受了外方的影响。

古[-k]尾的入声字在这种方言里都变作[-ʔ],由舌根闭音后移成喉闭音,比较起来稍有浅深的不同。

总括上文所说,我们可以把临川的元音画成下列的舌位图;

第一图　临川元音舌位图

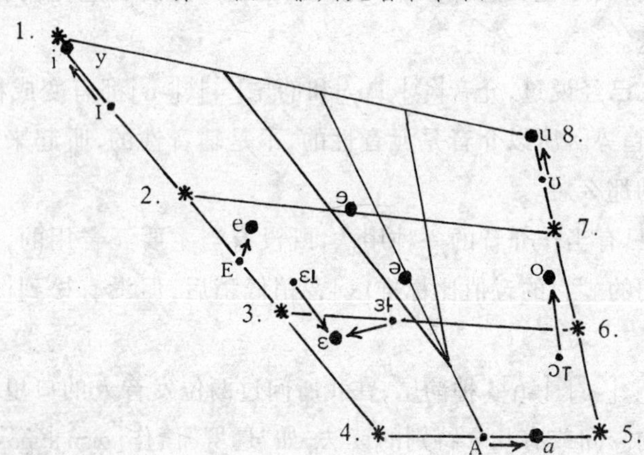

1.2.3.4.5.6.7.8. 指示标准元音的地位

＊ 代表标准元音　• 代表元音的音位　·代表各音位的附属元音

贰·三 声调

临川方音有 7 个声调，平、去、入都分阴阳，只有上声是一类。1933 年 7 月我第一次在青岛所记游国恩先生的发音，用字母式声调符号写出来，大约是：

阴平	阳平	上声	阴去	阳去	阴入	阳入
˧˩ 刚	˨˦ 寒	˦˥ 古五	˦˩ 盖	˩˨ 共市	˧˨ 急	˦ 局
31	24	45	41	12	32	4

1935 年 5 月赵元任先生在江西所记晁志魁君的发音是：

˦˨	˨˦	˧˥	˥˨	˨˨	˧˨	˥
42	24	35	52	22	32	5

拿这两次的结果来比较，可以说没有什么差异。1934 年 12 月，我又选了两套例字，请黄森梁先生把每套各收入浪纹计两次，然后用刘复氏"声调推断尺"（Liugraph）来测量，现在从所得的结果里挑选了一种，画成下面的音高曲线图：

第二图 临川声调曲线图*

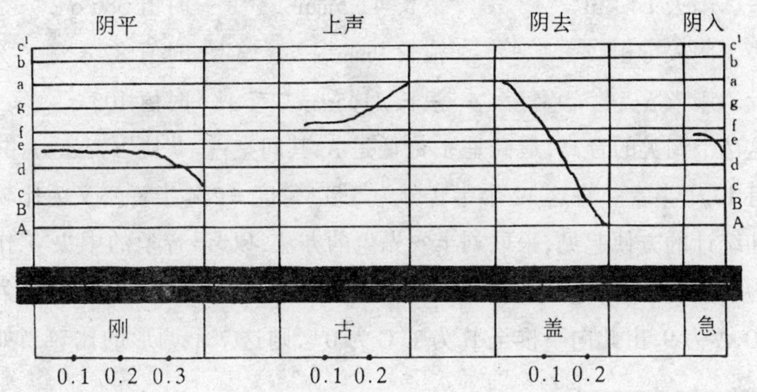

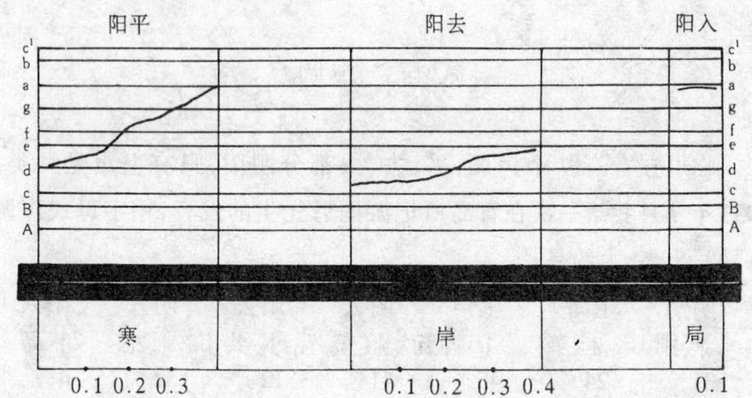

* 测量的方法见刘复《声调之推断及"声调推断尺"之制造与用法》,《史语所集刊》第一本第二分,149—163 页。

烟薰纸速率每秒 110mm。

阴平 d# - c	浪长 38mm	时值 345 σ
阳平 d - a	浪长 40.5mm	时值 368 σ
上声 f - a	浪长 29mm	时值 265 σ
阴去 a - A	浪长 24.5mm	时值 224 σ
阳去 c# - d#	浪长 42.5mm	时值 386 σ
阴入 e d#	浪长 9mm	时值 82 σ
阳入 a	浪长 11.5mm	时值 105 σ

这 7 个调类的音高,最高是 a,最低是 A,其间整占一"协"(octave),共有 12 个半音。将这 12 个半音分为 5 度(每度 = 2.4 半音),又为比较和统计的方便起见,采取刘半农先生的办法,以"语音学的中央 c"作为 12,c# 为 13,d 为 14,由此上推至 b 为 23,c′为 24;B 为 11,A# 为 10,A 为 9,由此向下推至 D 为 1,C 为 0①,则这 7 个调形的比较当如

① 参阅《乙二声调推断尺》,《史语所集刊》第四本第四分,360 页。

下图所示：

第三图 临川调形比较图

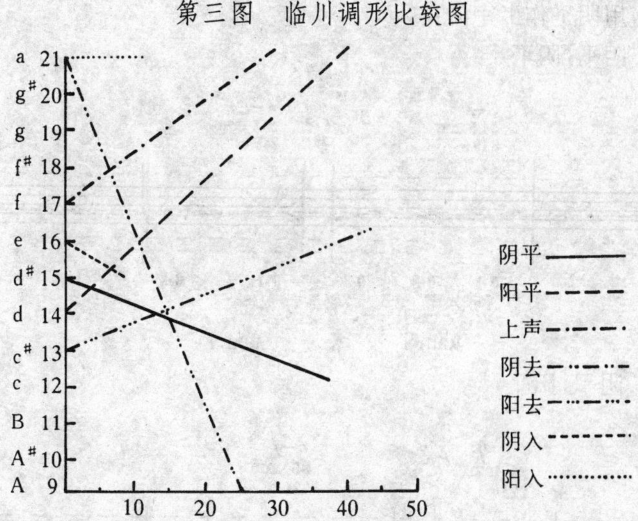

若把它们改写成字母式声调符号则为：

阴平	阳平	上声	阴去	阳去	阴入	阳入
˧˨	˨˥	˦˥	˥˩	˨˧	˧˨	˥
32	25	45	51	23	$\underline{32}$	5

和我们从前用耳朵所听的结果也没有什么大出入。

至于两字相连的声调，我也选择了49对成词的例字，请黄先生收入浪纹计，用刘复氏“乙二声调推断尺”(A pocket tone-graph)测量的结果，画成下面这些音高曲线图：①

① 测量的方法，见刘复《乙二声调推断尺》，《史语所集刊》第四本第四分，355—361页。

第四图 联词声调曲线图

(甲)用阴平作上字的:

阴平:阴平

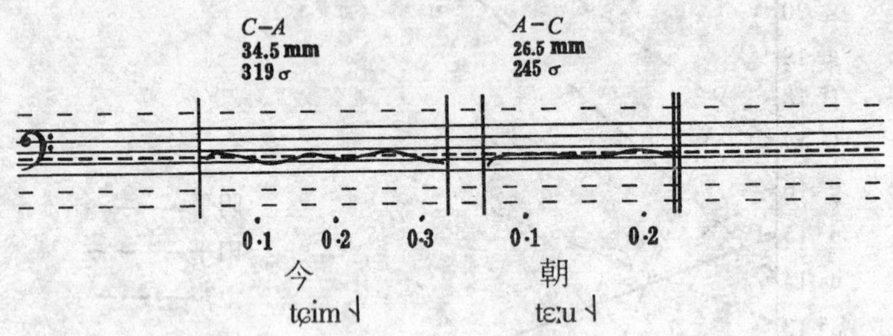

阴平:阳平

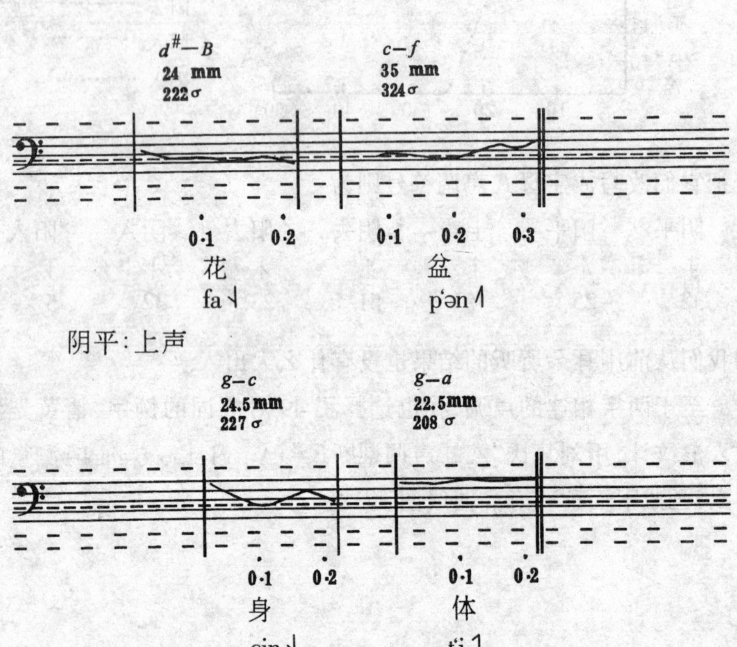

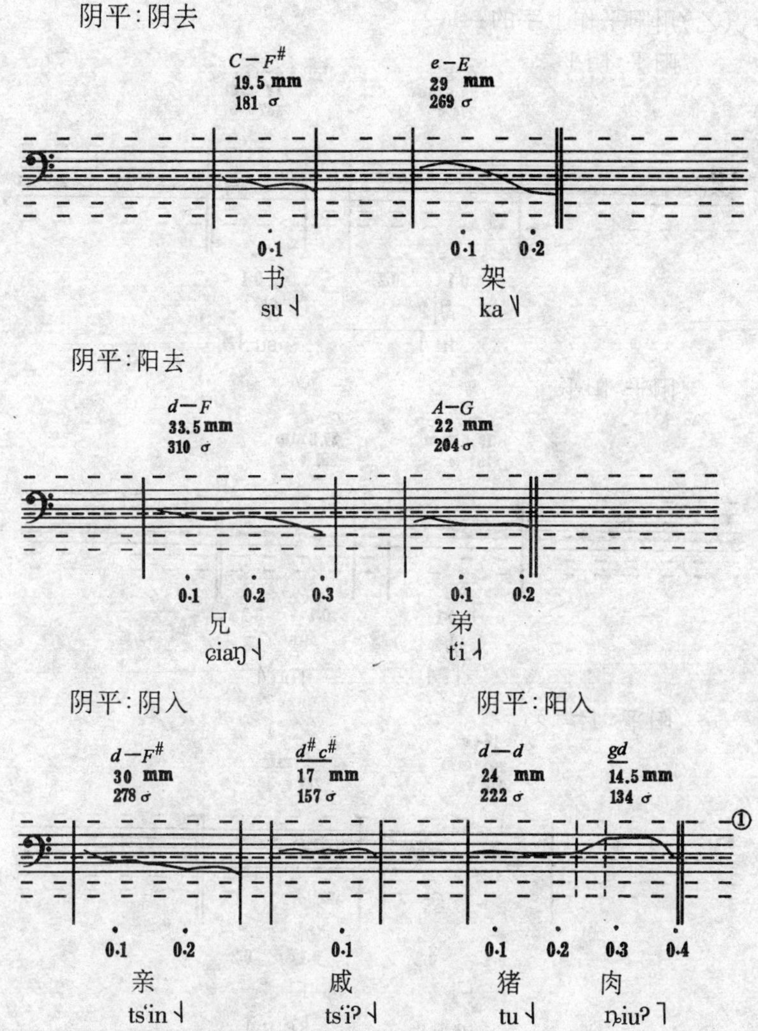

① 次浊声母或元音起头儿的字和别类上字相连时,因为一开头就带音,所以在两字之间总有一段"音渡"(glide),我为便利比较调形起见,把它用虚线隔起来,舍去不计,下文同此。但是同时我们得知道,浊声母对于声调的影响是很大的;全浊声母既然蜕变出了阳调,安知这类次浊声母将来不再继续演变呢?

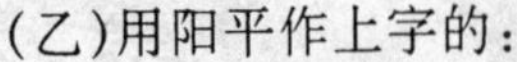
(乙)用阳平作上字的：

阳平：阴平

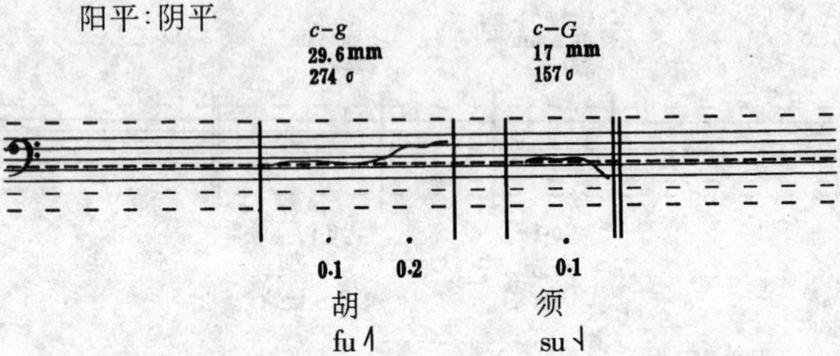

c—g
29.6 mm
274 σ

c—G
17 mm
157 σ

0·1　0·2　0·1

胡　须

fu ˧˥　su ˧˩

阳平：阳平

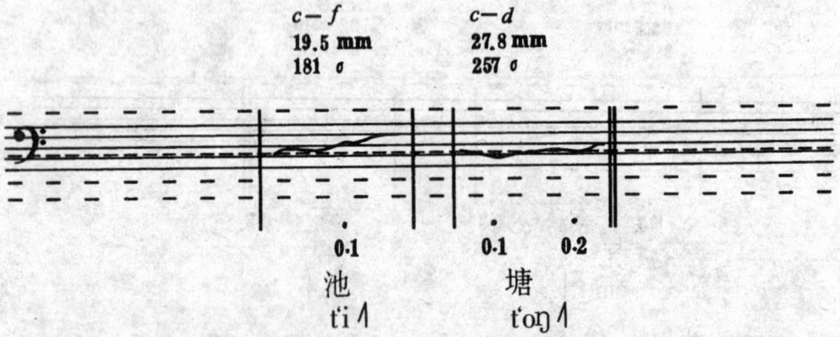

c—f
19.5 mm
181 σ

c—d
27.8 mm
257 σ

0·1　0·1　0·2

池　塘

t'i ˧˥　t'oŋ ˧˥

阳平：上声

A—e
30 mm
278 σ

f—f#
26 mm
241 σ

0·1　0·2　0·1　0·2

门　口

mən ˧˥　k'ɛːu ˦

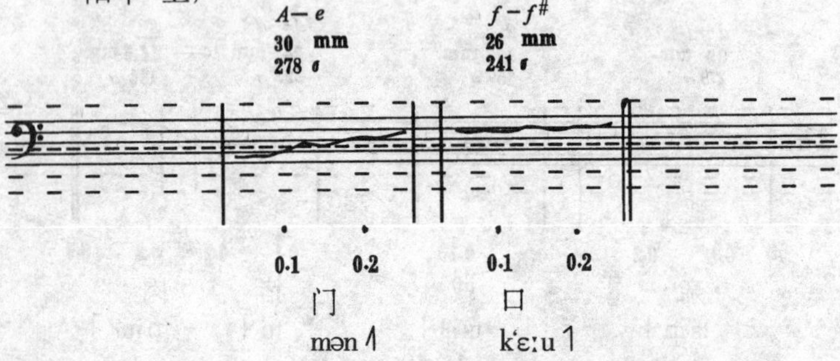

阳平:阴去

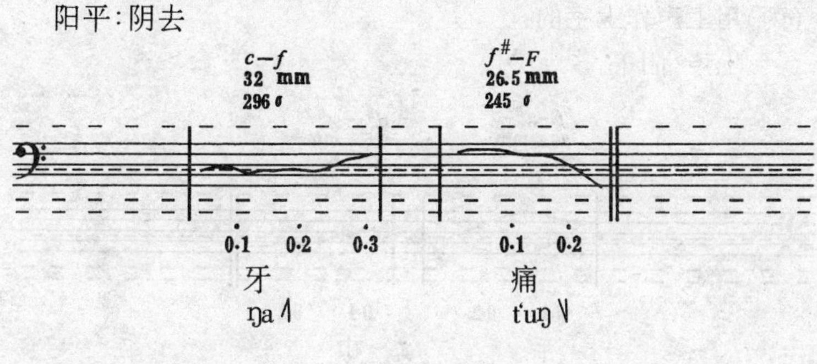

阳平:阳去

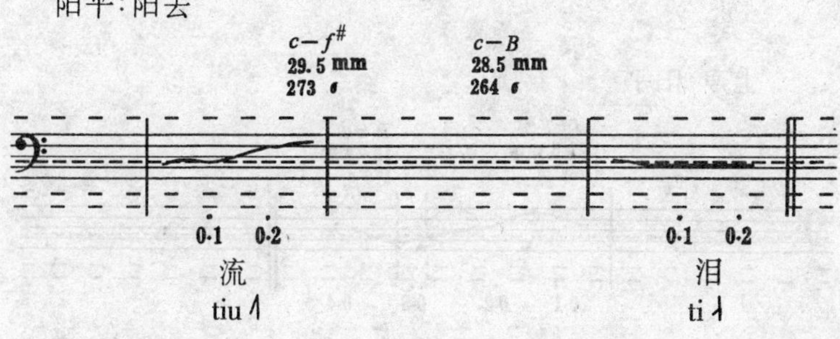

阳平:阴入 阳平:阳入

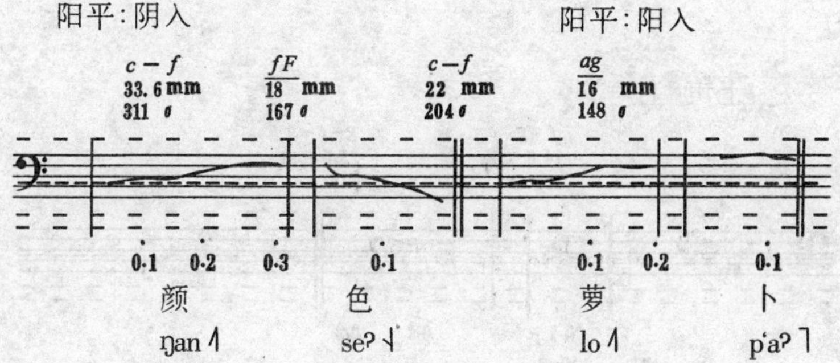

(丙)用上声作上字的:

上声:阴平

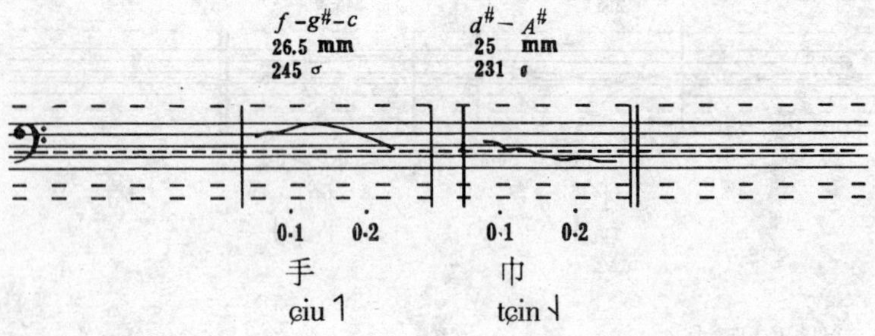

上声:阳平

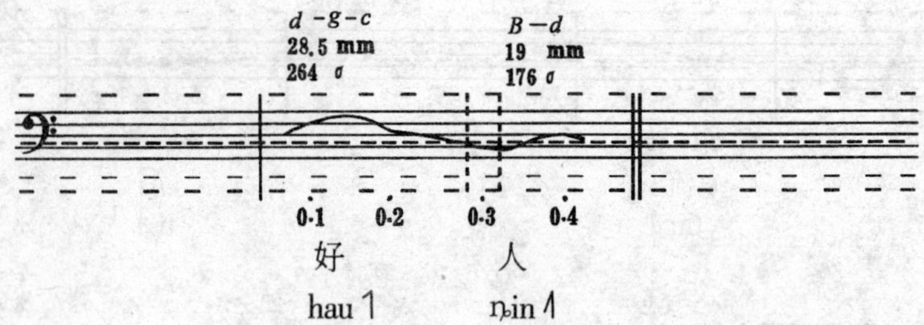

上声:上声

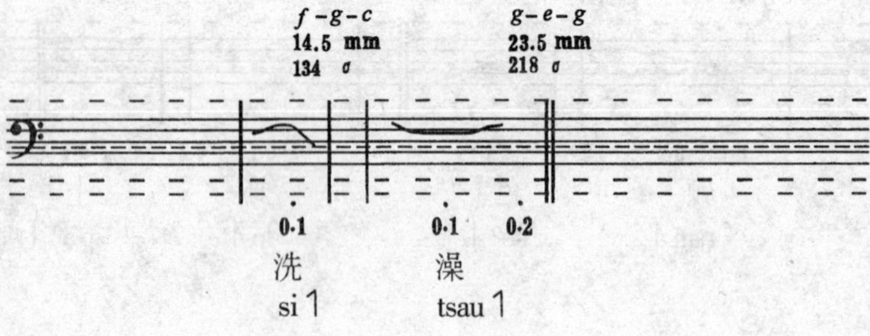

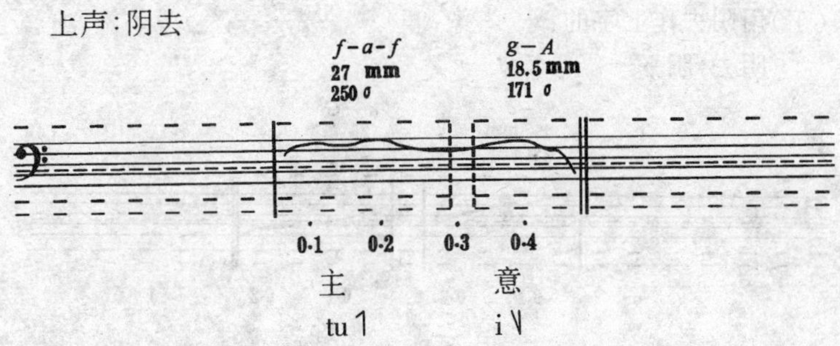
上声:阴去
f-a-f
27 mm
250 σ
g-A
18.5 mm
171 σ
0·1
0·2
0·3
0·4
主
意
tu˥
i˥˩

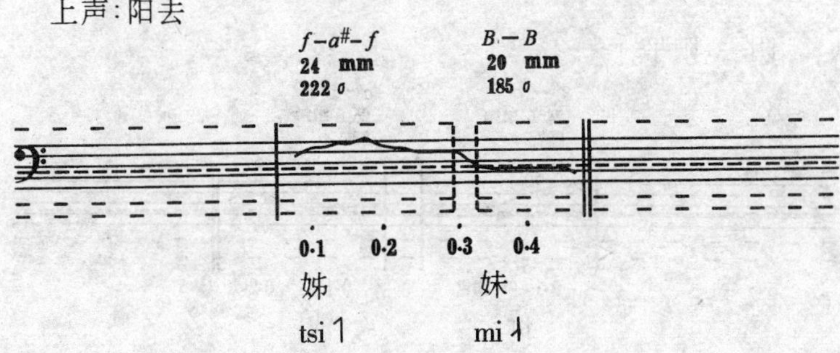
上声:阳去
f-a#-f
24 mm
222 σ
B-B
20 mm
185 σ
0·1
0·2
0·3
0·4
姊
妹
tsi˥
mi˨˩

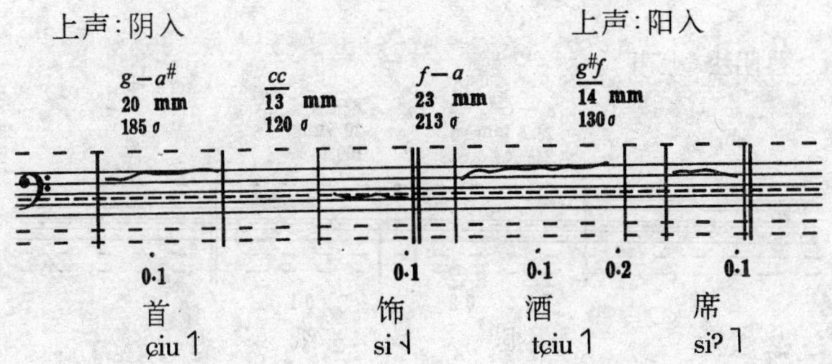
上声:阴入
上声:阳入
g-a#
20 mm
185 σ
cc
13 mm
120 σ
f-a
23 mm
213 σ
g#f
14 mm
130 σ
0·1
0·1
0·1
0·2
0·1
首
饰
酒
席
ɕiu˥
si˩
tɕiu˥
siʔ˥

(丁)用阴去作上字的:

阴去:阴平

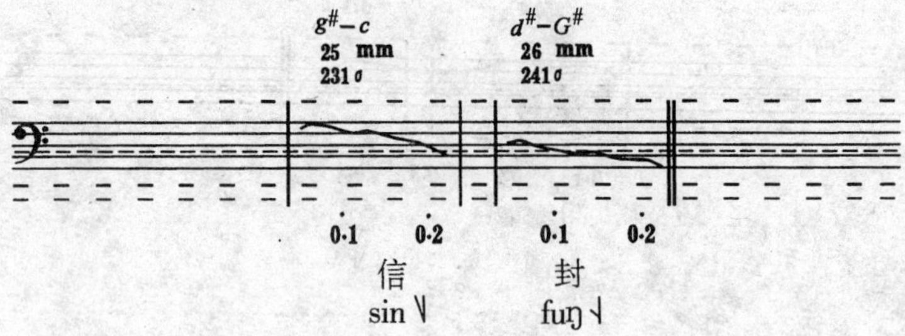

阴去:阳平

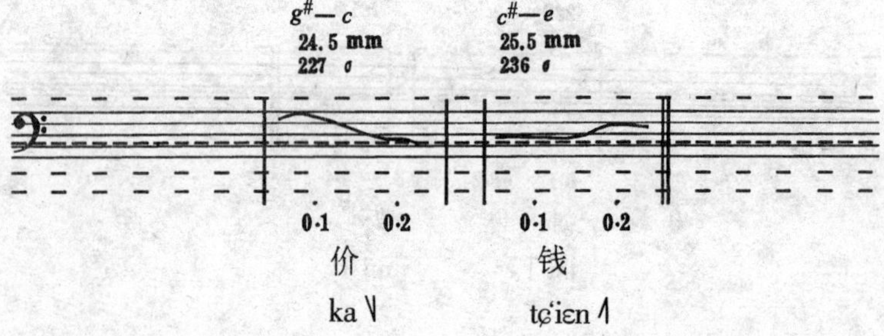

阴去:上声

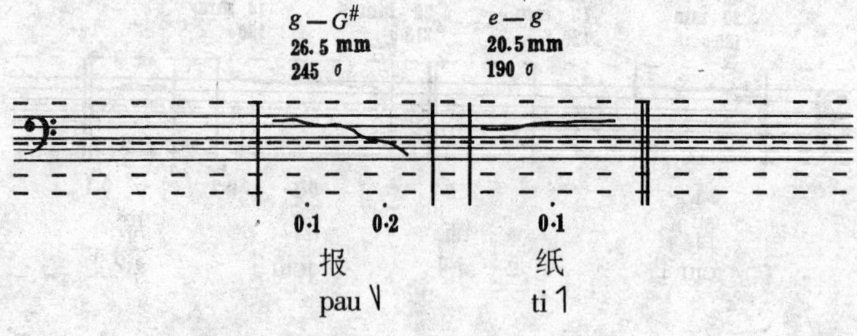

阴去:阴去

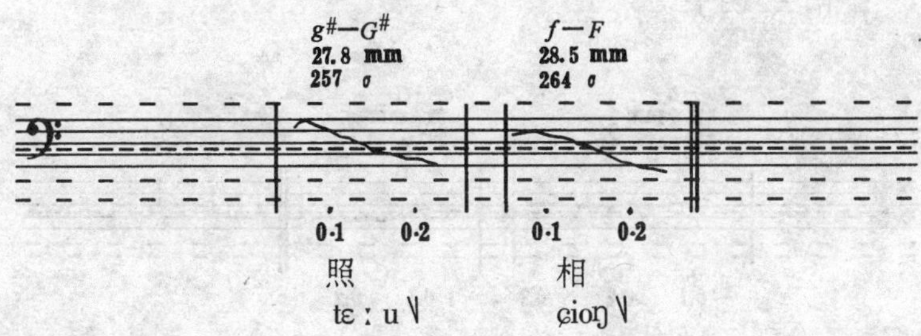

阴去:阳去

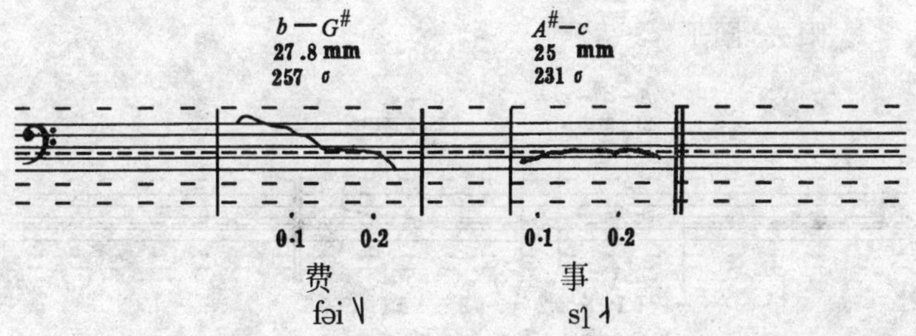

阴去:阴入 阴去:阳入

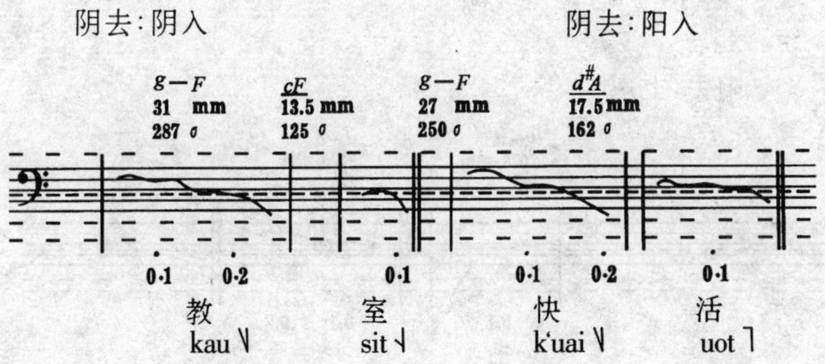

(戊)用阳去作上字的:

阳去:阴平

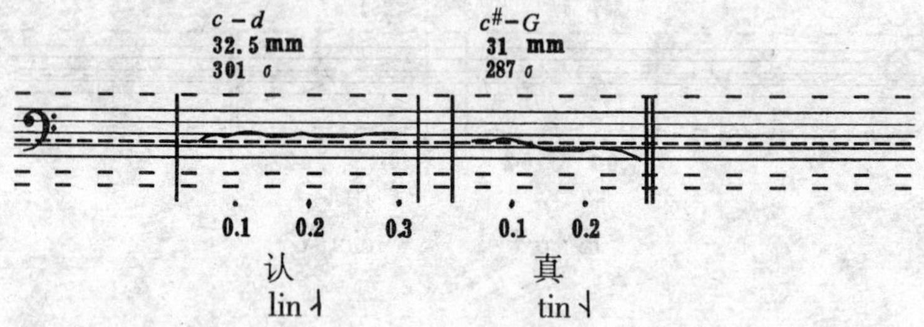

阳去:阳平

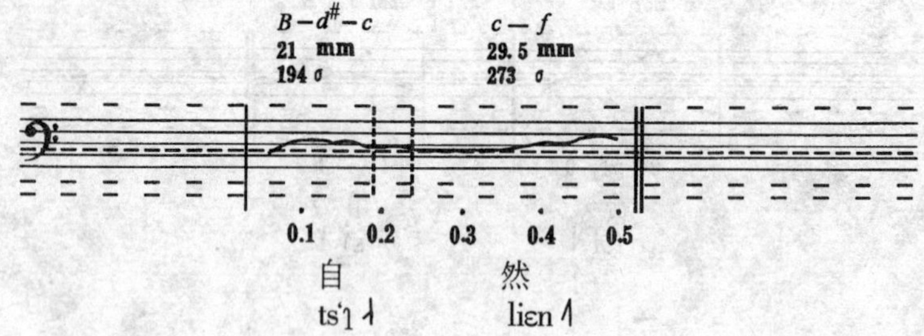

阳去:上声

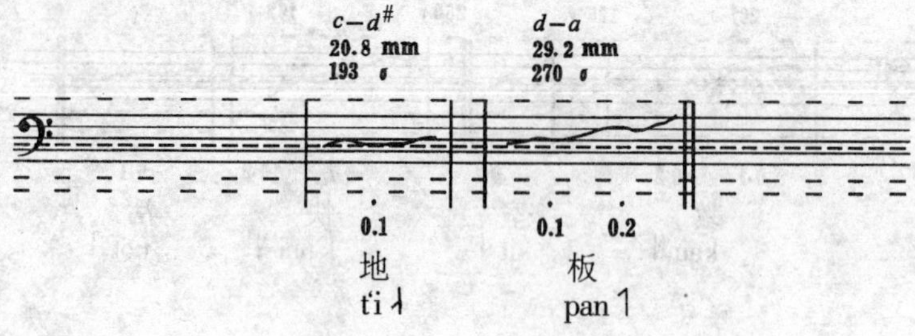

阳去:阴去

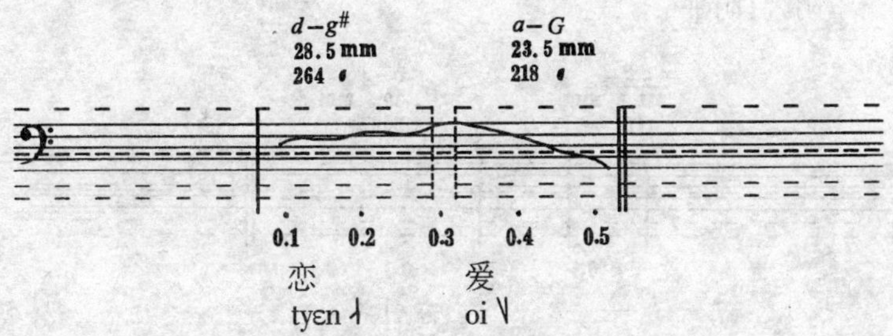

阳去:阳去

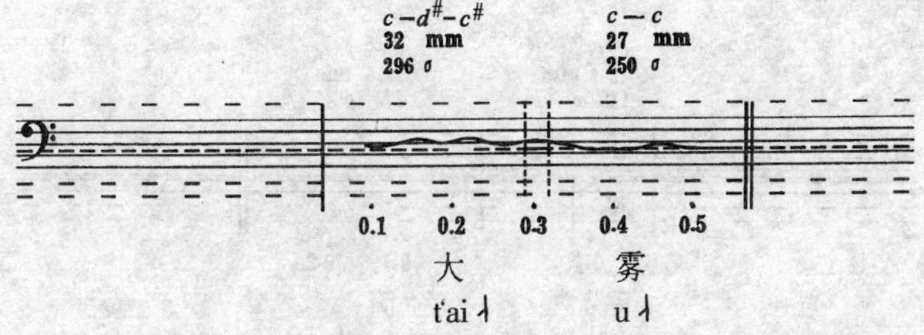

阳去:阴入　　阳去:阳入

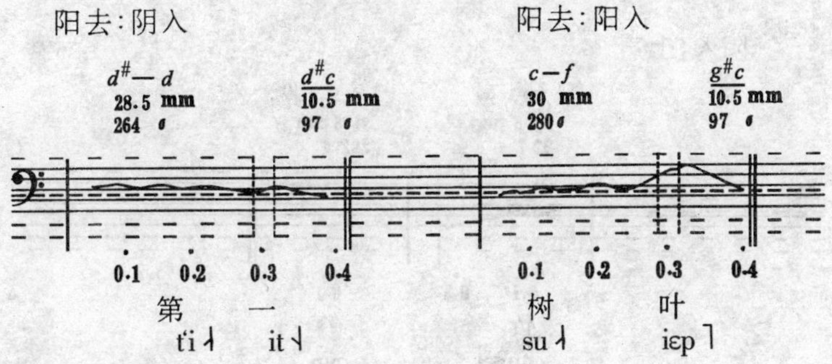

(己)用阴入作上字的:

阴入:阴平

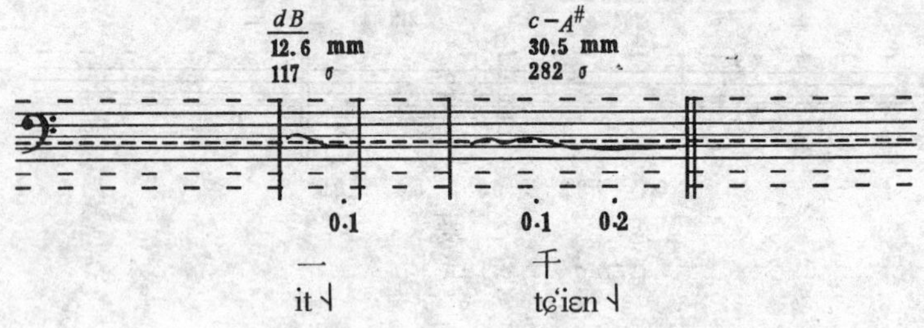

阴入:阳平

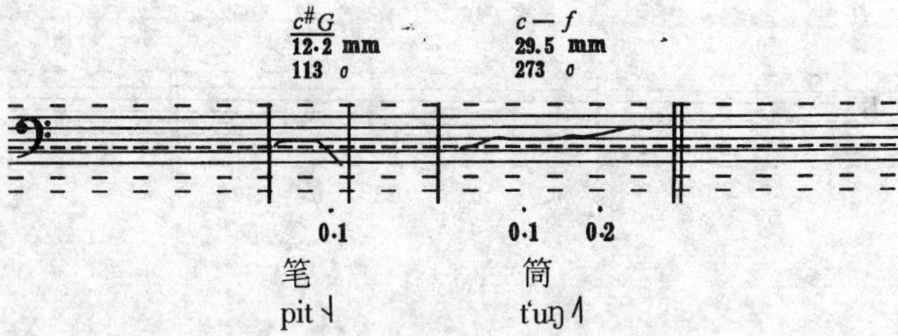

阴入:上声

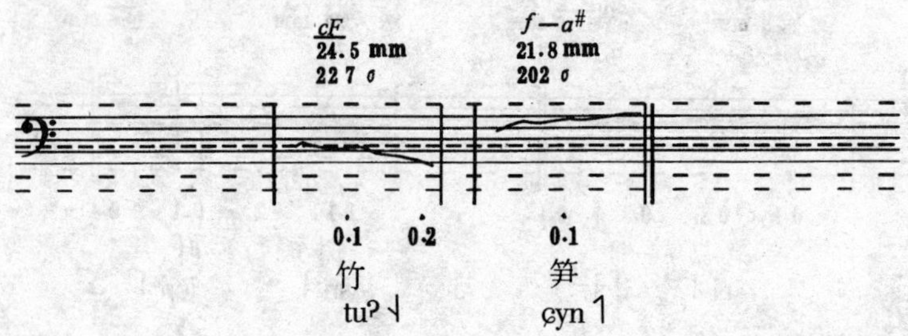

阴入:阴去

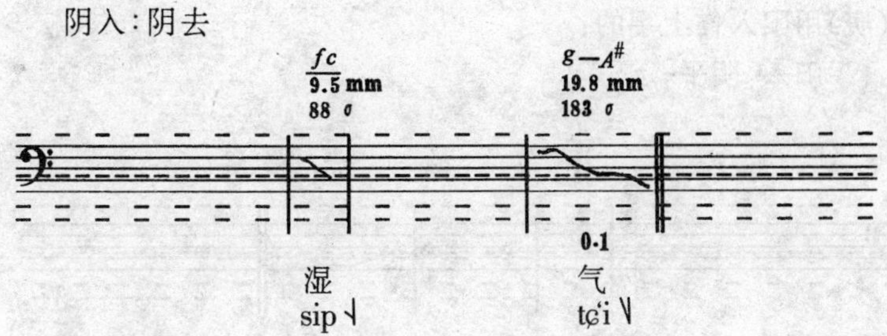

阴入:阳去

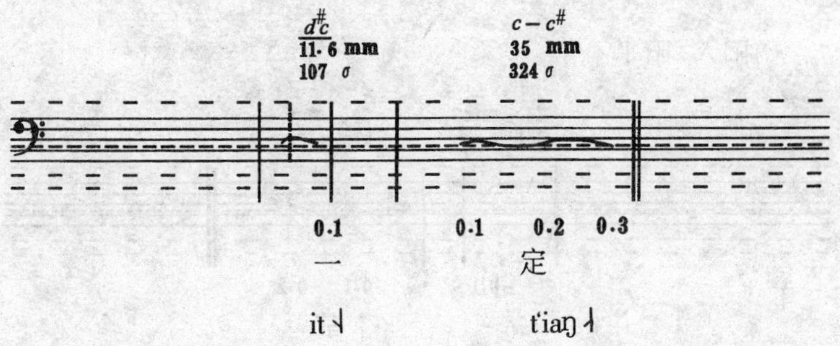

阴入:阴入　　阴入:阳入

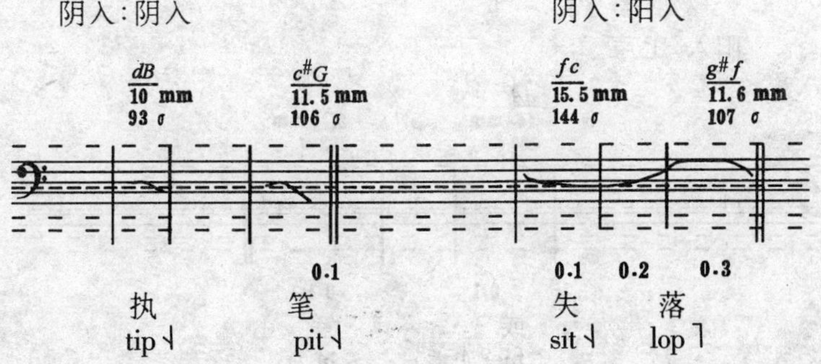

(庚)用阳入作上字的：

阳入：阴平

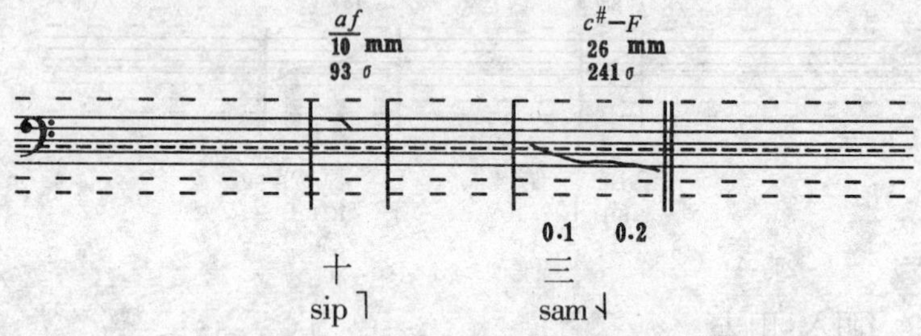

阳入：阳平

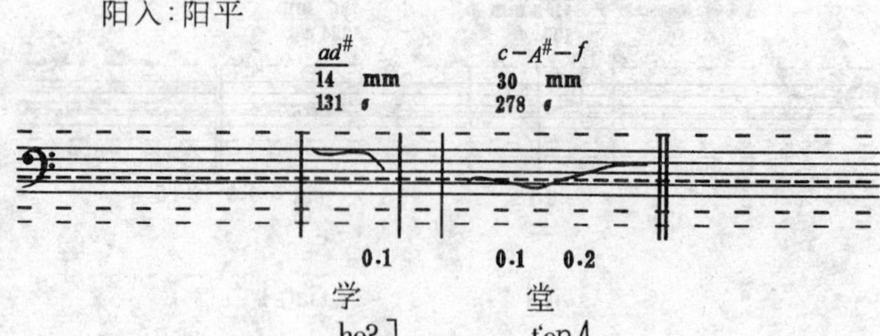

阳入：上声

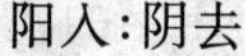
阳入:阴去

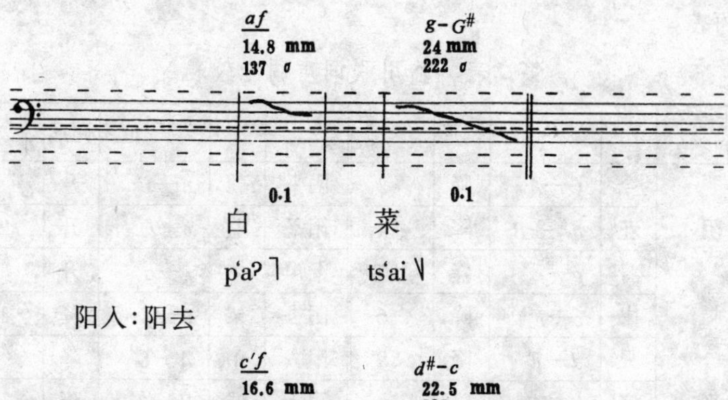
af
14.8 mm
137 σ
g−G#
24 mm
222 σ
0·1
0·1
白
菜
p‘aʔ ˥
ts‘ai ˥˩

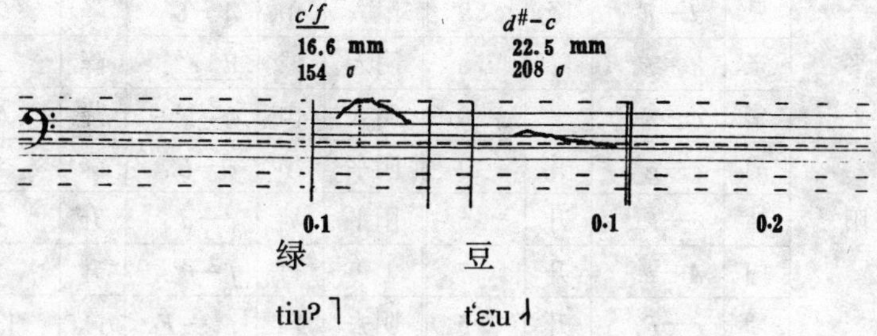
阳入:阳去
c′f
16.6 mm
154 σ
d#−c
22.5 mm
208 σ
0·1
0·1
0·2
绿
豆
tiuʔ ˥
t‘ɛːu ˧˩

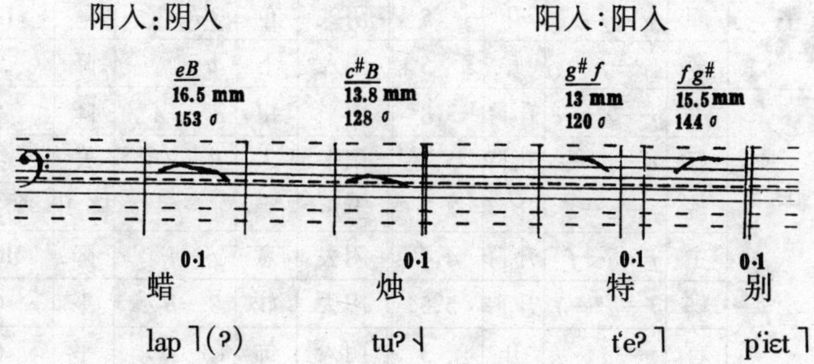
阳入:阴入
阳入:阳入
eB
16.5 mm
153 σ
c#B
13.8 mm
128 σ
g#f
13 mm
120 σ
fg#
15.5 mm
144 σ
0·1
0·1
0·1
0·1
蜡
烛
特
别
lap ˥(ʔ)
tuʔ ˨˩
t‘eʔ ˥
p‘iɛt ˥

现在为比较的方便起见，我再把每个词里上下字的调值列成下面的表：

第二表　临川联词声调比较表

上字调类	上字	调　值	调形	所距半音数	下字调类	下字	调　值	调形	所距半音数
阴平	今	*C—A*	降	2	阴平	朝	*A—C*	升	3
	花	$d^{\#}$—*B*	降	4	阳平	盆	*c—f*	升	5
	身	*g—c*	降	7	上声	体	*g—a*	升	2
	书	*c*—$F^{\#}$	降	6	阴去	架	*e—E*	降	12
	兄	*d—F*	降	9	阳去	弟	*A—G*	降	2
	亲	*d*—$F^{\#}$	降	8	阴入	戚	$d^{\#}$ $c^{\#}$	降	2
	猪	*d—d*	平	0	阳入	肉	*g d*	降	5
阳平	胡	*c—g*	升	7	阴平	须	*c—G*	降	5
	池	*c—f*	升	5	阳平	塘	*c—d*	升	2
	门	*A—e*	升	7	上声	口	*f*—$f^{\#}$	升	1
	牙	*c—f*	升	5	阴去	痛	$f^{\#}$—*F*	降	13
	流	*c*—$f^{\#}$	升	6	阳去	泪	*c—B*	降	1
	颜	*c—f*	升	5	阴入	色	*f F*	降	12
	萝	*c—f*	升	5	阳入	卜	*a g*	降	2
上声	手	*f*—$g^{\#}$—*c*	升,降	3,8	阴平	巾	$d^{\#}$—$A^{\#}$	降	5
	好	*d—g—c*	升,降	5,7	阳平	人	*B—d*	升	3
	洗	*f—g—c*	升,降	2,7	上声	澡	*g—e—g*	降,升	3,3
	主	*f—a—f*	升,降	4,4	阴去	意	*g—A*	降	10
	姊	*f*—$a^{\#}$—*f*	升,降	5,5	阳去	妹	*B—B*	平	0
	首	*g*—$a^{\#}$	升	3	阴入	饰	*c c*	平	0
	酒	*f—a*	升	4	阳入	席	$g^{\#}$ *f*	降	3

续表

上字调类	上字	调值	调形	所距半音数	下字调类	下字	调值	调形	所距半音数
阴去	信	$g^{\#}$—c	降	8	阴平	封	$d^{\#}$—$G^{\#}$	降	7
	价	$g^{\#}$—c	降	8	阳平	钱	$c^{\#}$—e	升	3
	报	g—$G^{\#}$	降	12	上声	纸	e—g	升	3
	照	$g^{\#}$—$G^{\#}$	降	13	阴去	相	f—F	降	12
	费	b—$G^{\#}$	降	15	阳去	事	$A^{\#}$—c	升	2
	教	g—F	降	14	阴入	室	$\underline{c\,F}$	降	7
	快	g—F	降	14	阳入	活	$\underline{d^{\#}\,A}$	降	6
阳去	认	c—d	升	2	阴平	真	$c^{\#}$—G	降	6
	自	B—$d^{\#}$	升	4	阳平	然	c—f	升	5
	地	c—$d^{\#}$	升	3	上声	板	d—ɑ	升	7
	恋	d—$g^{\#}$	升	6	阴去	爱	ɑ—G	降	14
	大	c—$d^{\#}$	升	3	阳去	雾	c—c	平	0
	第	$d^{\#}$—d	降	1	阴入	一	$\underline{d^{\#}\,c}$	降	3
	树	c—f	升	5	阳入	叶	$\underline{g^{\#}\,c}$	降	8
阴入	一	$\underline{d\,B}$	降	3	阴平	千	c—$A^{\#}$	降	2
	笔	$\underline{c^{\#}\,G}$	降	6	阳平	筒	c—f	升	5
	竹	$\underline{c\,F}$	降	7	上声	笋	f—$a^{\#}$	升	5
	湿	$\underline{f\,c}$	降	5	阴去	气	g—$A^{\#}$	降	9
	一	$\underline{d^{\#}\,c}$	降	3	阳去	定	c—$c^{\#}$	升	1
	执	$\underline{d\,B}$	降	3	阴入	笔	$\underline{c^{\#}\,G}$	降	6
	失	$\underline{f\,c}$	降	5	阳入	落	$\underline{g^{\#}\,f}$	降	3
阳入	十	$\underline{a\,f}$	降	4	阴平	三	$c^{\#}$—F	降	8
	学	<u>ɑ $d^{\#}$</u>	降	6	阳平	堂	c—$A^{\#}$—f	降,升	2,7
	或	$\underline{a\,d}$	降	7	上声	者	f—ɑ	升	4
	白	<u>ɑ f</u>	降	4	阴去	菜	g—$G^{\#}$	降	11
	绿	$\underline{c'\,f}$	降	7	阳去	豆	$d^{\#}$—c	降	3
	蜡	$\underline{e\,B}$	降	5	阴入	烛	$\underline{c^{\#}\,B}$	降	2
	特	$\underline{g^{\#}\,f}$	降	3	阳入	别	$\underline{f\,g^{\#}}$	升	3

拿这些联词里的字调和基本的单字调来比较，我们可以看出来：阴平、阳平、阴去、阴入4类，无论作上字或下字，虽然高低起落之间略有参差，可是各类的调形并没有大变化；上声在舒声的前头由高升调变成曲折的升降调，但在促声的前头和作下字时，调形却没有变化；阳去作上字时还保持原来的低升调形，但作下字时却有微降的趋势；阳入本来是短促的高平调，但是和别调的字相连时，无论上下字都变成短促的高降调。若把406页拟定的“音阶数字”代入各类的调值来求每类的平均音高，则：

(1)阴平上字“今、花、身、书、兄、亲、猪”拿 d 作起点的3次，c2次，$d^{\#}$ 和 g 各1次，平均为 d 强(14.3)，比单字调低0.7半音；拿 $F^{\#}$ 作终点的两次，F、$A^{\#}$、B、c、d 各1次，平均为 A(9)，比单字调低3个半音。

阴平下字“朝、须、巾、封、真、千、三”拿 c、$c^{\#}$、$d^{\#}$ 作起点的各2次，A1次，平均为 $c^{\#}$ 弱(12.7)，比单字调低2.3半音；拿 $A^{\#}$ 和 G 作终点的各两次，F、$G^{\#}$、c 各1次，平均为 G(7)，比单字调低5个半音。这些字中只有“朝”字在“今朝”一词里，因为两个阴平相避的缘故，调形有微升的趋势。

(2)阳平上字“胡、池、门、牙、流、颜、萝”拿 c 作起点的6次，A1次，平均为 c 弱(11.6)，比单字调低2.4半音；拿 f 作终点的4次，e、$f^{\#}$、g 各1次，平均为 e(16)，比单字调低5个半音。

阳平下字“盆、塘、人、钱、然、筒、堂”拿 c 作起点的5次，B 和 $c^{\#}$ 各1次，平均为 c(12)，比单字调低2个半音；拿 f 作终点的4次，d2次，e1次，平均为 e(16)，比单字调低5个半音。这些字中只有“堂”字在“学堂”一词里调形略有曲折。

(3)上声在舒声前头的“手、好、洗、主、姊”5字都由简单的高升调变成曲折的升降调。其中拿 f 作起点的4次，d1次，平均为 e 强

(16.4),比单字调低 0.6 半音;拿 g 和 a 作中点的 2 次,$g^{\#}$1 次,平均为 $g^{\#}$(20),比和它相当的单字调终点低 1 个半音;拿 c 作终点的 3 次,f2 次,平均为 d(14),这个下降的终点是单字调里所没有的。

在促声前头的"首、酒"两字,一个拿 g 作起点,一个拿 f 作起点,平均为 $f^{\#}$(13),比单字调高 1 个半音;一个拿 $\alpha^{\#}$ 作终点,一个拿 α 作终点,平均为 α 强(21.5),比单字调高 0.5 个半音;调形没有变化。

上声下字"体、口、纸、板、笋、者"拿 f 作起点的 3 次,d、e、g 各 1 次,平均为 f 弱(16.7),比单字调低 0.3 半音,差不多可以算是相等;拿 α 作终点的 3 次,$f^{\#}$、g、$\alpha^{\#}$ 各 1 次,平均为 $g^{\#}$ 强(20.3),比单字调低 0.7 半音;调形完全没有变化。只在"洗澡"一词里的"澡"字变成降升的 g—e—g 调,这是因为两个上声相连的缘故。

(4)阴去上字"信、价、报、照、费、教、快"拿 g 和 $g^{\#}$ 作起点的各 3 次,b1 次,平均为 $g^{\#}$(20),比单字调低 1 个半音;拿 F、$G^{\#}$、c 作终点的各两次,G1 次,平均为 $G^{\#}$ 强(8.1),比单字调低 0.9 半音。

阴去下字"架、痛、意、相、爱、气、菜"拿 g 作起点的 3 次,e、f、$f^{\#}$、α 各 1 次,平均为 $f^{\#}$ 强(18.4),比单字调低 2.6 半音;拿 F 作终点的 2 次,E、G、$G^{\#}$、A、$A^{\#}$ 各 1 次,平均为 $G^{\#}$ 弱(7.8),比单字调低 1.2 半音。

(5)阳去上字"认、自、地、恋、大、第、树"拿 c 作起点的 4 次,B、d、$d^{\#}$ 各一次,平均为 $c^{\#}$ 弱(12.6),差 0.4 半音就和单字调相等;拿 $d^{\#}$ 作起点的 3 次,d2 次,$c^{\#}$ 和 g 各 1 次,平均为 $d^{\#}$(15),恰好和单字调一样。

阳去下字"弟、泪、妹、事、雾、定、豆"拿 c 作起点的 3 次,A、$A^{\#}$、B、$d^{\#}$ 各 1 次,平均为 c 弱(11.6),比单字调低 1.4 半音;拿 c 作终点的 3 次,B2 次,G 和 $c^{\#}$ 各 1 次,平均为 B 强(11.1),比单字调低 1.9 半音;从平均起点到平均终点相差 0.5 个半音,所以说调形有微降的趋势。

(6)阴入上字“一、笔、竹、湿、执、失”拿 d 和 f 作起点的各 2 次，c、$c^{\#}$、$d^{\#}$ 各 1 次，平均为 $d^{\#}$ 弱(14.6)，比单字调低 1.4 半音；拿 c 作终点的 3 次，B2 次，F 和 G 各 1 次，平均为 $A^{\#}$(10)，比单字调低 5 个半音。

阴入下字“戚、色、饰、室、一、笔、烛”拿 c、$c^{\#}$、$d^{\#}$ 作起点的各 2 次，f1 次，平均为 d 强(14.2)，比单字调低 1.8 半音：拿 F 和 c 作终点的各 2 次，G、B、$C^{\#}$ 各 1 次，平均为 A 强(9.3)，比单字低 5.7 半音；虽然还保持中降的调形，但起落的距离却延长了许多。

(7)阳入上字“十、学、或、白、绿、特”① 拿 a 作起点的 4 次，$g^{\#}$ 和 c' 各 1 次，平均为 a 强(21.3)，比单字调高 0.3 半音；拿 f 作终点的 4 次，d 和 $d^{\#}$ 各 1 次，平均为 e 强(16.2)，比单字调低 5 个半音。

阳入下字“肉、卜、席、活、叶、落、别”拿 $g^{\#}$ 作起点的 3 次，$d^{\#}$、f、g、d 各 1 次，平均为 g 弱(18.9)，比单字调低 2.1 半音；拿 f 作终点的 2 次，A、c、d、g、$g^{\#}$ 各 1 次，平均为 $d^{\#}$ 强(15.4)，比单字调低 5.6 半音。

据上面综合研究的结果，我们知道，联词字调的平均起点，除在促声前头的上声外，都比单字调略低，下字的起点又比上字低；它们的平均终点，除阳去上字外，也比单字调低，而且下字的终点尤其低。但是这不过概括的平均来说，如果个别分析起来，还有几个例得要提出来讨论。例如阴平“身”字(g—c)，在和上声下字相连的“身体”一词里，它的起点比单字调升高 4 个半音，这是受了“体”字(g—a)起点的影响；阳去“恋”字(d—$g^{\#}$)，在和阴去下字相连的“恋爱”一词里，它的终点比单字调升高 4 个半音，这是受了“爱”字(e—G)起点

① “蜡”字，游君有阴入、阳入两读，黄君虽读阳入，但在“蜡烛”一词中调值为 e—B，和其他 6 字的比例不称，颇为可疑，故不计入平均。

的影响；阴去“架”字(e—E)，在和阴平上字相连的“书架”一词里，起点和终点都比单字调降低5个半音，这是受了“书”字(c—$F^{\#}$)终点的影响；这些因为下字起点或上字终点的高低而使本来调值连带升高或降低的现象，我们管它叫做“声调的同化”。还有阳平“门”字(A—e)，在和上声下字相连的“门口”一词里，起点和终点比单字调都降低5个半音，这因为“口”字也是升调(f—$f^{\#}$)，为保持两个升调的个性，使彼此不至于相混，结果“门”字的调值就比单字调降低了许多；这种因为调形相近而避免相混的现象，我们管它叫做“声调的异化”。然而声调的音高都是相对的，而不是绝对的；纵然因为上下字的牵涉，使某几个字特别升高或降低，如果不至于改换调形，不至于变易调类的通性，还可以算它没有变化。所以我们可以说，临川方言的阴平、阳平、阴去、阴入4类，在联词里大致和单读时相同，虽然有几个例在高低起落之间略有参差，但是都不至于影响调类的通性。

至于上声为什么和其他舒声下字相连，就由简单的高升调变成曲折的升降调呢？照我在第二图里所得的结果，临川单字调的最高点达到a的，在舒声里有阳平(d—a)、上声(f—a)、阴去(a—A)3类；这3类里，阴平重在起点，阴去重在终点，只有上声是重在终点a的，所以从重读的最高点来说，上声可以算是临川声调里最高亢的一类。拿这类上字和别类下字相连时，若是只扬不抑，只抗不坠，很难读得联贯，因此它就变成曲折的升降调了。但是它和促声下字相连时，一则因为它们的时值过短，一则因为阳入的最高点和上声相等，所以还保持原来的高升调形，并没发生变化。

阳去的单字调($c^{\#}$—$d^{\#}$)，从起点到终点仅仅相差2个半音，所升高的本来很有限，当它作联词下字的时候，发音人稍微参杂一点儿口气语调，就难免有略降的趋势。所以阳去下字，除去“事”($A^{\#}$—c)、“定”(e—$c^{\#}$)两字仍读低升调外，其馀的非平(“妹”B—B、“雾”

$c—c$)即降("弟"$A—G$、"泪"$c—B$、"豆"$d^{\#}—c$),这并不算是希奇的现象。

还有阳入和别类字相连时,何以无论上下字都由短促的高平调变成短促的高降调呢?我觉得这种上字的变化,可以拿上声在舒声前头所以发生变化的同样道理来解释。阳入是最高的促声,在舒声里也只有上声和它相伯仲。因此,它为迁就较低的别类下字,自然而然地终点就降低了。至于下字终点的降低,我却以为是受口气语调的影响。因为这一类联词都排在每一类的末了儿,发音人读完一类时,稍微停顿一会儿,便有混入口气语调的可能。所以这一类的终点,不但下降,而且在"肉、卜、席、活、叶、落"6字里平均降低6.3半音,比起别类来降得都多;只有"特别"一词里的"别"字,因为两个阳入相连的缘故,变成一种高升调,这得算是特殊的例外。

关于单字调的浪长和时值,只是舒声和促声有显著的不同;在舒声里,惟独上声比其他4声略短。联词调的长短也颇不一致,但是除去"洗澡"一词里的"洗"字,浪长14.5mm、时值134σ,几乎和促声相混外,其馀的都不至于影响调类的通性。我因为浪长和时值两项在区分调类上并不十分重要,所以只在每个曲线图上分别注明,不再一一地比较。

总括上文所说,我们对于临川的联词调再提出下面的简单结论:

(1)阴平、阳平、阴去、阴入4类,无论作上字或下字,调形均不变化;

(2)上声在舒声前由简单的高升调变曲折的升降调,在促声前和作下字时,都不变;

(3)阳去作上字时不变,作下字时有微降的趋势;

(4)阳入无论作上字或下字,都由短促的高平调变成短促的高降调;

(5)此外,像两阴平相连下字微升、两上声相连下字变降升调、两阳入相连下字变短促的高升调之类,在我没作多量的统计以前,姑且保留作为特例。

第三章　本地的音韵

叁·一　临川韵镜

综合临川方音的声、韵、调三方面，仿照《韵镜》和《切韵指掌图》的型式，排比成一个单字音表，我管它叫做“临川韵镜”。表的排列法是以“摄”统“呼”、以韵赅调、以韵为经、以声为纬的。例如，鸦摄有开口、合口、齐齿3呼，分作 *a*、*ua*、*ia*3 韵，每韵再分阴平、阳平、上、阴去、阳去 5 调（入声附有尾音，算是独立的韵母，所以另附在舒声的后面），这是直的一方面。声母分作[*p*]、[*t*]、[*ts*]、[*tɕ*]、[*k*]5 组，每组按照所谓“发、送、收”的次序来排列，第一行是不送气的塞音或塞擦音，第二行是送气的塞音或塞擦音，第三行是鼻音或边音，第四行是擦音，但[*ts*]组没有鼻音和边音，就把擦音排在第三行，用元音起头儿没有声母的字附列在[*k*]组的第五行，这是横的一方面。照这种排列法读起来，凡同一横行的都是双声，例如“沙、蛇、舍、赦、社”；凡同一直行的都是叠韵，例如“爬、麻、华、拿、茶、蛇、牙、霞”，这和《韵镜》里以声为经、以韵为纬的款式恰好相反。

临川方音共有 19 声、48 个舒声韵、25 个促声韵、5 个舒声调、2 个促声调，若是一一相乘起来，理想 上可以有 5510 个音，然而事实上并不是每声每韵每调所拼的音都可以有字的。据我所得的材料，除去有音无字的空位不算，临川方言实际上只有 1262 个有字的音。下面表里所列的就是每个音的代表字：

韵摄 / 韵类 / 调类 / 声类	丝					午	儿			乌					伊				
	ɿ					ŋ̍	ɵ			u					i				
	阴平	阳平	上声	阴去	阳去	上声	阳平	上声	阳去	阴平	阳平	上声	阴去	阳去	阴平	阳平	上声	阴去	阳去
p												补	布		卑		比	闭	
p‘										逋	蒲	普		部	批	琵		屁	陛
m											模	母		暮		迷	米		谜
f										呼	胡	虎	赋	户					
t										都		赌	妒		低	犁	底	制	例
t‘										枢	徒	土	兔	杜	痴	题	体	滞	地
l											奴	鲁		路					
ts	资		子	做						租		祖			疽		姊	祭	
ts‘	疵	慈	此	次	字					粗	锄	楚	醋	助	妻	齐	取	趣	聚
s	私	词	死	四	似					苏	殊	暑	素	墅	胥	徐	洗	世	示
tɕ															居		已	据	
tɕ‘															区	其	启	去	技
ȵ																鱼	语		毅
ɕ															墟	奚	许	戏	系
k										姑		古	故						
k‘										枯		苦	库						
ŋ											吴			悟					
h																			
○						五	儿	耳	二	乌	无	武	恶	务	衣	余	矣	意	异

阿										
o					uo					yo
阴平	阳平	上声	阴去	阳去	阴平	阳平	上声	阴去	阳去	阴平
波			播							
	婆	颇	破							
	魔			磨						
	和	火	货	祸						
多		朵								
拖	驼	妥	唾	惰						
	罗	裸								
		左	佐							
			锉	坐						
梭		锁								
										茄
										靴
歌			個		锅		果	过		
轲		可			科			课		
	蛾	我		饿		讹			卧	
	何			贺						
阿					倭	禾			和	

韵摄	鸦													
韵类	a					ua				ia				
声类 \ 调类	阴平	阳平	上声	阴去	阳去	阴平	上声	阴去	阳去	阴平	阳平	上声	阴去	阳去
p	巴		把	霸										
p‘		爬		怕	罢									
m		麻	马		骂									
f	花	华			话									
t	遮		者	蔗						爹				
t‘	他		扯											
l	拉	拿												
ts	渣			诈										
ts‘	差	茶		诧	乍									
s	沙	蛇	舍	赦	社									
tɕ										嗟			借	
tɕ‘											斜	且		藉
ȵ												惹		
ɕ											邪	写	卸	谢
k	家		假	架		瓜	寡	卦						
k‘						誇		跨						
ŋ	外	牙	雅		讶									
h		霞		吓	下									
○	鸦		哑	亚		蛙	瓦		话		耶	野		夜

猪								哀									
e				ie				oi					uoi				
阴平	阳平	上声	阴去	阴平	阳平	上声	阴去	阴平	阳平	上声	阴去	阳去	阴平	阳平	上声	阴去	阳去
								杯			辈						
								胚	陪		配	佩					
									梅	每		妹					
								灰									
猪													堆				
															腿		兑
														雷			内
蛆	徐	取											崔				罪
胥			絮													碎	
						姐											
						娶	去										
					鱼	惹											
				些													
	佢		锯					该		改	盖						
			去					开		凯	概						
									欸			碍					
									孩	海		亥					
								哀			爱						

韵摄	台									飞									
韵类	ai					uai				əi					ui				
声类＼调类	阴平	阳平	上声	阴去	阳去	阴平	上声	阴去	阳去	阴平	阳平	上声	阴去	阳去	阴平	阳平	上声	阴去	阳去
p			摆	拜															
p‘		牌		派	败														
m		埋	买		卖														
f		淮			坏					飞	肥	匪	废	吠					
t				戴											堆			对	
t‘	胎	臺		泰	待										推	颓	腿	退	兑
l		来	乃		耐											雷	馁		内
ts	灾		宰	再														最	
ts‘	猜	才	彩	菜	在										崔		揣	脆	罪
s	腮	柴	灑	赛											虽	谁	水	碎	睡
tɕ																			
tɕ‘																			
ȵ																			
ɕ																			
k	皆		解	界		乖	拐	怪							圭		轨	桂	
k‘	揩		楷				蒯	快							盔	葵	傀	愧	柜
ŋ		崖			艾														
h		鞋	骇		懈														
○	挨	埃	矮			歪			外						威	微	尾	畏	未

敖										欧									
au					iau					ɛːu					iu				
阴平	阳平	上声	阴去	阳去	阴平	阳平	上声	阴去	阳去	阴平	阳平	上声	阴去	阳去	阴平	阳平	上声	阴去	阳去
褒		保	报		标		表												
	袍	跑	炮	暴	飘	瓢	漂	票				剖							
	毛	卯		帽		苗	藐		妙		谋	某		茂					谬
											浮	否		阜					
刀		岛	到		貂	辽	了	钓	料	昭		斗	照		周	流	柳	咒	
叨	桃	讨	套	道	挑	条	掉	跳	调	超	潮		透	赵	抽	绸	丑	臭	纣
	劳	脑	捞	闹							楼	扰	搂	漏		柔			溜
遭		早	躁							邹		走	奏						
操	曹	草	钞	造							愁		凑	骤					
骚	韶	扫	少							烧	韶	绍	嗽						
					焦		矫	叫							鸠		酒	救	
					锹	乔	悄	俏	轿						秋	求	臼		就
						尧	鸟		尿							牛	纽		
					萧		小	笑							修	囚	手	兽	授
高		稿	告							鈎		狗	垢						
敲		考	犒							抠		口	叩						
	熬	咬		傲							牛	偶							
耗	豪	好	孝	浩						偷	侯	吼	透	後					
		袄	奥		妖	摇	舀	要	耀	欧		呕	怄		忧	油	有	幼	右

韵摄	庵					谈									
韵类	om					am					iɛm				
声类＼调类	阴平	阳平	上声	阴去	阳去	阴平	阳平	上声	阴去	阳去	阴平	阳平	上声	阴去	阳去
p															
pʻ															
m															
f															
t						耽		胆	担			簾	点	店	敛
tʻ	贪						潭		探	淡	添	甜	忝		垫
l		婪	揽				南	览		滥					
ts	簪							斩	蘸						
tsʻ		蚕				参	惭	惨	忏	暂					
s						三									
tɕ											兼		检	剑	
tɕʻ											谦	钳		欠	俭
ȵ												严	染		念
ɕ											纤	嫌	险		
k	甘		感			监		减	鉴						
kʻ	堪		砍	勘				槛	嵌						
ŋ															
h	贪	含			憾		咸	喊		陷					
○	庵		撼	暗							淹	炎	掩	厌	艳

森										安							
em					im					on					uon		
阴平	阳平	上声	阴去	阳去	阴平	阳平	上声	阴去	阳去	阴平	阳平	上声	阴去	阳去	阴平	上声	阴去
										搬			半				
										潘	盘		判	叛			
											瞒	满		漫			
										欢	桓		唤	缓			
沾			佔		针	林	枕			端		短	转				
						沉			朕	川	团	喘	串	断			
		冉				壬	妊		任		鸾	暖		乱			
								浸		钻		纂	钻				
					侵	寻	寝		蕈				窜	撰			
森	蝉	闪	渗	赡	心	寻	审		甚	酸	船		算				
					今		锦	禁									
					钦	禽											
						吟			赁								
										干			幹		官	管	贯
										看		侃	看		宽	款	
														岸			
										鼾	寒	罕	断	旱			
					音	淫	饮	荫		安			按		豌	碗	

韵摄	颜																			
韵类	an					uan					iɛn					yɛn				
调类 / 声类	阴平	阳平	上声	阴去	阳去	阴平	阳平	上声	阴去	阳去	阴平	阳平	上声	阴去	阳去	阴平	阳平	上声	阴去	阳去
p	班		板	扮							鞭		匾	变						
p'	攀		瓣	盼	办						篇	骈		骗	辨					
m		蛮			慢							绵	勉		面					
f	翻	凡	反	泛	患															
t	丹		颤	旦							颠	连	典				联	辇		练
t'	滩	檀	坦	炭	诞						天	田			殿					
l		难	懒		烂															
ts			盏	赞																
ts'	餐	残	铲	灿																
s	珊		散	疝																
tɕ											肩		剪	箭		涓		卷	眷	
tɕ'											千	钱	浅	践	件	圈	全	犬	劝	倦
ȵ												言	研		砚		元	软		愿
ɕ											仙	贤	显	线	现	宣	弦	选		羡
k	姦		简	谏		关			惯											
k'																				
ŋ		颜	眼		雁															
h	摊	闲		叹	限															
○				晏		弯	顽	晚		万	烟	延	演	宴		冤	员	远	怨	院

恩		温			
e:n	ue:n	ən	un	in	yn
阴阳上阴阳 平平声去去	阴 平	阴阳上阴阳 平平声去去	阴阳上阴阳 平平声去去	阴阳上阴阳 平平声去去	阴阳上阴阳 平平声去去
崩 烹朋 　萌猛　孟 轰弘　　横		奔　本笨 　盆品笨笨 　门皿　闷 分魂粉粪混		宾　饼殡 姘贫牝聘病 　民闽　命	
登　等凳 吞腾　　邓 　能冷			敦　準顿 春屯蠢钝遁 　论　　润	珍邻诊振吝 称陈逞秤陈 　人忍　认	伦
增 瞪层　衬赠 僧禅省扇善			尊 村存忖寸 孙纯瞬逊顺	精　井进 亲情请　盡 新神省信盛	
				巾　紧境 轻勤　庆近 　银忍　认 欣形　兴	津　窘晋 　群　　郡 薰询笋讯殉
更　耿亘 坑　肯 　研　硬 亨恒很　杏 恩	肱		滚 坤　捆困 温文吻　问	因寅引印孕	云允　韵

韵摄 韵类 调类 声类	昂														
	oŋ					uoŋ					ioŋ				
	阴平	阳平	上声	阴去	阳去	阴平	阳平	上声	阴去	阳去	阴平	阳平	上声	阴去	阳去
p	邦		榜	棒											
p'	滂	庞		胖	蚌										
m		芒	莽												
f	荒	黄	谎	放											
t	张		党	涨								良	两		亮
t'	汤	唐	倘	唱	荡										
l		郎	朗		浪										
ts	桩			葬											
ts'	仓	藏		创	状										
s	桑	常	爽	丧	尚										
tɕ											将		蒋	酱	
tɕ'											枪	墙	抢		
ȵ												娘	仰		酿
ɕ											相	详	想	向	像
k	刚		讲	降		光		广							
k'	康		慷	抗			狂	逛	旷						
ŋ		昂													
h		行			项										
○	骯					汪	亡	枉		望	央	羊	养		样

更											翁									
aŋ					uaŋ	iaŋ					uŋ					iuŋ				
阴平	阳平	上声	阴去	阳去	阳平	阴平	阳平	上声	阴去	阳去	阴平	阳平	上声	阴去	阳去	阴平	阳平	上声	阴去	阳去
								饼	柄				捧							
	彭									病		篷								
							名			命		蒙			梦					
											风	红		俸	凤					
正			正			钉	铃	岭			东		种	栋			龙			
	程			郑		聽				定	通	同	统	痛	洞					
		冷										笼	冗		弄					
争											棕		总	粽						
撑	橙										聪	崇								
生	城	省									鬆		怂	送						
						精		井								弓		拱	供	
						轻	晴	请	罄	净						倾	穷	恐		共
										甯							浓			
						星		醒	性							嵩	雄	迥	嗅	诵
更											公			贡						
坑											空		孔	控						
				硬																
	行																			
					横		萤	影	映		翁			瓮		雍	融	勇	拥	用

韵摄 / 韵类 / 调类 \ 声类	合		答				涉				曷			
	op		ap		iɛp		ep		ip		ot		uot	
	阴入	阳入	阴入	阳入	阴入	阳入	阴入	阳入	阴入	阳入	阴入	阳入	阴入	阳入
p											钵	拨		
p‘											泼			
m											末	沫		
f											豁	活		
t			答			猎	辄		立				掇	
t‘			塔	踏	贴								脱	夺
l			纳	臘					入					捋
ts	撮		眨											
ts‘			插	杂						缉				
s			卅	闸			摄	涉	湿	习			刷	
tɕ					接				急					
tɕ‘					妾	捷			泣	及				
ȵ					捻	业								
ɕ						胁			吸					
k	蛤	鸽	夹								割		括	
k‘	磕		掐								渴		阔	
ŋ														
h		合		狭							喝	曷		
○			鸭			葉			邑		遏		斡	活

达								哲							
at		uat		iɛt		yɛt		et		ut		it		yt	
阴入	阳入	阴入	阳入	阴入	阳入	阴入	阳入	阴入	阳入	阴入	阳入	阴入	阳入	阴入	阳入
八												笔			
	钹			撇	别						勃	匹			
				灭	篾					没		蜜			
髪	滑									忽	佛				
				列		劣		哲				质	栗	律	
闼	达			铁	迭				彻	出	突		侄		
捺	辣							热				日			
札								栉		卒					
察										猝		七	疾		
撒	栅							虱	舌	率	術	悉	实		
				节		厥						吉		橘	
				揭	傑	缺	绝					乞		屈	掘
				捏	热	月	月					讫	日		
				屑	诘	雪	穴							恤	
		刮								骨					
										窟					
瞎									辖						
轧	轧	挖	滑	谒		悦	阙			物		乙		鬱	

韵摄／韵类／调类／声类	恶					白				屋				厄			翼	
	oʔ		uoʔ	ioʔ		aʔ		iaʔ		uʔ		iuʔ		eʔ		ueʔ	iʔ	
	阴入	阳入	阴入	阴入	阳入	阴入	阳入	阴入	阳入	阴入	阳入	阴入	阳入	阴入	阳入	阴入	阴入	阳入
p	博					百		壁		卜				百			碧	
p‘	泊	薄				拍	白	劈			僕			拍	帛		僻	
m	莫						麦			木				陌	墨		觅	
f	霍	缚								福	服				或			
t	着	啄		略	掠	隻			笛	笃		绿	陆	德			力	滴
t‘	托					尺		掷		畜	独			忒	特		赤	直
l	诺	落								禄	鹿			勒			溺	
ts	作					摘								鲫			积	
ts‘	错	昨				栅					族			测	择			籍
s	缩	芍				栅	石			速	熟			色			昔	席
tɕ				脚	嚼							足					戟	剧
tɕ‘				雀				喫	席			促	局				喫	屐
ȵ				虐					额			玉	肉				逆	
ɕ				削				锡				肃	俗				隙	
k	各		郭			格				榖				格		国		
k‘	确		扩			客				哭				客				
ŋ	鄂	乐												额				
h	壑	鹤				赫								赫	核			
○	恶			约	药					屋		郁		厄			益	弋

叁·二　临川方音的通性

根据“临川韵镜”里所有的材料，我们可以把这个方音归纳出下面几项通性来：

(1)声母方面

a. 有次浊[m]、[ȵ]、[ŋ]、[l]，没有全浊声母；

b. [l]往往没条理地和[n]换读；

c. 塞音和塞擦音有送气和不送气两类；

d. 有齿唇清音[f]，没有齿唇浊音[v]；

e. 有舌尖前音[ts]、[ts‘]、[s]，没有舌尖后音[tʂ]、[tʂ‘]、[ʂ]。

(2)韵母方面

a. 有[i-]、[u-]、[y-]3种介音，但没有独立的[y]韵；

b. 有[-i]、[-u]、[-m]、[-n]、[-ŋ]、[-p]、[-t]、[-ʔ]8种尾音；

c. [oi]和[ai]、[om]和[am]、[on]和[an]、[oŋ]和[aŋ]、[op]和[ap]、[ot]和[at]，各分为两韵；

d. 在[o]、[a]、[u]3元音后[-n]和[-ŋ]不混，在[e]、[i]两元音后有[-n]没[-ŋ]；

e. [e]、[ie]、[uoi]、[aŋ]、[iaŋ]、[uaŋ]、[aʔ]、[iaʔ]8韵，大部分都是白话音；

f. [yo]、[uaŋ]、[ueːn]、[ueʔ]4韵，字数甚少。

(3)声调方面

a. 平、去、入俱分阴阳，上声不分阴阳，共分7类。

(4)声母和韵母的关系

a. [p]组只和拿[u]作主要元音的[u]、[uŋ]、[ut]、[uʔ]4韵拼，但不和[ui]、[un]韵拼，也不和其他有[u-]、[y-]两种介音的韵

拼,又不和有[-m]、[-p]两种尾音的韵拼;并且[f]母还不和[au]、[i]两韵及有[i-]介音的韵拼;

b.[ts]组只和拿[i]作主要元音的[i]、[im]、[in]、[ip]、[it]、[iʔ]6韵拼,不和其他有[i-]、[y-]两种介音的韵拼,但黄君所读的湖西村音,[ts]组一律不拼细音,“尖字”完全混入“团字”;

c.[tɕ]组只和有[i-]、[y-]两种介音的韵拼;

d.[k]组除元音起头的[○]以外,一律不和有[i-]、[y-]两种介音的韵拼,并且[h]母不和[u]及有[u-]介音的韵拼,[ŋ]母除[u]、[uo]两韵外也不和其他有[u-]介音的韵拼。

(5)韵母和声母的关系

a.[ʅ]韵只和[ts]组拼;

b.[ŋ̍]、[ɵ]两韵不和任何声母拼;

c.[e]、[et]两韵不和[p]、[tɕ]两组拼;

d.[ei]韵只和[f]母拼;

e.[oi]、[uo]、[ua]、[uai]、[uon]、[uan]、[uen]、[uoŋ]、[uaŋ]、[uat]、[uoʔ]、[ueʔ]12韵只和[k]组拼,但城内音[oi]韵兼拼[p]组;

f.[om]、[em]、[uoi]、[uəi]、[uot]只和[t]、[ts]两组拼;

g.[ot]韵只和[p]、[k]两组拼。

(6)声母和声调的关系

a.[m]、[ȵ]、[ŋ]、[l]4母,除去一个受外方影响的“拉”字外,全没有阴平和阴去两类;

b.不送气的塞音和塞擦音,除去在[i]、[y]前面的[t]和唯一读作阳入的“啄”字话音以外,全没有阳平、阳去、阳入3类。

(7)韵母和声调的关系

a.[yo]、[uen]两韵只有阴平;

b.[uaŋ]韵只有阳平；

c.[ŋ]韵只有上声；

d.[ɵ]韵没有阴平和阴去；

e.[ua]、[uai]两韵没有阳去；

f.[uon]韵没有阳平和阳去；

g.[uoʔ]、[ueʔ]两韵没有阳入。

叁·三　临川同音字汇

国内各地方，有许多根据本地音韵作成的韵书，像广州的《千字同音》、泉州的《汇音妙悟》、漳州的《雅俗通十五音》、福州的《戚林八音》、婺源的《乡音字汇》、河北的《五方元音》等，都是这一类的东西。这一类韵书，一方面可以供一般人据音检字之用，一方面对于研究方音学的人也有很大的帮助。可惜关于临川方音还没有这样一部现成的书可以供我们参考。我现在根据上文所得的音类，把黄森梁君所读过的字排比成下面的同音字汇 73 韵部，并订立条例如下：

(1)字汇材料以黄森梁君的读音为主，再拿游国恩君的读音作参证，凡黄、游读音歧异的地方各于表下分别注明。至于晁志魁君和黄、游两君不同的读音，另在后文加以讨论，不再列入表中。

(2)韵母分为舒声“丝、午、儿、乌、伊、阿、倭、靴、鸦、蛙、耶、猪、鱼、哀、雷、台、歪、飞、威、熬、妖、欧、优、庵、谈、淹、森、音、安、豌、颜、弯、焉、渊、恩、肱、门、温、因、匀、昂、汪、央、更、横、萤、翁、雍”48 部，促声“合、答、葉、涉、邑、遏、斡、达、挖、噎、越、哲、物、逸、鬱、恶、郭、约、白、壁、屋、郁、厄、国、翼”25 部。

(3)声母分为“伯、拍、默、或、德、忒、勒、资、雌、私、基、欺、倪、希、格、客、额、赫、厄”19 类，凡是不和那一部相拼的声母，一律剔去不列，以省篇幅。

(4)声调分为“阴平、阳平、上声、阴去、阳去、阴入、阳入”7类，舒声每部包括“阴平、阳平、上声、阴去、阳去”5类，促声每部包括“阴入、阳入”两类，和普通韵书按调分韵的办法不同。

(5)每部以调类为经、以声类为纬，声、韵、调标目后各注音值；凡受过语音学训练的人，只要用3类的音值互切，即可念出准确的读音，就是略具音韵学常识的人，也可从3类的标目明了音系的纲领。

(6)每部部目后注明所包括的《广韵》韵类以明沿革，并作第四章比较研究的准备。

(7)凡按着条理读的字，表里都不注明《广韵》的纽、韵、调、呼、等，但于不同摄的用“:”号隔开，不同韵部（平、上、去相承为一部）的用“;”号隔开，不同纽、调或呼、等的用“,”号隔开，完全同音的即不加符号（例如，“旨指，履；李里裏理，徵；止趾；纸只：底抵，礼”之类）。

(8)凡于字后另以小字标明纽、韵、调、呼、等者，即指所标明的那一部分不按规则读（例如：“tʻiᵓ 翅（书）”，“꜀koŋ 缸（匣）”；“ᶜmu 母拇（厚）”，“꜁sem 蝉（仙）”；“꜁hau 蒿（平）”，“꜀sɿ 伺（去）”，“ᶜfu 釜腐（上）”，“꜀pʻi 被（去）”；“tyɛnᵓ练炼（开）”，“ᶜiɛn 兖（合）”；“꜀tsun 遵（合三）”之类。纽用次条所列41目，韵用《广韵》原目；阴调类用“平、上、去、入”4字，阳调类另作“平̣、上̣、去̣、入̣”4号；呼分“开合”，等分“一、二、三、四”）；所标不止一字者，系指那些部分都不按规则读（例如“ᶜtin 趁（彻，去）”，“toŋᵓ 仗（並，去）”之类）。

(9)各部《广韵》韵目下所称某“系”某“组”应照下列分配：

帮系
- 帮组：帮滂並明
- 非组：非敷奉微

端系
- 端组：端透定泥娘来
- 精组：精清从心邪

照系 { 知组：知彻澄；庄组：庄(照二)初(穿二)崇(床二)生(审二)；照组：章(照三)昌(穿三)船(床三)书(审三)禅日 }

见系 { 见组：见溪群疑；影组：影晓匣云(喻三)以(喻四) }

(10)各部《广韵》韵目下所称“开口”、“合口”，是拿宋、元韵表作根据，和明、清人所谓“等呼”的含义不同。

(11)表中每字下加横线“—”的是话音，下加曲线“～”的是城内音。

(12)凡两读的字均互注又音，但文白异读的不另注明。

以下便是 73 部的字表：

丝部第一[ɿ]《广韵》脂、之、支各韵(举平以赅上、去，下同)开口精、庄两组属之。

调类 同音字 声类	阴平˦	阳平˩˧	上声˥˧	阴去˥˩˧	阳去˨˧
资[ts]	资姿咨；兹滋，辎		姊；子梓；紫	做(暮)	
雌[ts‘]	雌、疵(平)	慈磁、辞词(又꜀sɿ)；脐(“脐带”，齐)	此	次；刺；厕	自；字；巳
私[s]	私，师狮；司思丝，伺(去)；撕(齐)	词(又꜀ts‘ɿ)	死；使史驶	四肆	寺嗣饲，事；似祀，士俟

午部第二[ŋ̍]《广韵》上声姥韵疑组字属之。

调类 同音字 声类	阴平˦	阳平˩˧	上声˥˧	阴去˥˩˧	阳去˨˧
厄[○]			五伍午		

儿部第三[ɵ]《广韵》鱼、虞、脂、之、支各韵日纽属之。

调类 同音字 声类	阴平˧˨	阳平˨˦	上声˦˥	阴去˥˧	阳去˨˩
厄[○]		如；儒；而；儿	汝；乳；耳；尔		二贰；饵

乌部第四[u]《广韵》模韵，鱼韵端系，虞韵端系与庄非两组，及尤韵非组“妇负富副”等字均属之。

调类 同音字 声类	阴平˧˨	阳平˨˦	上声˦˥	阴去˥˧	阳去˨˩
伯[p]			补	布佈；怖(滂)	
拍[p‘]	逋，铺，簿(上)捕(去)	蒲菩	谱(帮)普浦，甫(又^{c}fu)		步，部
默[m]		模	姥，母拇(厚)		暮慕募
或[f]	呼；夫肤，敷俘	胡湖狐壶乎；符扶	虎浒，府俯甫(又^{c}p‘u)斧，抚，釜腐(上)	付赋傅，赴讣：富，副(宥)	互护，户沪；附，父辅：妇负(有)
德[t]	都；猪，诸；诛蛛株，朱硃珠		堵赌肚；褚，煮；主①	妒蠹；贮，伫(上)著，箸；(去)驻註，注铸	
忒[t‘]	枢，柱(上)	徒屠涂图；除；厨	土；处(又t‘u^{ɔ})	吐兔；处(又^{c}t‘u)	度(又to^{ʔ}ɔ̠)渡，杜；住柱

声类＼同音字＼调类	阴平˦	阳平˩	上声˥	阴去˥˩	阳去˧
勒[l]		奴，卢炉	努，鲁橹卤虏		怒，路赂露
资[ts]	租		祖组；阻		
雌[ts‘]	粗；初；刍	徂；锄；雏	楚	醋措	助
私[s]	苏酥；梳蔬，书舒；输	储，殊	所，暑鼠黍；数(又 suᵓ)	素诉愬；疏，庶恕；数(又ᶜsu)，戍	署，墅；树，竖
格[k]	姑箍辜孤		古估股鼓	故固顾雇	
客[k‘]	枯		苦	裤库	
额[ŋ]		吴吾梧			悟误
厄[○]	乌污	无巫诬	武舞侮	恶	务雾：戊(明，候)

①李家渡“主”字读[tɕy]。

伊部第五[i]《广韵》脂、之、支、微、齐、祭、废各韵开口，及鱼、虞各韵照系、非组、日纽以外的字均属之。又至韵合口“类泪翠悴遂”诸字及黄森梁君所读灰韵帮组亦入此部。

声类＼同音字＼调类	阴平˦	阳平˩	上声˥	阴去˥˩	阳去˧
伯[p]	卑，碑，婢(上)；悲：杯		比，鄙；彼俾	庇，秘泌；臂：辈背；蔽；闭	
拍[p‘]	丕；披，被(去)：胚；批	琵；裨(帮)，皮脾疲：陪培赔		屁；譬：配	鼻，备；避：倍；佩；蔽弊币毙；陛

同音字 声类 \ 调类	阴平˧˨	阳平˨˦	上声˦˥	阴去˥˧	阳去˨˩
默[m]		眉;弥糜,弭(上):梅玫枚媒;迷	美;靡:每;米		寐媚:妹昧;谜
德[t]	脂,之芝;知,支枝肢;低	梨;釐;离璃篱:犁黎:驴	旨指,履;李里裹理,徵,止趾;纸只:底抵,礼:吕旅;缕	致緻至;志置;智:制製:虑滤;屡	利痢,类泪;荔;吏:例;丽
忒[t‘]	鸱;痴,嗤	迟;持;池驰:堤(端,平)题提蹄	耻,齿;侈:体	翅(书)涕替剃梯(平);滞	地,稚治,雉;痔峙:弟悌递,第,隶
资[ts]①	脐(从,平)疽		姊;嘴(合):挤(平)	祭;济	
雌[ts‘]①	妻凄,栖(心):蛆;趋	齐	取	砌:翠(合):②趣娶	悴;荠:聚
私[s]①	尸;诗;施,匙(平):西犀:胥;须需鬚	时;随(合),髓(上,合)徐	矢屎;始;玺徙,屣,冢:洗	试:世势;细	示谥,视嗜,遂;侍,市恃;是氏:誓逝;序叙绪
基[tɕ]	肌;基姬;羁;幾机讥:鸡稽:居车;俱拘驹		几;己纪;幾:举;矩	冀,季;记;寄;既:计继繫:据锯遽,句	
欺[tɕ‘]	欺:区驱溪	耆;其期棋旗;奇骑岐;祈沂:渠;瞿	起杞;企;岂:启	器弃;气:契:去	忌;技妓:具惧;巨拒距
倪[ȵ]		疑;仪宜:倪:鱼渔;愚虞	拟;蚁:语;禦		义议谊;毅:艺;刈;御;遇寓
希[ɕ]	嘻嬉熙禧;牺;希稀:墟虚嘘	奚兮	喜:许	戏	系係,繫

同音字 声类 \ 调类	阴平˧	阳平˩	上声˥	阴去˦	阳去˨
厄[○]	伊;医;衣依:於淤;于迂	夷姨胰;怡贻;移:馀余;榆逾臾	已以矣;椅:与;愈,雨宇禹羽	懿;意:缢	肄;异;易:誉预豫;喻裕芋

①据游国恩君读音,尖音[tsi]、[ts'i]、[si]和团音[tɕi]、[tɕ'i]、[ɕi]不混,但黄森梁君把所有的[tsi]、[ts'i]、[si]都读作[tɕi]、[tɕ'i]、[ɕi]。此据游读分列,下文仿此。

②"翠"字黄森梁君读[ts'uei˥],此据游读。

阿部第六[o]《广韵》歌韵全部及戈韵见系以外的字均属之。

同音字 声类 \ 调类	阴平˧	阳平˩	上声˥	阴去˦	阳去˨
伯[p]	波玻坡,跛(上)			播簸	
拍[p']		婆	颇	破	
默[m]		魔摩磨(又mo˨)			磨(又꜁mo)
或[f]		和(又fo˨)	火,伙	货	和(又꜁fu),祸
德[t]	多		朵		
忒[t']	拖	驼陀驮	妥	堕、唾	惰;柁
勒[l]		罗;骡螺	裸		
资[ts]			左	佐	
雌[ts']				锉,搓(平)	坐座
私[s]	娑;蓑梭		锁琐		
格[k]	歌哥			個	
客[k']	轲		可		

同音字 调类 声类	阴平˦	阳平˨˦	上声˥˧	阴去˥˨	阳去˨˩
额[ŋ]		蛾鹅俄	我		饿
赫[h]		何河荷(又 hoꜙ)			荷(又꜁ho)柁;贺
厄[○]	阿①				

(1)游国恩君读影母开口字均无声母,黄森梁君读音则前有[ŋ-]母,此依游读分列,下文仿此。

倭部第七[uo]《广韵》戈韵见系字属之。

同音字 调类 声类	阴平˦	阳平˨˦	上声˥˧	阴去˥˨	阳去˨˩
格[k]	锅戈		果菓裹	过	
客[k‘]	科			课,颗(上)	
额[ŋ]		讹			卧
厄[○]	倭 窝 窠, 蜗(见,麻)	禾			和

靴部第八[yo]《广韵》戈韵三等茄、靴字属之。

同音字 调类 声类	阴平˦	阳平˨˦	上声˥˧	阴去˥˨	阳去˨˩
欺[tɕ‘]	茄				
希[ɕ]	靴				

鸦部第九[a]《广韵》麻韵开口二等全部及开口三等照组，合口二等晓、匣两组均属之。

同音字 调类 / 声类	阴平˦	阳平˨˦	上声˥	阴去˥˨	阳去˨
伯[p]	巴芭		把	霸	
拍[p']		爬琶		怕	罢
默[m]		麻痲	马码		骂
或[f]	花	华			华（"华山"）：话（夬）；画（卦）
德[t]	遮		者	蔗	
忒[t']	车；他（歌）		扯		
勒[l]	拉（合）	拿；挪（歌）			
资[ts]	渣			诈榨	
雌[ts']	叉差	茶，查		诧	乍
私[s]	沙纱，奢赊	蛇	舍，傻（马，合二）	赦舍：晒（卦）	射，社
格[k]	家加嘉：佳（佳）		假贾	架驾嫁價	
额[ŋ]	外（泰，去"外婆"）	牙芽衙	雅		讶迓
赫[h]		霞瑕遐		吓	下夏暇
厄[○][①]	丫鸦		哑	亚	

①黄读有[ŋ-]母，此依游读。

蛙部第十[ua]《广韵》麻韵合口二等属之。

同音字 调类 / 声类	阴平˧˨	阳平˨˦	上声˦˥	阴去˥˧	阳去˨˩
格[k]	瓜		寡剐	挂卦(卦)	
客[k‘]	誇			跨(卦)	
厄[○]	蛙洼:娃(佳)		瓦		话(夬)

耶部第十一[ia]《广韵》麻韵开口三、四等属之。

同音字 调类 / 声类	阴平˧˨	阳平˨˦	上声˦˥	阴去˥˧	阳去˨˩
德[t]	爹				
基[tɕ]	嗟			借	
欺[tɕ‘]		斜	且		藉,谢
倪[ȵ]			惹		
希[ɕ]		邪	写	泻卸	谢
厄[○]		耶椰	也野冶		夜

猪部第十二[e]《广韵》鱼、御、麌各韵中一部分话音属之。

同音字 调类 / 声类	阴平˧˨	阳平˨˦	上声˦˥	阴去˥˧	阳去˨˩
德[t]	猪(鱼)①				
雌[ts‘]	蛆(鱼)	徐(鱼)	取(麌)		

声类＼同音字＼调类	阴平˦	阳平˧˥	上声˥	阴去˥˩	阳去˨˦
私[s]	胥(鱼)			絮(御)	
格[k]		佢①		锯(御)①	
客[k‘]				去(御)	

①本部只有“猪佢锯”三字游、黄两君读音相同，其馀皆依游读。

鱼部第十三[ie]《广韵》麻韵开口三等“姐些惹”三字及鱼、语、御、遇一部分话音属之。

声类＼同音字＼调类	阴平˦	阳平˧˥	上声˥	阴去˥˩	阳去˨˦
基[tɕ]			姐(马三)		
欺[tɕ‘]			娶(遇)	去(御)	
倪[ȵ]		鱼渔①(鱼)	惹①(马三)女(语)		
希[ɕ]	些(麻三)				

①本部只有“鱼渔惹”三字游、黄两君读音相同，其馀皆依黄读。

哀部第十四[oi]《广韵》咍韵及泰韵开口两类的见系字属之。又城内读灰韵的帮组和晓、匣两组亦入此部。

同音字 / 声类 \ 调类	阴平˧˨	阳平˨˦	上声˥	阴去˥˧˥	阳去˨˩
伯[p]	杯①			辈背	
拍[p‘]	胚	陪培赔		配	倍佩
默[m]		梅枚玫媒;埋	每		妹昧
或[f]	灰诙恢				
格[k]	该		改	盖	
客[k‘]	开		凯	概溉(见),慨忾;丐(见)	
额[ŋ]		獃			碍
赫[h]		孩	海		亥,害
厄[○]②	哀			爱	

①加～～线的字黄读入[i]韵,但f行读入[əi]韵。

②黄读有[ŋ-]母,此依游读。

雷部第十五[uoi]城内读灰韵及泰韵合口两类中帮组和晓、匣两组以外的字入此部。黄读只有少数话音属之。

同音字 / 声类 \ 调类	阴平˧˨	阳平˨˦	上声˥	阴去˥˧˥	阳去˨˩
德[t]	堆				
忒[t‘]			腿		兑
勒[l]		雷			内
雌[ts‘]	催崔				罪
私[s]				碎	

台部第十六[ai]《广韵》咍、泰两韵开口端系、帮组，影、疑两组；皆佳夬开口、合口帮组，晓、匣两组均属之。

同音字 调类 声类	阴平˧˨	阳平˨˦	上声˥˧	阴去˥˨˦	阳去˧˨
伯[p]			摆	拜，背(队)	
拍[p‘]		排牌		派	败
默[m]		埋；媒(灰)	买		卖；迈
或[f]		淮槐怀			坏
德[t]				戴，带	
忒[t‘]	胎；态(去)	台(平)，臺檯苔		太泰	贷(去)，代，待怠殆；大
勒[l]		来	乃；奶		耐；奈，赖癞
资[ts]	灾栽；斋		宰载(又tsai꜄)	再载(又ᶜtsai)，债	
雌[ts‘]	猜；差；钗	才财裁纔，豺；柴(又꜀sai)	彩採	菜，蔡，虿	寨；在
私[s]	腮	柴(又꜀ts‘ai)	灑	赛	
格[k]	皆阶；街		解(又hai)	介界芥届戒	
客[k‘]	揩		楷		
额[ŋ]		涯崖			艾
赫[h]		谐；鞋	骇(上)，械(去)；解(姓又ᶜkai)蟹		懈，代，态贷，大
厄[○]①	挨	埃	矮		

①黄读有[ŋ-]母，此依游读。

歪部第十七[uai]《广韵》皆、佳、夬各韵帮组和晓、匣两组以外的合口字属之。

同音字 声类 \ 调类	阴平˧	阳平˦	上声˥	阴去˩	阳去˨
格[k]	乖		拐	怪	
客[k']			蒯	快,块(队)	
厄[○]	歪				会,外(泰)

飞部第十八[əi]《广韵》微、废、祭各韵合口非组和晓、匣两组及支、灰、泰、齐各韵合口晓、匣两组均属之。

同音字 声类 \ 调类	阴平˧	阳平˦	上声˥	阴去˩	阳去˨
或[f]	非飞,妃菲,挥辉徽:麾:灰诙恢	肥:回	匪,菲,卉;毁:贿	费,讳:晦悔;废,肺	彙:会,溃,汇;吠;慧;惠

威部第十九[ui]《广韵》灰、泰、齐、脂、支、微、祭、废各韵帮系和晓、匣两组以外的合口字均属之。

同音字 声类 \ 调类	阴平˧	阳平˦	上声˥	阴去˩	阳去˨
德[t]	堆:追,锥隹			对,队(定,去):缀,赘	
忒[t']	推:吹炊	颓:槌	腿	退	坠;兑
勒[l]		雷	馁儡:垒;蕊		内;锐:累

同音字 声类 \ 调类	阴平˦	阳平˨˩	上声˥	阴去˥˧	阳去˨˩
资[ts]				最	
雌[ts‘]	催崔		揣	脆	罪
私[s]	虽绥,衰	谁,垂	水	碎,岁,税	睡瑞
格[k]	圭闺:龟;规;虧		晷轨;诡;鬼	瑰;刽;桂;癸(上)贵	
客[k‘]	盔魁;奎:亏窥	葵夔,揆(上)	傀:跪(上)	愧	柜馈
厄[〇]	煨:威	桅:维惟帷,唯(上);危为(又 uei˚);微薇、巍;违围	委;尾,伟苇	秽:喂;畏慰	卫:位;伪为(又꜀uei);未味,魏,谓蝟胃纬

熬部第二十[au]《广韵》豪、肴各韵均属之。城内读宵韵知、照两组字亦入此部。

同音字 声类 \ 调类	阴平˦	阳平˨˩	上声˥	阴去˥˧	阳去˨˩
伯[p]	褒;包胞		保宝;饱	报;豹爆	
拍[p‘]		袍	跑(平),泡(平)	泡(平),炮	暴,抱;鲍
默[m]		毛;茅:矛(尤)	卯		冒帽;貌
德[t]	刀;朝		祷岛倒(又tau˚);沼	到倒(꜂tau)照诏,照招(平)	
忒[t‘]	叨滔	桃逃陶萄掏;潮朝	讨	套,导(去)	盗,道稻;赵兆
勒[l]		劳牢;铙	脑恼,老;扰	捞(平)	闹

同音字 调类 / 声类	阴平˧˨	阳平˨˦	上声˦˥	阴去˥˧	阳去˨˩
资[ts]	遭槽		早枣蚤澡；爪	躁灶；罩	
雌[ts‘]	操抄	曹；巢	草；炒吵	钞	皂造
私[s]	骚臊；梢；烧	韶，邵(去)	扫嫂；稍(去)；绍，少(又 sau꜄)：叟(厚)	少(又꜀sau)	
格[k]	高膏羔；交郊胶		稿；绞狡搅	告诰；教校(又 hau꜄)较	
客[k‘]	敲		考；巧	烤(上)，靠犒，酵	
额[ŋ]		熬	咬		傲
赫[h]	耗(去)	蒿(平)，豪毫；肴淆	好(又 hau꜄)	好(又꜀hau)，孝	号，浩昊皓；效校(又 kau꜄)
厄[○][①]			袄	奥燠；坳(平)，拗(上)	

①黄读有[ŋ-]母，此依游读。

妖部第二十一[iau][①]《广韵》萧韵全部及宵、小、笑韵知、照两组以外的字均属之。

同音字 调类 / 声类	阴平˧˨	阳平˨˦	上声˦˥	阴去˥˧	阳去˨˩
伯[p]	标		表裱		
拍[p‘]	飘	瓢嫖	漂(又 p‘iau꜄)	票漂(又꜀p‘iau)	

同音字 调类 声类	阴平˧	阳平˩	上声˥	阴去˥	阳去˧
默[m]		苗描猫：眸(尤)	藐渺秒；杳(影)		妙庙
德[t]	刁貂雕	燎；聊辽撩寥	了	钓吊	廖(平)，料
忒[t‘]	挑	条 调(又 t‘iauᵓ)	掉	跳眺	掉 调(又ᶜt‘iau)
基[tɕ]	焦椒，骄娇；浇		剿，矫；缴	叫	
欺[tɕ‘]	锹	樵，乔桥	悄	俏；窍	轿
倪[ȵ]		饶；尧	鸟(端)		尿
希[ɕ]	消宵霄，枵嚣鸮；萧箫②		小③；晓	笑；啸	
厄[○]	妖邀腰要(又 iauᵓ)；幺	摇谣姚④	夭，舀	要(又꜀iau)	耀

①此部黄读[iæu]，游读[iau]，微有弇侈之异。

②“萧箫”游又读[꜀siau]。

③“小”游又读[ᶜsiau]。

④“姚”游又读[꜁t‘au]，但声明系少数人的读法。

欧部第二十二[ɛːu]《广韵》侯韵全韵，尤韵庄组及非组“谋浮否阜”诸字均属之。又宵韵知、照两组亦入此部。

同音字 调类 声类	阴平˧	阳平˩	上声˥	阴去˥	阳去˧
伯[p‘]			剖		

调类 同音字 声类	阴平˧˨	阳平˨˦	上声˦˥	阴去˥˧˥	阳去˩˨
默[m]		谋	某亩牡		茂贸
或[f]		浮	否		阜
德[t]	朝,昭招:兜		沼:斗抖陡	照诏:鬥	
忒[t‘]	超:偷	朝潮:头投		透	召,赵兆肇:豆逗
勒[l]		楼	扰,绕	搂(平)	耨,漏陋
资[ts]	邹		走	奏;皱绉	
雌[ts‘]		愁		凑	骤
私[s]	烧:搜飕馊蒐	韶,邵(去)	少(又 sɛu˒)绍(上):叟	少(又˓sɛu):嗽;瘦漱	
格[k]	钩沟		狗苟	彀构购媾,够垢(上);救(“救驾”)	
客[k‘]	抠,邱		口	扣寇蔻叩(上)	
额[ŋ]		牛	藕偶		
赫[h]①	偷	侯喉猴,头投	吼	透	後厚后,候,豆
厄[○]②	欧讴区		呕殴	怄	

①[t‘]母白话音游读不变[h],此从黄读。

②黄读有[ŋ-]母,此从游读。

优部第二十三[iu]《广韵》幽韵及尤韵非、庄两组以外的字均属之。

同音字 调类 / 声类	阴平˧˨	阳平˨˧	上声˥	阴去˦˨˦	阳去˨˩˨
默[m]					谬
德[t]	周州洲舟，丢	流刘留，溜(去)	柳、肘、帚	昼，咒	
忒[tʻ]	抽	绸筹稠，酬	丑，醜<u>售</u>(禅、去)	臭	宙胄，纣
勒[l]		柔揉			<u>溜</u>
基[tɕ]	揪、鸠；纠(上)		酒，九久韭	救究	
欺[tɕʻ]	秋，丘	求球	臼(上)		就，旧柩，<u>袖</u>，舅咎
倪[ȵ]		牛	纽扭		
希[ɕ]	修羞，收，休	囚，雠，售(去)	手首守，朽	秀绣，嗅兽	袖，授寿，受
厄[○]	忧优；幽	由油游犹悠，尤邮	酉莠诱，有友	幼	柚，又右宥祐

庵部第二十四[om]《广韵》覃、谈各韵的见系及端系的一部分均属之。

同音字 调类 / 声类	阴平˧˨	阳平˨˧	上声˥	阴去˦˨˦	阳去˨˩˨
忒[tʻ]	贪				
勒[l]		婪	揽		
资[ts]	簪				

同音字 调类 / 声类	阴平˧	阳平˩˦	上声˥	阴去˦˨	阳去˧˨
雌[ts‘]		蚕			
格[k]	甘柑		感,敢		
客[k‘]	堪龛		砍	勘	
赫[h]	<u>贪</u>;蚶	含函;酣邯			憾
厄[○][①]	庵谙		撼	暗	

①黄读有[ŋ-]母,此从游读。

谈部第二十五[am]《广韵》咸、衔各韵及覃、谈韵端系的一部分均属之。

同音字 调类 / 声类	阴平˧	阳平˩˦	上声˥	阴去˦˨	阳去˧˨
德[t]	耽;担(又tam^{ɔ}),聃(透)		胆	担(又$_{c}$tam)	
忒[t‘]		潭谭;谈痰		探	淡
勒[l]		南男;蓝篮	览榄,缆(去)		滥;舰(匣)
资[ts]			斩	蘸	
雌[ts‘]	参	惭;搀(平);谗馋	惨	忏	暂;栈(谏)
私[s]	三;杉;衫				
格[k]	监(又kam^{ɔ})		减碱	鉴监(又$_{c}$kam)	
客[k‘]			橄,(谈,见)	瞰(谈,溪);嵌(平)	
赧[h]		<u>菼</u>;咸鹹,衔	喊		陷

淹部第二十六[iɛm]《广韵》盐、添、严各韵均属之。

同音字　调类 声类	阴平˧	阳平˩˧	上声˥	阴去˥˧	阳去˨˩
德[t]		廉簾奁	点	店	歛殓
忒[t‘]	添	甜	忝		垫
基[tɕ]	尖;兼		检	剑,僭	
欺[tɕ‘]	签,谦	潜钳;岑(侵)		欠	俭,渐
倪[ȵ]		粘;严	染(又ᶜlem);俨		验;念
希[ɕ]	佥纤	嫌	险		
厄[○]	淹阉醃	盐阎檐,炎	掩	厌	艳焰

森部第二十七[em]《广韵》盐韵知、照两组及侵韵庄组少数字属之。

同音字　调类 声类	阴平˧	阳平˩˧	上声˥	阴去˥˧	阳去˨˩
德[t]	沾,瞻佔			佔	
勒[l]			染(又ᶜȵiɛm)冉		
私[s]	森参	蝉(仙)	陕闪	渗	赡

音部第二十八[im]《广韵》侵韵属之。

调类 同音字 声类	阴平˧	阳平˨˦	上声˥	阴去˥˧	阳去˨˩
德[t]	针斟	林淋临	凛,枕		
忒[t‘]		沉			朕
勒[l]		壬任	妊		任
资[ts]①				浸	
雌[ts‘]①	侵,浸(精,去)	寻	寝		蕈
私[s]①	心,深琛	寻	审婶沈		甚葚
基[tɕ]	今金襟		锦	禁	
欺[tɕ‘]	衾钦	琴禽擒			
倪[ȵ]		吟			赁
厄[○]	音阴	淫	饮	荫	

①[tsim]、[ts‘im]、[sim]黄均读作[tɕim]、[tɕ‘im]、[ɕim],此依游读。

安部第二十九[on]《广韵》寒韵见系,桓韵帮、端两系,删韵合口庄组,仙韵合口知、照两组均属之。

调类 同音字 声类	阴平˧	阳平˨˦	上声˥	阴去˥˧	阳去˨˩
伯[p]	搬			半	
拍[p‘]	潘拚	盘		判	叛,伴绊(帮,去)
默[m]		瞒馒	满		漫幔

调类 同音字 声类	阴平˧	阳平˨˦	上声˥	阴去˥˩	阳去˨
或[f]	欢	桓完		唤焕	换,缓
德[t]	端;专砖		短;转(又 ton^{ɔ})	转(又 ^{c}ton)	
忒[t']	川穿	团;传(又 t'on^{ɔ})椽	喘舛	串	段,断锻(端,去);传(又$_{\underline{c}}$t'on)篆
勒[l]		鸾	暖,卵		乱
资[ts]	钻(又 tson^{ɔ})		纂	钻(又$_{c}$tson)	
雌[ts']				窜;篡	撰
私[s]	酸;闩	船		算蒜	
格[k]	干竿乾			幹	
客[k']	看(又 k'on^{ɔ})		侃	看(又$_{c}$k'on),	
额[ŋ]					岸,玩
赫[h]	鼾	<u>团</u>;寒韩	罕	汉;<u>断</u>	汗翰,旱;<u>缎</u>
厄[〇][1]	安鞍			按案	

①黄读有[-ŋ]母,此从游读。

豌部第三十[uon]《广韵》桓韵见组和影组属之。

调类 同音字 声类	阴平˧	阳平˨˦	上声˥	阴去˥˩	阳去˨
格[k]	官观(又 kuon^{ɔ})冠		管,馆	贯灌观(又$_{c}$kuon)	
客[k']	宽		款		
厄[〇]	豌		碗,腕(去);宛(阮)		

颜部第三十一[an]《广韵》凡韵全部，寒韵端系，删、山各韵开口和合口帮组、晓匣两组，元韵合口非组、晓匣而纽均属之。

同音字 声类 \ 调类	阴平˧˨	阳平˨˦	上声˦˥	阴去˥˧	阳去˨˩
伯[p]	班颁扳		板版	扮	
拍[pʻ]	攀		瓣(去̣)	盼;襻	办
默[m]		蛮			慢
或[f]	翻番	凡帆,梵(去):还环;藩烦矾繁	皖;反	泛:贩	范範犯:患宦;幻;饭
德[t]	丹单		颤(去)	旦	
忒[tʻ]	滩摊	檀坛弹(又tʻanᵓ̲)	坦:毯(敢)	炭叹	但惮弹(又꜀̲tʻan),诞
勒[l]		难(又lanᵓ̲),兰	懒;赧		难(又꜀̲lan),烂
资[ts]			盏	赞:站(陷)	
雌[tsʻ]	餐;潺	残	铲	灿	
私[s]	珊;删;山		散(又sanᵓ)伞;产	散(又꜀san);疝	
格[k]	姦奸;艰间(又kanᵓ)		简柬楝	谏;间(又꜀kan)	
额[ŋ]		颜	眼		雁
赫[h]	摊	闲		叹	限
厄[○][1]				晏	

①黄读有[ŋ-]母，此从游读。

弯部第三十二[uan]《广韵》删、山各韵合口见系属之。

同音字 调类 声类	阴平˦	阳平˨˦	上声˥˧	阴去˥˨	阳去˨˩
格[k]	关;鳏			惯	
厄[○]	弯湾	顽,环	晚挽		万

焉部第三十三[iɛn]《广韵》仙、先、元各韵开口除照系及来纽“联辇练炼”等字外均属之。

同音字 调类 声类	阴平˦	阳平˨˦	上声˥˧	阴去˥˨	阳去˨˩
伯[p]	鞭编;边,辫(上)		扁匾,蝙(平)	变;遍	
拍[pʻ]	篇偏	骈		骗;片	汴便,辨辩
默[m]		绵;眠	免勉娩,缅		面;麵
德[t]	颠	连;怜连	典		
忒[tʻ]	天	田填			电殿奠佃
基[tɕ]	笺;肩坚		剪;茧	箭溅,煎(平);建键,腱(平);荐,见	
欺[tɕʻ]	迁;千,牵	钱,乾虔;前	浅,癣(心),遣	践	贱,件
倪[ȵ]		言;年	研(平)		谚;砚
希[ɕ]	仙鲜(又ᶜsiɛn)轩掀;先:暹(盐)	贤	鲜(又꜀siɛn);显	线;宪献	现
厄[○]	焉;烟燕(又iɛnᵓ)	涎(邪),延筵	演,兖(合)	宴燕(又꜀iɛn)	

渊部第三十四[yɛn]《广韵》仙、先、元各韵合口见系、精组、日纽及开口来纽“联辇练炼”等字均属之。

同音字 声类 \ 调类	阴平˧	阳平˦	上声˥	阴去˩	阳去˨
德[t]		联(开)	辇(开)		练炼(开);恋
基[tɕ]	涓		卷,鬈(平)	绢眷;券	
欺[tɕ']	痊,圈	全泉,权拳	犬	劝	倦
倪[ȵ]		元原源	软;阮		愿
希[ɕ]	宣;喧,楦(去)	旋;玄悬,弦(开),眩(去)	选		县;羡(开)
厄[○]	冤;渊	圆员,缘沿铅;袁园援垣;丸纨(匣,桓)	远	怨	院

恩部第三十五[en]《广韵》痕、臻韵全部,登、耕、庚各韵二等开口,登、庚韵合口晓、匣两纽及仙韵开口照系均属之。

同音字 声类 \ 调类	阴平˧	阳平˦	上声˥	阴去˩	阳去˨
伯[p]	崩,冰(蒸)				
拍[p']	烹	朋:彭			
默[m]		萌	猛		孟
或[f]	薨:轰	弘:横(又 fen˭)			横(又꜀fen)
德[t]	登灯;筝:旃		等:展	凳:战	

声类＼同音字＼调类	阴平˧˨	阳平˨˦	上声˦˥	阴去˥˩	阳去˨˧
忒[tʻ]	吞	腾誊藤;缠			邓
勒[l]		能,楞:然,捻(上)	冷		
资[ts]	增曾憎:争筝:榛臻				
雌[tsʻ]	瞪(澄,平)	曾层		衬	赠
私[s]	僧:生牲笙:搧膻	禅	省(又ᶜsin)①	扇	善,单,擅禅
格[k]	更(又 kenᵓ)庚羹;耕:跟根		哽;耿	亘;更(又꜀ken):艮	
客[kʻ]	坑		肯:垦恳		
额[ŋ]			研(平)		硬
赫[h]	吞:亨	恒:行衡:痕	很		杏,行;幸:邓
厄[○]②	鹰:恩				

①《广韵》"省"所景切,又息井切,游君有此异读。

②黄读有[ŋ-]母,此依游读。

肱部第三十六[uen]《广韵》登、庚两韵合口见组属之。

声类＼同音字＼调类	阴平˧˨	阳平˨˦	上声˦˥	阴去˥˩	阳去˨˧
格[k]	肱:觥				

门部第三十七[ən]《广韵》魂韵帮组及晓、匣两组，文韵非、敷、奉三组及晓组“荤”字，又庚、真韵帮组一部分话音均属之。

同音字 调类 / 声类	阴平˧	阳平˦	上声˥	阴去˥	阳去˨
伯[p]	奔；宾：兵		本：禀(寝)	笨(又 p‘un°)(並，上)：並(並，上)	
拍[p‘]		盆；贫：平评	品(寝)	笨(又 pun°)(上)	笨①
默[m]		门；蚊：明鸣盟	皿		闷
或[f]	昏婚；分，芬，荤	魂；坟焚	粉，忿，愤(上)	喷；粪奋	浑混，馄(平)；份

①游有此读。

温部第三十八[uən]《广韵》魂韵端系、见组、影组，谆韵知、照两组，文韵微组均属之。

同音字 调类 / 声类	阴平˧	阳平˦	上声˥	阴去˥	阳去˨
德[t]	敦墩燉；谆		準	顿	
忒[t‘]	椿春	屯豚	蠢	钝(去)	遁钝
勒[l]		论(又 lun°)			论(又꜀lun)，嫩；润闰
资[ts]	尊；遵(合三)				
雌[ts‘]	村	存蹲	忖	寸	
私[s]	孙	唇，纯莼醇	瞬	逊；舜	顺

同音字 声类 \ 调类	阴平˧˨	阳平˨˦	上声˥˧	阴去˧˩˧	阳去˨˧
格[k]			滚		
客[k']	昆崑(见),坤		捆	困	
厄[〇]	温	文纹蚊闻	稳;吻刎		问

因部第三十九[in]《广韵》真、欣、清、青、蒸各韵开口及庚韵三等开口,耕韵开口的一部分均属之。

同音字 声类 \ 调类	阴平˧˨	阳平˨˦	上声˥˧	阴去˧˩˧	阳去˨˧
伯[p]	宾槟彬:浜;兵:冰		饼;丙秉,柄(去):禀(寝)	殡:进;併	
拍[p']	姘	贫频:平评;瓶屏:凭	牝:品(寝)	聘	病;並
默[m]		民:名;铭冥;明鸣盟	闽(平),泯;敏悯:皿		命
德[t]	珍,真:贞祯,侦正(又tinᵓ)征;丁钉,汀(透):徵蒸	邻鳞燐:灵铃伶零:陵凌菱	诊疹,趁(彻,去):岭领,整;顶鼎,订(去)	镇,振震:政正(又꜀tin):证	吝:令
忒[t']	蛏;聽(又t'inᵓ)厅:称(又t'inᵓ)	陈尘:橙;呈程;亭停廷庭:澄惩	逞,艇挺(上):拯	聽(又꜀t'in)稱(又꜀t'in)秤	陈:郑;定锭
勒[l]		人仁:甯	忍		认刃:佞
资[ts]①	精晶旌睛		儘:井	进	
雌[ts']①	亲:清,青蜻	秦:情晴	请		盡:净,静

调类／同音字／声类	阴平˧˨	阳平˨˦	上声˥	阴去˥˧	阳去˨˩
私[s]①	新辛:星腥;身申伸;声;升胜(又ɕin^{ɔ})	神,晨,辰臣,娠(平):成城诚:乘绳,承丞	哂省(又^{c}sen);醒	信:性姓圣:胜(又$_{c}$ɕin)	慎,肾:盛:剩
基[tɕ]	巾;斤筋:京荆惊;经:兢矜		紧;谨:景警;颈	敬竟镜,境(上),擎(群,平);劲;径	
欺[tɕʻ]	轻;卿	勤芹:鲸		庆:磬罄	仅;近;竞
倪[ȵ]		银人:迎:凝	忍		认
希[ɕ]	馨:兴欣	形刑		衅兴	
戹[○]	因姻;殷:莺鹦;婴缨;英:应鹰	寅;盈赢:仍,蝇	引;隐:影;颖	印:映:应	孕,剩

①黄读[tsin]、[tsʻin]、[sin]和[tɕin]、[tɕʻin]、[ɕin]不分,此依游读。

匀部第四十[yn]《广韵》谆韵照系以外的字和文韵非组以外的字均属之。

调类／同音字／声类	阴平˧˨	阳平˨˦	上声˥	阴去˥˧	阳去˨˩
德[t]		伦沦轮;岺(魂,合一)			
基[tɕ]	均钧;君军;津(真,开)		窘,皴(清,平)	俊儁,竣(清,平)晋(震,开)	
欺[tɕʻ]		群裙			郡
希[ɕ]	勋薰	旬循巡,询(平)	笋,盾;损(混)	迅;训;讯(震,开)	殉,荀(平)
戹[○]		云雲;匀	允尹陨		韵运:咏泳(映)

昂部第四十一[oŋ]《广韵》江韵全部，唐韵开口及合口帮组、晓匣两组，阳韵开口照系及合口非、敷、奉、晓各组均属之。

调类 / 同音字 / 声类	阴平˦	阳平˩˦	上声˥˧	阴去˥˨˦	阳去˨˩
伯[p]	邦:帮		榜	谤：棒（並，上）	
拍[p‘]	滂	庞:旁		胖(换)	<u>棒</u>蚌傍
默[m]		芒茫:盲(庚)	莽:<u>网</u>(微)		
或[f]	荒慌;方,芳	黄皇蝗;肪(平),妨(平),房防	恍;谎,访纺仿	放	
德[t]	当（又 toŋ꜄）;张,章		党;长(又꜃t‘oŋ),掌	当（又꜀toŋ）;涨帐账，怅(彻)，障，仗(並去)	
忒[t‘]	汤;昌倡(又 t‘oŋ꜄)	唐堂糖；长(又꜂toŋ)肠场	倘，趟（去）;敞	畅,唱倡(又꜀t‘oŋ)	宕,荡;丈杖
勒[l]		囊,郎廊狼;瓤	曩,朗;壤		浪;让
资[ts]	桩;臧赃,髒(上),庄装			葬;壮	
雌[ts‘]	窗:仓苍;疮	藏(又 ts‘oŋ꜅),床		创	撞:藏(又,꜃ts‘oŋ);状
私[s]	双:桑丧（又 sɔŋ꜄）;霜孀,商伤	<u>床</u>,常尝裳偿	嗓;爽,赏饷(去)	丧(又꜀sɔŋ)	尚上
格[k]	江肛扛缸(匣):刚纲钢		讲港	降（又꜁hoŋ）<u>虹</u>	
客[k‘]	康糠		慷	抗炕	
额[ŋ]		昂			
赫[h]		降(又 koŋ꜄):行			巷,项
厄[○][1]	骯(上)				

①黄读有[ŋ-]母，此依游读。

汪部第四十二[uoŋ]《广韵》唐、阳两韵合口见系及阳韵合口微纽均属之。

同音字 声类 \ 调类	阴平˧	阳平˦	上声˥	阴去˩	阳去˨
格[k]	光		广邝		
客[k']		狂	逛	旷;况: 矿(梗,上)	
厄[○]	汪	黄;亡忘王	网,枉		旺,望妄

央部第四十三[ioŋ]《广韵》阳韵开口见系、精组、来娘两纽及合口“匡筐”两字属之。

同音字 声类 \ 调类	阴平˧	阳平˦	上声˥	阴去˩	阳去˨
德[t]		良凉量粮梁	两		亮谅辆量
基[tɕ]	将浆,疆薑僵姜		蒋奖	酱将	
欺[tɕ']	枪羌,匡筐	墙戕,强	抢,强		
倪[ȵ]		娘	仰		酿,让
希[ɕ]	相箱厢襄,香乡	详祥	想鲞,享响	相,向	匠,像象
厄[○]	央秧殃,怏(去)	羊洋杨阳扬	养痒		样恙

更部第四十四[aŋ]《广韵》耕、庚二等开口及清韵开口照系的话音均属之。

同音字　调类／声类	阴平˦	阳平˨˦	上声˥	阴去˧˥	阳去˨
伯[p]		棚彭膨			
德[t]	正(又 taŋ꜄)			正(又꜀taŋ)	
忒[t']		程			郑
勒[l]			冷		
资[ts]	争				
雌[ts']	撑	橙			
私[s]	生牲笙;声	城成	省		
格[k]	更庚羹;耕				
客[k']	坑				
额[ŋ]					硬
赫[h]		行			

横部第四十五[uaŋ]《广韵》庚韵合口二等"横"字的话音属之。

同音字　调类／声类	阴平˦	阳平˨˦	上声˥	阴去˧˥	阳去˨
厄[○]		横			

萤部第四十六[iaŋ]《广韵》青韵开口全部，清韵开口帮、见、端三系及庚韵三等开口见系等三类的话音均属之。

同音字 调类 声类	阴平˧˨	阳平˨˦	上声˦˥	阴去˥˧˥	阳去˨˩˨
伯[p]			饼	柄	
拍[p']					病
默[m]		名;明			命
德[t]	钉	铃伶零	领岭;顶		
忒[t']	聽				定("定钱")
基[tɕ]	精睛,颈;经		井		
欺[tɕ']	轻;青	晴情	请	磬	净
倪[ȵ]					甯(姓)
希[ɕ]	星;兄(合)		醒	性姓	
厄[○]		赢;萤	影	映	

翁部第四十七[uŋ]《广韵》冬韵全部，东韵一等，锺韵和东韵三等的非组照系均属之。

同音字 调类 声类	阴平˧˨	阳平˨˦	上声˦˥	阴去˥˧˥	阳去˨˩˨
伯[p]			捧		
拍[p']		篷蓬;棚(庚)			
默[m]		蒙			梦
或[f]	烘,风,丰;封,峰蜂	红洪鸿虹;冯;逢缝		俸;讽(上)	凤;缝,奉

同音字 声类 \ 调类	阴平˧˨	阳平˨˦	上声˥˧	阴去˥˩	阳去˧˨˧
德[t]	冬;东,中(又tuŋᵓ)忠盅,终;锺钟		董懂;种(又tuŋᵓ)肿,冢	冻栋;中,(又ᶜtuŋ)衆;种又(꜀tuŋ)	
忒[t']	通,冲,充;衝,舂	同铜桐筒童瞳,蟲;疼;重(又t'uŋᵓ)	桶;统(去);宠	痛,铳	洞,动仲;重
勒[l]		笼聋,绒戎,农脓;茸	拢;冗,陇		弄
资[ts]	棕;宗		总	粽	
雌[ts']	聪	丛,崇			
私[s]	鬆		怂	送;宋	
格[k]	公工功攻			贡;汞(匣,上)	
客[k']	空		孔	控	
厄[○]	翁			瓮	

雍部第四十八[iuŋ]《广韵》锺韵和东韵三等见、端两系,青韵合口,庚韵合口三等均属之。

同音字 声类 \ 调类	阴平˧˨	阳平˨˦	上声˥˧	阴去˥˩	阳去˧˨˧
德[t]		隆窿;龙			
基[tɕ]	弓躬宫;踪纵,恭供(又tɕiuŋᵓ)		拱;扃	纵,供(又꜀tɕiuŋ)	
欺[tɕ']	倾,顷(上,顷刻)	穹穷,从(又tɕ'iuŋᵓ);琼	恐,顷		从(又꜁tɕ'iuŋ)共

同音字 调类 声类	阴平˧	阳平˨˦	上声˥	阴去˥˧	阳去˨˩
倪[ȵ]		浓			
希[ɕ]	嵩；松（平），胸兇凶：兄	熊雄	迥	嗅（宥）	诵颂讼
厄[○]	雍	融；颙，容熔庸；营茔；荣；萤	甬勇：永	拥涌	用

合部第四十九[op]《广韵》合、盍见系属之。

同音字 调类 声类	阴入˧	阳入˨˦	同音字 调类 声类	阴入˧	阳入˥
资[ts]	撮（末）		客[kʻ]	磕	
格[k]	蛤鸽	鸽	赫[h]		合盒；盍

答部第五十[ap]《广韵》洽、狎两韵及合、盍端系属之。

同音字 调类 声类	阴入˧	阳入˨˦	同音字 调类 声类	阴入˧	阳入˥
德[t]	答搭；劄		私[s]	卅；霎	闸
忒[tʻ]	塔塌榻：獭（曷）	踏	格[k]	夹袷；甲	
勒[l]	纳，靥（影）	臘蠟	客[kʻ]	掐恰	
资[ts]	眨		赫[h]		闸，狭洽；匣狎
雌[tsʻ]	插	杂	厄[○][1]	鸭押压	

[1]黄读有[ŋ-]母，此依游读。

叶部第五十一[iɛp]《广韵》怗业两韵及叶韵知、照两组以外的字均属之。

调类/同音字/声类	阴入˧	阳入˨˧	调类/同音字/声类	阴入˧	阳入˥
德[t]		猎	倪[ȵ]	捻	聂;业
忒[tʻ]	帖贴		希[ɕ]		胁;协挟侠
基[tɕ]	接;劫		厄[○]		叶;页(屑)
欺[tɕʻ]	妾;怯	捷			

涉部第五十二[ep]《广韵》叶韵知、照两组及缉韵庄组属之。

调类/同音字/声类	阴入˧	阳入˨˧	调类/同音字/声类	阴入˧	阳入˥
德[t]	辄,摺: 辍(薛):缀(祭)		私[s]	摄,涩: 设(薛)	涉

邑部第五十三[ip]《广韵》缉韵属之。

调类/同音字/声类	阴入˧	阳入˨˧	调类/同音字/声类	阴入˧	阳入˥
德[t]	立粒,执汁: 栗(质)		基[tɕ]	急级汲给	
勒[l]	入		欺[tɕʻ]	泣	及
雌[tsʻ]①		缉(入),辑集	希[ɕ]	吸翕	
私[s]①	湿	习袭,十什拾	厄[○]	邑揖	

①黄读[tsʻip]、[sip]和[tɕʻip]、[ɕip]不分,此依游读。

遏部第五十四[ot]《广韵》曷韵见系，末韵帮组和晓、匣两组均属之。

调类 同音字 声类	阴入˧	阳入˨˦	调类 同音字 声类	阴入˧	阳入˥
伯[p]	钵拨	钵拨	格[k]	割葛	
拍[pʻ]	泼		客[kʻ]	渴	
默[m]	末	末（"粉末"）沫抹	赫[h]	喝	曷
或[f]	豁	活	厄[○]①	遏	

①黄读有[ŋ-]母，此依游读。

斡部第五十五[uot]《广韵》末韵端系和见溪影三组、晓匣两组，薛韵合口照系均属之。

调类 同音字 声类	阴入˧	阳入˨˦	调类 同音字 声类	阴入˧	阳入˥
德[t]	掇；拙；绌（术）		格[k]	括	
忒[tʻ]	脱	夺	客[kʻ]	阔	
勒[l]		捋	厄[○]	斡	活
私[s]	刷，说				

达部第五十六[at]《广韵》乏韵，黠、鎋韵开口和合口帮组，月韵合口非组，曷韵端系均属之。

调类 同音字 声类	阴入˧	阳入˨˦	调类 同音字 声类	阴入˧	阳入˥
伯[p]	八		拍[pʻ]		拔；钹跋（末）

同音字 调类 / 声类	阴入˧˨	阳入˨˥	同音字 调类 / 声类	阴入˧˨	阳入˥
或[f]	髮發:法	滑;伐筏罚:乏	雌[ts']	察	
忒[t']	闼	达	私[s]	撒萨;杀,刹;霎(洽)	栅(陌)
勒[l]	捺癞	辣	赫[h]	瞎	
资[ts]	扎札紮		厄[○][1]	轧	轧

①黄读有[ŋ-]母,此依游读。

挖部第五十七[uat]《广韵》黠、辖韵合口见系属之。

同音字 调类 / 声类	阴入˧˨	阳入˨˥	同音字 调类 / 声类	阴入˧˨	阳入˥
格[k]	刮		厄[○]	挖	滑;袜(月)

噎部第五十八[iɛt]《广韵》屑、月韵开口及薛韵开口帮见两组、心来两组均属之。

同音字 调类 / 声类	阴入˧˨	阳入˨˥	同音字 调类 / 声类	阴入˧˨	阳入˥
拍[p']	撇	鳖别	欺[tɕ']	揭;切	傑竭;蝎(晓,入);截
默[m]	灭	篾	倪[ȵ]	孽;捏,臬	热
德[t]	列烈裂;跌		希[ɕ]	薛亵泄;歇;屑	诘(溪,质,入)
忒[t']	铁	迭	厄[○]	谒;噎	
基[tɕ]	孑;节,结洁				

越部第五十九[yɛt]《广韵》屑韵合口，月韵合口见系，薛韵合口端、见两系均属之。

调类 同音字 声类	阴入˧	阳入˦	调类 同音字 声类	阴入˧	阳入˥
德[t]	劣		倪[ȵ]	月	月（"满月"）
基[tɕ]	厥；决诀		希[ɕ]	雪；血	穴
欺[tɕʻ]	缺；阙，掘（入）	绝	厄[〇]	悦阅；越曰粤	阙（溪，入）

哲部第六十[et]《广韵》栉韵及薛韵开口照系属之。

调类 同音字 声类	阴入˧	阳入˦	调类 同音字 声类	阴入˧	阳入˥
德[t]	哲，折浙		资[ts]	栉	
忒[tʻ]		彻澈撤	私[s]	虱，膝（质）	舌
勒[l]	热		赫[h]		辖（鎋）

物部第六十一[ut]《广韵》没韵，术韵庄、照两组，物韵非组均属之。

调类 同音字 声类	阴入˧	阳入˦	调类 同音字 声类	阴入˧	阳入˥
拍[pʻ]		勃	忒[tʻ]	出	突：秃（屋）
默[m]	没		资[ts]	卒	
或[f]	忽；弗，拂佛，勿	佛	雌[tsʻ]	猝	

同音字 调类 声类	阴入˧	阳入˦	同音字 调类 声类	阴入˧	阳入˥
私[s]	蟀率;悉(质):帅(姓,质)	術述	客[kʻ]	窟	
格[k]	骨		厄[〇]	物	

逸部第六十二[it]《广韵》质、迄韵字属之。

同音字 调类 声类	阴入˧	阳入˦	同音字 调类 声类	阴入˧	阳入˥
伯[p]	笔毕必		雌[tsʻ]①	七漆	疾
拍[pʻ]	匹,弼(入̣)		私[s]①	悉膝,失室	实
默[m]	蜜密		基[tɕ]	吉	
德[t]	窒,质	栗	欺[tɕʻ]	乞泣(缉)	
忒[tʻ]		侄秩:蛰(缉)	倪[ȵ]	讫(见),迄(晓)	日̲
勒[l]	日		厄[〇]	一乙逸	

①黄读[tsʻit]、[sit]和[tɕʻit]、[ɕit]不分,此依游读。

鬱部第六十三[yt]《广韵》术韵端、见两系,物韵见系属之。

同音字 调类 声类	阴入˧	阳入˦	同音字 调类 声类	阴入˧	阳入˥
德[t]	律率		希[ɕ]	戌恤	
基[tɕ]	橘		厄[〇]	鬱:疫役(昔):域(职)	
欺[tɕʻ]	屈	掘倔			

恶部第六十四[oʔ]《广韵》觉韵，铎韵开口和合口晓、匣两组，药韵开口照系和合口非组均属之。

调类 同音字 声类	阴入˨	阳入˧˥	调类 同音字 声类	阴入˨	阳入˥
伯[p]	博:剥驳		雌[ts‘]	错	昨凿:浊镯濯
拍[p‘]	泊	薄:雹	私[s]	索:朔:缩	芍
默[m]	莫膜幕寞		格[k]	各阁搁胳:觉角	
或[f]	霍藿	镬;缚	客[k‘]	确壳	
德[t]	着,酌,勺(禅,入)	度(思度,又t‘uᵓ);啄	额[ŋ]	鄂鳄:嶽岳乐	乐(姓)
忒[t‘]	託托,铎(入)壑(晓);绰		赫[h]	壑	鹤:学
勒[l]	诺,烙骆酪洛乐;若弱	落	厄[〇][①]	恶:握	
资[ts]	作:桌卓琢,捉				

①黄读有[-ŋ]母，此依游读。

郭部第六十五[uoʔ]《广韵》铎韵合口见组属之。

调类 同音字 声类	阴入˨	阳入˧˥	调类 同音字 声类	阴入˨	阳入˥
格[k]	郭廓		客[k‘]	扩	

约部第六十六[ioʔ]《广韵》乐韵开口端、见两系属之。

同音字 调类 声类	阴入˧˨	阳入˨˥	同音字 调类 声类	阴入˧˨	阳入˥
德[t]	略	掠	倪[ȵ]	虐疟,弱	
基[tɕ]	爵,脚	嚼	希[ɕ]	削	
欺[tɕ']	雀(精),鹊,却		厄[○]	约,钥跃(入)	药

白部第六十七[aʔ]《广韵》麦韵开口,陌韵开口二等及昔韵开口照组的话音均属之。

同音字 调类 声类	阴入˧˨	阳入˨˥	同音字 调类 声类	阴入˧˨	阳入˥
伯[p]	百柏伯		雌[ts']	栅①	
拍[p']	拍	白	私[s]	栅	石
默[m]		麦	格[k]	格;隔	
德[t]	隻炙		客[k']	客	
忒[t']	尺		赫[h]	赫	
资[ts]	摘				

①黄读作 sat˥,此依游读。

壁部第六十八[iaʔ]《广韵》锡韵开口,陌韵开口三等及昔韵开口"掷,席"等字的话音属之。

同音字 调类 声类	阴入˧˨	阳入˨˥	同音字 调类 声类	阴入˧˨	阳入˥
伯[p]	壁		拍[p']	劈	

调类 同音字 声类	阴入˨	阳入˦	调类 同音字 声类	阴入˨	阳入˥
德[t]		笛	倪[ȵ]		额,逆
忒[t‘]	掷;踢		希[ɕ]	锡	
欺[tɕ‘]	喫	席;屐			

屋部第六十九[uʔ]《广韵》沃韵,屋韵一等,烛韵和屋韵三等照系非组,均属之。

调类 同音字 声类	阴入˨	阳入˦	调类 同音字 声类	阴入˨	阳入˥
伯[p]	卜,曝(並,入)		勒[l]	禄,肉;辱褥	鹿
拍[p‘]		瀑,僕,撲;璞(入)	雌[ts‘]		族
默[m]	木沐,目穆牧		私[s]	速,叔,淑(入);束	熟;赎,蜀属
或[f]	福幅蝠,覆	複腹(入),服伏復	格[k]	穀谷;酷(溪)	
德[t]	笃督;竹築,祝粥;烛嘱		客[k‘]	哭	
忒[t‘]	畜;触	独读牍,逐轴;毒	厄[〇]	屋;沃	

郁部第七十[iuʔ]《广韵》烛韵和屋韵三等端、见两系属之。

调类 同音字 声类	阴入˨	阳入˦	调类 同音字 声类	阴入˨	阳入˥
德[t]	戮;绿录	六陆	基[tɕ]	足;菊	

同音字＼调类＼声类	阴入˨	阳入˧	同音字＼调类＼声类	阴入˨	阳入˥
欺[tɕʻ]	促,曲	局	希[ɕ]	肃夙宿,蓄畜;粟,旭	俗续
倪[ȵ]	玉狱	肉	厄[○]	郁,育;欲慾浴	

厄部第七十一[eʔ]《广韵》德、麦两韵开口,陌韵开口二等及职韵开口庄组均属之。

同音字＼调类＼声类	阴入˨	阳入˥	同音字＼调类＼声类	阴入˨	阳入˥
伯[p]	百柏伯迫:北		雌[tsʻ]	策;栅[①],泽宅(入):测恻	择:贼
拍[pʻ]	拍	白帛,珀魄(入)	私[s]	塞;色:瑟(栉)	
默[m]	陌;脉:默	麦:墨	格[k]	革隔;格	
或[f]		或惑	客[kʻ]	客:刻克	
德[t]	得德		额[ŋ]	额	
忒[tʻ]	忒	特	赫[h]	赫吓:黑	核覈
勒[l]	肋勒		厄[○][②]	厄扼轭	
资[ts]	责,鲫;窄:则;侧				

①黄读作[saʔ˨],此依游读。

②黄读有[ŋ-]母,此依游读。

国部第七十二[ueʔ]《广韵》德、陌两韵合口属之。

调类 同音字 声类	阴入˧	阳入˥
格[k]	国:虢	

翼部第七十三[iʔ]《广韵》职、昔、锡开口及陌韵开口三等均属之。

调类 同音字 声类	阴入˧	阳入˥
伯[p]	碧璧;壁:逼,愊,(並,入)	
拍[p']	僻,闢(入);霹劈僻	
默[m]	觅	
德[t]	的滴嫡,歷:炙;力,织职;粒(缉)	滴(入),笛(定)
忒[t']	赤斥尺,掷(入);踢剔:敕饬	直,殖植:敌狄
勒[l]	溺:匿	
资[ts]①	积迹脊,鲫;绩:即稷	
雌[ts']①		籍;戚(入),寂
私[s]①	惜昔,夕(入),適释;锡析:息熄,识式饰	席,射,石硕:食蚀
基[tɕ]	戟;击激:棘	剧(群)
欺[tɕ']	喫	屐:极
倪[ȵ]	逆:抑	
希[ɕ]	隙	
厄[○]	益,亦译易(入):弋翼	弋翼

①黄读[tsiʔ]、[ts'iʔ]、[siʔ]与[tɕiʔ]、[tɕ'iʔ]、[ɕiʔ]不分,此依游读。

叁·四　文言音和白话音的差别

临川的文言音和白话音也有显著的不同。不但上面的“猪、鱼、更、横、萤、挖、白、壁”8韵完全为白话音而设，就是其他各部里也有许多文白对峙的读法。我根据同音字汇里所有的材料去细绎它们的条理，大致可以分作下面7种型式：

(甲)韵母不同的(前一个是文言音，后一个是白话音，下同)：

1. -i：-ɿ

　姊 tsi˦˥：tsɿ˦˥

2. -i：-e

　蛆 ts'i˧：ts'e˧

　胥 si˧：se˧

　取 ts'i˦˥：ts'e˦˥

　絮 si˧：se˧

3. -i：-ie

　鱼渔 ȵi˨˦：ȵie˨˦

　女 ȵi˦˥：ȵie˦˥

　去 tɕ'i˥˧：tɕ'ie˥˧

4. -i：-ai

　媒 mi˨˦：mai˨˦

5. -ie：-ia

　惹 ȵie˦˥：ȵia˦˥

6. -uei：-uoi

　雷 luei˨˦：luoi˨˦

　腿 tuei˦˥：tuoi˦˥

　碎 suei˥˧：suoi˥˧

7. -iu：-iuŋ

　嗅 ɕiu˥˧：ɕiuŋ˥˧

8. -en：-aŋ

　争 tsen˧：tsaŋ˧

　生牲笙 sen˧：saŋ˧

　更耕 ken˧：kaŋ˧

　坑 k'en˧：k'aŋ˧

　彭 p'en˨˦：p'aŋ˨˦

　行 hen˨˦：haŋ˨˦

　冷 len˦˥：laŋ˦˥

　硬 ŋen˨˩˨：ŋaŋ˨˩˨

9. -in：-en

　宾冰 pin˧：pen˧

　鹰 in˧：en˧

　贫 p'in˨˦：p'en˨˦

　品 p'in˦˥：p'en˦˥

　应 in˥˧：en˥˧

10.-in∶-aŋ

正 tin˧∶taŋ˧

声 sin˧∶saŋ˧

程 t'in˦∶t'aŋ˦

成城 sin˦∶saŋ˦

省 sin˥∶saŋ˥

正 tin˥˩∶taŋ˥˩

郑 t'in˨∶t'aŋ˨

11.-in∶-iaŋ

丁钉 tin˧∶tiaŋ˧

聽 t'in˧∶t'iaŋ˧

星 sin˧∶siaŋ˧

经惊 tɕin˧∶tɕiaŋ˧

轻 tɕ'in˧∶tɕ'iaŋ˧

赢 in˦∶iaŋ˦

铃伶零 tin˦∶tiaŋ˦

迎 ȵin˦∶ȵiaŋ˦

影 in˥∶iaŋ˥

饼 pin˥∶piaŋ˥

领岭顶 tin˥∶tiaŋ˥

镜 tɕin˥˩∶tɕiaŋ˥˩

磬 tɕ'in˥˩∶tɕ'iaŋ˥˩

定锭 t'in˨∶t'iaŋ˨

寧 lin˨∶liaŋ˨

12.-iuŋ∶-iaŋ

兄 ɕiuŋ˧∶ɕiaŋ˧

13.-iɛp∶-iɛt

捷 tɕ'iɛp˥∶tɕ'iɛt˥

14.-at∶-ap

霎 sat˧∶sap˧

15.-it∶-ip

泣 tɕ'it˧∶tɕ'ip˧

16.-it∶-et

膝 sit˧∶set˧

17.-it∶-iʔ

寂 ts'it˥∶ts'iʔ˥

18.-it∶-iaʔ

笛 tit˥∶tiaʔ˥

19.-ut∶-it

悉 sut˧∶sit˧

20.-eʔ∶-aʔ

百柏伯 peʔ˧∶paʔ˧

拍 p'eʔ˧ p'aʔ˧

白 p'eʔ˥∶p'aʔ˥

格隔 keʔ˧∶kaʔ˧

客 k'eʔ˧∶k'aʔ˧

吓 heʔ˧∶haʔ˧

21.-iʔ∶-aʔ

炙赤尺 t'iʔ˧∶t'aʔ˧

掷 t'iʔ˥∶t'aʔ˥

石 siʔ˥∶saʔ˥

22.-iʔ∶-iaʔ

壁 piʔ˦˩ : piaʔ˦˩

劈 p'iʔ˦˩ : piaʔ˦˩

踢 t'iʔ˦˩ : t'iaʔ˦˩

锡 siʔ˦˩ : siaʔ˦˩

喫 tɕ'iʔ˦˩ : tɕ'iaʔ˦˩

屐 tɕ'iʔ˥ : tɕ'iaʔ˥

逆 ȵiʔ˥ : ȵiaʔ˥

(乙)声母不同的：

1. t'- : h-

柁 t'o˧ : ho˧

偷 t'ɛːu˦˩ : hɛːu˦˩

头 t'ɛːu˨˦ : hɛːu˨˦

透 t'ɛːu˥˩ : hɛːu˥˩

荳逗 t'ɛːu˧ : hɛːu˧

痰 t'am˧ : ham˧

摊 t'am˦˩ : ham˦˩

叹 t'am˥˩ : ham˥˩

吞 t'en˦˩ : hen˦˩

邓 t'en˧ : hen˧

蝨 t'oʔ˦˩ : hoʔ˦˩①

2. l- : ȵ-

人 lin˨˦ : ȵin˨˦

忍 lin˨˦ : ȵin˨˦

认 lin˧ : ȵin˧

3. ts- : t-

筝 tsen˦˩ : ten˦˩

4. ɕ- : tɕ'-

谢 ɕia˧ : tɕ'ia˧

袖 ɕiu˧ : tɕ'iu˧

5. ɕ- : ○-

剩 ɕin˧ : in˧

6. h- : s-

闸 hap˥ : sap˥

7. ○- : m-

蚊 un˨˦ : mun˨˦

(丙)声调不同的：

1. 阴平：阳平

伴 p'on˦˩ : p'on˨˦

2. 上声：阴去

掉 t'iau˥ : t'iau˥˩

3. 阳去：阴去

钝 t'un˧ : t'un˦˩

4. 阴入：阳入

滴 tiʔ˦˩ : tiʔ˥

月 ȵyɛt˦˩ : ȵyɛt˥

鸽 kop˦˩ : kop˥

---

① 此字或为类推之错误。

轧 at˦:at˥

弋翼 iʔ˦:iʔ˥

5.阳入:阴入

葉页 iɛp˥:iɛp˦

(丁)声母和韵母不同的:

1. f-:○-

黄 faŋ˨˦:uaŋ˨˦

横 fen˨˦:uaŋ˨˦

环 fan˨˦:uan˨˦

和 fo˨˦:uo˨˦

会 fei˧˨:uei˧˨

活 fot˥:uot˥

滑 fat˥:uat˥

2.t-:tɕ'-

粒 tiʔ˦:tɕ'ip˦

3. t'-:ts'-

橙 t'in˧˨:ts'aŋ˧˨

4.ts-:tɕ-

精睛 tsin˦:tɕiaŋ˦

净 tsin˧˨:tɕiaŋ˧˨

5.ts'-:tɕ'-

情晴 ts'in˨˦:tɕ'iaŋ˨˦

6.s-:ts'-

徐 si˨˦:ts'e˨˦

7.s-:ɕ-

醒 sin˥˧:ɕiaŋ˥˧

性姓 sin˥˩:ɕiaŋ˥˩

8.s-:tɕ'-

席 siʔ˥:tɕiaʔ˥

9.l-:ȵ-

染 lam˥˧:ȵiɛm˥˧

肉 luʔ˦:ȵiuʔ˦

10.tɕ-:t'-

车 tɕi˦:t'a˦

11.tɕ-:k-

救 tɕiu˥˩:kɛːu˥˩

12.ȵ-:ŋ-

牛 ȵiu˨˦:ŋɛːu˨˦

(戊)声母和声调不同的:

1. p-:p'-

笨 pun˥˩:p'un˧˨

棒 poŋ˥˩:p'oŋ˧˨

2.t-:t'-

队 tuei˥˩:t'uei˧˨

3.t-:l-

溜 tiu˨˦:liu˧˨

4.t'-:h-

断 t'on˧˨:hon˥˩

5.l-:ȵ-

日 lit˦:ȵit˥

6. tɕ'-:○-

阙 tɕ'yɛt˦:yɛt˥

7. ɕ-:tɕ-

繫 ɕi˧:tɕi˨

(己)韵母和声调不同的:

1. -ua:-uat

挖 ua˥:uat˦

2. -uei:-ep

缀 tuei˨:tep˦

3. -i:-it

鼻 p'i˥:p'it˥

4. -in:-iaŋ

映 in˨:iaŋ˥

颈 tɕin˥:tɕiaŋ˦

5. -oʔ:-au

觉 koʔ˦:kau˨

6. -aʔ:-at

栅 saʔ˦:sat˥

7. -it:-ip

栗 tit˥:tip˦

8. -iʔ:-a

射 siʔ˥:sa˧

(庚)声韵调完全不同的:

並 p'in˧:pun˨

额 ŋeʔ˦:ȵia˥

脐 tsi˦:ts'ɿ˥

外 uai˧,ŋa˦

渠 tɕ'i˥:ke˥

从上面这些条例来看,我们可以知道,临川的文言音和白话音要算韵母相差的最多,声韵调完全不同的最少。若拿《广韵》音系作起点来讲,像 en:aŋ、in:aŋ、in:iaŋ、eʔ:aʔ、iʔ:aʔ、iʔ:iaʔ 各式和"媒、惹、霎、横、泣、寂、笛"诸字的韵母,f-:o-、l-:ȵ-、s:ts'、ɕ-:tɕ'、○-:m- 各式和"笨、棒、队、脐、外"诸字的声母,"伴、笨、棒、队、脐、溜、日、月、弋、翼、额"诸字的声调,都露着白话比文言较古的痕迹。至于"姊、脐、外、嗅、捷、栗"诸字的韵母,t'-:h-式和"剩、阙、额"诸字的声母,"鸽、轧、滴、葉、页、断、映、並、渠、外"诸字的声调,又显着文言比白话古。此外的许多字就说不上谁比谁古来了。就现有材料的数量来统计,似乎白话保存古音的地方比较文言多一点,可是实际上往往参伍错综的难于截然划分。并且像“车”(尺遮切又九鱼切)、“射”(神夜切又食亦切)、“掉”(徒了切又徒吊切)、“繫”(古诣切又胡计切)、“觉”(古孝切又古岳切)、“颈”(巨成切又居郢切)6字,在韵书本来就有两读,它们的文白两种读法,显然是从古代的又读平行演变下来的。还有“钝”字在“刀钝”[tau ˦ t'un ˧˦]一词里读本调,在“钝马”[t'un ˥˧ ma ˥]一词里变阴去,在“瘫牛打不走,钝仔教不乖”[t'an ˦ ŋɛːu ˨˦ ta ˥ put ˦ tsɛːu ˥˩ t'un˨˦ tsai ˥ kau ˥˧ put ˦ kuai ˦]一句成语里几乎读如阳平;又“外”字读如阴平,发音人所举的是“外婆”[ŋa ˦ p'o ˨˦]一例,“救”字读如“构”,发音人所举的是“救驾”[kɛːu ˥˧ ka ˥˧]一例,像这一类的情形,我觉得都和相连的变化有关系,不仅是文言、白话的差异。我从前讨论厦门文言音和白话音的时候,曾经引了章太炎《新方言序》里的几句话,他说:“有诵读占毕之声既用《唐韵》,俗语犹不违古音者;有通语既用今音,一乡一州犹不违《唐韵》者;有数字同从一声,《唐韵》以来,一字转变,馀字则犹在本部,而俗语或从之俱变者。迒陌纷错,不可究理。”现在还引这一段话作为本节的结束。

叁·五　现有几种材料的异点

现在调查方言的普通方法,总是在所要调查的区域里审慎选择一个在本地生长并且在本地受教育的人,详详细细地把他的读音一一记下来,就可以代表这个地方的方音大系了。我从前作《厦门音系》的时候,就是采取这种方法的。但是自从1934年夏天,我到徽州去调查方言,很感到城里和四乡相差颇远,于是就尽力去注意城乡的差异,凡是可以找到发音人的地方,或详细记音,或灌制音档并略记纲要,结果在徽州所属的6县一共得到四十几个单位的材料。这次整理临川方音的方法是介乎这两者之间的。1933年7月,我在青岛所记游国恩君的读音,可以代表东乡瑶湖乡;1934 年 11 月在北京所记黄森梁君的读音,可以代表北乡湖西村罗针区。[①] 我所以要记后一部分的读音,本来因为前一部分记得比较简略,想拿它来审核补充的,可是结果却发现了它们的内部差异,并且还由黄君的口里知道一部分城内音的读法。举他们的要点来说,大致有下列的几项:

(甲)声母的异点

(1)[tʻ]母的话音黄君变[h],而游君不变。例如:

例字	游读	黄读	例字	游读	黄读
摊	tʻan˧	han˧	透	tʻɛːu˥˧	hɛːu˥˧
吞	tʻen˧	hen˧	豆	tʻɛːu˨˩	hɛːu˨˩
头	tʻɛːu˦	hɛːu˦	邓	tʻen˨˩	hen˨˩
痰	tʻam˦	ham˦	挖	tʻo˨˩	ho˨˩

关于这一点,游先生颇坚持他自己的意见。他在 1931 年 2 月 17 日给我的信里说:

> 承询敝邑方音读“头”[tʻɛːu]如[hɛːu],为透、定变同晓、匣之证。查抚州旧属有临川、金溪、东乡、崇仁、宜黄、乐安六邑,弟从前在本郡中学时,六县子弟皆有之,似从未闻有如此音读者。然忆敝邑西南乡人说话(弟世居邑之东乡,与金溪、东乡二县毗邻),似又间有此等变音,但竟属最少数,似不足以代表临川方音,更不足以代表抚郡也。

但是黄君的读音的确很有条理地这样变,并且晁志魁君读“泰”作[hai˥˧]、“代替”的“代”作[hai˨˩]、“没道理”作[mau˦ hau˨˩ ti˥]、“桃”

① 这两位发音人幼时都没离过本乡,并且最早都是跟本乡教师读书的。

作[hau ˨˦],也可以当作旁证。可见临川的方言不但西南乡有此变音,就是北乡也有同样的读法。关于这一点,游君所代表的或者只是毗邻金溪、东乡二县的东乡一部分罢了。

(2)在拿[i]作主要元音的韵母前,游君仍分“尖”、“团”,但在[y]音和[i]介音前则变“尖”入“团”;黄君所读一律“尖”、“团”不辨。例如:

例字	游读	黄读	例字	游读	黄读
疽	tsi ˧˨	tɕi ˧˨	轻	tɕʻin ˧˨	tɕin ˧˨
鸡	tɕi ˧˨	tɕi ˧˨	新	sin ˧˨	ɕin ˧˨
妻	tsʻi ˧˨	tɕʻi ˧˨	身	ɕin ˧˨	ɕin ˧˨
欺	tɕʻi ˧˨	tɕʻi ˧˨	缉	tsʻip ˥	tɕʻip ˥
西	si ˧˨	ɕi ˧˨	及	tɕʻip ˥	tɕʻip ˥
熙	ɕi ˧˨	ɕi ˧˨	湿	sip ˧˨	ɕip ˧˨
浸	tsim ˥˩	tɕim ˥˩	吸	ɕip ˧˨	ɕip ˧˨
禁	tɕim ˥˩	tɕim ˥˩	七	tsʻit ˧˨	tɕʻit ˧˨
侵	tsʻim ˧˨	tɕʻim ˧˨	乞	tɕʻit ˧˨	tɕʻit ˧˨
金	tɕim ˧˨	tɕim ˧˨	积	tsiʔ ˧˨	tɕiʔ ˧˨
心	sim ˧˨	ɕim ˧˨	戟	tɕiʔ ˧˨	tɕiʔ ˧˨
精	tsin ˧˨	tɕin ˧˨	籍	tsʻiʔ ˥	tɕʻiʔ ˥
巾	tɕin ˧˨	tɕin ˧˨	席	siʔ ˥	ɕiʔ ˥
亲	tsʻin ˧˨	tɕʻin ˧˨	隙	ɕiʔ ˥	ɕiʔ ˥

以上是游君分“尖”、“团”而黄君不分的例。还有:

津、均	tɕyn ˧˨	tɕyn ˧˨	旋、玄	ɕyɛn ˨˦	ɕyɛn ˨˦
迅、训	ɕyn ˥˩	ɕyn ˥˩	雪、血	ɕyɛt ˧˨	ɕyɛt ˧˨
橘	tɕyt ˧˨	tɕyt ˧˨	揪、鸠	tɕiu ˧˨	tɕiu ˧˨
恤	ɕyt ˧˨	ɕyt ˧˨	秋、丘	tɕʻiu ˧˨	tɕʻiu ˧˨
全、权	tɕʻyɛn ˨˦	tɕʻyɛn ˨˦	修、休	ɕiu ˧˨	ɕiu ˧˨

尖、兼	tɕiɛm˧	tɕiɛm˧	节、结	tɕiɛt˧	tɕiɛt˧
笺、肩	tɕiɛn˧	tɕiɛn˧	席、屐	tɕʻiaʔ˥	tɕʻiaʔ˥
精、经	tɕiaŋ˧	tɕiaŋ˧	肃、蓄	ɕiuʔ˥	ɕiuʔ˥
弓、纵	tɕiuŋ˧	tɕiuŋ˧			

以上是游、黄两君都不分"尖"、"团"的例。但在[iau]韵里，游君对于"萧箫"有[ɕiau˧]和[siau˧]两读、"小"有[ɕiau˥]和[siau˥]两读，这颇可以看出他所代表的方音早年在[i]介音前一定也分"尖"、"团"的。至于晁君读"施"作[ɕi˧]和"熙"同音、"市示"作[ɕi˨]和"系"同音，关于这一点，他所代表的方音，当然也和黄君相同。

(3)古影母的开口字，游君只以元音起头，没有声母；黄君则读成[ŋ]母，和古疑母开口字的声母混而不分。例如：

例字	游读	黄读	例字	游读	黄读
阿	o˧	ŋo˧	奥	au˥˩	ŋau˥˩
鹅	ŋo˩˥	ŋo˩˥	傲	ŋau˨	ŋau˨
鸦	a˧	ŋa˧	呕	ɛːu˥	ŋɛːu˥
牙	ŋa˩˥	ŋa˩˥	藕	ŋɛːn˥	ŋɛːu˥
哀	oi˧	ŋoi˧	晏	an˩	ŋan˩
獃	ŋoi˩˥	ŋoi˩˥	雁	ŋau˨	ŋan˨

馀可类推。晁君读"哀"作[ŋai˧]或[ŋoi˧]，关于这一点似乎也和黄君相同。

(乙)韵母的异点

(1)游君所读的[e]韵字，黄君多变入[ie]韵。例如：

例字	游读	黄读	例字	游读	黄读
蛆	tsʻe˧	tɕʻie˧	絮	se˥˩	ɕie˥˩

娶	tsʻe˥	tɕʻie˥	去	kʻe˨˩	tɕʻie˨˩

但是，

猪	te˧˨	te˧˨	佢	ke˨˦	ke˨˦

两字，和[ie]韵的

渔鱼	ȵie˦˨	ȵie˦˨	惹	ȵie˥	ȵie˥

三字，他们二位又读成同音，这显然是随着声母一同变的。

(2)古宵、萧两韵的字，游君读作[iau]韵，黄君读作[iæu]韵，微有侈、弇的不同。例如：

例字	游读	黄读	例字	游读	黄读
标	piau	piæu	焦	tɕiau	tɕiæu
雕	tiau	tiæu	妖	iau	iæu

(丙)零碎的差异

除去上面所说的两点以外，游、黄两君的读音还有些个不成条理的差异。其中，有游君的读法合于音变条理的，例如：

例字	游读	黄读	说明
瓣	pʻan˨˦	pʻan˦˨	浊去不应变阳平。
笨	pʻun˨˦	pʻun˨˩	浊上应变阳去。
绽	tsʻan˨˩	tʻin˨˦	澄纽在二等韵前应变 tsʻ，但不应读阴去。
辖	hat˥	het˥	辖韵开口照条理应读-at。
栅	tsʻeʔ˧˨	saʔ˧˨	初纽陌韵的文言音照条理应读 tsʻeʔ˧˨。
栅	tsʻaʔ˧˨	sat˧˨	初纽陌韵的白话音照条理应读 tsʻaʔ˧˨。

也有黄君的读法合于音变条理的，例如：

翠	tsʻi˨˩	tsʻuei˨˩	至韵合口照条理应读-uei。
迥	tɕiuŋ˥	ɕiuŋ˥	匣纽迥韵合口照条理应读 ɕiuŋ˥，但

黄君亦未变阳去。

栗　tip ˦　tit ˦　质韵字不应变-p 尾。

叔　suʔ ˥　suʔ ˦　书纽应读阴入。

熟　suʔ ˦　suʔ ˥　禅纽应读阳入。

还有两人的读法都不合条理的,例如:

扃　tɕiuŋ ˥　iuŋ ˥　见纽青韵合口照条理应读 tɕiuŋ ˦。

像这一类的个人差异,似乎和全部音系没有多大关系。

(丁)黄君口中的城内音

各县的城内音往往和四乡音不同,这是因为城内的人口受游宦、屯戍、贸易等影响,时常流动,所以语言也就比较容易变迁。我这次所记的音,虽然没有城内音的直接材料,可是间接着从黄君口中知道一些城内音的异点。最显著的有下列三项:

(1)灰韵的帮组字,黄君读[-i],城内读[-oi]:

例字	黄君读音	城内音	例字	黄君读音	城内音
杯	pi ˦	poi ˦	倍	p'i ˧	p'oi ˧
悲	pi ˦	poi ˦	佩	p'i ˧	p'oi ˧
辈	pi ˥˩	poi ˥˩	梅	mi ˧˥	moi ˧˥
背	pi ˥˩	poi ˥˩	枚	mi ˧˥	moi ˧˥
胚	p'i ˦	p'oi ˦	玫	mi ˧˥	moi ˧˥
陪	p'i ˧˥	p'oi ˧˥	媒	mi ˧˥	moi ˧˥
培	p'i ˧˥	p'oi ˧˥	每	mi ˥	moi ˥
赔	p'i ˧˥	p'oi ˧˥	妹	mi ˧	moi ˧
配	p'i ˥˩	p'oi ˥˩	昧	mi ˧	moi ˧

关于这一点,游君虽然没有明白指出城内音,可是他把“梅媒”读作

[mi ˦] 和 [moi ˦] 两音，又把"悲"读作 [poi ˨]、"倍"读作 [poi ˧]，这当然也是受城内音的影响。此外还有 [ei] 韵"灰诙恢"3 字的话音，据黄君说，城内也读作 [foi ˨]。

(2)灰韵和泰韵合口的端系字，黄君读 [-uei]，城内读 [-uoi]：

例字	黄君读音	城内音	例字	黄君读音	城内音
堆	tuei ˨	tuoi ˨	催	ts'uei ˨	ts'uoi ˨
腿	t'uei ˥	t'uoi ˥	崔	ts'uei ˨	ts'uoi ˨
兑	t'uei ˧	t'uoi ˧	罪	ts'uei ˧	ts'uoi ˧
雷	luei ˦	luoi ˦	碎	suei ˥˩	suoi ˥˩
内	luei ˧	luoi ˧			

这里边的"腿雷碎"3 字，黄君也承认是他本乡的话音，可见城乡也有错综的地方。

(3)宵韵的知、照两组字，黄君读作 [-ɛːu]，城内读作 [-au]：

例字	黄君读音	城内音	例字	黄君读音	城内音
朝昭	tɛːu ˨	tau ˨	赵	t'ɛːu ˧	t'au ˧
召照	tɛːu ˥˩	tau ˥˩	烧	sɛːu ˨	sau ˨
超	t'ɛːu ˨	t'au ˨	韶	sɛːu ˦	sau ˦
潮	t'ɛːu ˦	t'au ˦	邵	sɛːu ˧	sau ˧
沼	t'ɛːu ˥	t'au ˥	绍	sɛːu ˧	sau ˧

这一种分别，游君也承认，不过他并没特别指明后一类是城内音。

(戊)晁志魁所读音的特点

1935 年 5 月赵元任先生在江西灌制的音档，有晁志魁君所读的单字音两面。其中所包含的字数，就是428页表格里分摄例字表所有的字。照我审辨所得，像"诧、乍、倭、骡、缀、滞、钓、盍、谦、监、钳、棒"等都是灌音时仓卒误读的字。还有读"蛇"作[ʂa ⋀]、读"靴"作[ɕyɛ ˧]、读"女"作[ɲy]、读"屡"作[ldy]之类，也难免受别处方音的影响。这都应当剔出去，以免淆乱音系。但是，从方音的内部差异来看，除去我们在上文已经连带讨论过的以外，还有几点值得我们注意：

(1)舌尖[-ʅ]韵前面的[s-]，部位比游、黄两君所读较后。例如：

师斯[s˧ʅ ˧]　　似士事[s˧ʅ ˧]

这个声母略近于瑞典方言字母的 ʂ[ʂ]，是舌尖和齿龈后相阻而成的。赣西的分宜方音也有这个音质。

(2) 从古来纽三等字变成的[t]母，晁君有时读作近于 l 和 d 音[ld]。例如：

梨[ldi ⋀]　　屡[ldy ˥]　　例[ldi ˧]

这很可以表现从[l]>[t]的历程中一个阶段。照理论上讲，由[l]变[t]似乎应当照下面这种程式：[l]>[ld]>[d]>[t]。

(3)[om]和[am]两韵的[－m]尾，晁君都读作[-n]。例如：

敢感[kon ˥]　　含[hon ⋀]　　暗[ŋon ˅]

贪[t'an ˧]　　谈[t'an ⋀]　　南蓝[lan ⋀]　三[san ˧]

(4)[op]和[ap]两韵的[-p]尾，晁君都读作[-t]。例如：

鸽[kot ˧]　　合盍[hot ˥]

甲[kat ˧]　　匣[hat ˥]　　鸭[ŋat ˧]

此外的[-m]、[-p]两尾也是很不稳定的。

(5)[oi]韵，除去一个例外，大致都读[ai]。例如：

该[kai ˧]　　哀[ŋai ˧]

或[ŋoi ˧]　　亥害[hai ˧]　泰[hai ˧]

(6)灰韵和泰韵合口的唇音字，晁君读作[-ui]韵。例如：

梅[mui ˦˥]　　贝[pui ˥˧]　　倍[p'ui ˨˦]

这一点和黄君读音及城内音都不同，但游君却承认这些个字有此异读。

以上这几点，究竟是晁君所代表的方音差异，还是他个人受了别处方音的影响，在我对于他的语言环境没有深切了解以前，只好暂时存而不论。

总之，从我所得到的这几种材料，已然可以考见临川东乡、北乡的方音和城内不同。此外，像县城西北的李家渡，位于汝水的下游，是水路交通的要道，它的方音尤其有许多特别的地方。我很希望将来能够再有补充的机会！

第四章　比较的音韵

肆·一　临川音和《广韵》的比较

我们要把临川方音的来源找到个历史的根据，必需拿它和《广韵》比较一下。现在且就声、韵、调三方面来看它们的异同：

(甲)声类的异同

这里所谓《广韵》声类，为比较上的方便，我们多分出轻唇非、敷、奉、微 4 纽，又省略了各组里纯声母和 j 化声母的分别，实际上只有帮、滂、並、明，非、敷、奉、微，端、透、定、泥、来，知、彻、澄、娘，精、清、从、心、邪，庄、初、崇、生(照、穿、床、审的二等)，章、昌、船、书(照、穿、床、审的三等)、禅、日，见、溪、群、疑，晓、匣、影、云(喻纽三等)、以(喻纽四等)，共 41 类，和《广韵》的 47 声类略有出入。

拿《广韵》声类作出发点来看临川声类的音变，我们可以举出下列的 15 项：

(1)全浊並[bʻ]、定[dʻ]、澄[ɖʻ]、从[dzʻ]、崇[dʐʻ]、群[gjʻ]6 纽，都读成送气音。在这个方言里虽然和次清滂[pʻ]、透[tʻ]、彻[ʈʻ]、清[tsʻ]、初[tʂʻ]、溪[kʻ]各变成同一声类，可是古全浊音的送气遗迹，却还显然地保存着。

(2)帮[p]、滂[p']、明[m]3纽,都和古读法同。

(3)非[pf]、敷[pf']、奉[bv']3纽混成[f]类,已经看不出全清、次清和清浊的分别;微纽几乎完全变成元音起头的字,连由齿唇鼻音[ɱ]变成的齿唇擦音[v]也不显著了,但"蚊网"两字的话音却还保持[m]的古读。

(4)端[t]、透[t']两纽都和古读法同;但透[t']、定[d']的话音读成喉部擦音[h],这是遗失闭塞成分而保留送气的结果。

(5)知[ȶ]、彻[ȶ']、澄[ȡ']的三等和端[t]、透[t']、定[d']各变成同类;但这三纽的二等却像庄[tʂ]、初[tʂ']、崇[dʐ']那样和精[ts]、清[ts']、从[tz']各变成同类,这也许是知、彻、澄二、三等异读的一点儿痕迹。

(6)来纽[l]的一、二等和泥纽[n]的一等同读作[l],但它的三、四等今作齐、撮呼的却和端纽[t]同读作[t]。

(7)泥纽[n]一等和娘纽[nj]二等同读作舌尖边音[l];泥纽[n]的四等和娘纽[nj]同读作舌面鼻音[ȵ]。日纽[ȵʑ]的大部分和泥纽的一等同类,但它的话音和少数字和泥纽的四等同类。

(8)精[ts]、清[ts']、从[dz']的一等字和在临川音里读作[ɿ]韵或拿[i]当主要元音的四等字,仍各读作舌尖塞擦音[ts]、[ts'];但在有[i]介音或[y]音的韵母前各变成舌面塞擦音[tɕ]、[tɕ']。

(9)庄[tʂ]、初[tʂ']、崇[dʐ']和精[ts]、清[ts']、从[dz']的一等各变成同类;但崇纽的话音和[ɿ]韵字读作舌尖擦音[s]。

(10)章[tɕ]、昌[tɕ']也像知[ȶ]、彻[ȶ']的三等那样,各和端[t]、透[t']变成同类;但船纽[dʑ']却读作舌尖擦音[s],和澄纽[ȡ']的变读不同。

(11)心纽[s]的一等字,和心、邪两纽在临川音里读作[ɿ]韵或拿

[i]当主要元音的四等字,仍然读作舌尖擦音[s],并且生[ʂ]、书[ɕ]、禅[ʑ]3纽也和它们变成同类;但这两纽在有[i]介音或[y]音的韵母前,和书、禅在[iu]韵前,船纽在[yn]韵前,一律读成舌面擦音[ɕ]。又邪纽的话音或又读,有时读作送气的塞擦音[ts‘]或[tɕ‘],这是古邪纽[z]可以转入从纽[dz‘]的一点痕迹。还有禅纽的"酬售勺殖植"几个字读作送气的舌尖塞音,也可以反映出这些字在古代有塞音或塞擦音读法的。

(12)见[k]、溪[k‘]的一、二等和止、蟹两摄的三、四等合口字,还有群纽[gj‘]的止摄合口字以及宕摄的"狂"字,仍各读舌根塞音[k]、[k’];但见、溪的三、四等和群纽其他的字,却各变成舌面塞擦音[tɕ]、[tɕ‘],和精、清、从在[i]介音或[y]音前的读法相同。

(13)疑纽[ŋ]的一、二等开口和单纯用[u]作韵母的字,仍读舌根鼻音[ŋ],一、二等的合口失落声母;但它的三、四等却和泥、娘的三、四等同变成舌面鼻音[ȵ]。

(14)晓[x]、匣[ɣ]的一、二等,开口读作喉部擦音[h],合口变成齿唇擦音[f],又匣纽一、二等合口的话音(还有四等的"萤"字),完全把声母失落;但这两纽的三、四等无论开、合口都变成舌面擦音[ɕ],和心、邪的四等同类。

(15)影纽的闭喉音[ʔ]已经失落,它和云[j]、以[○]两纽同样变成元音起头儿的字。但云纽的"鸮熊雄"读[ɕ-]、"彙"读[f],仍留有从[ɣj]变来的蜕形。

以上15项,有些是在别的方言里常见的现象,可是知、章、端同读[t],彻、昌、透同读[t‘],以及来纽在[i]、[y]前也变[t]音之类,总不能不算是赣系方言比较特别的地方。舌上音读成舌头音,在闽系方言和高丽、日本的汉字译音里,也还有同样的现象,这足以证明钱大昕"舌音类隔之说不可信"的结论是可以成立的。至于正齿音的三等字也变成舌头音的现象,在别的方言里却很少见。这个现象的来源是很古的，钱大昕说：

古人多舌音，后代多变为齿音，不独知、彻、澄三母为然也。如《诗》"重穋"字，《周礼》作"穜稑"，是"重"、"穜"同音。陆德明云："禾边作重，是重穋之字；禾边作童，是穜蓺之字，今人乱之已久。"予谓古人"重"、"童"同音，《峄山碑》"動"从"童"，《说文》"董"从"童"，《左传》"予发如此種種"，徐仙民作"董董"。古人不独"重穋"读为"穜"，即"種蓺"字，亦读如"穜"也。后代读"重"为齿音，并从"重"之字亦改读齿音，此齐、梁人强为分别耳！而元朗以为相乱，误矣！

又说：

今人以"舟"、"周"属照母，"辀"、"啁"属知母，谓有齿舌之分，此不识古音者也。《考工记》"玉楖雕矢磬"注："故书雕或为舟。"是"舟"有"雕"音。《诗》"何以舟之"传云："舟，带也。"古读"舟"如"雕"，故与"带"声相近。"彫"、"雕"、"琱"、"鵰"皆从"周"声，"调"亦从"周"声，是古读"周"亦如"雕"也。《考工记》"大车车辕挚"注："挚，輖也。"《释文》："輖音周，一音弔，或竹二反。"陆氏于"輖"字兼收三音，"吊"与"雕"有轻重之分，而同为舌音；"周"、"挚"声相近，故又转为"竹二反"，今分"周"为照母，"竹"为知母，非古音之正矣。

又说：

"至"、"致"本同音，而今人强分为二("至"照母，"致"知母)。不知古读"至"亦为"陟利切"，读如"疐"，舌头非舌上也。《诗》"神之吊矣"、"不吊昊天"，《毛传》皆训"弔"为"至"，以声相近为义。"咥"、"耋"皆从"至"声，可证"至"本舌音，后人转为齿音耳。

又说：

古读"支"如"鞮"。《晋语》"以鼓子苑支来"，"苑支"即《左传》之“鸢鞮”也。《说文》引杜林说,“芰”作“茤”。

又说:

> 古读“专”如“耑”,舌音非齿音也。“叀”为“专”之古文,“剸”即“断”,字或作“剬”。“彖”本舌音,“椽”从“彖”声,徐仙民《左传音》切“椽”为“徒缘”,此古音也。而颜之推以为不可依信,后来韵书遂不收此音。[①]

这五条都是古正齿音读成舌头音的证据。但钱氏以为正齿音在上古时代应该无条件地读成舌头音,却未免矫枉过正一点。最近高本汉(B. Karlgren)也曾经注意到这个问题。他发现在谐声字的系统里,舌尖塞音端[t]、透[tʻ]、定[dʻ],非单和舌面塞音知[ȶ]、彻[ȶʻ]、澄[ȡ]互谐,而且又和舌面塞擦音章[tɕ]、昌[tɕ']、船[dʑʻ]、禅[dʑ]互谐;可是同部位的端[t]等和精[ts]等反倒不能互谐。他从这些事实上得到一个推论,就是“古音的舌面塞擦音[tɕ]、[tɕʻ]、[dʑʻ]在上古音不是塞擦音,而是塞音[ȶ]、[ȶʻ]、[ȡʻ]”。那么,知、彻、澄的上古音怎样呢?他以为这三组的上古音本来和端、透、定相同,到了章、昌、船从上古的[ȶ]、[ȶʻ]、[ȡʻ]变成古音的[ȶɕ]、[ȶɕʻ]、[dʑʻ]以后,知、彻、澄也受i̯音的影响,从上古的[t]、[tʻ]、[dʻ]经过[tj]、[tjʻ]、[djʻ]的阶段而变成了古音的[ȶ]、[ȶʻ]、[ȡʻ]。所以照高氏的理论,这几组的关系应当像下面这样:

	上古音		古音		上古音		古音
端	tɑ	>	tɑ	澄	dʻi̯ɑ	>dʻji̯ɑ>	ȡi̯ɑ
透	tʻɑ	>	tʻɑ	章	ȶi̯ɑ	>	tɕi̯ɑ
定	dʻɑ	>	dʻɑ	昌	ȶʻi̯ɑ	>	tɕʻi̯ɑ
知	ti̯ɑ	>tji̯ɑ>	ȶʻi̯ɑ	船	ȡʻi̯ɑ	>	dʑʻi̯ɑ
彻	tʻi̯ɑ	>tʻji̯ɑ>	ȶʻi̯ɑ	禅	ȡi̯ɑ	>dʑi̯ɑ>	ʑi̯ɑ[②]

---

① 《十驾斋养新录》卷五,31、32页。

② Bernhard Karlgren's *Analytic Dictionary* pp. 24–25.

这样一来,对于上古谐声字的互谐和隋、唐声纽的分化,就都可以讲得通了。

现在反回来再说到临川音里章、昌和端、透同读[t]、[tʻ]的问题。假使高本汉所拟的上古音可以承认的话,那么,若说章、昌在这个方言里先从上古的[ȶ]、[ȶʻ]变成隋、唐的[tɕ]、[tɕʻ],再由隋、唐的舌面塞擦音[tɕ]、[tɕʻ]变成近代的舌尖塞音[t]、[tʻ],那就未免太迂曲了!由知、彻、澄没有经过颚化一点来看,可见这个方言是不惯于发舌面塞音的,那么上古的舌面塞音[ȶ]、[ȶʻ],如果不变成同部位的舌面塞擦音[tɕ]、[tɕʻ],就很容易变成方法相同、部位相近的舌尖塞音[t]、[tʻ]了。这种情形和上古音里章、昌、船同端、透、定互相谐声是一样的道理。因此我觉得临川音的这种现象,并不是晚近的演变。

来纽在[i]、[y]前读[t],也是很少见的现象。我想这个演变是由[l]音受后退的 i- umlaut 的影响,先变成带有塞音倾向的[l],就像厦门方言里这个辅音的读法一样[①];第二步再变成舌尖浊塞音[d];最后才失落带音作用而变成舌尖清塞音[t]。这在语音演变上是有迹可寻的。

底下 16 页是临川声类和《广韵》声类的比较表。表的排列法是拿临川声类作主体,而用《广韵》声类来和它对照。为把临川同一声类的尽量放在一起,结果就不免把《广韵》同一声类拆散在好几个地方了。每页在双线以下的是少数的或例外的读音。为使读者看了这个表就可以知道全字的念法,表中把临川的韵和调也简单地表示出来:凡在同一韵母标音后的都属同一韵类;凡在同一阿拉伯数码前的,都属同一调类(例如:512 页"i:碑卑悲杯$_1$ 比鄙彼俾$_3$ 庇秘泌臂敝闭辈背$_4$",从"碑"到"背"都读 i 韵;1 以前是阴平,3 以前是上声,4 以

① 罗常培《厦门音系》II 厦门的语音。

前是阴去；此外，2 代表阳平，5 代表阳去，6 代表阴入，7 代表阳入，可依此类推）。又字下加直线的表示话音（例如：514 页“ua：话$_5$”），字下加曲折线的表示城内音（例如：519 页“ai：柴$_2$”）。至于各类里的不规则读法留在表后面再去讨论。

第三表　临川声类和《广韵》声类比较表

临川声类＼广韵声类		帮	滂	並
		p	p‘	b‘
伯	p	u:补$_3$ 布佈$_4$ i:碑卑悲杯$_1$ 比鄙彼俾$_3$ 庇秘泌臂蔽闭辈背$_4$ o:波$_1$ 跛$_3$ 播簸$_4$a:巴$_1$ 把$_3$ 霸$_4$ ai:摆$_3$ 拜$_4$ au:褒包胞$_1$ 保宝饱$_3$ 报豹爆$_4$ iau:标$_1$ 表裱$_3$ on:搬$_1$ 半$_4$ an:班颁板$_1$ 板版$_3$ 扮$_4$ iɛn:鞭编边$_1$ 扁匾蝙$_3$ 遍变$_4$ en:崩$_1$ un:奔$_1$ 本$_3$ in:宾槟彬浜$_1$ 饼丙秉柄禀$_3$ 殡併迸$_4$ oŋ:邦帮$_1$ 榜$_3$ 谤$_4$ ot:钵拨$_6$ at:八$_6$ it:笔毕必$_6$ oʔ:博剥驳$_6$ uʔ:卜$_6$ eʔ:百柏伯迫北$_6$ iʔ:碧璧壁逼$_6$	u:怖$_4$ o:坡玻$_1$	i:婢$_1$ iɛn:辫$_1$ un:笨$_4$ oŋ:棒$_4$ uʔ:曝瀑$_6$ iʔ:愎$_6$
拍	p‘	u:逋$_1$ 谱$_3$ on:绊$_5$ iɛt:鳖$_7$	u:铺$_1$ 普浦$_3$ i:丕披批胚$_1$ 屁譬配$_4$ o:颇$_3$ 破$_4$ a:怕$_4$ ai:派$_4$ au:跑$_3$ 泡炮$_4$ iau:飘$_1$ 漂$_3$ 票$_4$ ɛu:剖$_3$ on:潘拚$_1$ 判$_4$ on:攀$_1$ 襻盼$_4$ iɛn:篇偏$_1$ 骗片$_4$ en:烹$_1$ in:姘$_1$ 牝品$_3$ 聘$_4$ oŋ:滂$_1$ ot:泼$_6$ iɛt:撇$_6$ it:匹$_6$ uʔ:璞撲$_7$ eʔ:拍$_6$ iʔ:僻霹劈$_6$	u:捕簿$_1$ 蒲菩$_2$ 部步$_5$ i:被$_1$琵皮疲脾裨陪培赔$_2$鼻避备倍佩敝弊币毙陛$_5$ o:婆$_2$ a:爬琶$_2$ 罢$_5$ ai:排牌$_2$ 败$_5$ au:袍$_2$ 暴抱鲍$_5$ iau:瓢嫖$_2$ on:盘$_2$ 伴叛$_5$ an:瓣$_3$ 办$_5$ iɛn:骈$_2$ 辨辩汴便$_5$ en:朋彭$_2$ un:盆$_2$ 笨$_4$ 笨$_5$ in:贫频平评瓶屏凴$_2$ 病並$_5$ oŋ:庞旁$_2$ 棒蚌傍$_5$ uŋ:篷蓬$_2$ at:钹跋拔$_7$ iɛt:别$_7$ ut:勃$_7$ it:弼$_6$ oʔ:泊$_6$ 簿雹$_7$ uʔ:仆$_7$ eʔ:白帛$_7$ iʔ:辟$_6$
或	f		un:喷$_4$	

广韵声类 / 临川声类		明	微
		m	ɱ
默	m	u:模$_2$ 姥母姆$_3$ 暮慕募$_5$　i:弥糜眉弭梅玫枚媒迷$_2$ 米美靡每$_3$ 寐媚妹昧谜$_5$　o:摸$_1$ 魔摩$_2$ 磨$_5$　a:麻痳$_2$ 马码$_3$ 骂$_5$　ai:埋$_2$ 买$_3$ 卖迈$_5$ au:毛茅矛$_2$ 卯$_3$ 冒帽貌$_5$　iau:苗描猫眸$_2$ 藐渺秒杳$_3$ 妙庙$_5$　ɛu:谋$_2$ 某亩牡$_3$ 茂贸$_5$　iu:谬$_5$　on:瞒馒$_2$ 满$_3$ 漫慢$_5$　an:蛮$_2$ 慢$_5$　iɛn:绵眠$_2$ 免勉缅$_3$ 面麪$_5$　en:萌$_2$ 猛$_3$ 孟$_5$ un:门$_2$ 闷$_5$　in:民明鸣盟名铭冥$_2$ 闽泯敏悯皿$_3$ 命$_5$　oŋ:茫芒盲$_2$ 莽$_3$ uŋ:蒙$_2$ 梦$_5$　ot:末$_6$ 沫抹$_7$　iɛt:灭$_5$ 篾$_7$　ut:没$_6$　it:密蜜$_6$　oʔ:莫膜幕寞$_6$　uʔ:木沐目穆牧$_6$　eʔ:陌默脉$_6$ 墨麦$_7$　iʔ:觅$_6$	un:蚊$_2$ oŋ:网$_3$
厄	○	u:戊$_5$	u:无巫诬$_2$ 武舞侮$_3$ 务雾$_5$ ei:微薇$_2$ 尾$_3$ 未味$_5$ uan:晚挽$_3$ 万$_5$ uoŋ:亡忘$_2$ 网$_3$ 望妄$_3$ uat:袜$_7$　ut:物$_6$
或	f		ut:勿$_6$

广韵声类 / 临川声类		非	敷	奉	晓	匣
		pf	pfʻ	bvʻ	x	ɣ
或	f	u:夫肤$_1$ 府俯甫斧$_3$ 付赋傅富$_4$ əi:非飞$_1$ 匪$_3$ 废$_4$ ɛːu:否$_3$ an:反$_3$ un:分$_1$ 粉$_3$ 粪奋$_4$ oŋ:方$_1$ 放$_4$ uŋ:风封$_1$ 讽$_4$ at:髮發法$_6$ ut:弗$_6$ uʔ:福幅蝠$_6$ 複腹$_7$	u:敷俘$_1$ 抚$_3$ 赴讣副$_4$ əi:妃菲$_1$ 费肺$_4$ an:番翻$_1$ 贩泛$_4$ un:芬$_1$ 忿$_3$ oŋ:芳$_1$ 妨$_2$ 访纺仿$_3$ uŋ:丰峰蜂$_1$ ut:拂佛$_6$ uʔ:覆$_6$	u:符扶$_2$ 釜腐$_3$ 父辅附妇负$_5$ əi:肥$_2$ ɛːu:浮$_2$ 阜$_5$ an:烦藩矾繁凡帆梵$_2$ 饭范範犯$_5$ un:坟焚$_2$ 愤$_3$ 份$_5$ oŋ:房防肪$_2$ uŋ:冯逢缝$_2$ 俸$_4$ 凤奉$_5$ at:伐筏罚乏$_7$ ut:佛$_7$ oʔ:缚$_7$ uʔ:服伏復$_7$	u:呼$_1$ 虎浒$_3$ o:火$_3$ 货$_4$ a:花$_1$ 化$_4$ əi:麾挥辉徽灰诙恢$_1$ 卉毁贿$_3$ 讳晦悔$_4$ on:欢$_1$ 唤焕$_4$ en:薨轰$_1$ un:昏婚荤$_1$ oŋ:荒慌$_1$ 恍谎$_3$ uŋ:烘$_1$ ot:豁$_6$ ut:忽$_6$ oʔ:霍藿$_2$	u:胡湖壶乎$_2$ 户沪互护$_5$ o:和$_2$ 夥$_3$ 祸$_4$ a:华$_2$ 话$_5$ ai:淮槐怀$_2$ 坏$_5$ əi:回$_2$ 惠慧会彙溃匯 on:桓完缓换$_5$ an:还环$_2$ 皖$_3$ 幻患宦$_5$ en:弘横$_2$ un:魂$_2$ 馄浑混$_5$ oŋ:黄皇蝗$_2$ uŋ:红洪鸿虹$_2$ ot:活$_7$ at:滑$_7$ oʔ:镬$_7$ eʔ:或惑$_7$
厄	○					o:禾$_2$ ua:话$_5$ uai:会$_5$ uan:环$_2$ uoŋ:黄$_2$ uaŋ:横$_2$ yɛn:丸纨$_2$ iuŋ:萤$_2$ uot:活$_7$ uat:滑$_7$
伯	p		uŋ:捧$_2$			

广韵声类 临川声类		端	透	定
		t	t‘	d‘
德	t	u:都$_1$ 堵赌肚$_3$ 妒蠹$_4$ i:低$_1$ 底抵$_3$o:多$_1$ 朵$_3$ ia:爹$_1$ai:戴带$_4$ui:堆$_1$ 对$_4$au:刀$_1$ 祷岛倒$_3$ 到$_4$ iau:刁雕貂$_1$ 钓弔$_4$ ɛːu:兜$_1$ 斗抖陡$_3$ 鬥$_4$ iu:丢$_1$am:耽担$_1$ 胆$_3$ iɛm:点$_3$ 店$_4$on:端$_1$ 短$_3$ an:丹单$_1$ 旦$_4$iɛn:颠$_1$ 典$_3$ en:登灯$_1$ 等$_3$ 凳$_4$un:敦 墩$_1$ 顿$_4$in:丁钉$_1$ 顶鼎 订$_3$oŋ:当$_1$ 党$_3$uŋ:东冬$_1$ 董懂$_3$ 冻栋$_4$ap:答 搭$_6$uot:掇$_6$oʔ:督笃$_6$ eʔ:得德$_6$iʔ:的滴嫡$_6$	om:聃$_1$ in:汀$_1$ un:炖$_1$	ui:队$_4$ iɛt:跌$_6$ oʔ:度$_7$ iʔ:笛$_7$
忒	t‘	i:堤$_2$ on:锻$_5$	u:土$_3$ 吐兔$_4$i:体$_3$ 涕 剃梯替$_4$o:拖$_1$ 妥$_3$ 唾$_4$a:他$_1$ai:胎态$_1$ 台$_2$ 太泰$_4$ 贷$_5$ui:推$_1$ 腿$_3$ 退$_4$au:叨滔$_1$ 讨$_3$ 套$_4$iau:挑$_1$ 跳眺$_4$ ɛːu:偷$_1$ 透$_4$om:贪$_1$ am:探$_4$iɛm:添$_1$ 忝$_3$ an:滩摊$_1$ 坦毯$_3$ 炭 叹$_4$iɛn:天$_1$en:吞$_1$ in:聽厅$_1$uŋ:通$_1$ 桶 统$_3$ 铳痛$_4$ap:塔塌 榻獭$_6$ 踏$_7$iɛp:帖贴$_6$ uot:脱$_6$at:闼$_6$ iɛt:铁$_6$ut:秃$_7$oʔ:託 托$_6$eʔ:忒$_6$iʔ:踢剔$_6$	u:徒屠塗图$_2$ 杜度渡$_5$ i:题提蹄$_2$ 弟悌第递地$_5$ o:驼驮陀$_2$ 堕$_4$ 惰柁$_5$ ai:臺檯苔$_2$ 待怠殆代大$_5$ ui:颓$_2$ 兑队$_5$au:桃逃陶 萄掏$_2$ 导$_4$ 道稻盗$_5$ iau:条调$_2$ 掉$_5$ɛːu:头投$_2$ 荳逗$_5$am:潭谭谈痰$_2$ 淡$_5$iɛm:甜$_2$ 垫$_5$on:团$_2$ 断段缎$_5$an:檀壇弹$_2$ 诞 但惮$_5$iɛn:田填$_2$ 电殿奠 佃$_5$en:腾誊籐$_2$ 邓$_5$ un:屯豚遁钝$_5$in:亭停廷 庭$_2$ 艇挺$_3$ 定锭$_5$oŋ:荡 宕$_5$uŋ:同铜桐童瞳疼$_2$ 动洞$_5$uot:夺$_7$at:达$_7$ iɛt:迭$_7$ut:突$_7$oʔ:铎$_6$uʔ:独 读牍毒$_7$eʔ:特$_7$iʔ:敌狄$_7$
赫	h		ai:态 贷$_5$ɛːu:偷$_1$ 透$_4$ om:贪$_1$an:摊$_1$ 叹$_4$	o:柁$_2$ai:代 大$_5$ɛːu:头 投$_2$ 荳$_5$am:痰$_2$om:团$_2$ 断$_4$ 缎$_5$en:邓$_5$
倪	ȵ	iau:鸟$_3$		

广韵声类 / 临川声类		知	彻	澄	章	昌
		ȶ	ȶʻ	ȡʻ	tɕ	tɕʻ
德	t	u:猪诛蛛株$_1$ 褚$_3$ 贮著驻注$_4$ i:知$_1$ 徵$_3$ 致置智$_4$ ui:追$_1$ 缀$_4$ ɛu:朝$_1$ iu:肘$_3$ 昼$_4$ em:沾$_1$ on:转$_3$ en:展$_3$ in:珍贞祯徵$_1$ 镇$_4$ oŋ:张$_1$ 长$_3$ 涨帐账$_4$ uŋ:中忠盅$_1$ 冢$_3$ ap:劄$_6$ ep:辄辍缀$_6$ uot:绌$_6$ et:哲$_6$ it:窒$_6$ oʔ:着$_6$ 啄$_7$ uʔ:竹筑$_6$	in:侦$_1$ 趁$_3$ oŋ:怅$_4$	u:伫箸$_4$ i:緻$_4$ oŋ:仗$_4$	u:诸朱硃珠$_1$ 煮主$_3$ 注铸$_4$ i:脂之芝支肢枝$_1$ 旨指趾纸止$_3$ 至志制製 a:遮$_1$ 者$_3$ 蔗$_4$ ui:锥隹$_1$ 赘$_4$ ɛu:昭招$_1$ 沼$_3$ 照诏$_4$ iu:周州洲舟$_1$ 帚$_3$ 咒$_4$ em:占瞻$_1$ 佔$_4$ im:针斟$_1$ 枕$_3$ on:专砖$_1$ an:颤$_4$ en:旃$_1$ 战$_4$ un:谆$_1$ 準$_3$ in:真正征蒸$_1$ 诊疹整$_3$ 振震政证$_4$ oŋ:章$_1$ 掌$_3$ 障$_4$ uŋ:终锺鐘$_1$ 种肿$_3$ 众$_4$ ep:摺$_6$ ip:执汁$_6$ uot:拙$_6$ et:折浙$_6$ it:质$_6$ oʔ:酌$_6$ uʔ:祝粥烛嘱$_6$ iʔ:炙织职$_6$	
忒	tʻ		i:痴$_1$ 耻$_3$ ɛu:超$_1$ iu:抽$_1$ 丑$_3$ un:椿$_1$ in:蛏$_1$ 逞$_3$ uŋ:冲$_1$ 宠$_3$ uʔ:畜$_6$ iʔ:敕饬$_6$	u:除厨$_2$ 柱住$_5$ i:迟持池驰$_2$ 滞$_4$ 稚雉治痔峙$_5$ ui:槌$_2$ ɛu:朝潮$_2$ 赵兆肇召$_5$ iu:绸稠筹$_2$ 纣宙胄$_5$ im:沉$_2$ 朕$_5$ on:传椽$_2$ 篆$_5$ en:缠$_2$ in:陈尘橙呈程澄惩$_2$ 阵郑$_5$ oŋ:长肠场$_2$ 丈杖仗$_5$ uŋ:虫重$_2$ 仲$_5$ ep:彻澈撤$_7$ it:秩侄蛰$_7$ uʔ:逐轴$_7$ iʔ:掷$_6$ 直$_7$	in:拯$_3$	u:枢$_1$ 处$_3$ i:鸱嗤$_1$ 齿侈$_3$ a:车$_1$ 扯$_2$ ui:吹炊$_1$ iu:醜$_3$ 臭$_4$ on:川穿$_1$ 喘舛$_3$ 串$_4$ un:春$_1$ 蠢$_3$ in:称$_1$ 秤$_4$ uŋ:充衝$_1$ ut:出$_6$ oʔ:绰$_6$ uʔ:触$_6$ iʔ:赤尺斥$_6$
私	s		im:琛$_1$	u:储$_2$		

广韵声类 / 临川声类		来	泥	娘	日
		l	n	nj	ȵʑ
德	t	i:犁黎梨蠡离璃篱$_2$ 礼履李里裏理$_3$ 例丽利痢类泪吏荔$_5$ iau:聊辽撩寥燎$_2$ 了$_3$ 廖料$_5$ iu:流留刘溜$_2$ 柳$_3$ iɛm:廉簾奁$_2$ 敛殓$_5$ im:林淋临$_2$ 凛$_3$ iɛn:连莲怜$_2$ yɛn:联$_2$ 辇$_3$ 练炼恋$_5$ in:邻鳞磷陵凌菱灵伶零$_2$ 领岭$_3$ 吝令$_5$ yn:伦沦轮崙$_2$ ioŋ:良凉量粮梁$_2$ 两$_3$ 亮谅辆$_5$ iuŋ:隆窿龙$_2$ iɛp:猎$_7$ ip:立粒$_6$ iɛt:列烈裂$_6$ yɛt:劣$_6$ it:栗$_7$ yt:律率$_6$ ioʔ:略$_6$ 掠$_7$ iuʔ:戮绿录$_6$ 六陆$_7$ iʔ:粒力歷$_6$			
忒	tʻ	i:隶$_5$			
勒	l	u:卢炉$_2$ 鲁橹卤虏$_3$ 路赂露$_5$ o:罗骡螺$_2$ 裸$_3$ a:拉$_1$ ai:来$_2$ 赖癞$_5$ ui:雷$_2$ 馁儡垒$_3$ 累$_5$ au:劳牢$_2$ 老$_3$ 捞$_4$ ɛu:楼$_2$ 篓$_3$ 楼$_4$ 漏陋$_5$ iu:溜$_5$ am:蓝篮$_2$ on:鸾$_2$ 乱$_5$ an:兰$_2$ 懒$_3$ 烂$_5$ en:能楞$_2$ 冷$_3$ un:论$_5$ oŋ:郎廊狼$_2$ 朗$_3$ 浪$_5$ uŋ:笼聋$_2$ 拢$_3$ ap:腊蜡$_7$ uot:捋$_7$ at:瘌$_6$ 辣$_7$ oʔ:烙酪骆洛乐$_6$ 落$_7$ uʔ:禄$_6$ 鹿$_7$ eʔ:肋勒$_6$	u:奴$_2$ 努$_3$ 怒$_5$ a:拿挪$_2$ ai:乃奶$_3$ 耐奈$_5$ ui:内$_5$ au:脑恼$_3$ 闹$_5$ ɛu:耨$_5$ am:南男$_2$ on:暖卵$_3$ an:难$_2$ 赧$_3$ en:捻$_2$ un:嫩$_5$ oŋ:囊$_2$ 曩$_3$ uŋ:农脓$_2$ ap:纳$_6$ at:捺$_6$ oʔ:诺$_6$	au:饶$_2$	ui:蕊$_3$ ɛu:扰绕$_3$ iu:柔揉$_2$ em:染冉$_3$ im:壬任$_2$ 妊$_3$ en:然燃$_2$ un:闰润$_5$ in:人仁$_2$ 忍$_3$ 认刃$_5$ oŋ:瓤$_2$ 壤$_3$ 让$_5$ uŋ:戎绒茸$_2$ 冗$_3$ ip:入$_6$ et:热$_6$ it:日$_6$ oʔ:若弱$_6$ uʔ:肉辱褥$_6$

广韵声类 / 临川声类		精	清	从	知	彻	澄
		ts	tsʻ	dzʻ	ȶ	ȶʻ	ȡʻ
资	ts	ɿ:资姿咨兹滋$_1$ 子梓紫$_3$ 做$_4$ u:租$_1$ 祖组$_3$ i:姊挤$_3$ 济祭际$_4$ o:左$_3$ 佐$_4$ ai:灾栽$_1$ 宰载$_3$ 再$_4$ ui:最$_4$ au:遭糟$_1$ 早枣蚤澡$_3$ 躁灶$_4$ ɛ:u:走$_3$ 奏$_4$ om:簪$_1$ im:浸$_4$ on:钻$_1$ 纂$_3$ an:赞灿$_4$ en:曾增憎$_1$ un:遵尊$_1$ in:精睛晶旌$_1$ 儘井$_3$ 进$_4$ oŋ:臧赃髒$_1$ 葬$_4$ uŋ:棕宗$_1$ 总$_3$ 粽$_4$ ut:卒$_6$ oʔ:作$_6$ eʔ:则$_6$ iʔ:积迹脊即鲫稷绩$_6$	i:疽$_1$ op:撮$_6$	i:脐$_1$	au:罩$_4$ an:站$_4$ oŋ:桩$_1$ oʔ:桌卓琢$_6$ aʔ:摘$_6$		
雌	tsʻ		ɿ:雌$_1$ 此$_3$ 次刺$_4$ u:粗$_1$ 醋措$_4$ i:蛆趋妻凄$_1$ 取$_3$ 娶趣砌翠$_4$ o:搓锉$_4$ ai:猜$_1$ 彩採$_3$ 蔡菜$_4$ ui:崔催$_1$ 脆$_4$ au:操$_1$ 草$_3$ ɛ:u:凑$_4$ am:参$_1$ 惨$_3$ im:侵浸$_1$ 寝$_3$ on:窜$_4$ an:餐$_1$ un:村$_1$ 忖$_3$ 寸$_4$ in:亲青清蜻$_1$ 请$_3$ oŋ:仓苍$_1$ uŋ:聪$_1$ ip:缉$_7$ ut:猝$_6$ it:七漆$_6$ oʔ:错$_6$ iʔ:戚$_7$	ɿ:疵$_1$ 慈磁脐$_2$ 自字$_5$ u:徂$_2$ i:齐$_2$ 聚悴荠$_5$ o:坐座$_5$ ai:才财裁纔$_2$ 在$_5$ ui:罪$_5$ au:曹$_2$ 皂造$_5$ om:蚕$_2$ am:惭$_2$ 暂$_5$ im:蕈$_5$ an:残$_2$ en:曾层$_2$ 赠$_5$ un:存蹲$_2$ in:秦情晴$_2$ 尽净静$_5$ oŋ:藏$_2$ uŋ:丛$_2$ ap:雜$_7$ ip:集辑$_7$ it:疾$_7$ oʔ:昨凿$_7$ uʔ:族$_7$ eʔ:贼$_7$ iʔ:籍寂$_7$		a:诧$_5$ ai:虿$_4$ aŋ:撑$_1$	a:茶$_2$ an:绽$_4$ en:瞪$_1$ oŋ:撞$_5$ aŋ:橙$_2$ oʔ:浊镯濯$_7$ eʔ:泽宅$_6$ 择$_7$

临川声类 \ 广韵声类		庄	初	崇	船
		tʂ	tʂ'	dʐ'	dʑ'
资	ts	ɿ:锱$_1$ u:阻$_3$ a:渣$_1$ 诈榨$_4$ ai:斋$_1$ 债$_4$ au:爪$_3$ ɛːu:邹$_1$ 皱绉$_4$ am:斩$_3$ 蘸$_4$ an:盏$_3$ en:榛臻争筝$_1$ oŋ:庄装$_1$ 壮$_4$ ap:眨$_6$ at:扎札紮$_6$ et:栉$_6$ oʔ:捉$_6$ eʔ:侧责窄$_6$			
雌	ts'		ɿ:厕$_4$ u:初刍$_1$ 楚$_3$ a:叉差$_1$ ai:钗$_1$ ui:揣$_3$ au:抄$_1$ 炒吵$_3$ 钞$_4$ am:搀$_2$ 忏$_4$ on:篡$_4$ an:铲$_3$ en:衬$_4$ oŋ:窗疮$_1$ 创$_4$ ap:插$_6$ at:察$_6$ eʔ:测恻策栅$_6$	u:锄雏$_2$ 助$_5$ a:查$_2$ 乍$_5$ ai:豺柴$_2$ 寨$_5$ au:巢$_2$ ɛːu:愁$_2$ 骤$_5$ am:谗馋$_2$ 栈$_5$ on:撰$_5$ an:潺$_1$ oŋ:床$_2$ 状$_5$ uŋ:崇$_2$	
私	s		at:刹$_6$	ɿ:士俟事$_5$ ai:柴$_2$ oŋ:床$_2$ ap:闸$_7$	i:示谥$_5$ a:蛇$_2$ im:甚$_5$ on:船$_2$ un:唇$_2$ 顺$_5$ in:神乘绳$_2$ 剩$_5$ et:舌$_7$ ut:術述$_7$ it:实$_7$ uʔ:赎$_7$ iʔ:射食蚀$_7$
德	t	en:筝$_1$			
厄	○				in:剩$_5$
欺	tɕ'			iɛm:岑$_2$	

广韵声类 / 临川声类		心	邪	生	书	禅
		s	z	ʂ	ɕ	ʑ
雌	tsʻ	i:栖$_1$	ɿ:辞词$_2$ 巳$_5$ e:徐$_2$ im:寻$_2$			
私	s	ɿ:私司思丝撕伺$_1$ 死$_3$ 四肆$_4$ u:苏稣$_1$ 素诉愬$_4$ i:胥须鬚需西犀$_1$ 髓$_2$ 洗玺徙$_3$ 细$_4$ o:娑蓑梭$_1$ 锁琐$_3$ e:絮$_4$ ai:腮$_1$ 赛$_4$ ui:虽绥$_1$ 碎岁$_4$ au:骚臊$_1$ 扫嫂$_3$ ɛ̤u:叟$_3$ 嗽$_4$ am:三$_1$ im:心$_1$ on:酸$_1$ 算蒜$_4$ an:珊$_1$ 散伞$_3$ en:僧$_1$ un:孙$_1$ 逊$_4$ in:辛新星腥$_1$ 醒$_3$ 信性姓$_4$ oŋ:桑丧$_1$ 嗓$_3$ uŋ:鬆$_1$ 怂$_3$ 送宋$_4$ ap:卅$_6$ at:撒萨$_6$ it:悉膝$_6$ oʔ:索$_6$ uʔ:速$_6$ eʔ:塞$_6$ iʔ:昔惜息熄锡析$_6$	ɿ:词$_2$ 似祀寺嗣饲$_5$ i:徐随$_2$ 序叙绪遂$_5$ im:寻$_2$ ip:习袭$_7$ iʔ:夕$_6$ 席$_7$	ɿ:师狮$_1$ 使史驶$_3$ u:梳疏蔬$_1$ 所$_3$ 数$_4$ i:屣 a:沙纱$_1$ 傻$_3$ ai:灑$_3$ 晒$_4$ ui:衰$_1$ au:梢$_1$ 稍$_3$ ɛ̤u:蒐飕馊搜$_1$ 瘦漱$_4$ am:杉衫$_1$ em:森参$_1$ 渗$_4$ on:闩$_1$ an:删山$_1$ 产$_3$ 疝$_4$ en:生笙牲$_1$ 省$_3$ oŋ:双霜孀$_1$ 爽$_3$ ep:涩$_6$ uot:刷$_6$ at:刹霎$_6$ et:虱$_6$ ut:率蟀帅$_6$ oʔ:缩朔$_6$ eʔ:色瑟$_2$	u:书舒输$_1$ 暑鼠黍$_3$ 庶恕戍$_4$ i:尸诗施$_1$ 矢屎始豕$_3$ 世势试$_4$ a:奢赊$_1$ 捨$_3$ 赦舍$_4$ ui:水$_3$ 税$_4$ ɛ̤u:烧$_1$ 少$_3$ em:陕闪$_3$ im:深$_1$ 审婶沈$_3$ en:搧膻$_1$ 扇$_4$ un:瞬$_3$ 舜$_4$ in:身申伸声升$_1$ 娠$_2$ 省哂$_3$ 圣胜$_4$ oŋ:商伤$_1$ 赏饷$_3$ ep:摄设$_6$ ip:湿$_6$ uot:说$_6$ it:失室$_6$ uʔ:束叔$_6$ iʔ:適释识式饰$_6$	u:殊$_2$ 墅署竖树$_5$ i:匙$_1$ 时$_2$ 誓逝视嗜市恃侍是氏$_5$ a:社$_5$ ui:谁垂$_2$ 睡瑞$_5$ ɛ̤u:韶邵$_2$ 绍$_3$ em:蝉$_2$ 赡$_5$ im:甚$_5$ en:禅$_2$ 善膳单擅$_5$ un:纯莼醇$_2$ in:臣辰晨成城诚承丞$_2$ 肾慎盛$_5$ oŋ:常尝裳偿$_2$ 尚上$_5$ ep:涉$_7$ ip:十什拾$_7$ oʔ:芍$_7$ uʔ:淑$_6$ 熟蜀属$_7$ iʔ:石硕$_7$
忒	tʻ				i:翅$_4$ uŋ:春$_1$	iu:酬$_2$ 售$_3$ oʔ:勺$_6$ iʔ:殖植$_7$
厄	○		iɛn:涎$_2$			

广韵声类 临川声类		精	清	从
		ts	tsʻ	dzʻ
基	tɕ	ia:嗟$_1$ 借$_4$ ie:姐$_3$ iau:焦椒$_1$ 剿$_3$ iu:揫$_1$ 酒$_3$ iɛm:尖$_1$ 僭$_4$ iɛn:笺$_1$ 剪$_3$ 箭溅荐煎$_4$ yn:津$_1$ 晋俊儁$_4$ ioŋ:将浆$_1$ 奖蒋$_3$ 酱$_4$ iuŋ:踪纵$_1$ iɛp:接$_6$ iɛt:节$_6$ ioʔ:爵$_6$ iuʔ:足$_6$	yn:竣$_4$	ioʔ:嚼$_7$
欺	tɕʻ	ioʔ:雀$_6$	ia:且$_3$ ie:蛆$_1$ 娶$_3$ iau:鍬$_1$ 悄$_3$ 俏$_4$ iu:秋$_1$ iɛm:签$_1$ iɛn:迁千$_1$ 浅$_3$ yɛn:痊$_1$ ioŋ:枪$_1$ iɛp:妾$_6$ iɛt:切$_6$ ioʔ:鹊$_6$ iuʔ:促$_6$	iau:樵$_2$ iu:就$_5$ iɛm:潜$_2$ 渐$_5$ iɛn:钱前$_2$ 践$_4$ 贱$_5$ yɛn:全泉$_2$ ioŋ:墙戕$_2$ 匠$_5$ iuŋ:从$_2$ iɛp:捷$_7$ iɛt:截$_7$ yɛt:绝$_7$
希	ɕ		iɛm:佥$_1$	ioŋ:匠$_5$

广韵声类 / 临川声类		见	溪	群
		k	k‘	gj‘
基	tɕ	i:居车俱拘驹肌基姬羁幾机讥鸡稽$_1$ 举矩几己纪幾$_3$ 据锯句冀季记寄既计继繫$_4$ iau:骄娇浇$_1$ 矫缴$_3$ 叫$_4$ iu:鸠纠$_1$ 九久韭$_3$ 救究$_4$ iɛm:兼$_1$ 检$_3$ 剑$_4$ im:今金襟$_1$ 锦$_3$ 禁$_4$ iɛn:肩坚$_1$ 茧$_3$ 腱键建见$_4$ yɛn:涓$_1$ 卷$_3$ 绢眷$_4$ in:巾斤筋京荆惊兢矜经$_1$ 紧谨颈景警$_3$ 劲径竟境镜敬$_4$ yn:均钧君军$_1$ 窘$_3$ ioŋ:彊薑僵姜$_1$ iuŋ:弓宫躬恭供$_1$ 拱肩$_3$ iɛp:劫 ip:急级汲给$_6$ iɛt:孑结洁$_6$ yɛt:厥决诀$_6$ it:吉$_6$ yt:橘$_6$ iuʔ:菊$_6$ iʔ:戟棘击激$_6$	yɛn:券$_4$	i:遽$_4$ yɛn:鬈$_3$ in:擎$_4$ iʔ:剧$_7$
欺	tɕ‘		i:区驱欺溪$_1$ 启起杞企岂$_3$ 去契器弃气$_4$ iau:窍$_4$ iu:丘$_1$ iɛm:谦$_1$ 欠$_4$ im:衾钦$_1$ iɛn:牵$_1$ 遣$_3$ yɛn:圈$_1$ 犬$_3$ 劝$_4$ in:轻卿$_1$ 庆磬罄$_5$ ioŋ:羌腔匡筐$_1$ iuŋ:倾顷$_1$ 穹$_2$ 恐$_3$ iɛp:怯$_6$ ip:泣$_6$ iɛt:揭$_6$ yɛt:缺阙$_6$ it:乞$_6$ iuʔ:曲$_6$ iʔ:喫$_6$ yt:屈$_6$	i:渠瞿耆其期棋旗奇骑岐祈沂$_2$ 巨拒距具惧忌技妓$_5$ yo:茄$_2$ iau:乔桥$_2$ 轿$_5$ iu:求球$_2$ 臼$_3$ 柩旧舅咎$_5$ iɛm:钳$_2$ 俭$_5$ im:琴禽擒$_2$ iɛn:乾虔$_2$ 件$_5$ yɛn:权拳$_2$ 倦$_5$ in:勤芹鲸$_2$ 仅近竞$_5$ yn:郡$_5$ ioŋ:强$_2$ iuŋ:穷琼$_2$ 共$_5$ ip:及$_7$ iɛt:杰竭$_7$ yt:掘倔$_7$ iuʔ:局$_7$ iʔ:屐极$_7$
希	ɕ	iau:枭	i:墟$_1$ iɛt:诘$_7$ iʔ:隙$_6$	
倪	ȵ	it:讫$_6$		
厄	○	uo:蜗$_1$	uo:窠$_1$	

广韵声类 / 临川声类		心	邪	书	船	禅	晓	匣
		s	z	ɕ	dʑ	ʑ	x	ɣ
基	tɕ							iuŋ:阒$_3$
欺	tɕ'	iɛn:癣$_3$	ia:斜$_2$ 藉谢$_5$ iu:袖$_5$				iɛt:蝎$_7$	
希	ɕ	ia:写$_3$ 泻卸$_4$ ie:些$_1$ 絮$_4$ iau:萧箫消宵霄$_1$ 小$_3$ 啸笑$_4$ iu:修羞$_1$ 秀绣$_4$ iɛm:纤$_1$ iɛn:仙鲜先暹$_1$ 线$_4$ yɛn:宣$_1$ 选$_3$ yn:询$_2$ 笋损$_3$ 迅讯$_4$ 荀$_5$ ioŋ:相箱厢襄$_1$ 想鲞$_3$ iuŋ:嵩$_1$ iɛt:薛泄亵屑$_6$ yɛt:雪$_6$ yt:戌恤$_6$ io?:削$_6$ iu?:肃夙宿粟$_6$	ia:邪$_2$ 谢$_5$ iu:囚$_2$ 袖$_5$ yɛn:旋$_2$ 羡$_5$ yn:旬循巡$_2$ 殉$_5$ ioŋ:祥详$_2$ 像象$_5$ iuŋ:松$_1$ 诵颂讼$_5$ iu?:俗续$_7$	iu:收$_1$ 手首守$_3$ 兽$_4$	yn:盾$_3$	iu:雠售$_2$ 受授寿$_5$	i:虚嘘嘻嬉禧熙牺希稀$_1$ 许喜$_3$ 戏$_4$ yo:靴$_1$ iau:枵鸮嚣$_1$ 晓$_3$ iu:休$_1$ 朽$_3$ 嗅$_4$ iɛm:险$_3$ iɛn:轩掀$_1$ 显$_3$ 宪献$_4$ yɛn:喧楦$_1$ in:馨欣兴$_1$ 衅$_4$ yn:薰勋$_1$ 训$_4$ ioŋ:香乡$_1$ 响享$_3$ 向$_4$ iuŋ:兄胸兇凶$_1$ iɛp:胁$_7$ ip:吸翕$_6$ iɛt:歇$_6$ yɛt:血$_6$ iu?:畜蓄旭$_6$	i:奚兮$_2$ 系係繫$_5$ iɛm:嫌$_2$ iɛn:贤$_2$ 现$_5$ yɛn:弦玄悬眩$_2$ 县$_5$ in:形刑$_2$ iuŋ:迥$_3$ iɛp:协挟侠$_7$ yɛt:穴$_7$
倪	ȵ						it:迄$_6$	

广韵声类／临川声类		见	溪
		k	kʻ
格	k	u:姑箍辜孤$_1$ 古估股鼓$_3$ 故固顾雇$_4$ o:哥歌$_1$ 個$_4$ uo:锅戈$_1$ 果菓裹$_3$ 过$_4$ a:家加嘉佳$_1$ 假贾$_3$ 架驾嫁价$_4$ ua:瓜$_1$ 寡剐$_3$ 卦挂$_4$ oi:该$_1$ 改$_3$ 盖$_4$ ai:皆阶街$_1$ 解$_3$ 介芥界届戒$_4$ uai:乖$_1$ 枴$_3$ 怪$_4$ ui:圭闺龟规归$_1$ 晷轨诡鬼$_3$ 瑰刽桂贵癸$_4$ au:高膏 羔交郊胶$_1$ 稿绞狡搅$_3$ 告诰教校较$_4$ ɛːu:钩沟$_1$ 狗苟$_3$ 够垢彀购媾救$_4$ om:甘柑$_1$ 感敢$_3$ am:监$_1$ 减碱$_3$ 鉴$_4$ on:干竿乾$_1$ 幹$_4$ uon:官观冠$_1$ 管 馆$_3$ 贯灌$_4$ an:姦奸艰间$_1$ 简柬拣$_3$ 谏$_4$ uan:关鳏$_1$ 惯$_4$ en:更庚羹耕 跟根$_1$ 哽耿$_3$ 亘艮$_4$ uen:肱觥$_1$ oŋ:刚纲钢江肛扛$_1$ 讲港$_3$ 降虹$_4$ uoŋ:光$_1$ 广邝$_3$ uŋ:公工功攻$_1$ 贡$_4$ op:蛤鸽$_6$ ap:夹裌甲$_6$ ot:割葛$_6$ uot:括$_6$ uat:刮$_6$ ut:骨$_6$ oʔ:各阁 搁胳觉角$_6$ uoʔ:郭$_6$ uʔ:彀谷$_6$ eʔ:格革隔$_6$ ueʔ:国虢$_6$	uoʔ:廓$_6$ uʔ:酷$_6$
客	kʻ	oi:概溉丐$_4$ am:橄$_3$ un:昆崑$_1$ uoŋ:逛$_3$ 矿$_4$	u:枯$_1$ 苦$_3$ 裤库$_4$ o:轲$_1$ 可$_3$ uo:科$_1$ 课颗$_4$ ua:誇$_1$ 跨$_4$ e:去$_4$ oi:开$_1$ 凯$_3$ 慨忾$_4$ ai:揩$_1$ 楷$_3$ uai:蒯$_3$ 块快$_4$ ui:盔魁奎虧窥$_1$ 傀$_3$ 愧$_4$ au:敲考巧烤靠犒酵$_4$ ɛːu:抠邱$_1$ 口$_3$ 叩扣寇蔻$_4$ om:堪龛$_1$ 砍$_3$ 勘$_4$ am:瞰嵌$_4$ on:侃$_3$ 看$_4$ uon:宽$_1$ 款$_3$ en:坑$_1$ 肯垦恳$_3$ oŋ:康糠$_1$ 慷$_3$ 抗炕$_4$ uoŋ:旷$_4$ uŋ:空$_1$ 孔$_3$ 控$_4$ op:磕$_6$ ap:掐恰$_6$ ot:渴$_6$ uot:阔$_6$ ut:窟$_6$ oʔ:确殼$_6$ uoʔ:扩$_6$ uʔ:哭$_6$ eʔ:刻克$_6$

广韵声类 / 临川声类		群	晓	匣
		gʻ	x	ɣ
格	k			oŋ:缸$_1$ uŋ:汞$_4$
客	kʻ	e: 佢$_2$ ui:葵夔揆$_2$ 跪$_3$ 柜馈$_5$ uoŋ:狂$_2$	uoŋ:况$_4$	
赫	h		a:吓$_4$　oi:海$_3$ au:耗$_1$ 蒿$_2$ 好$_3$ 孝$_4$ ɛːu:吼$_3$ om:蚶$_1$ am:喊$_3$ on:鼾$_1$ 罕$_3$ 汉$_4$ an:限$_5$ en:亨$_1$ 很$_3$ ot:喝$_6$ at:瞎$_6$ oʔ:壑$_6$ eʔ:黑赫吓$_6$	o:河何荷$_2$ 贺$_5$　a:霞瑕遐$_2$ 下夏暇$_5$　oi:孩$_2$ 亥害$_5$　ai:谐鞋$_2$ 骇械解蟹$_3$ 懈$_5$　au:豪毫肴淆$_2$ 浩皓昊号效校$_5$　ɛːu:侯喉猴$_2$ 后厚後候$_5$　om:含函酣邯$_2$ 憾$_5$　am:咸鹹衔$_2$ 陷$_5$　on:寒韩$_2$ 旱汗翰$_5$　an:闲$_2$　en:痕恒行衡$_2$ 杏幸$_5$　oŋ:降$_2$ 项巷$_5$　op:合盒盍$_7$　ap:狭洽匣狎$_7$　ot:曷$_7$　at:辖$_7$　oʔ:鹤学$_7$　eʔ:核覈$_7$
勒	l			am:舰$_5$

广韵声类 / 临川声类		泥	娘	日	疑
		n	nj	ȵʑ	ŋ
倪	ȵ	iau: 尿$_4$ iɛm: 鲇$_2$ 念$_5$ im: 赁$_5$ iɛn: 年$_2$ in: 寧$_2$ 佞$_5$ iaŋ: 寧$_5$ iɛp: 捻$_7$ iʔ: 溺$_6$	ie: 女$_3$ i: 尼$_2$ iu: 纽扭$_3$ iɛm: 粘$_2$ ioŋ: 娘$_2$ 酿$_5$ iuŋ: 浓$_2$ iʔ: 匿$_6$	ie: 惹$_3$ iau: 饶$_2$ iɛm: 染$_3$ yɛn: 软$_3$ in: 人$_2$ 忍$_3$ 认$_5$ iɛt: 热$_7$ it: 日$_7$ ioʔ: 弱$_6$ iuʔ: 肉$_7$	i: 鱼渔愚虞倪疑仪宜$_2$ 语禦拟蚁$_3$ 御遇寓艺刈义议谊毅$_5$ iau: 尧$_2$ ɛːu: 牛$_2$ iɛm: 严$_2$ 俨$_3$ 验$_5$ im: 吟$_2$ iɛn: 言$_2$ 研$_3$ 谚砚$_5$ yɛn: 元原源$_2$ 阮$_3$ 愿$_5$ in: 银迎凝$_2$ ioŋ: 仰$_3$ iɛp: 聂业$_7$ iɛt: 孽捏臬$_6$ yɛt: 月$_6$ ioʔ: 虐疟$_6$ iaʔ: 额 逆$_7$ iuʔ: 玉狱$_6$ iʔ: 逆$_6$
额	ŋ				u: 吴吾梧$_2$ 悟悮$_5$ o: 蛾鹅俄$_2$ 我$_3$ 饿$_5$ uo: 讹$_2$ 卧$_5$ a: 外$_1$ 牙衙$_2$ 雅$_3$ 讶迓$_5$ oi: 獃$_2$ 碍$_5$ ai: 涯崖$_2$ 艾$_5$ au: 熬$_2$ 咬$_3$ 傲$_5$ ɛːu: 牛$_2$ 藕偶$_3$ on: 岸玩$_5$ an: 颜$_2$ 眼$_3$ 雁$_5$ en: 研$_3$ 硬$_5$ oŋ: 昂$_2$ oʔ: 鄂鳄嶽岳乐$_6$ eʔ: 额$_6$
厄	○		ɵ: 腻$_5$	ɵ: 如儒而儿$_2$ 汝乳耳尔$_3$ 二贰饵$_5$ in: 仍$_2$	ŋ: 五伍午$_3$ ua: 瓦$_3$ uai: 外$_5$ ui: 桅危巍$_2$ 伪$_5$ uan: 顽$_2$ iuŋ: 颙$_2$

广韵声类 / 临川声类		影	云	以
		ʔ	j	○
厄	○	o:阿$_1$　a:丫鸦$_1$ 哑亚$_4$　oi:哀$_1$ 爱$_4$　ai:挨$_1$ 埃$_2$ 矮$_3$　au:袄$_3$ 奥懊拗坳$_4$　ɛːu:区欧讴$_1$ 呕殴$_3$ 抠$_4$　om:庵谙$_1$ 暗$_4$　on:安鞍$_1$ 按案$_4$　an:晏$_4$　en:恩鹰$_1$　oŋ:肮$_1$　ap:鸭押压$_6$　ot:遏$_6$　at:轧$_6$　oʔ:恶握$_6$　eʔ:厄扼轭$_6$ u:乌污$_1$ 恶$_4$　uo:倭窝$_1$　ua:蛙洼娃$_1$　uai:歪$_1$　ui:威煨$_1$ 委$_3$ 喂畏慰秽$_4$　uon:豌$_1$ 碗腕完婉$_3$　uan:弯湾$_1$　un:温$_1$ 稳$_3$　uoŋ:汪$_1$ 枉$_3$　uŋ:翁$_1$ 瓮$_4$　uat:斡$_6$　uat:挖$_6$　uʔ:屋沃$_6$ i:於淤迂伊医衣依$_1$ 椅$_3$ 懿意缢$_4$　iau:妖邀腰幺$_1$ 夭$_3$ 要$_4$　iu:忧优幽$_1$　iɛm:淹阉腌$_1$ 掩$_3$ 厌$_4$　im:音阴$_1$ 饮$_3$ 荫$_4$　iɛn:烟燕$_1$ 宴$_4$　in:因姻殷莺鹦婴缨英应鹰$_1$ 隐影$_3$ 印映$_4$　ioŋ:央秧殃怏$_1$　iuŋ:雍$_1$ 拥$_4$　ip:邑揖$_6$　iɛt:谒噎$_6$　it:乙$_6$　ioʔ:约$_6$　iuʔ:郁$_6$　iʔ:益$_6$ yɛn:渊冤$_1$ 怨$_4$　yt:鬱$_6$	ui:帷为违围$_2$ 伟苇$_3$ 卫位纬胃谓蝟$_5$　uoŋ:往$_3$ 旺$_5$ i:于$_1$ 雨宇禹羽矣$_3$ 芋$_5$　iu:尤邮$_2$ 有友$_3$ 又右祐宥$_5$　iɛm:炎$_2$　iɛn:焉$_1$　iuŋ:荣营茔$_3$ 永$_3$ yɛn:袁园援垣圆员$_2$ 远$_3$ 院$_4$　yn:云雲$_2$ 韵运咏泳$_5$　yɛt:越曰粤$_6$　yt:域$_6$	i:余馀榆逾臾夷姨胰怡贻移$_2$ 与愈已以$_3$ 誉豫预喻裕肄异易$_5$　iau:摇谣姚$_2$ 舀$_3$ 耀$_5$　iu:由油游犹悠$_2$ 酉莠诱$_3$ 柚$_5$　iɛm:盐阎檐$_2$ 焰艳$_5$　im:淫$_3$　iɛn:延筵$_2$ 兖演$_3$　in:寅盈赢蝇$_2$ 引颖$_3$ 孕$_4$　ioŋ:羊洋阳杨扬$_2$ 痒$_3$ 样恙$_5$　iuŋ:融容镕庸$_2$ 甬勇$_3$ 涌$_4$ 用$_5$　iɛp:页叶$_7$　it:逸$_6$　ioʔ:钥跃$_6$ 药$_7$　iuʔ:育欲浴慾$_6$　iʔ:亦译易弋翼$_6$ yɛn:缘沿铅$_2$　yn:匀$_2$ 允尹陨$_3$　yɛt:悦阅$_6$　yt:疫役$_6$
基	tɕ			yɛn:捐$_1$
希	ɕ		iau:鸮$_1$　iuŋ:熊雄$_2$	
倪	ɲ	iʔ:抑$_6$		
或	f		əi:彙$_5$	
勒	l			ui:锐$_5$
默	m	iau:杳$_3$		

在上面这几张表里,凡是正则的演变都可以赅括在我们所提出的几个条例里边;但是其中还有些不规则的读音是需要解释的。这些不规则的读音,大部分是发音方法不按着条例演变,总括起来看,其中有:

(1)不送气变送气的:

"逋"博孤切[1]、"谱"博古切、"绊"博慢切、"鳖"并列切,帮纽[p],依例应读[p-],今变[pʻ-];

"堤"都奚切、"锻"丁贯切,端纽[t],依例应读[t-],今变[tʻ-];

"拯"蒸上声(《韵会》、《正韵》之庆切),章纽[tɕ],依例应读[t-],今变[tʻ-];

"隶"郎计切,来纽[l]四等,依例应读[t-],今变[tʻ-];

"雀"即略切,精纽[ts],依例应读[tɕ-],今变[tɕʻ-];

"概溉"古代切、"丐"古太切、"橄"古览切、"昆崑"古浑切、"逛"古况切[2]、"矿"古猛切[3],见纽一、二等[k],依例应读[k-],今变[kʻ-]。

(2)送气变不送气的:

"怖"普故切、"坡玻"滂禾切,滂纽[pʻ],依例应读[pʻ-],今变[p-];

"婢"便俾切、"辫"薄泫切,"笨"薄本切、"棒"步项切、"瀑曝"蒲木切、"愎"蒲逼切,並纽[bʻ],依例应读[pʻ-],今变[p-];

"聃"他酣切、"炖"他昆切、"汀"他丁切,透纽[tʻ],依例应读[tʻ-],今变[t-];

"队"徒对切(又音)、"跌"徒结切、"度"徒落切、"笛"徒歷切,定纽[dʻ],依例应读[tʻ-],今变[t-];

"侦"丑贞切、"趁"丑刃切、"怅"丑亮切,彻纽三等[ȶʻ],依例应读

---

① 各字反切均依《广韵》。

② ③凡不见于《广韵》的字,依《集韵》补入反切。

[tʻ-],今变[t-];

“伫”直吕切、“箸”迟倨切、“緻”直利切、“仗”直亮切(又音),澄纽三等[ȡʻ],依例应读[tʻ-],今变[t-];

“疽”七余切、“撮”仓括切,清纽一等[tsʻ],依例应读[tsʻ-],今变[ts-];

“脐”徂奚切,从纽一等[dzʻ],依例应读[tsʻ-],今变[ts-](又音);

“竣皴”七伦切,清纽四等[tsʻ],依例应读[tɕʻ-],今变[tɕ-];

“嚼”才爵切,从纽四等[dzʻ],依例应读[tɕʻ-],今变[tɕ-];

“券”去愿切,溪纽三等[kʻ],依例应读[tɕʻ-],今变[tɕ-];

“遽”其据切、“鬈”巨员切、“擎”渠映切、“剧”奇逆切,群纽[gjʻ],依例应读[tɕʻ-],今变[tɕ-];

“廓”苦郭切、“酷”苦沃切,溪纽一等[kʻ-],依例应读[kʻ-],今变[k-]。

(3)塞声变擦声的:

“琛”丑林切,彻纽三等[ȶʻ],依例应读[tʻ-],今变[s-];

“储”直鱼切,澄纽三等[ȡʻ],依例应读[tʻ-],今变[s-]。

(4)擦声变塞声的:

“翅”施智切、“舂”书容切,书纽[ɕ],依例应读[s-],今变[tʻ-];

“酬”市流切、“售”承臭切、“勺”市若切、“植殖”常职切,禅纽[ʑ],依例应读[s-],今变[tʻ-];

“缸”下江切、“汞”胡孔切,匣纽三等[ɣ],依例应读[h-],今变[k-];

“况”许访切,晓纽三等[x],依例应读[h-],今变[kʻ-]。

(5)塞擦声变擦声的:

“刹”初鎋切,初纽[tʂʻ],依例应读[tsʻ-],今变[s-];

“佥”七廉切,清纽四等[tsʻ],依例应读[tɕʻ-],今变[ɕ-];

“匠”疾亮切，从纽四等[dz‘]，依例应读[tɕ‘-]，今变[ɕ-]（又读）；

“枭”古尧切，见纽四等[k]，依例应读[tɕ-]，今变[ɕ-]；

“墟”去鱼切、“诘”去吉切、“隙”绮戟切，溪纽三、四等[k‘]，依例应读[tɕ‘-]，今变[ɕ-]。

(6)擦声变塞擦声的：

“栖”先稽切，心纽四等[s]，依例应读[s-]，今变[ts‘-]；

“癣”息浅切，心纽四等[s]，依例应读[ɕ-]，今变[tɕ‘-]；

“蝎”许竭切，晓纽三等[x]，依例应读[ɕ-]，今变[tɕ‘-]。

(7)塞擦声变鼻声的：

“讫”居迄切，见纽三等[k]，依例应读[tɕ-]，今变[ȵ-]。

(8)擦声变鼻声的：

“迄”许讫切，晓纽三等[x]，依例应读[ɕ-]，今变[ȵ-]。

(9)失落声母的：

“涎”夕连切，邪纽四等[z]，依例应读[ɕ-]，今变[○-]；

“腻”女利切，娘纽[nj]，依例应读[ȵ-]，今变[○-]，且读作卷舌韵[ɚ]；

“蜗”古华切，见纽二等[k]，依例应读[k-]，今变[○-]；

“窠”苦乐切，溪纽一等[k‘]，依例应读[k‘-]，今变[○-]；

“戊”莫候切，明纽[m]，依例应读[m-]，今由[v-]变[○-]。

(10)从元音起头变鼻声的：

“杳”乌皎切，影纽[ʔ]，依例应读[○-]，今变[m-]；

“抑”於力切，影纽[ʔ]，依例应读[○-]，今变[ȵ-]。

(11)从元音起头变擦声的：

“勿”文拂切，微纽[ɱ]，依例应由[v-]转[○-]，今变[f-]。

(12)从元音起头变塞擦声的：

“捐”与专切，以纽[○]，依例应读[○-]，今变[tɕ-]。

(13)从元音起头变边声的:

"锐"以芮切,以纽[○],依例应读[○-],今变[l-]。

此外还有少数发音部位和发音方法同时变的字,如:

(14)双唇塞声变齿唇擦声的:

"喷"普闷切,滂纽[p'],依例应读[p'-],今变[f-]。

(15)齿唇擦声变双唇塞声的:

"捧"敷奉切,敷纽[pf'],依例应读[f-],今变[p-]。

(16)舌尖塞声变舌面鼻声的:

"鸟"都了切,端纽四等[t],依例应读[t-],今变[ȵ-]。

(17)喉擦声变舌尖边声的:

"舰"胡黤切,匣纽二等[ɣ],依例应读[h-],今变[l-]。

(18)喉擦声变舌面塞擦声的:

"閧"胡贡切,匣纽一等[ɣ],依例应读[h-],今变[tɕ-]。

对于这些不规则的读音,我们得从好几方面去解释:

(a)有些是根据其他字书的反切的:

"怖"《洪武正韵》"博故切",帮纽,可读[p-];

"喷"《集韵》"芳问切",敷纽,又"方问切",非纽,可读[f-];

"鸟"《洪武正韵》"尼了切",娘纽,可读[ȵ-];

"聃"《洪武正韵》"都甘切",又"都含切",端纽,可读[t-];

"趁"《集韵》"止忍切",章纽,可读[t-];

"琛"《集韵》"式针切",书纽,可读[s-];

"酬"《集韵》"陈留切",《洪武正韵》"除留切",澄纽,可读[t'-];

"植"《集韵》"逐力切",澄纽,可读[t'-];

"噍"《集韵》"子肖切",精纽,可读[ts-];

"栖"《集韵》"千西切",清纽,可读[ts'-];

"橄"《集韵》"口减切",溪纽,可读[k'-]。

(b)有些是根据《广韵》的“又读”的：

“撮”《广韵》又“子括切”，精纽，可读[ts-]；

“涎”《广韵》又“于线切”，云纽，可读作没有声母的元音起头字。

(c)有些是用假借字的读音的：

“堤”借为“隄”，“隄”，都奚切又杜奚切，后一音属定纽，可读[t‘-]；

“箸”或借为“著”，“著”，陟虑切，知纽，可读[t-]；

“舂”或借为“衝”，《史记·鲁世家》“获长翟乔如，富父终甥舂其喉，以戈杀之”，“衝”尺容切，昌纽，可读[t‘-]；

“售”与“雠”通，《诗·大雅》“无言不雠”，笺：“教令之出如卖物，物善则其售贾贵，物恶则其售贾贱。”《史记·高祖纪》“高祖每酤，留饮酒，雠数倍”，如淳注：“雠亦售。”《洪武正韵》“雠”，“除留切”，澄纽，可读[t‘-]；

“券”，《韵会》云：“从刀不从力，古卷字也。”“卷”，居倦切，见纽，可读[tɕ-]；

“概”与“慨”通，《史记·季布传》：“夫婢妾贱人感慨而自杀者，非能勇也，其计画无复之耳。”“慨”，口溉切，溪纽，可读[k‘-]；

“缸”，《玉篇》与“瓨”同，“瓨”，古双切，见纽，可读[k-]。

(d)有沿前代避讳而讹变的：

“戊”，按《五代史·梁太祖本纪》：“(开平元年六月)癸卯，司天监奏：‘日辰内有戊字，请改为武’，从之。”《考证》云：“案《容斋(三)[续]笔》以为戊类成字，故司天谄之。殊不知戊字乃避梁祖曾祖茂琳讳，非以其类成字也。《云谷杂记》尝辨正之。今《崇福侯庙碑》立于开平二年，正作武(寅)[辰]，足证当时避讳之体。”后人读“戊”为“武”音，其讹由此。

(e)有些不见于字书的古读法，但在许多方言里还保存着的：

“谱”，广州、吴语、安南、高丽读作[p‘-]；

“绊”，栒邑、固始、汉口(又读)、四川(又读)、扬州、南京、客家(又读)读作[p‘-]；

“玻”，几乎各处都读[p-]；

“坡”，广州、福州、温州、宁波、汉口、四川(皆又读)、客家、汕头读作[p-]；

“匆”，日本、温州、上海读作[f-]；

“跌”，在好些方言里(例如吴语、官话)读作端纽；

“炖”，在大多数方言里把它当作端纽的去声；

“雀”、“竣”，大多数方言把它们当作精纽；

“脐”，太原、文水、太谷、平阳、兰州读作[tɕ-]；

“翅”，安南读作[t‘]，官话读作[tʂ‘-]；

“丐”，广州、固始、温州(又读)读作[k‘-]；

“昆”，官话(除去凤台)、扬州、上海、闽语、客家读作[k‘-]；

“枭”，各处都读作晓纽；

“讫”，汕头、福州、安南(又读)读作[ŋ-]，客家读作[ɲ-]；

“迄”，闽、粤、安南读作[ŋ-]；

“概”，固始、平阳、汉口、南京、福州、汕头、厦门(又读)、客家(又读)、安南读作[k‘-]；

“诳”，有许多方言读作[k‘-]；

“酷”，福州、客家(又读)、安南(又读)读作[k-]；

“券”，福州、汕头(又读)读作[k-]，温州读作[tɕ-]；

“遽”，温州、宁波读作[tɕ-]，客家读作[k-]；

“擎”，绥远、太原、文水、太谷、兴县、平阳、栒邑、桑家镇、怀庆读作[k-]；

“况”，官话、扬州、汕头、客家读作[k‘-]；

“储”，客家读作[ʂ-]，福州、文水读作[s-]；

“勺”，安南读作[t‘-]；

“杳”，官话读作[m-]；

“锐”，扬州、汉口读作[l-]，安南读作[ɲ-]；

“捐”，安南和多数方言都把它当作见纽；

“墟”、“隙”，有些方言读作[ɕ-]，和它们连类而变的有“诘”，这也许是一种古读法的遗迹；

“蝎”，厦门读[g-]，和这里的读法相近(阳入的[tɕ‘-]，应由群纽变来)。①

(f)有些是从同偏旁或形义相近的字类推而来的读音：

“逋”从“铺”、“浦”；　“瀑”、“曝”从“爆”；　“鳖”从“敝”；
“汀”从“丁”；　“锻”从“段”；　“侦”从“贞”；
“怅”从“帐”；　“伫”从“贮”；　“殖”、“植”从“直”；
“緻”从“致”；　“隸”从“隶”；　“疽”从“苴”、“沮”；
“刹”从“殺”；　“概”、“溉”从“慨”；　“鬈”从“卷”；
“蜗”从“涡”、“窝”；　“窠”从“娱”或“窝”(义)；“廓”从“郭”；
“逛”从“狂”；　“佥”从“险”；　“汞”从“工”；
“閧”从“供”、“拱”；　“腻”从“贰”。

(g)有些受北京音影响的：

“笨”，游君读[p‘un ˧](话音)、[p‘un ˥˩]、[pun ˥˩]三音，黄君读[p‘un ˥˩]、[pun ˥˩]二音。案，“笨”字《广韵》虽有“布忖切”一音，但声调是上声而不是阴去，所以这三个音里只有[p‘un ˧]音合乎条例，[pun ˥˩]怕是受北京音的影响；[p‘un ˥˩]的声调也是连类讹变的。

“辨”，京音ㄅㄧㄢˋ[piɛn ˥˩]，今读[piɛn ˥˩]；

① 此项材料，大部分根据 B. Karlgren’s *Études sur la Phonologie Chinoise*, chap. 7–15.

"棒",京音ㄅㄤˋ[paŋ˥˩],今话音读[p'oŋ˧˩],字音变[poŋ˥˩];

"捧",京音ㄆㄥˇ[p'əŋ˨˩˦],今读[puŋ˥],声母虽有送气不送气的差别,但都属于双唇塞声;

"愎",京音ㄅㄧˋ[pi˥˩],今读[piʔ˨];

"队",京音ㄉㄨㄟˋ[tuei˥˩],今话音读[t'ui˧˩],字音变[tui˥˩];

"笛",京音ㄉㄧˊ[ti˧˥],今读[tiʔ˥];

"度",京音ㄉㄨˋ[tu˥˩],今读[toʔ˥];

"仗",京音ㄓㄤˋ[tʂaŋ˥˩],今话音读[t'oŋ˧˩],字音变[toŋ˥˩];

"矿",京音ㄎㄨㄤˋ[k'uaŋ˥˩],今读[k'oŋ˥˩];

"剧",京音ㄐㄩˋ[tɕy˥˩],今读[tɕiʔ˥]。

此外,像"癣"读作[tɕ'iɛn˧˥]、"拯"读作[tin˧˥],可以算是临川的特别读音;"抑"读作[ȵiʔ˨]是由疑纽类推所致[①];至于"舰"字在方言里常有误读成[ᶜkam]或[ᶜtɕiɛn],但是很少念成[lam˧˥]的。还有表里的"岑"字,依例应读[ts'em˧˥],但黄君认为和"钳"[tɕiɛm˧˥]字同音,所以声母、韵母都变成不合条例。又"匠"的字音读[ɕioŋ˧˩]、"筝"的话音读[ten˨]、"剩"的话音读[in˧˩]之类,那在第三章第四节的乙项里已经说过了。

从(a)到(e)5项,虽然和《广韵》的反切不合,但多少都可以找到些历史上的或现代的根据。(f)一项就不免有"读半边字"的嫌疑了;其中像"窠"、"佥"、"阒"、"腻"几个字,显然是不大可靠的[②],可惜我

---

① 山西平阳影纽在i前也加[ŋ-],可以作这个读法的参考。

② 类推的读法有时是很危险的。例如"蜇"字读[hoʔ˨],本来和晓纽一般的条例相符,可是黄君认为这是话音,它的字音应该读[t'oʔ˨]。我猜这是因为透、定两纽的话音可以变[h-],把"蜇"字误作透纽,再反过来类推的结果,所以我在表中没有收入[t'oʔ˨]音。这恰好像广州人本来把溪纽的开口读作[h-],可是有一位想"撇京腔"的"广东佬",把"毛亨"念成"毛坑",于是在广东和北京同样念[h-]的匣纽"亨"字,也矫枉过正地变成[k'-]声了。

在写这本书以前没有机会到临川本地拿多数人的读音来审核一下。至于(g)项的解释,如果多数临川本地人的读法和这些字音不同的话,在理论上也是可能的,因为游、黄两君都在北京住过五六年,受北京朋友们的薰习,不知不觉地会把一些字的乡音稍微变动。但合起(f)、(g)两项来统共不过35个字,在我们所问过的三千五百多字中只有这百分之一的例外,这对于声类的系统毫没有妨碍的。

最后,我们还要讨论到几个禅纽字的塞声读法问题。我在上文已经说过章、昌两纽和端、知、透、彻的关系(参阅507－510页),照条理讲,船、禅两纽在临川音里也应该和定、澄的读法相同的。但是据我调查的结果,船纽已然完全变成擦音,只有禅纽的“酬售勺殖植”5个字还保持塞声的读法。这几个字在别的韵书或假借字里几乎都有和澄纽相通的证据,可见它们和定、澄的关系在古代是很密切的。后来在这个方言里,船、禅两纽因为受浊音的影响先变成擦音,所以和章、昌两纽的演变就走到两条路上去了。现在幸而从这几个字所反映出来的一点痕迹,我们还可以推想在较古的时代,临川音的船、禅两纽也和章、昌两纽同样读作塞声的。

(乙)韵类的异同

拿临川韵类和《广韵》比较,我们可以提出底下12个要点来讨论:

(1)咸、山、蟹三摄还保存古一、二等分立的遗迹:在这三摄里古一等主要元音[ɑ]和二等主要元音[a]的分别,多数方言已然混淆,可是临川方言在见系声母后面依然保留一些分别。例如:

	一等	二等
咸摄	覃韵:感 kom$_3$　堪 k'om$_1$　含 hom$_2$	咸韵:减 kam$_3$　咸 ham$_2$
	谈韵:甘 kom$_1$　酣 hom$_2$	衔韵:监 kam$_1$　嵌 k'am$_4$　衔 ham$_2$
	合韵:鸽 kop$_6$　合 hop$_7$	洽韵:夹 kap$_6$　掐 k'ap$_6$
	盍韵:磕 k'op$_6$　盍 hop$_7$	狎韵:甲 kap$_6$　匣 hap$_7$
山摄	寒韵:干 kon$_1$　看 k'on$_4$　岸 ŋon$_5$	删韵(开):奸 kan$_1$　雁 ŋan$_5$　晏 an$_4$
	寒 hon$_2$　安 on$_1$	山韵(开):艰 kan$_1$　眼 ŋan$_3$　闲 han$_2$
	曷韵:割 kot$_6$　渴 kot$_6$　喝 hot$_6$	黠韵(开):轧 at$_6$
		鎋韵(开):瞎 hat$_6$
	桓韵:官 kuon$_1$　宽 k'uon$_1$　碗 uon$_3$	删韵(合):关 kuan$_1$　弯 uan$_1$
	末韵:括 kuot$_6$　阔 k'uot$_6$	山韵(合):鳏 kuan$_1$
		黠韵(合):滑 uat$_7$
		鎋韵(合):刮 kuat$_6$
蟹摄	咍韵:该 koi$_1$　开 k'oi$_1$　獃 ŋoi$_2$	皆韵:皆 kai$_1$　楷 k'ai$_3$　骇 hai$_3$
	孩 hoi$_2$　哀 oi$_1$	佳韵:街 kai$_1$　涯 ŋai$_2$　鞋 hai$_2$
	泰韵:盖 koi$_4$　丐 k'oi$_4$　害 hoi$_5$	矮 ai$_3$

从这些例子里,显然可以看出[o]和[a]在古代确有不同的来源。不过在其他声母后面,除去覃韵的“贪、婪、簪、蚕”,谈韵的“揽”读[-om],桓韵见系以外的字读[-on],末韵唇音字读[-ot],此外便都拿[a]作主要元音了。现代方音中客家和广州也有类似的现象。至于灰韵和泰韵合口既然分别读入[i]、[əi]、[ui]几韵,我们可以不羼在这里来讨论。

(2)曾、梗、臻三摄韵尾变成一样,但梗摄的话音和曾、梗摄一、二等的合口仍不与臻摄相混:曾、梗两摄的古穿鼻韵尾[-ŋ]在这个方言里变成和臻摄相同的抵颚韵尾[-n]。例如:

	一等	二等	三等	四等
曾摄	登韵:曾 tsen$_1$		蒸韵:冰 pin$_1$	青韵:瓶 p'in$_2$
	灯 ten$_1$		绳 sin$_2$	丁 tin$_1$
梗摄		庚韵:生 sen$_1$	庚韵:京 tɕin$_1$	
		更 ken$_1$	英 in$_1$	
		耕韵:萌 men$_2$	清韵:饼 pin$_3$	
		争 tsen$_1$	井 tsin$_3$	
臻摄	痕韵:吞 t'en$_1$	臻韵:榛 tsen$_1$	真韵:贫 p'in$_2$	
	根 ken$_1$		人 lin$_2$	
			欣韵:斤 tɕin$_1$	
			隐 in$_3$	

这种现象由来已久,我们如果从纸面上找证据,那么,宋朝有两位临川的词人已经把曾、梗、臻三摄通押了。例如,王安石的《临川先生歌曲》① 里有一首《菩萨蛮》,原词是:

海棠乱发皆临水,君知此处花何似?凉月白纷纷,香风隔岸闻。
啭枝黄鸟近,隔岸声相应。随意坐莓苔,飘零酒一杯。

其中有两句拿“近”(焮)和“应”(证)通押。又如晏几道《小山词》② 有一首《清平乐》:

红英落尽,未有相逢信。可恨流年凋绿鬓,睡得春酲欲醒。
钿筝曾醉西楼,朱弦玉指梁州。曲罢翠帘高卷,几回新月如钩。

拿“尽”(轸)、“信”(震)、“鬓”(震)、“醒”(迥)通押;另外有两首《玉楼春》:

离鸾照罢尘生镜,几点吴霜侵绿鬓。琵琶弦上语无凭,豆蔻梢头春有信。　相思拚损朱颜尽,天若多情终欲问。雪窗休记夜来寒,

① 《彊村丛书》校刻宋绍兴《临川集》本,又无著庵辑补遗本。

② 《彊村丛书》校刻赵氏星凤阁藏钞本。

桂酒已消人去恨。

芳年正是香英嫩，天与娇波长入鬓。蕊珠宫里旧承恩，夜拂银瓶朝把镜。　云情去住终难信，花意有无休更问。醉中同尽一杯欢，归后各成孤枕恨。

“镜”(映)在第一首里和“鬓”(震)、“信”(震)、“尽”(轸)、“问”(问)、“恨”(恨)通押，在第二首里和“嫩”(慁)、“鬓”(震)、“信”(震)、“问”(问)、“恨”(恨)通押；还有一首《菩萨蛮》：

来时杨柳东桥路，曲中暗有相期处。明月好因缘，欲圆还未圆。却寻芳草去，画扇遮微雨。飞絮莫无情，闲花应笑人。

拿“情”(清)和“人”(真)通押。这不过随手拈几个例子，如果把所有临川文人的作品作一番统计，当然还有不少佐证。至于现代方言中把曾、梗的穿鼻韵尾变成抵颚韵尾的，除客家话外，上江官话和西南官话里也有许多地方是这样。

梗摄的话音，二等字读作[aŋ]，三等字读作[iaŋ]，二等合口“横”字读作[uaŋ]，这是和臻摄相差很远的。又登韵合口“肱”字和庚韵二等合口“觥”字都读作[uen]，与臻摄魂、谆、文等韵的字不同韵；但庚韵三等合口的“咏泳”两字便和谆、文变成同韵了。关于这一项的例子，已见491、492页第8、10、11三项和下面的比较表，这里不再赘举。

(3)古三等韵在帮系或照系声母后面和古一、二等韵变成同类：这种现象在临川音里算是很有规律的。例如：

一等	二等	三等
模韵：补 pu_3		鱼韵：猪 tu_1 除 $t'u_2$
		虞韵：夫 fu_1 朱 tu_1
侯韵：头 $t'ɛːu_2$		尤韵：浮 $fɛːu_2$ 邹 $tsɛːu_1$
	麻韵：巴 pa_1	麻韵：遮 ta_1 车 $t'a_1$ 奢 sa_1
豪韵：刀 tau_1	肴韵：交 kau_1	宵韵：朝 tau_1 潮 $t'au_2$ 扰 lau_3 烧 sau_1

一等	二等	三等
寒韵:干 kon$_1$	删韵(合):撰 tsʻon$_5$	仙韵(合):专 ton$_1$ 川 tʻon$_1$ 船 son$_2$
桓韵:盘 pʻon$_2$		
寒韵:丹 tan$_1$	删韵(开):颜 ŋan$_2$	凡韵:帆 fan$_2$
	山韵(开):间 kan$_1$	元韵(合):藩 fan$_2$
登韵:灯 ten$_1$	庚韵:生 sen$_1$	仙韵(开):旃 ten$_1$ 缠 tʻen$_2$ 然 len$_2$ 扇 sen$_4$
痕韵:痕 hen$_2$	耕韵:争 tsen$_1$	
	臻韵:榛 tsen$_1$	
魂韵:盆 pʻən$_2$		文韵:分 fən$_1$
敦 tun$_1$		谆韵:谆 tun$_1$ 春 tʻun$_1$ 闰 lun$_5$ 遵 tsun$_1$ 纯 sun$_2$
唐韵:榜 poŋ$_3$	江韵:桩 tsoŋ$_1$	阳韵:张 toŋ$_1$ 昌 tʻoŋ$_1$ 让 loŋ$_5$ 商 soŋ$_1$ 方 foŋ$_1$
东韵:同 tʻuŋ$_2$		东韵:风 fuŋ$_1$ 中 tuŋ$_1$ 戎 luŋ$_2$ 崇 tsʻuŋ$_2$
冬韵:农 luŋ$_2$		锺韵:封 fuŋ$_1$ 冢 tuŋ$_3$ 宠 tʻuŋ$_3$ 茸 luŋ$_2$
末韵:脱 tʻuot$_6$		薛韵(合):拙 tuot$_6$ 说 suot$_6$
曷韵:达 tat$_7$	黠韵(开):杀 sat$_6$	乏韵:法 fat$_6$
	鎋韵(开):瞎 hat$_6$	月韵(合):髮發 fat$_6$
没韵:勃 pʻut$_7$		術韵:出 tʻut$_6$ 述 sut$_7$
		物韵:佛 fut$_7$
	栉韵:虱 set$_6$	薛韵(开):哲 tet$_6$ 彻 tʻet$_7$ 热 let$_6$ 舌 set$_7$
德韵:特 tʻeʔ$_7$	陌韵:百 peʔ$_6$	职韵:侧 tseʔ$_6$ 测 tsʻeʔ$_6$ 色 seʔ$_6$
	麦韵:隔 keʔ$_6$	
	陌韵(白):百 paʔ$_6$	昔韵(白):隻 taʔ$_6$ 尺 tʻaʔ$_6$ 石 saʔ$_7$
	麦韵(白):隔 kaʔ$_6$	
铎韵:博 poʔ$_6$	觉韵:桌 tsoʔ$_6$	药韵:酌 toʔ$_6$ 绰 tʻoʔ$_6$ 弱 loʔ$_6$ 芍 soʔ$_7$ 缚 foʔ$_7$
屋韵:独 tʻuʔ$_7$		屋韵:烛 tuʔ$_6$ 触 tʻuʔ$_6$ 辱 luʔ$_6$ 束 suʔ$_6$
沃韵:笃 tuʔ$_6$		烛韵:目 muʔ$_6$ 福 fuʔ$_6$ 竹 tuʔ$_6$ 畜 tʻuʔ$_6$ 肉 luʔ$_6$

这种现象在别种方言里也很常见。

(4)古合口韵在唇音声母后和开口韵变成同类:古合口韵的[u]

或[w]介音,在唇音声母后面往往因异化作用而被吞掉,于是就和古开口韵变成同类了。例如:

开口	合口
歌韵:多 to$_1$ 罗 lo$_2$	戈韵:波 po$_1$ 婆 pʻo$_2$ 魔 mo$_2$ 和 fo$_2$
寒韵:看 kʻon$_4$ 韩 hon$_2$	桓韵:搬 pon$_1$ 潘 pʻon$_1$ 满 mon$_3$ 欢 fon$_1$
删韵:谏 kan$_4$ 雁 ŋan$_5$	删韵:班 pan$_1$ 攀 pʻan$_1$ 蛮 man$_2$ 环 fan$_2$
山韵:盏 tsan$_3$ 艰 kan$_1$	山韵:扮 pan$_4$ 幻 fan$_5$
仙韵:连 tiɛn$_2$ 箭 tsiɛn$_4$	仙韵:变 piɛn$_4$ 汴 pʻiɛn$_5$ 缅 miɛn$_3$
先韵:天 tʻiɛn$_1$ 贤 ɕiɛn$_2$	先韵:边 piɛn$_1$
登韵:藤 tʻen$_2$ 僧 sen$_1$	登韵:薨 fen$_1$
庚韵:冷 len$_3$ 杏 hen$_5$	庚韵:横 fen$_2$
耕韵:争 tsen$_1$ 硬 ŋen$_5$	耕韵:轰 fen$_1$
庚韵$_{(三)}$:省 sin$_3$ 京 tɕin$_1$	庚韵$_{(三)}$:兵 pin$_1$ 平 pʻin$_2$ 明 min$_2$
青韵:丁 tin$_1$ 星 sin$_1$	青韵:並 pʻin$_5$
真韵:珍 tin$_1$ 人 lin$_2$	谆韵:敏悯 min$_3$
唐韵:党 toŋ$_3$ 汤 tʻoŋ$_1$	唐韵:帮 poŋ$_1$ 旁 pʻoŋ$_2$ 黄 foŋ$_2$
曷韵:割 kot$_6$ 喝 hot$_6$	末韵:钵 pot$_6$ 泼 pʻot$_6$ 末 mot$_6$ 活 fot$_7$
黠韵:紥 tsat$_6$ 察 tsʻat$_6$	黠韵:八 pat$_6$ 拔 pʻat$_6$ 滑 fat$_7$
德韵:墨 meʔ$_2$ 刻 kʻeʔ$_6$	德韵:或惑 feʔ$_7$
麦韵:格 keʔ$_6$ 额 ŋeʔ$_6$	麦韵:脉 meʔ$_6$
铎韵:度 toʔ$_7$ 作 tsoʔ$_6$	铎韵:霍 foʔ$_6$

这也是别种方言里常有的现象。

(5)古闭口韵尾[-m]、[-p]仍旧保存,但在唇音声母后因异化作用变成[-n]、[-t]:闭口韵覃、谈、衔、咸、严、盐、添、侵 8 韵,临川音还保存着[-m]尾,他们相对的入声合、盍、洽、狎、业、葉、怗、缉还保存着[-p]尾(参看下文 555、556、563 页);但是凡韵的"凡帆梵$_2$ 泛$_4$ 范範犯$_5$"读作[fan],侵韵的"禀$_3$"读作[pin]或[pən]、"品$_3$"读作[pʻin]或[pʻən],乏韵的"法$_6$

乏$_7$"读作[fat]。这是受唇音声母[p-]、[f-]的异化作用所致(参看下文556、560、565页)。客家话和广州话也有类似的读法。

(6)古入声[-t]尾仍旧保存,但古[-k]尾却变作[-ʔ]:抵颚入声曷、末、黠、鎋、薛、月、屑、没、栉、质、迄、術、物13韵,除去少数例外,都保存[-t]尾(参看下文564–566页);碍喉入声德、职、陌、麦、昔、锡、铎、觉、药、屋、沃、烛12韵,除去"域$_6$役疫$_6$秃$_7$"4字变[-t]、"斛$_2$"字变[-u],其馀的都读作[-ʔ]尾(参看下文567–570页)。

(7)鱼、虞两韵的见系精组来纽变[i],和脂、之、支、微、祭、废、齐的开口同韵;但它们的话音读作[e]或[ie],仍和止、蟹摄各别:这种演变也和客家话类似,不过话音的读法游、黄两君稍有参差(参看455页)。例见下表544页。

(8)鱼、虞两韵的日纽字和止摄开口的日纽字同读[ɵ]韵:止摄开口的日纽字变卷舌韵是官话方言里常见的现象,但鱼、虞的日纽字读[ɵ]恐怕是赣系方言的一个特点,分宜方言也是这样的。[①] 例见下表544–546页。

(9)止摄的精、庄两组字变[ɿ],但知、照两组字仍读[i]。例如:

精组	庄组	知组	照组
兹 tsɿ$_1$	锱 tsɿ$_1$	知 ti$_1$	之 ti$_1$
此 ts'ɿ$_1$	厕 ts'ɿ$_4$	耻 t'i$_3$	齿 t'i$_3$
慈 ts'ɿ$_2$	师 sɿ$_1$	池 t'i$_2$	示 si$_5$
私 sɿ$_1$	事 sɿ$_5$		诗 si$_1$
似 s'ɿ$_5$			时 si$_2$

① 参看严学窘《记分宜方音》。

这种分化的情形和客家、广州相同,和吴语、官话不同。

(10)灰韵和脂、支合口的双唇音字,还有几个脂、支合口的精组字都读[i],但齿唇音字却和微韵的合口同读[əi]。例见下表546、547页。

(11)宵韵的照系和日纽字和侯韵同类,但城内音和《广韵》同类,这种现象也和客家话近似。例见下表552、553页。

(12)模韵疑纽的“五伍午”3字变成元音化的鼻音[ŋ̍],这也是和客家、广州类似的读法。

以上12点是比较特异的,此外有些一般方言里常见的现象,都列举在底下的“临川韵类和《广韵》韵类比较表”里,这里不再逐一地讨论,还有些少数的例外读法,留在表后面再去解释。

表的排列法是拿《广韵》韵类作纲,拿临川韵类作目,《广韵》韵类以摄统等,以等统呼,以呼统韵;每一韵类下遍列临川的各种读法(例如,止摄开口三等支韵移类临川有[ɿ]、[ɵ]、[i]3韵);但临川同一韵类而《广韵》分属数韵的,就把它分列在《广韵》各类的底下(例如临川的[ɿ]韵分散在齐鸡、脂夷、之、支移4类底下),为列表方便而迁就古韵类,难免就把今韵类拆散,这和声类比较表的排列法颇有出入。表中在双线以下的是少数的例外读法,双线以上的不规则调类在字旁用×号来标明它。为使读者容易念出整个的字音起见,也把声类和调类简单地表示出来:凡在同一声母标音后的都属同一声类;凡在同一阿拉伯数码前的都属同一调类(例如:《广韵》支韵移类临川伊韵[i]的“pʻ:披$_1$ 裨皮疲脾$_2$ 譬$_4$ 避$_5$”,从“披”到“避”都读[pʻ]声,1以前是阴平,2以前是阳平,4以前是阴去,5以前是阳去,馀可依此类推)。

第四表 临川韵类和《广韵》韵类比较表

广韵韵类 \ 临川韵类		遇		假	蟹			
		三		三	三			
		开	合	开	开		合	
		鱼	虞	麻$_{耶}$	祭$_{例}$	废$_{刈}$	祭$_{岁}$	废$_{秽}$
		i̯o	i̯u	i̯a	iɛi	i̯ɐi	i̯wɛi	i̯wɐi
儿	ə	○:如$_{2}$ 汝$_{3}$	○:儒$_{2}$ 乳$_{3}$					
伊	i	t:驴$_{2}$ 吕旅$_{3}$ 虑滤$_{5}$ ts:疽$_{1}$ ts‘:蛆$_{1}$ s:胥$_{1}$ 徐$_{2}$ 序叙绪$_{5}$ tɕ:居车$_{1}$ 举$_{3}$ 据锯遽$_{5}$ tɕ‘:渠$_{2}$ 去$_{4}$ 巨拒距$_{5}$ ȵ:鱼渔$_{2}$ 语禦$_{3}$ 御$_{5}$ ɕ:虚嘘墟$_{1}$ 许$_{3}$ ○:於淤$_{1}$ 馀余$_{2}$ 与$_{3}$ 誉预豫$_{5}$	t:缕$_{3}$ 屡$_{5}$ ts‘:趋$_{1}$ 取$_{3}$ 娶趣$_{4}$ 聚$_{5}$ s:须鬚需$_{1}$ tɕ:俱拘驹$_{1}$ 矩$_{3}$ 句$_{4}$ tɕ‘:区驱$_{1}$ 瞿$_{2}$ 具惧$_{5}$ ȵ:愚虞$_{2}$ 遇 寓$_{5}$ ○:于×迂$_{1}$ 榆逾臾$_{2}$ 愈雨宇禹羽$_{3}$ 喻裕芋$_{5}$		p:蔽$_{4}$ p‘:敝弊币毙$_{5}$ t:制製$_{4}$ 例$_{5}$ t‘:滞$_{4}$ ts:祭$_{4}$ s:世势$_{4}$ 誓逝$_{5}$ ȵ:艺$_{5}$	ȵ:刈$_{5}$		
飞	əi							f:废肺$_{4}$ 吠$_{5}$
威	ui						t:缀赘$_{4}$ l:锐$_{5}$ ts‘:脆$_{4}$ s:岁税$_{4}$ ○:卫$_{5}$	○:秽$_{4}$
猪	e	t:猪$_{1}$ ts‘:蛆$_{1}$ 徐$_{2}$ s:胥$_{1}$ 絮$_{4}$ k:佢$_{2}$ k‘:去$_{4}$	ts:取娶$_{3}$					
鱼	ie	tɕ‘:蛆$_{1}$ 去$_{4}$ ȵ:鱼 渔$_{2}$ 女$_{3}$ ɕ:絮$_{4}$	tɕ‘:娶$_{3}$	ȵ:惹$_{3}$ ɕ:些$_{1}$				
涉	ep						t:缀$_{6}$	

（续表）

广韵韵类 / 临川韵类		蟹		止	
		四		三	
		开	合	开	
		齐鸡	齐圭	脂夷	之
		iei	i̯wei	i	iː
丝	ɿ	ts‘:脐$_2$ s:撕$_1$		ts:资姿咨$_1$ 姊$_3$ ts‘:次$_4$自$_5$ s:私师狮$_1$ 死$_3$ 四肆$_4$	ts:兹滋辎$_1$ 子梓$_3$ ts‘:慈磁辞词$_2$ 厕$_4$ 巳字$_5$ s:司思丝伺×$_1$ 使史驶$_3$ 似祀士俟寺嗣饲事$_5$
儿	ɵ			○:二贰$_5$	○:而$_2$ 耳$_3$ 饵$_5$
伊	i	p:闭$_4$　p‘:批$_1$ 陛$_5$ m:迷$_2$ 米$_3$ 谜$_5$　t:低$_1$ 犁黎$_2$ 底抵礼诣×$_3$ 丽$_5$ t‘:堤题提蹄$_2$ 体$_3$ 涕剃替梯×$_4$弟悌第递隶$_5$ ts:脐×$_1$挤$_3$ 济$_4$　ts‘:妻凄栖$_1$ 齐$_2$ 砌$_4$ 荠$_5$　s:西犀$_1$ 洗$_3$ 细$_4$　tɕ:鸡稽$_1$ 计继$_4$　tɕ‘:溪$_2$ 启$_3$ 契$_4$ȵ:倪$_2$　ɕ:奚兮$_2$ 系係繫$_5$	ɕ:携$_2$	p:比$_3$ 庇$_4$　p‘:琵$_2$ 屁$_4$ 鼻$_5$　m:寐$_5$ t:脂$_1$ 梨$_2$ 旨指履$_3$ 至致緻$_4$ 利痢泪类$_5$t‘:鸱$_1$ 迟$_2$ 雉地稚治$_5$　ts:姊$_3$ s:尸$_1$ 矢屎$_3$ 示视嗜$_5$　tɕ:饥肌$_1$ 几$_3$ 冀$_4$　tɕ‘:耆$_2$ 器弃$_4$　ȵ:尼$_2$ ○:伊$_1$ 夷姨胰$_2$ 懿$_4$ 肄$_5$	t:之芝$_1$ 釐$_2$ 李里理裏徵止趾$_3$ 志置$_4$ 吏$_5$　t‘:痴嗤$_1$ 持$_2$ 耻齿$_3$ 痔峙$_5$ s:诗$_1$ 时$_2$ 始$_3$ 试$_4$ 市恃侍$_5$　tɕ:基姬$_1$ 己纪记$_4$ tɕ‘:欺$_1$ 其棋旗期$_2$ 起杞$_3$ 忌$_5$　ȵ:疑$_2$ 拟$_3$　ʔ:嘻嬉禧熙$_1$ 喜$_3$　○:医$_1$ 怡贻$_2$ 已以矣$_3$ 意$_4$ 异$_5$
飞	əi		f:惠慧$_5$		
威	ui		k:圭闺$_1$ 桂$_4$ k‘:奎$_1$		

（续表）

广韵韵类 / 临川韵类		止				
		三				
		开		合		
		支移	微衣	脂追	支为	微归
		iě	ěi	wi	wiě	wěi
丝	ɿ	ts:紫$_{3}$ tsʻ:雌疵$_{1}$ 此$_{3}$ 刺$_{4}$ s:斯厮$_{1}$ 赐$_{4}$				
儿	ə	○:儿$_{2}$ 尔$_{3}$				
伊	i	p:卑$_{1}$ pʻ:披$_{1}$ 裨皮脾脾$_{2}$ 譬$_{4}$ 避$_{5}$ m:弥$_{2}$ t:知支枝肢$_{1}$ 离璃篱$_{2}$ 只纸$_{3}$ 智$_{4}$ 丽荔$_{5}$ tʻ:池驰$_{2}$ 侈$_{3}$ 翅$_{4}$ s:施匙$_{1}$ 玺徙屣豕$_{3}$ 是氏$_{5}$ tɕ:羁$_{1}$ 寄$_{4}$ tɕʻ:奇骑岐$_{2}$ 企$_{3}$ 技妓$_{5}$ ȵ:宜仪$_{2}$ 蚁$_{3}$ 义议谊$_{5}$ ɕ:牺$_{1}$ 戏$_{4}$ ○:衣依$_{1}$ 移$_{2}$ 椅$_{3}$ 易$_{5}$	tɕ:几机讥$_{1}$ 幾$_{3}$ 既$_{4}$ tɕʻ:祈沂$_{2}$ 岂$_{3}$ 气$_{4}$ ȵ:毅$_{5}$ ɕ:希稀$_{1}$	p:悲$_{1}$ 鄙$_{3}$ 秘泌$_{4}$ pʻ:丕$_{1}$ 备$_{5}$ m:眉$_{2}$ 美$_{3}$ 媚$_{5}$ tsʻ:翠$_{4}$ 悴$_{5}$ s:遂$_{5}$ tɕ:季$_{4}$	p:碑婢×$_{1}$ 彼俾$_{3}$ 臂$_{4}$ pʻ:被$_{1}$ m:糜弭×$_{2}$ [illegible]$_{3}$ s:随髓×$_{2}$	
飞	əi				f:麾$_{1}$ 毁$_{3}$	f:非飞妃菲挥辉徽$_{1}$ 肥$_{2}$ 匪菲卉$_{3}$ 费讳$_{4}$ 彙$_{5}$
威	ui			t:追锥隹$_{1}$ tʻ:槌$_{2}$ l:垒$_{3}$ s:虽绥衰$_{1}$ 谁$_{2}$ 水$_{3}$ k:龟$_{1}$ 晷轨$_{3}$ 癸×$_{4}$ kʻ:葵夔揆×$_{2}$ 愧$_{3}$ 柜馈$_{5}$ ○:维惟帷唯$_{2}$ 位$_{5}$	tʻ:吹炊$_{1}$ l:蕊$_{3}$ 累$_{5}$ tsʻ:揣$_{3}$ s:垂$_{2}$ 睡瑞$_{5}$ k:规$_{1}$ 诡$_{3}$ kʻ:亏窥$_{1}$ 跪×$_{3}$ ○:危为$_{2}$ 委$_{3}$ 喂$_{4}$ 为伪$_{5}$	k:归$_{1}$ 鬼$_{3}$ 贵$_{4}$ ○:威$_{1}$ 微薇违围巍$_{2}$ 尾伟苇$_{3}$ 畏慰$_{4}$ 未味胃谓蝟魏$_{5}$

（续表）

广韵韵类 / 临川韵类		蟹			
		一			
		开		合	
		咍	泰$_{\text{盖}}$	灰	泰$_{\text{外}}$
		ɑ̣i	ɑi	uɑ̣i	uɑi
伊	i			p:杯$_1$ 辈背$_4$ p':胚$_1$ 陪培赔$_2$ 配$_4$ 倍佩$_5$ m:梅枚玫媒$_2$ 每$_3$ 妹昧$_5$	
飞	ɵi			f:灰诙恢$_1$ 回$_2$ 贿$_3$ 晦悔$_4$ 溃匯$_5$	f:会绘$_5$
威	ui			t:堆$_1$ 对队$_4$ t':推$_1$ 颓$_2$ 腿$_3$ 退$_4$ 队$_5$ l:雷$_2$ 馁儡$_3$ 内$_5$ ts':崔催$_1$ 罪$_5$ s:碎$_4$ k:瑰$_4$ k':盔魁$_1$ 傀$_2$ ○:煨$_1$ 桅$_2$	t':兑$_5$ ts:最$_4$ k:刽$_5$
哀	oi	k:该$_1$ 改$_3$ k':开$_1$ 凯$_3$ 概溉慨忾$_4$ ŋ:獃$_2$ 碍$_5$ h:孩$_2$ 海$_3$ 亥$_5$ ○:哀$_1$ 爱$_4$	k:盖$_4$ k':丐$_4$ h:害$_5$		
雷	uoi			p:杯$_1$ 辈背$_4$ p':陪培赔$_2$ 配$_4$ 倍佩$_5$ m:梅枚玫媒$_2$ 每$_3$ 妹昧$_5$ t:堆$_1$ t':腿$_3$ l:雷$_2$ 内$_5$ ts':崔催$_1$ 罪$_5$ s:碎$_4$	t':兑$_5$
台	ai	t:戴$_4$ t':胎态$_2$ 台臺檯苔$_2$ 待怠殆贷代$_5$ l:来$_2$ 乃$_3$ 耐$_5$ ts:灾栽$_1$ 宰载$_3$ 再$_4$ ts':猜$_1$ 才财裁纔採彩$_3$ 菜$_4$ 在$_5$ s:腮$_1$ 赛$_4$ ○:埃$_2$	t:带$_4$ t':太泰$_4$ 大$_5$ l:奈赖癞$_5$ ts':蔡$_4$ ŋ:艾$_5$	p:背$_4$ m:媒$_2$	
歪	uai			k':块$_4$	○:外会$_5$

（续表）

广韵韵类 \ 临川韵类		蟹					
		二					
		开			合		
		皆谐	佳街	夬寨	皆怀	佳蛙	夬快
		ại	ai	ai	wại	wai	wai
威	ui	m:$\underset{\sim}{\text{埋}}_2$					
台	ai	p':排牌$_2$　m:埋$_2$ ts:斋$_1$　ts':差$_1$ 豺$_2$　k:皆阶$_1$ 介芥 界届戒$_4$　k':揩$_1$ 楷$_3$　h:骇×$_1$谐$_2$ 械×$_3$　〇:挨$_1$	l:奶$_3$　p:摆$_3$ m:买$_3$ 卖$_5$　ts:债$_4$ ts':钗$_1$ 柴$_2$　s:灑$_3$ 晒$_4$　k:街$_1$ 解$_3$ ŋ:涯崖$_2$　h:鞋$_2$ 解蟹$_3$ 懈$_5$　〇:矮$_3$	ts':虿$_4$ 寨$_5$	p:拜$_4$ f:淮槐 怀$_2$ 坏$_5$	p':派$_4$	p':败$_5$ m:迈$_5$
歪	uai				k:乖$_1$ 怪$_4$ k':蒯$_3$	k:枴$_3$ 〇:歪$_1$	k':快$_4$

（续表）

广韵韵类 / 临川韵类		果			假
		一		三	二
		开	合	合	开
		歌	戈$_{\text{锅}}$	戈$_{\text{靴}}$	麻$_{\text{加}}$
		ɑ	uɑ	i̯uɑ	a
阿	o	t:多$_1$ tʻ:拖$_1$ 驼陀驮$_2$ 柁$_5$ l:罗$_2$ ts:左$_3$ 佐$_4$ tsʻ:搓×$_4$ k:哥歌$_1$ 個$_4$ kʻ:轲$_1$ 可$_3$ ŋ:蛾鹅俄$_2$ 我$_3$ 饿$_5$ h:何河$_2$ 荷$_{2,5}$贺$_5$ ○:阿$_1$	p:波玻披跛×$_1$播簸$_4$ pʻ:婆$_2$ 颇$_3$ 破$_4$ m:魔摩$_2$ 磨$_{2,5}$ f:和$_{2,5}$火夥$_3$ 货$_4$ 祸$_5$ t:朵$_3$ tʻ:妥$_3$ 坠唾$_4$ 惰$_5$ l:骡螺$_2$ 裸$_3$ tsʻ:锉$_4$ 坐座$_5$		
倭	uo		k:锅戈$_1$ 果菓裹$_3$ 过$_4$ kʻ:科$_1$ 课颗×$_4$ ŋ:讹$_2$ 卧$_5$ ○:倭窝窠$_1$ 禾$_2$ 和$_5$		
靴	yo			ɕ:靴$_1$	
鸦	a	t:他$_1$ l:挪$_2$			p:巴芭$_1$ 把$_3$ 霸$_4$ pʻ:爬琶$_2$ 怕$_4$ m:麻痲$_1$ 马码$_3$ 骂$_5$ f:花$_1$ 华$_{2,5}$ l:拿$_2$ ts:渣$_1$ 诈榨$_4$ tsʻ:叉差$_1$ 茶查$_2$ 诧$_4$ 乍$_5$ s:沙纱$_1$ k:家加嘉$_1$ 假贾$_3$ 架驾嫁價$_4$ ŋ:牙芽衙$_2$ 雅$_3$ 讶迓$_5$ h:霞瑕遐$_1$ 嚇$_4$ 下夏暇$_5$ ○:鸦$_1$ 哑$_3$ 亚$_4$
蛙	ua				
耶	ia				

（续表）

广韵韵类 / 临川韵类		假		蟹			
		二	三	一	二		
		合	开	合	开	合	
		麻瓜	麻耶	泰外	佳街	佳蛙	夬快
		wa	i̯a	uɑi	ai	wai	wai
阿	o						
倭	uo	○:蜗$_1$					
靴	yo		tɕʻ:茄$_2$				
鸦	a	s:傻$_3$	t:遮$_1$ 者$_3$ 蔗$_4$ tʻ:车$_1$ 扯$_3$ s:奢赊$_1$ 蛇$_2$ 捨$_3$ 赦舍$_4$ 社射$_5$	ŋ:外$_1$	pʻ:罢$_5$ k:佳$_1$	f:画$_5$	f:话$_5$
蛙	ua	k:瓜$_1$ 寡 剐$_3$ kʻ:誇$_1$ ○蛙洼 瓦$_3$				k:卦挂$_4$ kʻ:跨$_4$ ○:娃$_1$	○:话$_5$
耶	ia		t:爹$_1$ tɕ:嗟$_1$ 借$_4$ tɕʻ:斜$_2$ 且$_3$ 藉$_5$ ȵ:惹$_3$ ɕ:邪$_2$ 写$_3$ 泻卸$_4$ 谢$_5$ o:耶椰$_2$ 也野冶$_3$ 夜$_5$				

（续表）

广韵韵类 \ 临川韵类		遇		
		一	三	
		合	开	合
		模	鱼	虞
		uo	i̯o	i̯u
午	ŋ	○:五伍午$_3$		
乌	u	p:补$_3$ 布怖佈$_4$ pʻ:逋铺捕× 簿×$_1$蒲菩$_2$ 普谱浦$_3$ 部步$_5$ m:模$_2$ 姥$_3$ 暮慕募$_5$ f:呼$_1$ 胡湖狐壶乎$_2$ 虎浒$_3$ 户沪互护$_5$ t:都$_1$ 堵赌肚$_3$ 妒蠹$_4$ tʻ:屠徒涂图$_2$ 土$_3$ 吐兔$_4$ 杜度渡$_5$ l:奴卢炉$_2$ 努鲁橹虏卤$_5$ 路露赂$_5$ ts:租$_1$ 祖组$_3$ tsʻ:粗$_1$ 徂$_2$ 醋措$_4$ s:稣苏$_1$ 素诉愬$_4$ k:姑辜孤$_1$ 古估股鼓$_3$ 故固顾雇$_4$ kʻ:枯$_1$ 苦$_3$ 袴库$_4$ ŋ:吴吾梧$_2$ 悟误$_5$ ○:乌污$_1$ 恶$_4$	t:猪诸$_1$ 煮 褚×$_3$ 伫贮著箸$_4$ tʻ:除$_2$ 处$_{3,4}$ ts:阻$_3$ tsʻ:初$_1$ 锄$_2$ 楚$_3$ 助$_5$ s:疏蔬书舒$_1$ 储$_2$ 所鼠黍暑$_3$ 庶恕$_4$ 墅署$_5$	f:夫肤敷俘$_1$ 符扶$_2$ 府俯甫斧抚釜× 腐×$_3$付赋傅赴讣$_4$ 父辅附$_5$ t:朱硃珠诛蛛株$_1$ 主$_3$ 驻注註铸$_4$ tʻ:枢柱$_1$ 厨$_2$ 柱住$_5$ tsʻ:刍$_1$ 雏$_2$ s:输$_1$ 殊$_2$ 数$_{3,4}$ 戍$_4$ 竖树$_5$ ○:无巫诬$_2$ 武舞侮$_3$ 务雾$_5$
欧	ɛ:u			
优	iu			
丝	ɿ	ts:做$_4$		

（续表）

广韵韵类 / 临川韵类		流			效
		一	三	四	三
		开	开	开	开
		侯	尤	幽	宵
		ə̆u	i̯ə̆u	iə̆u	i̯ɛu
乌	u	m:母拇$_3$ ○:戊$_5$	f:富副$_4$ 妇负$_5$		
欧	ɛːu	pʻ:剖$_3$ m:某亩牡$_3$ 茂贸$_5$ t:兜$_1$ 斗抖 陡$_3$ 鬥$_5$ tʻ:偷$_1$ 头投$_2$ 透$_4$ 荳逗$_5$ l:楼$_2$ 搂$\times_4$耨漏陋$_5$ ts:走$_3$ 奏$_4$ tsʻ:凑$_4$ s:叟$_3$ 嗽$_4$ k:钩沟$_1$ 苟狗$_3$ 垢彀构购媾够$_4$ kʻ:抠$_1$ 口$_3$ 叩寇蔻扣$_4$ ŋ:偶藕$_3$ h:侯喉猴$_2$ 吼$_3$ 後厚后候$_5$ ○:区欧讴$_1$ 呕殴$_3$ 怄$_4$	m:眸$_2$ f:浮$_2$ 否$_3$ 阜$_5$ ts:邹$_1$ 皱绉$_4$ tsʻ:愁$_2$ 骤$_5$ s:蒐搜飕馊$_1$ 瘦漱$_4$ k:救$_4$ kʻ:邱$_1$ ŋ:牛$_2$		t:朝昭招$_1$ 沼$_3$ 照诏$_4$ tʻ:超$_1$ 朝潮$_2$ 赵兆肇召$_5$ l:绕扰$_3$ s:烧$_1$ 韶邵$\times_2$ 绍$\times_2$少$_{3,4}$
优	iu		t:周州洲舟$_1$ 留流刘 �$\times_2$柳肘帚$_3$ 咒昼$_4$ tʻ:抽$_1$ 绸稠筹酬$_2$ 丑 醜售$\times_3$ 臭$_4$ 纣宙胄$_5$ l:柔揉$_2$ 溜$_5$ tɕ:揫 鸠$_1$ 酒九久韭$_3$ 救究$_4$ tɕʻ:丘秋$_1$ 求球$_2$ 臼$_3$ 就旧柩咎舅$_5$ ȵ:牛$_2$ 纽扭$_3$ ɕ:修羞收休$_1$ 囚雠售$\times_2$手首守朽$_3$ 秀绣兽$_4$ 受授寿袖$_5$ ○:忧优$_1$ 由油尤游 犹悠邮$_2$ 酉莠诱友有$_3$ 又右祐宥$_5$	m:谬$_5$ t:丢$_1$ tɕ:纠$_1^{\times}$ ○:幽$_1$ 幼$_4$	

（续表）

广韵韵类＼临川韵类		效				流	
		一	二	三	四	一	三
		开	开	开	开	开	开
		豪	肴	宵	萧	侯	尤
		ɑu	au	iɛu	ieu	ə̆u	i̯ə̆u
熬	au	p:褒$_{1}$ 保宝$_{3}$ 报$_{4}$ pʻ:袍$_{2}$ 抱暴$_{5}$ m:毛$_{2}$ 冒帽$_{5}$ t:刀$_{1}$ 祷岛$_{3}$ 倒$_{3,4}$ 到$_{4}$ tʻ:叨滔$_{1}$ 桃逃陶掏萄$_{2}$ 讨$_{3}$ 套导$_{4}$ 道稻盗$_{5}$ l:劳牢$_{2}$ 脑恼老$_{3}$ 捞$_{4}$ ts:遭糟$_{1}$ 早枣蚤澡$_{3}$ 躁灶$_{4}$ tsʻ:操$_{1}$ 曹$_{2}$ 草$_{3}$ 皂造$_{5}$ s:骚臊$_{1}$ 扫嫂$_{3}$ k:高膏羔$_{1}$ 稿$_{3}$ 告诰$_{4}$ kʻ:考$_{3}$ 烤× 靠犒$_{4}$ ŋ:熬$_{2}$ 傲$_{5}$ h:耗×$_{1}$ 蒿豪毫$_{2}$ 好$_{3,4}$ 浩皓昊号$_{5}$ ○:袄$_{3}$ 奥懊$_{4}$	p:包胞$_{1}$ 饱$_{3}$ 豹爆$_{4}$ pʻ:跑×$_{3}$ 炮泡×$_{4}$ 鲍$_{5}$ m:茅$_{2}$ 卯$_{3}$ 貌$_{5}$ l:铙$_{2}$ 闹$_{5}$ ts:爪$_{3}$ 罩$_{4}$ tsʻ:抄$_{1}$ 巢$_{2}$ 炒吵$_{3}$ 钞$_{4}$ s:梢$_{1}$ 稍×$_{3}$ k:交郊胶$_{1}$ 绞狡搅$_{3}$ 教校较$_{4}$ kʻ:敲$_{1}$ 巧$_{3}$ 酵$_{4}$ ŋ:咬$_{3}$ h:肴淆$_{2}$ 孝$_{4}$ 效校$_{5}$ ○:拗坳$_{3}$	t:朝$_{1}$ 沼$_{3}$ 照诏昭× 招×$_{4}$ tʻ:潮 朝$_{2}$ 赵兆$_{5}$ l:扰$_{3}$ s:烧$_{1}$ 韶 邵×$_{2}$ 绍×$_{3}$ 少$_{3,4}$		s:叟$_{3}$	m:矛$_{2}$
妖	iau			p:标$_{1}$ 表錶$_{3}$ pʻ:飘$_{1}$ 瓢嫖$_{2}$ 漂$_{3,4}$票$_{4}$ m:苗描猫$_{2}$ 藐渺秒$_{3}$ 妙庙$_{5}$ t:燎$_{2}$ tɕ:焦椒骄娇$_{1}$ 剿矫$_{3}$ tɕʻ:锹$_{1}$ 樵乔桥$_{2}$ 悄$_{3}$ 俏$_{4}$ 轿$_{5}$ ȵ:饶$_{2}$ ɕ:消宵霄枵鸮嚣$_{1}$ 小$_{3}$ 笑$_{4}$ ○:妖邀腰$_{1}$ 要$_{1,4}$摇谣姚$_{2}$ 夭舀$_{3}$ 耀$_{5}$	m:杳$_{3}$ t:刁貂雕$_{1}$ 聊辽撩寥$_{2}$ 了$_{3}$ 钓弔$_{4}$ 料廖×$_{5}$ tʻ:挑$_{1}$ 条$_{2}$ 调$_{2,5}$ 掉$_{3}$ 跳眺$_{4}$ 掉$_{5}$ tɕ:浇$_{1}$ 缴$_{3}$ 叫$_{4}$ tɕʻ:窍$_{4}$ ȵ:尧$_{2}$ 鸟$_{3}$ 尿$_{5}$ ɕ:萧箫$_{1}$ 晓$_{3}$ 啸$_{4}$		m:眸$_{2}$

（续表）

广韵韵类 / 临川韵类		咸			
		一		二	
		开		开	
		覃	谈	咸	衔
		ɑ̣m	ɑm	ạm	am
庵	om	tʻ:贪$_1$ l:婪$_2$ ts:簪$_1$ tsʻ:蚕$_2$ k:感$_3$ kʻ:堪龛$_1$ 砍$_3$ 勘$_4$ h:含函$_2$ 撼$_3$ 憾$_5$	l:揽$_3$ k:甘柑$_1$ 敢$_3$ h:蚶$_1$ 酣邯$_2$		
谈	am	t:耽$_1$ tʻ:潭谭$_2$ 探$_4$ l:南男$_2$ tsʻ:参$_1$ 惨$_3$	t:聃$_1$ 担$_{1,4}$胆$_3$ tʻ:谈痰$_2$ 淡$_5$ l:蓝篮$_2$ 览揽缆×$_3$ tsʻ:惭搀$_2$ 暂$_5$ s:三$_1$ kʻ:橄$_3$ 瞰$_4$ h:毯$_3$	ts:斩$_3$ 蘸$_4$ tsʻ:谗馋$_2$ s:杉$_1$ k:减碱 h:咸鹹$_2$ 喊$_3$ 陷$_5$	l:舰$_5$ tsʻ:忏$_4$ s:衫$_1$ k:监$_{1,4}$鉴$_4$ kʻ:嵌×$_4$h:衔$_2$
颜	an		tʻ:毯$_3$	ts:站$_4$	

（续表）

临川韵类		广韵韵类：咸			深
		三		四	三
		开		开	开
		严	盐	添	侵
		i̯ɐm	i̯ɛm	iem	i̯əm
淹	iɛm	tɕ:剑$_4$ tɕʻ:欠$_4$ 俭渐$_5$ ȵ:严$_2$ 俨$_3$ 验$_5$	t:廉簾奁$_2$ 敛殓$_5$ tɕ:尖$_1$ 检$_3$ tɕ:签$_1$ 潜钳$_2$ ȵ:粘$_2$ 染$_3$ ɕ:佥纤$_1$ 险$_3$ ○:淹阉腌$_1$ 盐阎檐炎$_2$ 掩$_3$ 厌$_4$ 艳焰$_5$	t:点$_3$ tʻ:添$_1$ 甜$_2$ 忝$_3$ 垫$_5$ tɕ:兼$_1$ 僭$_4$ tɕʻ:谦$_1$ ȵ:鲇拈$_2$ 念$_5$ ɕ:嫌$_2$	tɕʻ:岑$_2$
瞻	em		t:瞻占沾$_1$ 佔$_4$ l:染冉$_3$ s:陕闪$_3$ 赡$_5$		s:森参$_1$ 渗$_4$
音	im				t:针斟$_1$ 林淋临$_2$ 枕凛$_3$ tʻ:沉$_2$ 朕$_5$ l:壬$_2$ 任$_{2,5}$妊$_3$ ts:浸$_4$ tsʻ:侵$_1$ 寝$_3$ 蕈$_5$ s:心深琛$_1$ 寻$_2$ 审婶沈$_3$ 甚葚$_5$ tɕ:今金襟$_1$ 锦$_3$ 禁$_4$ tɕʻ:衾钦$_1$ 琴禽擒$_2$ ȵ:吟$_2$ 赁$_5$ ○:音阴$_1$ 淫$_2$ 饮$_3$ 荫$_5$
焉	iɛn		ɕ:暹$_1$		

（续表）

广韵韵类 / 临川韵类		山						咸
		一		二				三
		开	合	开		合		合
		寒	桓	删$_{\text{颜}}$	山$_{\text{艰}}$	删$_{\text{关}}$	山$_{\text{鳏}}$	凡
		ɑn	uɑn	an	ạn	wan	w ạn	i̯wɐm
安	on	k：干竿乾$_1$ 幹$_4$ kʻ：看$_{1,4}$侃$_3$ ŋ：岸$_5$ h：鼾寒韩$_2$ 罕$_3$ 汉$_4$ 旱汗 翰$_5$ ○：安鞍$_1$ 按 案$_4$	p：搬$_1$ 半$_4$ pʻ：潘拚$_1$ 盘$_2$ 判$_4$ 伴叛绊×$_5$ m：瞒馒$_2$ 满$_3$ 漫幔$_5$ f：欢$_1$ 桓完$_2$ 唤焕$_4$ 换 缓$_5$ t：端$_1$ 短$_3$ tʻ：团$_2$ 段锻断$_5$ l：鸾$_2$ 暖卵$_3$ 乱$_5$ ts：钻$_{1,4}$纂$_3$ tsʻ：窜篡$_4$ s：酸$_1$ 算蒜$_4$ ŋ：玩$_5$			tsʻ：撰$_5$ s：闩$_1$		
豌	uon		k：官冠$_1$ 观$_{1,4}$ 管馆$_3$ 贯灌$_4$ kʻ：宽$_1$ 款$_3$ ○：豌$_1$ 碗腕×$_3$					
颜	an	t：丹单$_1$ 旦$_4$ tʻ：滩摊$_1$ 檀坛$_2$ 弹$_{2,5}$坦炭叹$_4$ 诞但惮弹$_5$ l：兰$_2$ 难$_{2,5}$懒$_3$ 烂$_5$ ts：赞$_4$ tsʻ：餐$_1$ 残$_2$ 灿$_4$ s：珊$_1$ 伞$_3$ 散$_{3,4}$		m：慢$_5$ l：赧$_3$ s：删$_1$ 疝$_4$ k：姦奸$_1$ 谏$_4$ ŋ：颜$_2$ 雁$_5$ ○：晏$_4$	pʻ：瓣×$_3$盼$_4$ 办$_5$ ts：盏$_3$ tsʻ：潺×$_1$铲$_3$ s：山$_1$ 产$_3$ k：艰$_1$ 间$_{1,4}$ 简柬拣$_3$ ŋ：眼$_3$ h：闲$_2$ 限$_5$	p：班颁 扮$_1$ 板版$_3$ pʻ：攀$_1$ 襻$_4$ m：蛮$_2$ f：还环$_2$ 皖$_3$ 患 宦$_5$	p：扮$_4$ f：幻$_5$	f：凡帆 梵×$_2$泛$_4$ 范範 犯$_5$
弯	uɑn					k：关$_1$ 惯$_4$ ○：弯 湾$_1$ 顽$_2$ 晚挽$_3$ 万$_5$	k：鳏$_1$	
昂	oŋ		pʻ：胖$_4$					
渊	yɛn		○：丸纨$_2$					
谈	am			tsʻ：栈$_5$				

（续表）

广韵韵类 / 临川韵类		山					
		三				四	
		开		合		开	合
		仙延	元言	仙缘	元原	先前	先玄
		iɛn	iɐn	iwɛn	iwɐn	ien	iwen
安	on			t:专砖$_1$ 转$_{3,4}$ tʻ:川穿$_1$ 椽$_2$ 传$_{2,5}$舛喘$_3$ 串$_4$ 篆$_5$ s:船$_2$			
豌	uon				○:宛婉$_3$		
颜	am	t:<u>颤</u>$_3$			f:番翻$_1$ 藩烦矾繁$_2$ 反$_3$ 贩$_4$ 饭$_5$		
焉	iɛn	p:鞭编$_1$ pʻ:篇偏$_1$ 骗$_3$ 辨辩便$_5$ m:绵$_2$ 免娩勉$_3$ 面$_5$ t:连$_2$ tɕ:剪$_3$ 箭溅煎×$_4$ tɕʻ:迁$_1$ 钱乾虔$_2$ 浅遣癣$_3$ 践×$_4$ 件$_5$ ȵ:谚$_5$ ɕ:仙$_1$ 鲜$_{1,3}$线$_4$ 羡$_5$ ○:焉$_1$ 延筵涎$_2$ 演兖$_3$	tɕ:建键腱×$_4$ ȵ:言$_2$ ɕ:轩掀$_1$ 宪献$_1$	p:变$_4$ pʻ:汴$_5$ m:缅$_3$		p:扁匾$_3$ 遍$_4$ pʻ:骈$_2$ 片$_4$ m:眠$_2$ 麵$_5$ t:颠$_1$ 莲怜$_2$ 典$_3$ tʻ:天$_1$ 田填$_2$ 电殿奠佃$_5$ tɕ:笺肩坚$_1$ 茧$_3$ 荐见$_4$ tɕʻ:千牵$_1$ 前$_2$ 贱$_5$ ȵ:年$_2$ 研×$_3$砚$_5$ ɕ:先$_1$ 贤$_2$ 显$_3$ 现$_5$ ○:烟$_1$ 燕$_{1,4}$宴$_4$	p:边 辫×$_1$蝙×$_3$
渊	yɛn	t:联$_2$ 辇$_3$		tɕ:卷 鬈×$_3$ 绢眷$_4$ tɕʻ:圈痊$_1$ 全泉拳权$_2$ 倦$_5$ ȵ:软$_3$ ɕ:宣$_1$ 旋$_2$ 选$_3$ 羡$_5$ ○:员圆缘铅$_2$	tɕ:券$_4$ tɕʻ:劝$_4$ ȵ:元原源$_2$ 阮$_3$ 愿$_5$ ɕ:喧楦×$_1$ ○:冤$_1$ 袁园垣援$_2$ 远$_3$ 怨$_4$ 院$_5$	t:练炼$_5$ ɕ:弦$_2$	tɕ:涓$_1$ tɕʻ:犬$_3$ ɕ:玄悬眩$_1^{\times}$ 县$_5$ ○:渊$_1$
恩	en					ȵ:<u>研</u>$_3$	
森	em	s:<u>蝉</u>$_2$					

（续表）

广韵韵类 \ 临川韵类		曾		梗				臻		山
		一		二				一	二	三
		开	合	开		合		开	开	开
		登$_{\text{灯}}$	登$_{\text{肱}}$	庚$_{\text{羹}}$	耕$_{\text{争}}$	庚$_{\text{横}}$	耕$_{\text{宏}}$	痕	臻	仙$_{\text{延}}$
		əŋ	uəŋ	ɐŋ	ɛŋ	wɐŋ	wɛŋ	ən	i̯ĕn	i̯ɛn
恩	en	p:崩$_1$ 朋$_2$ t:登灯$_1$ 等$_3$ 凳$_4$ t‘:腾誊 藤$_2$ 邓$_5$ l:能 楞$_2$ ts:曾增 憎$_1$ ts‘:蹬$_1^{\times}$ 曾层$_3$ 层$_5$ s:僧$_1$ k:亘$_4$ k‘:肯$_3$ h:恒$_2$	f:薨$_1$ 弘$_2$	p‘:烹$_1$ 彭$_2$ m:猛$_3$ 孟$_5$ l:冷$_3$ s:生 牲笙$_1$ 省$_3$ k:更庚羹$_1$ 哽$_3$ 更$_4$ k‘:坑$_1$ h:亨$_1$ 衡$_2$ 行$_{2,5}$杏幸$_5$	m:萌$_2$ ts:争 筝$_1$ k:耕$_1$ 耿$_3$ ŋ:硬$_5$	f: 横$_{2,5}$	f:轰$_1$	t‘:吞$_1$ k:跟 根$_1$ 艮$_4$ k‘:恳 垦$_3$ h:痕$_2$ 很$_3$ 恨$_5$ ○: 恩$_1$	ts:臻 榛$_1$	t:旃$_1$ 展$_3$ 战$_4$ t‘:缠$_2$ l:然撚$\times_2$ s:搧羶$_1$ 禅$_{2,5}$扇$_4$ 善单擅$_5$
肱	uen		k: 肱$_1$			k: 觥$_1$				
更	aŋ			p‘:棚彭膨$_2$ l:冷$_3$ ts‘:撑$_1$ s:生牲笙$_1$ 省$_3$ k:更庚羹$_1$ k‘:坑$_1$ h:行$_2$	ts:争$_1$ ts‘:橙$_2$ k:耕$_1$ ŋ:硬$_5$					
横	uaŋ					○: 横$_2$				
昂	oŋ			m:盲$_2$						
汪	uoŋ					k‘: 矿$_4$				
翁	uŋ			p‘:棚$_2$						
因	in				p:浜$_1$迸$_4$ t‘:橙$_2$ ○:莺鹦$_1$					

（续表）

广韵韵类 临川韵类		曾	梗					
		三	三				四	
		开	开		合		开	合
		蒸	庚京	清征	庚荣	清倾	青经	青萤
		i̯əŋ	i̯aŋ	i̯ɛŋ	i̯wɐŋ	iwɛŋ	ieŋ	iweŋ
门	ən				p:兵$_{1}$ p‘:平评$_{2}$ m:明鸣盟$_{2}$ 皿$_{3}$			p:並$_{4}$
因	in	p:冰$_{1}$ p‘:凴$_{2}$ t:徵蒸$_{1}$ 陵凌菱$_{2}$ 证$_{4}$ t‘:称$_{1,4}$ 澄 惩$_{2}$ 拯$_{3}$ 秤$_{4}$ s:升$_{1}$ 胜$_{1,4}$乘绳丞承$_{2}$ 剩$_{5}$ tɕ:兢矜$_{1}$ȵ:凝$_{2}$ ɕ:兴$_{1,4}$ ○:鹰$_{1}$ 应$_{1,4}$仍蝇$_{2}$ 孕$_{5}$	s:省$_{3}$ tɕ:京荆惊$_{3}$ 景警$_{3}$ 境× 敬竟镜擎×$_{4}$ tɕ‘:卿$_{1}$ 鲸$_{2}$ 庆$_{4}$ 竞$_{5}$ ȵ:迎$_{2}$ ○: 英$_{1}$ 影$_{3}$ 映$_{4}$	p:饼$_{3}$ 併$_{4}$ p‘:聘$_{4}$ m:名$_{2}$ t:贞祯侦征$_{1}$ 正$_{1,4}$岭领整$_{3}$ 政$_{4}$ 令$_{5}$ t‘:蛏$_{1}$ 呈程$_{2}$ 逞$_{3}$ 郑$_{5}$ ts:精睛晶旌$_{1}$ 井$_{3}$ ts‘:清$_{1}$ 情晴$_{2}$ 请$_{3}$ 静净$_{5}$ s:声$_{1}$ 成城诚$_{2}$ 性姓圣$_{4}$ 盛$_{5}$ tɕ:颈$_{3}$ 劲$_{4}$ tɕ‘:轻$_{1}$ ○:婴缨$_{1}$ 盈赢$_{2}$	p:兵$_{1}$ 丙秉柄$_{3}^{\times}$ p‘:平评$_{2}$ 病$_{5}$ m:明鸣盟$_{2}$ 皿$_{3}$ 命$_{5}$	○颖$_{3}$	p‘:姘$_{1}$ 屏瓶$_{2}$ m:铭冥$_{2}$ t:丁钉汀$_{1}$ 灵铃伶零$_{2}$ 顶鼎订×$_{3}$ t‘:聽厅$_{1}$ 亭停廷庭$_{2}$ 艇挺$_{3}$ 定锭$_{5}$ l:甯$_{2}$ 佞$_{5}$ ts‘:青蜻$_{1}$ s:星腥$_{1}$ 醒$_{3}$ tɕ:经$_{1}$ 径$_{4}$ tɕ‘:磬罄$_{4}$ ɕ:馨$_{1}$ 刑形$_{2}$	p‘:並$_{2}$
匀	yn				○:咏泳$_{5}$			
萤	iaŋ		○:影$_{3}$ 映$_{4}$	p:饼$_{3}$ m:名$_{2}$ 领岭$_{3}$ tɕ:精睛颈$_{1}$ 井$_{3}$ tɕ‘:轻$_{1}$ 情晴$_{2}$ 请$_{3}$ 净$_{5}$ ɕ:性姓$_{4}$ ○:赢$_{2}$	p:柄$_{4}$ p‘:病$_{5}$ m:明$_{2}$ 命$_{5}$ ɕ:兄$_{1}$		t:钉$_{1}$ 铃伶零$_{2}$ 顶$_{3}$ t‘:聽$_{1}$ 定$_{5}$ tɕ:经$_{1}$ tɕ‘:青$_{1}$ 磬$_{4}$ ȵ:甯$_{5}$ ɕ:星$_{1}$ 醒$_{3}$ ○:萤$_{2}$	
更	aŋ			t:正$_{1,4}$ t‘:程$_{2}$ 郑$_{5}$ s:声$_{1}$ 成城$_{2}$				
恩	en	p:冰$_{1}$ ○:鹰$_{1}$						

（续表）

广韵韵类 / 临川韵类		臻					深
		一	三				三
		合	开		合		开
		魂	真	欣	谆	文	侵
		uən	i̯ĕn	i̯ən	i̯uĕn	i̯uən	i̯əm
门	ən	p:奔$_1$ 本$_3$ pʻ:盆$_2$ 笨$_5$ m:门$_2$ 闷$_5$ f:昏婚$_1$ 魂$_2$ 喷$_4$ 混馄× 浑$_5$	p:宾$_1$ 贫$_2$			f:分芬 荤$_1$ 焚 坟$_2$ 粉 忿愤×$_3$ 粪奋$_4$ 份$_5$	p:禀$_3$ pʻ:品$_3$
温	un	t:敦墩炖$_1$ 顿$_4$ tʻ:屯豚$_2$ 遁钝$_5$ l:论$_{2,5}$嫩$_5$ ts:尊$_1$　tsʻ:存 蹲$_2$ 忖$_3$ 寸$_4$ s:孙$_1$ 逊$_4$ k:滚$_3$　kʻ:昆崑 坤$_1$ 捆$_3$ 困$_4$ ○:温$_1$ 稳$_3$			t:谆$_1$ 準$_3$ tʻ:春椿$_1$ 蠢$_3$ l:闰润$_5$ ts:遵$_1$ s:唇纯莼 醇$_2$ 瞬$_3$ 舜$_4$ 顺$_5$	○:文纹 蚊闻$_2$ 吻刎$_3$ 问$_5$	
因	in		p:宾槟彬殡$_4$　pʻ:贫频$_2$ 牝$_3$ m:民$_2$ 泯闽×$_3$　t:珍真$_1$ 邻 鳞燐$_2$ 诊疹趁×$_3$ 镇震振$_4$ 吝$_5$ tʻ:陈尘$_2$ 阵$_5$　l:人仁$_2$ 忍$_3$ 刃 认$_5$　ts:儘$_3$ 进$_4$　tsʻ:亲$_1$ 秦$_2$ 尽$_5$　s:新辛身申伸$_1$ 神臣 辰晨娠$_2$ 哂$_3$ 信$_4$ 肾慎$_5$ tɕ:巾紧$_3$　tɕʻ:仅$_5$　ȵ:银$_2$ ○:因姻$_1$ 寅引$_3$ 印$_4$	tɕ:斤 筋$_1$ 谨$_3$ tɕʻ:芹 勤$_2$ 近$_5$ ɕ:欣$_1$ ○:殷$_1$ 隐$_3$	m:敏悯$_3$		p:禀$_3$ pʻ:品$_3$
匀	yn	t:崙$_2$ ɕ:损$_3$	tɕ:津$_1$ 晋$_4$ ɕ:讯$_4$		t:伦沦轮$_2$ tɕ:均钧$_2$ 窘 皴$_3$ 俊儁竣×$_4$ ɕ:旬询循巡$_2$ 笋盾$_3$ 迅$_4$ 殉 荀×$_5$　○:匀$_1$ 允尹陨$_3$	tɕ:君军$_1$ tɕʻ:群裙$_2$ 郡$_5$ ɕ:勳薰$_1$ 训$_4$　○: 云雲$_2$ 韵 运$_5$	
恩	en		tsʻ:衬$_4$(臻)				

（续表）

广韵韵类 / 临川韵类		宕				江
		一		三		二
		开	合	开	合	开
		唐冈	唐光	阳良	阳方	江
		ɑŋ	wɑŋ	i̯aŋ	i̯waŋ	ɔŋ
昂	oŋ	p:榜$_3$ pʻ:滂$_1$ m:忙芒茫$_2$ 莽$_3$ t:当$_{1,4}$党$_3$ tʻ:汤$_1$ 唐糖堂$_2$ 倘$_3$ 荡宕$_5$ l:囊郎廊狼$_2$ 曩朗$_3$ 浪$_5$ ts:臧赃髒×$_1$葬$_4$ tsʻ:仓苍$_1$ 藏$_{2,5}$ s:桑$_1$ 丧$_{1,4}$ 嗓$_3$ k:刚纲钢$_1$ kʻ:康糠$_1$ 慷$_3$ 抗炕$_4$ ŋ:昂$_2$ h:行$_2$ ○:肮×$_1$	p:帮$_1$ 谤$_4$ pʻ:旁$_2$ 傍$_5$ f:荒慌$_1$ 黄皇蝗$_2$ 恍$_3$	t:张章$_1$ 长掌$_3$ 涨帐怅账幛$_4$ tʻ:昌$_1$ 倡$_{1,4}$长肠场$_2$ 厂趟×$_3$畅唱$_4$ 丈仗杖$_5$ l:瓤$_2$ 壤$_3$ 让$_5$ ts:庄装$_1$ 壮$_4$ tsʻ:疮$_1$ 床$_2$ 创$_4$ 状$_5$ s:霜孀商伤$_1$ 常尝裳偿$_2$ 爽赏饷×$_3$ 上尚$_5$	m:网$_3$ f:方芳$_1$ 肪妨× 房防$_2$ 访纺仿谎$_3$ 放$_4$	p:邦$_1$ pʻ:庞$_2$ 蚌棒$_5$ ts:桩$_1$ tsʻ:窗$_1$ 撞$_5$ s:双$_1$ k:江肛扛缸$_1$ 讲港$_3$ 降虹$_4$ h:降$_2$ 项巷$_5$
汪	uoŋ		k:光$_1$ 广邝$_3$ kʻ:旷$_4$ ○:汪$_1$ 黄$_2$		kʻ:狂$_2$ 逛$_3$ 况$_4$ ○:王亡$_2$ 忘$_{2,5}$枉网$_3$ 旺望妄$_5$	
央	ioŋ			t:良凉梁粮$_2$ 量$_{2,5}$ 两$_3$ 亮谅辆$_5$ tɕ:姜薑僵疆浆$_1$ 将$_{1,4}$蒋奖$_3$ 酱$_4$ tɕʻ:羌枪$_1$ 戕墙$_2$ 强$_{2,3}$抢$_3$ ȵ:娘$_2$ 仰$_3$ 酿$_5$ ɕ:香乡箱厢襄$_1$ 相$_{1,4}$祥详$_2$ 享响想鲞$_3$ 向$_4$ 象像匠$_5$ ○:央秧殃怏×$_1$ 羊洋扬杨阳$_2$ 养痒$_3$ 样恙$_5$	tɕʻ:匡筐$_1$	

（续表）

广韵韵类		通				梗		
		一		三		三		四
		合		合		合		合
临川韵类		东红	冬	东融	锺	庚荣	清倾	青萤
		uŋ	uoŋ	i̯uŋ	i̯uoŋ	i̯wɑŋ	i̯wɛŋ	iweŋ
翁	uŋ	p‘:篷蓬$_2$ m:蒙$_2$ 梦$_5$ f:烘$_1$ 红虹洪鸿$_2$ t:东$_1$ 董懂$_3$ 冻栋$_4$ t‘:通$_1$ 同铜桐童瞳$_2$ 桶$_3$ 痛$_4$ 动洞$_5$ l:笼聋$_2$ 拢$_3$ 弄$_5$ ts:棕$_1$ 总$_3$ 粽$_4$ ts‘:聪$_1$ 丛$_2$ s:送$_4$ k:公工功攻$_1$ 贡汞×$_4$ k‘:空$_1$ 孔$_3$ 控$_4$ ○:翁$_1$ 瓮$_4$	t:冬$_1$ t‘:疼$_2$ 统$_3$ l:农脓$_3$ ts:宗$_1$ s: 鬆$_1$ 宋$_4$	f:风丰$_1$ 冯$_2$ 讽$_4$ 凤$_5$ t:忠盅终$_1$ 中$_{1,4}$众$_4$ t‘:充冲$_1$ 蟲$_2$ 铳$_4$ 仲$_5$ l:戎绒$_2$ ts‘:崇$_2$	p:捧$_3$ f:封峰蜂$_1$ 逢$_2$ 缝$_{2,5}$俸$_4$ 奉$_5$ t:锺鐘$_1$ 冢肿$_3$ 种$_{3,4}$ t‘:衝春$_1$ 重$_{2,5}$ 宠$_3$ l:茸$_2$ 冗陇$_3$ s:怂$_3$			
雍	iuŋ	tɕ:閧×$_3$		t:隆窿$_2$ tɕ:弓躬宫$_1$ ɕ:嵩$_1$ 熊雄$_2$ ○:融$_2$	t:龙$_2$ tɕ:恭踪$_1$ 纵供$_{1,4}$拱$_3$ tɕ‘:穹穷$_2$ 从$_{2,5}$ 恐$_3$ ȵ:浓$_2$ ɕ:凶胸兇松$_2$ 诵颂讼$_5$ ○:雍$_1$ 容镕庸颙$_2$ 甬勇$_3$ 涌拥$_4$ 用$_5$	ɕ:兄$_1$ ○:荣$_2$ 永$_3$	tɕ‘:倾$_1$ 顷×$_{1,3}$ 琼$_2$ ○:营茔$_2$	tɕ:扃$_3$ ɕ:迥$_3$ ○:萤$_2$

（续表）

广韵韵类 / 临川韵类		咸$_{入}$							深$_{入}$
		一		二		三		四	三
		开		开		开		开	开
		合	盍	洽	狎	葉	业	怗	缉
		ɑp	ɑp	ap	ap	i̯ɛp	i̯ɐp	iep	i̯əp
合	op	k：蛤鸽$_6$ 鸽$_7$ h：合盒$_7$	kʻ：磕$_6$ h：盍$_7$						
答	ap	t：答搭$_6$ tʻ：踏$_7$ l：纳$_6$ tsʻ：杂$_7$	tʻ：塔塌榻$_6$ l：臘蠟$_7$ s：卅$_6$	t：劄$_6$ ts：眨$_6$ tsʻ：插$_6$ s：霎$_6$ k：夹裌$_6$ kʻ：掐恰$_6$ h：闸狭洽$_7$	k：甲$_6$ h：匣狎$_7$ ○：鸭押压$_6$				
葉	iɛp					t：猎$_7$ tɕ：接$_6$ tɕʻ：妾$_6$ 捷$_7$ ȵ：聂$_7$ ○：葉$_7$	tɕ：劫$_6$ tɕʻ：怯$_6$ ȵ：业$_7$ ɕ：胁$_6$	tʻ：怗贴$_6$ ȵ：捻$_6$ ɕ：协挟侠$_7$	
涉	ep					t：辄摺$_6$ s：摄$_6$ 涉$_7$			s：涩$_6$
邑	ip								t：立粒执汁$_6$ l：入$_6$ tsʻ：集缉辑$_7$ s：湿$_6$ 习袭十什拾$_7$ tɕ：急给汲级$_6$ tɕʻ：泣$_6$ 及$_7$ ɕ：吸翕$_6$ ○：邑揖$_6$
达	at			s：霎$_6$					
噎	iɛt					tɕʻ：捷$_7$			
逸	it								tʻ：蛰$_7$ tɕʻ：泣$_6$
翼	iʔ								t：粒$_6$
鸦	a	l：拉$_1$							

（续表）

广韵韵类 / 临川韵类		山入					
		一		二			
		开	合	开		合	
		曷	末	黠札	鎋瞎	黠滑	鎋刮
		ɑt	uɑt	at	ạt	wat	wạt
遏	ot	k:割葛$_6$ k‘:渴$_6$ h:喝$_6$ 曷$_7$ ○:遏$_6$	p:钵拨$_6$ <u>钵拨</u>$_7$ p‘:泼$_6$ m:末$_6$ 沫抹 <u>末</u>$_7$ f:豁$_6$ 活$_7$				
斡	uot		t:掇$_6$ t‘:脱$_6$ 夺$_7$ l:捋$_7$ k:括$_6$ k‘:阔$_6$ ○:斡$_6$ <u>活</u>$_7$				
达	at	t‘:闼$_6$ 达$_7$ l:捺癞$_6$ 辣$_7$ s:撒萨$_6$	p‘:钹跋$_7$	ts:扎札紮$_6$ ts‘:察$_6$ s:杀$_6$ ○:轧$_6$ <u>轧</u>$_7$	s:刹$_6$ h:瞎$_6$	p:八$_6$ p‘:拔$_6$ f:滑$_7$	
<u>挖</u>	uat					○:<u>挖</u>$_6$ <u>滑</u>$_7$	k:刮$_6$
哲	et				h:辖$_7$		
合	op		ts:撮$_6$				
答	ap	t‘:獭$_6$					

（续表）

广韵韵类 / 临川韵类		山入						咸入
		三				四		三
		开		合		开	合	合
		薛列	月歇	薛悦	月越	屑结	屑决	乏
		i̯ɛt	i̯ɐt	i̯wɛt	i̯wɐt	iet	iwet	i̯wɐp
斡	uot			t：拙$_6$ s：说刷$_6$				
达	at				f：髮發$_6$ 伐筏罚$_7$			f：法$_6$ 乏$_7$
挖	uat				○：袜$_7$			
噎	iɛt	pʻ：别鳖$_7$ m：灭$_6$ t：列烈裂$_6$ tɕ：孑$_6$ tɕʻ：揭$_6$ 杰竭$_7$ ȵ：孽$_6$ 热$_7$ ɕ：薛亵泄$_6$	tɕʻ：蝎$_7$ ɕ：歇$_6$ ○：谒$_6$			pʻ：撇$_6$ m：篾$_7$ t：跌$_6$ tʻ：铁$_6$ 迭$_7$ tɕ：节结洁$_6$ tɕʻ：切$_6$ 截$_7$ ȵ：捏臬$_6$ ɕ：屑$_6$ ○：噎$_6$		
越	yɛt			t：劣$_6$ tɕʻ：缺$_6$ 绝$_7$ ɕ：雪$_6$ ○：悦阅$_6$	tɕ：厥$_6$ tɕʻ：阙掘×$_6$ ȵ：月$_6$ 月$_7$ ɕ：血$_6$ 穴$_7$ ○：越曰粤$_6$ 阙$_7$		tɕ：决诀$_6$	
涉	ɛp	s：设$_6$		t：辍$_6$				
葉	iɛp					○：页$_7$		

（续表）

广韵韵类 / 临川韵类		臻入						山入
		一	二	三				三
		合	开	开		合		开
		没	栉	质	迄	王	物	薛列
		uət	i̯ĕt	i̯ĕt	i̯ət	i̯uĕt	i̯uət	i̯ɛt
哲	et		ts：栉$_6$ s：虱$_6$	s：膝$_6$				t：哲 折 浙$_6$ tʻ：彻 澈 撤$_7$ l：热$_6$ s：舌$_7$
物	ut	pʻ：勃$_7$ m：没$_6$ f：忽$_6$ tʻ：突$_7$ ts：卒$_6$ tsʻ：猝$_6$ k：骨$_6$ kʻ：窟$_6$		s：悉$_6$		tʻ：出$_6$ s：率 蟀$_6$ 術述$_7$	f：弗拂 佛$_6$ 佛$_7$ ○：物$_6$	
逸	it			p：必笔毕$_6$ pʻ：匹弼$_6$ m：密蜜$_6$ t：窒质$_6$ 栗$_7$ tʻ：侄秩$_7$ l：日$_6$ tsʻ：七漆$_6$ 疾$_7$ s：悉 膝 失 室$_6$ 实$_7$ tɕ：吉$_6$ tɕʻ：乞$_6$ ȵ：日$_7$ ○：乙逸$_6$	ȵ：讫迄$_6$			
鬱	yt					t：率律$_6$ tɕ：橘$_6$ ɕ：戌恤$_6$ ○：鬱$_6$	tɕʻ：屈$_6$ 掘倔$_7$	
噎	iɛt			ɕ：诘$_7$				
斡	uot					t：绌$_6$		
厄	eʔ		s：瑟$_6$					
邑	ip			t：栗$_6$				

（续表）

广韵韵类 / 临川韵类		曾				梗
		一		三		二
		开	合	开	合	开
		德得	德国	职织	职域	陌格
		ək	wək	i̯ək	i̯wək	ɐk
厄	eʔ	p:北$_6$ m:默$_6$ 墨$_7$ t:德得$_6$ t':忒$_6$ 特$_7$ l:肋勒$_6$ ts:则$_6$ ts':贼$_7$ s:塞$_6$ k':克刻$_6$ h:黑$_6$	f:或惑$_7$	ts:侧鲫$_6$ ts':测恻$_6$ s:色$_6$		p:百柏伯迫$_6$ p':拍$_6$ 白帛珀魄$_7$ m:陌$_6$ ts:窄$_6$ ts':栅泽宅$_6$ 择$_7$ k:格$_6$ k':客$_6$ ŋ:额$_6$ h:赫嚇$_6$
国	ueʔ		k:国$_6$			
翼	iʔ			p:逼愎$_6$ t:力织职$_6$ t':敕饬$_6$ 直殖植$_7$ l:匿$_6$ ts:即稷鲫$_6$ s:息熄式识饰$_6$ 食蚀$_7$ tɕ:棘$_6$ tɕ':极$_7$ ȵ:抑$_6$ ○:弋翼$_6$ 弋翼$_7$		
白	aʔ					p:百柏伯$_6$ p':拍$_6$ 白$_7$ ts:栅$_6$ k:格$_6$ k':客$_6$ h:嚇$_6$
壁	iaʔ					ȵ:额$_7$
鬱	yt				○:域$_6$	

（续表）

广韵韵类 临川韵类		梗						
		二			三			四
		开	合		开		合	开
		麦革	陌虢	麦获	陌戟	昔石	昔役	锡历
		εk	wɐk	wεk	i̯ɐk	i̯εk	i̯wεk	iek
厄	eʔ	ts:责$_6$ tsʻ:策$_6$ k:革隔$_6$ h:核覈$_7$ ○:厄扼轭$_6$		m:脉$_6$ 麦$_7$				
国	ueʔ		k:虢$_6$					
翼	iʔ				tɕ:戟$_6$ 剧$_7$ tɕʻ:屐$_7$ ȵ:逆$_6$ ɕ:隙$_7$	p:碧壁$_6$ pʻ:僻闢$_6$ t:炙$_6$ tʻ:赤斥尺掷$_6$ ts:积迹脊$_6$ tsʻ:籍$_7$ s:夕昔惜適释$_6$ 席石射硕$_7$ ○:亦易益译$_6$		p:壁$_6$ pʻ:霹劈$_6$ m:觅$_6$ t:的滴嫡歷$_6$ 笛滴$_7$ tʻ:剔踢$_6$ 敌狄$_7$ l:溺$_6$ ts:绩$_6$ tsʻ:戚寂$_7$ s:锡析$_6$ tɕ:击激$_6$ tɕʻ:喫$_6$
白	aʔ	ts:摘$_6$ k:隔$_6$		m:麦$_7$		t:只炙$_6$ tʻ:尺$_6$ s:石$_7$		
壁	iaʔ				tɕ:屐$_7$ ȵ:逆$_7$	tʻ:掷$_6$ tɕʻ:席$_7$		p:壁$_6$ pʻ:劈$_6$ t:笛$_7$ tʻ:踢$_7$ tɕʻ:喫$_6$ ɕ:锡$_6$
郁	yt						○:役疫$_6$	

（续表）

临川韵类＼广韵韵类		宕$_{入}$			
		一		三	
		开	合	开	合
		铎$_{落}$	铎$_{郭}$	药$_{略}$	药$_{缚}$
		ɑk	wɑk	i̭ak	iwak
恶	oʔ	p:博$_6$ pʻ:泊$_6$ 薄$_7$ m:莫幕寞膜$_6$ t:度$_7$ tʻ:託托铎蠹$_{\times 6}$ l:诺烙骆酪洛乐$_6$ 落$_7$ ts:作$_6$ tsʻ:错$_6$ 昨凿$_7$ s:索$_6$ k:各胳阁搁$_6$ ŋ:鄂鳄$_6$ h:壑$_6$ 鹤$_7$ ○:恶$_6$	f:藿$_6$ 镬$_7$	t:勺酌着$_6$ tʻ:绰$_6$ l:若弱$_6$ s:芍$_7$	f:缚$_7$
约	ioʔ			t:略$_6$ 掠$_7$ tɕ:爵脚$_6$ 嚼$_7$ tɕʻ:雀鹊却$_6$ ȵ:虐疟弱$_6$ ɕ:削$_6$ ○:约钥$_{\times}$ 跃$_{\times 6}$ 药$_7$	
郭	uoʔ		k:郭廓$_6$ kʻ:扩$_6$		
屋	uʔ				
郁	iuʔ				
物	ut				
乌	u				

（续表）

广韵韵类 / 临川韵类		江$_入$	通$_入$			
		二	一		三	
		开	合		合	
		觉	屋$_谷$	沃	屋$_六$	烛
		ɔk	uk	uok	i̯uk	i̯uok
恶	oʔ	p:剥驳$_6$ p':雹$_7$ t:啄$_7$ ts:卓桌琢捉$_6$ ts':浊镯濯$_7$ s:朔$_6$ k:角觉$_6$ k':确殼$_6$ ŋ:嶽岳$_6$ 乐$_{6,7}$ h:学$_7$ ○:握$_6$	s:缩$_6$			
约	ioʔ					
郭	uoʔ					
屋	uʔ	p':璞$_7$	p:卜瀑曝$_6$ p':撲$_7$ m:木沐$_6$ t':独读牍$_7$ l:禄$_6$ 鹿$_7$ ts':族$_7$ s:速$_6$ k:谷穀$_6$ k':哭$_6$ ○:屋$_6$	p':僕$_7$ t:笃督$_6$ t':毒$_7$ k:酷$_6$ ○:沃$_6$	m:目穆牧$_6$ f:福蝠幅覆$_6$ 復腹複伏服$_7$ t:竹築祝粥$_6$ t':畜$_6$ 逐轴$_7$ l:肉$_6$ s:叔淑$_6$ 熟$_7$	t:烛嘱$_6$ t':触$_6$ l:辱褥$_6$ s:束$_6$ 赎蜀属$_7$
郁	iuʔ				t:戮$_6$ 六陆$_7$ tɕ:菊$_6$ ȵ:肉$_7$ ɕ:肃夙宿畜 蓄$_6$ ○:郁育$_6$	t:绿录$_6$ tɕ:足$_6$ tɕ':促曲$_6$ 局$_7$ ȵ:玉狱$_6$ ɕ:粟旭$_6$ 俗续$_7$ ○:浴欲慾$_6$
物	ut		t':秃$_7$			
乌	u		f:斛$_7$			

表中这些少数不规则的读音，除去调类留待下一段去解释外，大致可以分作底下的几项：

(1)等呼不规则的：

“联”，力连切[1]，仙韵，“辇”，力展切，狝韵开口三等，[i̯ɛn]，“弦”，胡田切，先韵，“练炼”，郎甸切，霰韵开口四等，[ien]；依例应读[-iɛn]，今变[-yɛn]，读如合口；

“津”，将邻切，真韵；“晋”，即刃切，“讯”，息晋切，震韵，开口四等，[i̯ĕn]，依例应读[-in]，今变[-yn]，读如合口；

“傻(儍)”，沙瓦切，麻韵，合口二等，[wa]，依例应读[suɑ₃]，今变[sa₃]，读如开口；

“随”，旬为切，支韵，“髓”，息委切，“嘴”，《集韵》祖委切，纸韵，[wĕi]，“翠”，七醉切，至韵，[wi]，合口四等，依例应读[-ui]，今变[-i]，读如开口；

“兖”，以转切，狝韵，合口四等，[i̯wɛn]，依例应读[-yɛn₃]，今变[-iɛn₃]，读如开口；

“丸纨”，胡官切，桓韵，合口一等，[uɑn]，依例应读[uon₂]，今变[yɛn₂]，读如三等；

“崙”，卢昆切，魂韵，合口一等，[uən]，依例应读[lun₂]，今变[tyn₂]，读如三等；

“损”，苏本切，混韵，合口一等，[uən]，依例应读[sun₃]，今变[ɕyn₃]，读如四等；

“宛婉”，於阮切，阮韵，合口三等，[i̯wɐn]，依例应读[yɛn₃]，今变[uon₃]，读如一等；

“遵”，将伦切，谆韵，合口四等，[i̯wĕn]，依例应读[tɕyn₁]，今变

[1] 反切皆据《广韵》，凡不见于《广韵》的另标明所见韵书。

[$tsun_1$],读如一等。

(2)元音不规则的:

“脐”,徂奚切,“撕”,先稽切,齐韵[iei],依例应读[-i],今变[-ɿ];

“做”,俗“作”字,《集韵》“作”有子贺切一读,《字汇》“做”租去声又音佐,依例应读[tsu_4],今变[$tsɿ_4$];

“他”,託何切,“挪”,诺何切,歌韵[ɑ],依例应读[-o],今仍读[-a];

“蜗”,古华切,麻韵合口二等[wa],依例应读[kua_1],今变[kuo_1];

“母拇”,莫厚切,厚韵[əu],依例应读[$mɛːu_3$],今变[mu_3];

“富”,方副切,“副”,敷救切,宥韵[i̯ə̆u],“妇负”,房久切,有韵[i̯ə̆u],依例应读[-ɛːu],今变[-u];

“矛眸”,莫浮切,尤韵[i̯ə̆u],依例应读[$mɛːu_2$],今“矛”变[mau_2],“眸”变[$miau_2$](又读);

“钹跋”,蒲拨切,末韵[uɑt],依例应读[$p'ot_7$],今变[$p'at_7$];

“辖”,胡瞎切,瞎韵[ạt],依例应读[hat_7],今变[het_7];

“诘”,去吉切,质韵[i̯et],依例应读[$tɕ'it_6$],今变[$ɕiɛt_7$];

“绌”,竹律切,術韵[i̯wĕt],依例应读[tut_6],今变[$tuot_6$]。

(3)韵尾不规则的:

“毯”,吐敢切,敢韵[ɑm],“站”,陟陷切,陷韵[ạm],“暹”,息廉切,盐韵[i̯ɛm],依例应收[-m],今变[-n];

“栈”,士谏切,谏韵[an],又士免切,狝韵[i̯ɛn],“蝉”,市连切,仙韵[i̯ɛn];依例应收[-n],今变[-m];

“胖”,普半切,换韵[uɑm],依例应读[$p'on_4$],今变[$p'oŋ_4$];

“棚”,薄庚切,“盲”,眉庚切,庚韵[ɐŋ],依例应收[-n],今收[-ŋ];

“霎”,山洽切,洽韵[ạp],“蛰”,直立切,“泣”,去急切,缉韵[i̯əp],依例应收[-p],今变[-t];

“粒”，力入切，缉韵[i̯əp]，依例应收[-p]，今变[-ʔ]；

“獭”，他达切，曷韵[ɑt]，“撮”，子括切，末韵[uɑt]，“设”，识别切，薛韵开口[i̯ɛt]，“辍缀”，陟劣切，薛韵合口[i̯wɛt]，又陟卫切，祭韵合口[i̯wɛi]，“页”，胡结切，屑韵[iet]，“栗”，力质切，质韵[i̯ĕt]，依例应收[-t]，今变[-p]；

“瑟”，所栉切，栉韵[i̯ĕt]，依例应收[-t]，今变[-ʔ]；

“秃”，他谷切，屋韵[uk]，“域”，雨逼切，职韵合口[i̯wək]，“役疫”，营隻切，昔韵合口[i̯wɛk]，依例应收[-ʔ]，今变[-t]；

“拉”，卢合切，合韵[ɑ̣p]，依例应收[-p]，今变[-a]；

“斛”，胡谷切，屋韵[uk]，依例应收[-ʔ]，今变[-u]。

这些不规则的读音，可以分作几方面去解释：

(a)有些不随全韵变迁，或不见于字书的古读法，但在许多方言里还保存着的：

“他”，各处方言的话音都读[tʻa$_{1}$]，字音间或有读[tʻo$_{1}$]的；

“挪”，怀庆、绥远、大同、凤台、上海、温州都读[nɑ$_{2}$]；

“傻”，广州[ṣɑ$_{3}$]，高丽、厦门[sɑ$_{3}$]，官话方言[ṣɑ$_{3}$]或[sɑ$_{3}$]，温州[so$_{3}$]，只有汕头读[suɑ$_{3}$]还保存着《广韵》的合口读法；

“母拇”，客家、汕头、福州、温州、上海、官话都读[mu$_{3}$]；

“富妇副负”，各地方言都读[fu]，这种读法在临川方言也有很古的来源。晏几道《小山词》里有一首《玉楼春》：“雕鞍好为莺花住，占取东城南陌路，尽教春思乱如云，莫管世情轻似絮。　古来多被虚名误，宁负虚名身莫负，劝君频入醉乡来，此是无愁无恨处。”拿“负”字和“住、路、絮、误、处”通押，可见它在宋朝的时候已经读[fu]了。不过《小山词》里还有一首《菩萨蛮》：“相逢欲话相思苦，浅情肯信相思否？……”和一首《归田乐》：“试把花期数，便早有感春情绪。看即梅花吐。愿花更不谢，春且长住，只恐花飞又春去。　花开还不语。问此意年年，春还会否？绛唇青鬓，渐少花前语。对花又记得，旧曾游处，门外垂杨未飘絮。”拿“否”字和“苦、数、绪、吐、住、去、语、处、絮”通押，可见当时也应该读作[fu]，现代临川方音把它读作[fɛːu$_3$]，便和宋代的音稍有出入了。

“毯”，客家、广州、汕头都读[t'an$_3$]；

“蝉”，客家[ʂam$_2$]，广州[ʂim$_2$]；

“胖”，官话方言都读作[p'aŋ$_4$]；

“联”，客家、广州、太原、兴县、文水、平凉、西安、四川都当它作仙韵的合口；

“兖”，北京和大部分官话都读作[iæn]；

“津晋”，广州读作[tsøn]；

“损”，开封、怀庆、凤台、兰州读与谆韵的“询”字同音；

“瑟”，汕头读作[sɛk]；

“拉”，客家、广州、汕头、福州、温州和大多数方言都读[lɑ$_1$]；

“秃”，客家读作[t'ut]；

“斛”，温州读作[vu]；

“域”，客家读作[vet]，“役疫”，待考，但客家话“国”[kuet]、“或”[fet]、“获”[fet]都收[-t]尾。

(b)有些是从同偏旁或形义相近的字类推而来的读音：

“撕”从“斯”、“厮”；“蜗”从“鍋”、“過”；“宛”、“婉”，从“豌”、“碗”；“弦”从“玄”、“眩”；“崙”从“倫”、“輪”；“遵”从“尊”、“蹲”；“盲”从“亡”、“忘”；“钹”、“跋”从“拔”；“诘”从“结”；“绌”从“拙”。

(c)有些受北京音影响的：

“矛”，北京音ㄇㄠˊ[mau ˧˥]，今读[mau ˨˦]；

“站”，北京音ㄓㄢˋ[tʂan ˥˩]，今读[tsan ˥˩]；

“暹”，北京音ㄒㄧㄢ[ɕiɛn ˥]，今读[ɕiɛn ˧˩]；

(d)几个可注意的[-p]尾字：

在这个方言里，“缀、辍、撮、獭、设”5个字都收[-p]尾，颇让我们设想到一个上古汉语的韵尾辅音问题。据近来中外音韵学者的构拟，认为有一部分和入声[-k]、[-t]尾押韵或谐声的字，在上古是有[*-g]、[*-d]尾的。然而上古究竟有没有[*-b]尾，因为押韵和谐声上的证据贫乏，直到现在还不能有明确的断定。眼前常好引用的例子，就是：

上古音	《诗经》音	《切韵》音
内 *nuəb	*nuəd	*nuɑi^{ɔ}
芮 *ȵiwəb	*ȵiwəd	*ȵʑiwɛi^{ɔ}
讷 *nuəp	*nuət	*nuət
纳 *nəp	*nəp	*nɑp

“内芮”两个字的[*-b]尾因受合口的影响，先异化成[*-d]，然后丢掉；“讷”字的[*-p]尾因受合口的影响，也异化成[-t]；“纳”字是开口音，所以始终保存[-p]尾。此外，像“会：合”、“对：答”一类的同源词(cognate words)，也容易使我们想到一部分合口去声字在上古或许有过[*-b]尾。“辍缀”都有祭韵合口的又读，“撮”从“最”得声，“最”祖外切，属泰韵合口，在这个方言里既然都读作[-p]尾，安知它们不是上古[*-b]尾的遗迹呢？况且从异文和训诂方面来推求，在古书上也曾经给我们一些启示。例如：《礼记·乐记》“舞行缀远”、“舞行缀短”，《史记·乐书》引作“舞行级远”、“舞行级短”；又从“叕”得声的字，“啜”，《尔雅·释言》“啜，茹也”，郭璞注：“啜者拾食。”“掇”，《毛诗·芣苡》“薄言掇之”传：“掇，拾也。”《说文》手部：“拾，掇也。”又：“掇，拾取也。”“缀”和“级”既可互换，“啜、掇”和“拾”既可相释，它们的尾音

似乎颇有关系。此外像“歠”训“饮”、“錣”训“针”[1]、“最”的古文或作“冣”[2],也多少显出一点儿蛛丝马迹。至於“设”、“獭”两个字,我们现在还没找到什么直接的好证据。

此外还有些两读的字,像“脐捷栗”之类,话音不规则而字音规则,像“霎泣粒”之类,字音不规则而话音规则(参看 492、545、563、566 页)。又“页”读[iɛp˥]则借为“葉”、“蛰”收[-t]也可以拿“捷”字的话音对照。只有“做”读[tsɿ˥˩]、“栈”读[ts'am˧˨]、“辖”读[het˥],那就不能不算是黄君所代表的方言里比较特异的读法了。

(丙)调类的异同

临川方言,和许多别的方言一样,也是依据古声纽的清浊来分判调类阴阳的。平、去二类比较简单,凡清纽字都读阴调,凡浊纽字都读阳调。上、入两类的清纽字,也都很有规则地读作阴调,只是它们的浊纽却分作“全浊”和“次浊”两项,全浊上声变阳去,次浊上声仍读本调;全浊入声读阳入,次浊入声一大部分读阴入。如果对于古声纽的清浊分辨清楚,这种条理是很容易记忆的。

底下所列的“临川调类和《广韵》调类比较表”里,凡是正则的读法只用“+”号来代表,不再列举例字;表中列入的那些例字都是些不规则的读音。

---

① “歠”,《说文》“歙也”;“錣”,《玉篇》“针也”,又《集韵》训“策端有铁”,字亦作“錣”。

② 见《字汇补》。

第五表　临川调类和《广韵》调类比较表

广韵调类 / 临川调类	平		上			去		入		
	清	浊	清	全浊	次浊	清	浊	清	全浊	次浊
阴平	+	疵松 潺匙 于	跛纠 顷肮 髒	簿婢 辫柱		态伺 浸楦 耗怏	捕被 外瞪			拉
阳平	台搀询 娠蒿坳 妨	+	唯髓	揆	弭撚		溜邵 售梵 眩			
上声	泡蝙 挤皴 扃统	跑鬈 研闽	+	釜腐跪 骇绍臼 愤挺艇 迥	+	稍订趟 颤蒯腕 柄饷	械瓣 诣缆 閧			
阴去	泡梯搓 嵌腱煎 竣招昭	搂捞 擎	贮癸垢 烤颗叩 拗境矿	棒伫践 汞		+	导笨 队钝			
阳去	荀	廖馄		+		绊锻贷	+			
阴入								+	泊曝铎掷 弼愎跌宅淑 掘辟瀑泽夕	+
阳入								鳖魄滴秃鸽隙轧 拨珀腹踏戚阙蝎 钵璞複啄缉诘胁	+	抹麦臘辣乐六日业逆弋 沫墨聂获落鹿热弱额药 末篾袜蠟捋掠陆肉月葉翼

这些不规则的读音,可以分作几方面去解释。

(a)有些是根据别的韵书的读音的:

“松”,《集韵》思恭切,《洪武正韵》息中切,可读阴平;

“于”,《集韵》邕俱切,广大貌,可读阴平;

“台”,《左传·成公十八年》“台谷”,《释文》“台,敕才反,又音臺”,《集韵》堂来切,可读阳平;

“泡”,《集韵》皮教切,水泉也,可读阴去;

“统”,《韵会》吐孔切,《洪武正韵》他总切,可读上声;

“嵌”,《集韵》苦滥切,可读阴去;

“闽”,《周礼·职方氏》“七闽”,《释文》“郑氏音旻”,可读上声;

“扃”,《集韵》犬迥切,扃扃,明察也,可读上声;

“捞”,《集韵》郎到切,可读阳去,此作阴去,亦略有出入;

“跛”,《集韵》滂禾切,可读阴平;

“廖”,《集韵》力照切,《韵会》力照切,可读阳去;

“垢”,《集韵》丘堠切,可读阴去;

“叩”,《集韵》丘堠切,《玉篇》“叩,击也”,《广韵》“扣”训“扣击”,字亦作“叩”,有苦厚和苦候二音,可读阴去;

“拗”,《韵会》、《洪武正韵》并於教切,可读去声;

“揆”,《正字通》,渠惟切,可读阳平;

“挺”,《集韵》他顶切,可读上声,“艇”字亦连类而变读;

“撚”,《正字通》“撚有平上二音”,可读阳平;

“怏”,《集韵》於良切,央央然自大之意也,,可读阴平;

“稍”,《集韵》、《韵会》山巧切,可读上声;

“柄”,《集韵》补永切,可读上声;

“饷”,《集韵》始两切,可读上声;

“被”,《韵会》攀縻切,可读阴平;

"溜",《集韵》力求切,可读阳平;

"售",《韵会》时流切,又借为"雠"(参看532页),可读阳平;

"拨",《集韵》蒲潑切,可读阳入;

"阙",《洪武正韵》其月切,可读阳入;

"泊",《集韵》匹陌切,可读阴入;

"闢",《集韵》匹辟切,可读阴入。

(b)有些是根据《广韵》又音的:

"搀",楚衔切又士咸切,此据又音,故读阳平;

"挤",祖稽切,训"排挤",但上声荠韵"罤,手搦酒,又作挤",子禮切,官话方言亦多从此读;

"煎",子仙切,《说文》"熬也",又子贱切,"甲煎",香名,据又音可读阴去;

"顷",去颖切,《玉篇》"田百亩为顷",又去营切,《说文》"头不正也",据又音可读阴平;

"跪",渠委切又去委切,可读上声;

"浸",子鸩切,渍也,渐也,又七林切,"浸淫渐渍也",据又音可读阴平;

"伺",息吏切又息兹切,据又音可读阴平;

"订",丁定切又他顶切,据又音可读上声;

"眩",黄绚切又胡涓切,据又音可读阳平。

(c)有些是用假借字的读音的:

"钝"通作"顿",贾谊《治安策》"芒刃不顿",《前汉书·翟方进传》"迟顿不及事",颜师古并注云"顿读曰钝","顿",都困切,可读阴去;

"夕"或与"昔"通,《庄子·齐物论》"今日适越而昔至也",《释文》引崔课注云"昔,夕也";又《天运篇》"通昔不寐",《释文》"昔,夜也",王先谦《集解》"昔夕古通","昔",思积切,可读阴入。

(d)有些是从同偏旁的字类推而来的读音：

"询"从"旬"、"洵"；　　"荀"从"殉"、"徇"
"娠"从"辰"；　　"妨"从"肪"、"防"；
"坳"从"拗"[①]；　　"蝙"从"扁"；
"竣"从"俊"、"骏"；　　"梯"从"剃"、"涕"；
"搓"从"磋"、"蹉"；　　"腱"从"建"；
"疵"从"雌"；　　"鬈"从"卷"、"捲"；
"擎"从"敬"；　　"馄"从"混"；
"髓"从"随"；　　"颗"从"课"；
"境"从"竟"；　　"婢"从"卑"；
"迥"从"炯"、"絅"；　　"楦"从"宣"、"揎"；
"趟"从"敞"、"廠"；　　"颤"从"膻"；
"腕"从"宛"、"婉"；　　"绊"从"伴"、"畔"；
"锻"从"段"；　　"贷"从"代"、"岱"；
"瞪"从"登"；　　"邵"从"韶"；
"梵"从"凡"；　　"诣"从"旨"；
"缆"从"览"；　　"閧"从"拱"；
"汞"从"贡"；　　"淑"从"叔"；
"璞"从"僕"；　　"珀"、"魄"从"白"；
"複"、"腹"从"復"；　　"踏"从"沓"。

(e)有些受北京音或其他方言影响的：

"跑"，北京音读ㄆㄠˇ[p'au˨˩˦]，今临川亦作上声；
"纠"，北京音读ㄐㄧㄡ[tɕiəu˥]，今临川亦作阴平；

① 《广韵》"拗"於绞切，但临川用《韵会》音读入去声。

"肮髒",北京音读ㄤㄗㄤ[aŋ˥ tsaŋ˥],今临川亦俱作阴平;

"贮"、"伫",北京音读ㄓㄨˋ[tʂu˥˩],今临川俱作阴去,未变阳去;

"矿",北京音读ㄎㄨㄤˋ[k'uaŋ˥˩],今临川亦作阴去;

"辫",北京音读ㄅㄧㄢˋ[piɛn˥˩],轻读时和临川的阴平调值相近;

"釜"、"腐",北京音读ㄈㄨˇ[fu˨˩˦],俱作上声,今临川亦未变阳去;

"棒",北京音读ㄅㄤˋ[paŋ˥˩],今临川字音读[poŋ˥˩];

"践",北京音读ㄐㄧㄢˋ[tɕiɛn˥˩],今临川读[tɕ'iɛn˥˩],未变阳去;

"蒯",北京音读ㄎㄨㄞˇ[k'uai˨˩˦],今临川亦作上声;

"笨",北京音读ㄅㄨㄣˋ[pən˥˩],今游、黄两君俱有[pun˥˩]音一读;

"队",北京音读ㄉㄨㄟˋ[tuei˥˩],今临川字音读[tui˥˩],未变阳去;

"拉",北京音读ㄌㄚ[la˥],今临川亦作阴平。

此外,有的是话音特别读法,像"泡、柱、外"之类;有的是城内音的异读,像"昭、招"之类;至于像"蒿、皴、潺、匙、研、搂、癸、烤、簿、骇、臼、愦、弭、态、耗、捕、械、瓣、导"之类,究竟是这个方言的特别读法,还是发音人的偶尔误读,现在一时无从判定。还有一部分全浊入声读阴调和清纽入声读阳调的,也还找不到好的解释,至于次浊入声游移于阴、阳两调之间,那倒是一般方言常有的现象。

肆·二　临川音和北京音的比较

从方言系统上讲,临川话和北京话是相差很远的,也正因为这一点,我们要想让临川人了解北京话,或让北京人了解临川话,得先指清楚他们的异同所在,然后才能找出彼此可以相喻的条理来。所以在这一节里,我们就把这两个方言的音系分项比较于下:

(甲)声类的异同

临川只有19个声类,比北京少了3类,它们的异同都列举在下面的"临川声类和北京声类比较表"里。这个表的排列法是把临川同声类的列在同一横行,把北京同声类的列在同一竖行,横竖相遇在同一格里的表示两个方言声类相同(例如"夫敷符"相遇在两个[f]音的交点);横分两格的表示北京分两类而临川合为一类(例如"步别铺蒲僕"临川同读[p‘],北京"步别"读[p]、"铺蒲僕"读[p‘]);竖分两格的表示临川分两类而北京合为一类(例如"补步别"北京同读[p],临川"补"读[p]、"步别"读[p‘])。为节省篇幅起见,表中所列的只是例字,大字代表一纽或一纽中的一类(例如"补"代表帮纽,凡同纽的"布怖巴把霸波跛播簸贝摆蔽闭杯辈背拜比庇卑臂悲鄙秘泌碑彼俾褒保宝包胞饱豹爆标表贬禀鞭编扁匾遍搬半班颁板八扮变边蝙宾殡笔毕必奔本榜博邦剥驳帮谤崩北百柏伯迸饼併碧璧冰逼壁兵丙秉柄卜"等皆属之;"步别"代表並纽的仄声,凡同类的"部簿倍罢敝币弊毙陛惫败鼻被避备暴瀑鲍瓣办辨辩辫便伴汴笨棒傍病並"和"钹跋拔弼勃薄泊雹白帛愎"等皆属之;"铺"代表滂纽,凡同纽的"普浦怕坡颇破沛批胚配派屁披譬丕泡炮飘漂票剖品盼篇偏骗片撇潘拚判泼攀襻匹喷滂烹拍珀魄聘僻霹劈撲璞"等皆属之;"蒲"代表並纽的平声,凡同类的"菩婆爬琶排牌陪培瑟皮疲脾袍瓢嫖便骈盘贫频盆庞旁朋棚彭膨凴瓶屏平评蓬篷"等皆属之,参看512页帮、滂、並各纽,馀可据此类推)。小字代表少数的或不规则的读音(例如並纽入声北京照例读[p],只有"僕闢瀑曝"等读[p‘];定纽入声北京照例读[t],只有"特塌突"等字读[t‘];澄纽平声北京照例读[tʂ‘]、仄声照例读[tʂ],只有"彻澈撤"等读[tʂ‘]、"泽择"等读[ts];邪纽字北京照例读[s],只有"辞词囚"几个字读[ts‘];庄、初、生3组北京照例读[tʂ]、[tʂ‘]、[ʂ],

只有庄纽的“淄辎阻邹簪”等读[ts]、“厕测恻”等读[ts‘]、“所搜蒐森色涩瑟”等读[s];崇纽的“士事”等字北京照例读[ʂ],只有“俟”字读[s];此外像山纽的“产”、彻纽的“琛”、澄纽的“储”,北京读[tʂ‘],临川读[s]也是很少见的;所以我把这几类都写作小字)。要想知道每个例字所代表的是哪些字,只要翻开“临川声类和《广韵》声类比较表”(512至527页)来对照一下就成了。

为提纲挈领起见,我们还可以把这两个方言的显著不同指出下列几点:

(1)古全浊塞声和塞擦声临川全变送气的次清,北京平声变次清、仄声变全清;

(2)透、定两纽的话音临川读[h],北京仍照例读[t‘]或[t](定纽仄声);

(3)知、彻、澄3纽的二等字临川读[ts]、[ts‘],它们的三等字和章、昌两纽临川读[t]、[t‘],北京全读[tʂ]、[tʂ‘];

(4)庄、初、崇3纽临川读[ts]、[ts‘],北京大多数读[tʂ]、[tʂ‘];

(5)生、书两纽和禅、船两纽[①] 的仄声,还有崇纽的“士事”等字,临川读[s],北京读[ʂ];

(6)禅纽平声的大部分和船纽平声的“船晨唇乘”等字临川读[s],北京读[tʂ‘];

(7)书、禅两纽的尤韵字临川读[ɕ],北京读[ʂ];

(8)精纽在独立的[i]韵前临川读[ts]、[ts‘]、[s],在有[i-]介音或有[y]音的韵母前变[tɕ]、[tɕ‘]、[ɕ],北京一律读作[tɕ]、[tɕ‘]、[ɕ];

(9)来纽的一、二等临川读[l],三、四等读[t],北京全读[l];

(10)泥纽一等和娘纽二等临川读[l],泥纽四等和娘纽三等临川

① 禅纽平声的“殊时谁韶裳”5字和船纽平声的“神绳”两字北京亦读[ʂ]。

读[ȵ],北京全读[n];

(11)日纽的大部分临川读[l],少数字和话音读[ȵ],北京全读[ʐ];

(12)疑纽的开口和单纯用[u]作韵母的字临川读[ŋ],其他合口字失落声母,齐齿和撮口的字读[ȵ],北京除去“倪牛拟臬虐疟逆”等读[n]外,其馀的一律失落声母;

(13)晓、匣两纽在合口韵母前临川变[f],北京仍读[x];

(14)鱼、虞两韵的日纽字临川因韵母变[ɵ]而失落声母,北京仍读[ʐ]。

拿这14条和第六表互相比勘,我们就可以对于临川声类和北京声类的异同了如指掌了。

(乙)韵类的异同

临川共有73个韵类,比北京多出35类,比起声类来自然复杂多了。下面所列的“临川韵类和北京韵类比较表”,因为要迁就临川韵类,就不得不把北京韵类拆散在几个地方,例如临川的[i]、[e]、[ie]、[yt]、[iuʔ]几韵,北京有一部分读作[y]韵,我们为列表的方便,就把这个[y]韵分列在两页里。表中所列的也只是例字:凡大字不加符号的代表一个全韵类,大字加圈的代表一系,大字加点的代表一组,小字加点的代表一纽,小字不加符号的代表单个字或少数字。(例如:临川和北京同读[i]韵的“比·”代表脂韵开口帮组,凡同组的“比,庇琵屁鼻,寐”等皆属之;“饥。”代表脂韵开口见系,凡同系的“饥肌几冀,耆器弃,伊夷姨胰懿肆”等皆属之;小字“梨”代表脂韵开口来纽,凡同纽的“梨利痢”等属之;“基。”代表之韵见系,凡同系的“基姬己纪记,欺其棋,旗期起杞忌,疑拟,嘻嬉禧喜熙,医怡贻已以矣意异”等皆属之;小字“李·”代表之韵来纽,凡同纽的“李里理裹”等皆属之;

第六表　临川声类和北京声类比较表

临川声类＼北京声类		ㄅ	ㄆ	ㄇ	ㄈ	ㄉ	ㄊ	ㄋ	ㄌ	ㄗ	ㄘ	ㄙ
		b̥	p‘	m	f	d̥	t‘	n	l	ts	ts‘	s
伯	p	补										
拍	p‘	步别	铺蒲僕									
默	m			模								
或	f				夫敷符							
德	t					都			犁			
忒	t‘					杜独	土徒特					
勒	l							奴匿	卢			
资	ts									资淄		
雌	ts‘									自杂泽	雌慈辞厕	
私	s										词	私似俟所
基	tɕ											
欺	tɕ‘											
倪	ȵ							尼年				
希	ɕ											
格	k											
客	k‘											
额	ŋ											
赫	h						态柁					
厄	○											

（续表）

临川声类＼北京声类		ㄓ	ㄔ	ㄕ	ㄖ	ㄐ	ㄑ	ㄒ	ㄍ	ㄎ	ㄏ	
		ʈʂ	ʈʂʻ	ʂ	ʐ	tɕ	tɕʻ	ɕ	k	kʻ	x	○
伯	p											
拍	pʻ											
默	m											
或	f										呼湖	
德	t	猪朱										
忒	tʻ	稚秩	痴嗤迟彻									
勒	l				绕							
资	ts	罩斋				济						
雌	tsʻ	撞浊助	诧茶初雏			荠集	妻齐					
私	s		柴船产储琛	师书士示是				西序				
基	tɕ					借居						
欺	tɕʻ					就截巨及	且樵区渠					
倪	ȵ				惹							鱼
希	ɕ			收受				写邪喜嫌				
格	k								姑			
客	kʻ								柜局	枯葵		
额	ŋ											蛾吴
赫	h										吓河	
厄	○				如							儿午阿乌衣渊惟维于余袁缘微

“皮·”代表支韵开口帮组，凡同组的“卑，皮披疲裨脾譬避，弥”等皆属之；“奇。”代表支韵开口见系，凡同系的“羁寄，奇骑岐技妓企，宜仪蚁义议谊，牺戏，衣依移椅易”等皆属之；小字“离·”代表支韵开口来纽，凡同纽的“离璃篱丽荔”等皆属之；“几”代表微韵开口全类，凡同类的“几机讥既，祈沂，岂气，毅，希稀”等皆属之；小字“鄙秘泌季”代表脂韵合口的这几个单字；“蔽”代表祭韵开口全类，凡同类的“蔽，敝币弊毙，制製例，滞祭，世势誓逝，艺”皆属之；“刈”这一个字就代表废韵开口全类；“闭”代表齐韵开口全类，除“脐撕”两字外，凡同类的“闭，批陛，迷米谜，低犁黎底抵礼丽，堤题提蹄体涕剃替梯弟悌第递隶，脐挤济，妻凄栖齐砌荠，西犀洗细，鸡稽计继，溪启契，倪奚兮系係繫”等皆属之；小字“携”代表齐韵合口的这一个字——参看544至546页祭例、废刈、齐鸡、齐圭、脂夷、之、支移、微衣、脂追各类。馀可据此类推。）所以表上的字虽然不多，可是每个字背后都代表着一大些字。要知道每个字所代表的是哪些字，也可以翻阅“临川韵类和《广韵》韵类比较表”（544至570页）。

韵类既然比声类复杂得多，要想把表里所列举的异同一一提出来讨论，那就难免有琐碎冗长的毛病，所以我们现在只举出最重要的几点：

(1)临川有入声，北京没有入声；

(2)临川有闭口韵，北京没有闭口韵；

(3)临川的[on]和[an]，[uon]和[uan]各分两类，北京各合成一类；

(4)临川的[en]、[uen]、[in]、[yn]，北京有一部分读作[uŋ]、[iŋ]、[yŋ]各韵；

(5)临川[ŋ̩]韵的“五伍午”等，北京仍读作[u]韵；

(6)临川[ɵ]韵的“如汝儒乳”等，北京亦读作[u]韵。

关于这几点的例证，可由第七表和第四表参互推知，这里不再赘举。

第七表　临川韵类和北京韵类比较表

北京韵类 / 临川韵类		ㄭ		丨	ㄩ	ㄜ	ㄞ	ㄟ	ㄨㄟ	ㄨㄛ	丨ㄚ
		ɿ	ʅ	i	y	ɤ	ɑɪ	eɪ	ueɪ	uo	iA
丝	ɿ	资·兹·紫·锱俟撕	师狮使史驶士事	脐		厕					
伊	i		脂·雉·之·痴·知·支·	比·饥◦梨·基◦李·皮·奇◦离·几鄙秘泌季蔽刈闭携	疽·居◦吕·趋·驹◦缕·			泪类悲·碑·杯卑	翠悴遂随髓		
飞	əi							废·非·	会·灰·回·挥·惠·麾彙		
威	ui						埋		追◦龟◦绥·垒·吹◦规◦累·归◦兑堆◦瑰◦缀秽圭·		
涉	ep					辄摺摄涉涩设			辍缀		
邑	ip			立							
哲	et		栉虱	膝		折·彻·热·舌					辖
逸	it		质·秩·	必·栗·七·吉◦讫迄泣		蛰					
鬱	yt			疫役鹬	律·橘戌恤鬱屈掘倔域						
厄	eʔ			鲫	默·德◦克◦侧·百责麦脉		北			或惑	
翼	iʔ		织·直·炙·斥·喫	逼·力·即·棘◦戟◦碧·积·亦·壁粒							
白	aʔ		隻				百柏伯拍白摘麦				
壁	iaʔ		掷喫	壁屐逆席		额					

北京韵类 临川韵类		ㄦ	ㄜ	ㄨ	ㄩ	ㄧㄝ	ㄩㄝ	ㄧㄠ
		ɚ	ɤ	u	y	iɛ	yɛ	iɑʊ
午	ŋ̍			五伍午				
儿	ə	二贰而耳 饵儿尔		如汝儒乳				
乌	u			补猪◦夫· 朱◦母拇富 副妇负				
猪	e			猪	蛆·去·取·			
鱼	ie		惹		蛆·去·鱼· 女娶	些		
靴	yo					茄	靴	
耶	ia		惹			爹◦耶·		
屋	uʔ			卜僕璞目· 竹◦烛◦				
郁	iuʔ			六·肃·足	菊畜·郁· 曲◦绿·续			
物	ut		勃没	突◦骨◦ 出◦弗·秃				
叶	iɛp					猎劫怗页		
噎	iɛt					别歇撇		
越	yɛt					劣	缺厥决	
约	ioʔ						略·爵嚼 雀·却虐· 削约钥跃	脚嚼削约钥 跃药

临川韵类 \ 北京韵类		ㄛ	ㄨㄛ	ㄜ	ㄚ	ㄨㄚ	ㄧㄚ	ㄞ	ㄩㄝ
		o	uo	ɤ	A	uA	iA	ɑI	yɛ
阿	o	波火·祸·	多◦朵◦	歌◦和·					
倭	uo		锅果菓裹过 卧倭窝窠蜗	禾和戈科课 颗讹					
鸦	ɑ		挪	遮·	巴·茶·查· 拿傻他罢拉	花华画话	家◦佳		
蛙	uɑ					瓜·蛙· 卦·娃话			
合	op		撮	蛤◦磕◦					
答	ɑp				答◦塌◦劄·		夹◦甲◦		
遏	ot	钵·	豁活	割◦					
斡	uot		掇◦括◦						
达	ɑt	钹			闼◦跋扎· 刹八拔	滑	轧瞎	癞	
挖	uɑt					挖滑刮			
恶	oʔ	博·缚剥·	託◦霍藿镬 酌◦卓·握 缩	各◦					角◦
郭	uoʔ		郭廓扩						
国	ueʔ		国虢						

临川韵类＼北京韵类		ㄞ	ㄨㄞ	ㄨㄟ	ㄧㄝ	ㄠ	ㄧㄠ	ㄡ	ㄧㄡ	ㄨ
		aɪ	uaɪ	ueɪ	iɛ	ɑʊ	iɑʊ	oʊ	ioʊ	u
哀	oi	该◦盖◦								
雷	uoi			杯·堆◦兑						
台	ai	戴◦带◦艾排·斋·骇挨摆·债·矮虿寨拜派败迈	淮槐怀坏	媒背	皆◦街◦					
歪	uai		外块乖怪蒯拐歪快	会						
熬	au					褒包·爪·罩铙闹拗·朝◦矛	交·孝肴·	叟		
妖	iau					饶	杳标·焦·骄◦燎	眸		
欧	ɛːu					朝◦茂贸		剖邹·救邱牛		亩牡浮阜
优	iu							周◦	谬挚·鸠留·	

临川韵类 \ 北京韵类		ㄢ an	ㄨㄢ uan	ㄧㄢ iæn	ㄩㄢ yæn
庵	om	感◦贪婪簪蚕甘◦揽			
谈	ɑm	耽◦担◦橄瞰毯斩·忏·栈		减◦监◦舰	
淹	iɛm	染		剑点尖·检◦廉·	
安	on	干◦搬·专·	端◦欢·桓·玩撰闩		
豌	uon		官·豌·宛婉		
颜	ɑn	凡毯站丹◦班·慢删疝瓣·扮盏·番·颤	还·皖·幻	奸◦间◦	
弯	uɑn		关◦弯·晚·鳏		
焉	iɛn			鞭建扁变·边·遍	轩
渊	yɛn		丸纨	联辇弦县	卷券涓

北京韵类 / 临川韵类		ㄢ	ㄧㄢ	ㄣ	ㄨㄣ	ㄧㄣ	ㄩㄣ	ㄥ	ㄨㄥ	ㄧㄥ	ㄩㄥ
		an	iæn	ən	uən	in	yn	ʌŋ	ʊŋ	iŋ	iyuŋ
森	em	瞻·蝉		森参渗							
音	im			针·沉·		侵·今◦林·					
恩	en	旃·	研	跟◦臻榛衬肯	吞			崩烹萌横	薨弘轰	行杏幸硬冰鹰	
肱	uen								肱觥		
门	ən			奔·喷分·芬·焚·	昏·魂·荤文·	宾贫品				兵·並禀	
温	un				敦◦昆◦谆·椿·遵						
因	in			珍·真·		巾◦宾·儘·敏悯邻·斤品		徵·蒸·仍省贞·征·进橙		屏冰兢◦陵·京◦饼·精·颈◦兵·颖並禀莺鹦	
匀	yn				伦·崙·损	津晋	均◦俊◦君◦讯				咏泳
更	aŋ							棚争正		行硬	
横	uaŋ							横			
萤	iaŋ									饼钉柄	

临川韵类 \ 北京韵类		ㄤ	ㄨㄤ	ㄧㄤ	ㄨㄥ		ㄩㄥ	ㄥ	ㄧㄥ
		ɑŋ	uɑŋ	iɑŋ	uʌŋ	ʊŋ	i_yʊŋ	ʌŋ	iŋ
昂	ɔŋ	榜邦帮·盲张·章·方·	荒·黄·谎网						
汪	uɔŋ		光狂逛况王·亡·矿						
央	iɔŋ		匡筐	良					
翁	uŋ				翁瓮	东∘冬公烘红·中·终·崇鐘·冢·怂		篷·风·逢·	
雍	iuŋ					閧荣弓∘隆·恭∘踪·龙·浓	兄永琼扃迥		倾顷营茔萤

(丙)调类的异同

临川的字调共分7类,比北京多出3类。阴平、阳平、上声的分类,两个方言并没有出入,所差的只在调值的不同;去声临川分阴、阳,北京不分阴、阳;问题最多的只有入声。临川的入声分作阴、阳两类,北京根本没有入声,据亡友白涤洲先生在《北音入声演变考》里创立的规律,它们是朝着两条大路演变,“全清全浊变阳平,次清次浊变去声”①,但实际上变入阴平和上声的也不在少数。我在下面的“临川调类和北京调类比较表”里,把临川的舒声5类尽可能地每个声纽都举一个代表字;至于促声两类却把问过的字全体列举出来;因为北京入声的变读并不十分整齐,恐怕只靠一条简单的规律是不够的。

这两个方言的调值,除去临川的阳去(˨˩)、阴入(˧)、阳入(˥)3类北京根本没有外,阴去完全相同(˥˩),阳平所差得也有限(临川˨˦,北京˧˥),只有阴平(临川˧˨,北京˥)的上声(临川˦˥,北京˨˩˦)是绝对不能相混的。

(丁)临川人学习北京话的方法

把两个音系的异同认清楚以后,彼此再想学习对方的一种方言,那就可以事半功倍,决不至于茫无头绪了。我们在这里先给想学北京话的临川人试拟一个简单的方案。

临川人要想学北京话,第一步应该先就本节的(甲)、(乙)、(丙)3项仔细辨别清楚两个音系的异同所在;第二步应该拿第六、第七、第八3个表里所举的例字和第三、第四、第五3个表里所有的字按类对照,把临川话和北京话不合的地方逐一改正过来;第三步把应改正

① 《北京女师大学术季刊》第二卷第二号。

第八表 临川调类和北京调类比较表

北京调类 临川调类		阴平	阳平	上声	去声
		˥	˧˥	˨˩˦	˥˩
阴平˧˨	全清	碑非挥低知脂资 淄私师尸嗟居消 收希姑鼾衣			
	次清	批始胎痴嗤雌初 锹溪枯			
阳平˧˥	全浊		琵肥回题持慈 雏蛇词时樵其 邪雠奚葵河		
	次浊		眉微黎卢奴人 尼年饶鱼吴于 夷		
上声˦˥	全清			比匪毁抵徵旨子 阻死史始酒举小 手喜古罕椅	
	次清			普访体耻侈此楚 悄启苦	
	次浊			米尾理鲁努忍纽 染语雨以	
阴去˥˧	全清				臂废戴致至做 诈四瘦世借句 笑兽戏故汉意
	次清				譬费讳涕虿臭 次厕俏气库
阳去˨˩	全浊上				陛父匯弟雉撰 似市渐技象受 现亥
	全浊				敝附匯第稚自 助示嗣侍就忌 谢授系柜害
	次浊				媚味利路怒认 认酿念御悟竽 易

北京调类 / 临川调类		阴平	阳平	上声	去声
		˥	˧˥	˨˩˦	˥˩
阴入˧	全清	钵拨八剥逼迫發忽搭督的滴桌摘汁粥织扎捉撒悉膝析刷杀虱缩湿说失接揭激薛削吸翕歇鸽夹割刮搁胳郭喝瞎鸭押压斡挖屋	博驳弗福幅蝠答掇德得嫡劄哲着竹卓琢摺执拙折烛职卒则积即絷责昔惜息熄锡叔识节爵足劫急级汲孑结洁厥诀决吉橘菊击袂葛阁觉角格革隔国	笔卜百柏北法髮笃嘱脊眨札窄索给戟雪迄讫血蛤甲骨縠谷虢	毕必碧壁璧豁霍藿辄辍缀绌窒築浙质酌祝炙作迹鲫稷绩栉侧卅萨速塞涩霎率蟀朔色瑟摄设室束適释式饰雀泄亵屑戌恤肃夙宿粟畜蓄旭括各壑黑赫吓遏轧恶握厄扼轭沃鬱益
	次清	泼拍霹劈塌贴脱託托踢剔出七漆插缺阙屈喫磕掐窟哭酷	拂佛察	撇匹塔獭铁尺渴	僻榻帖阒忒畜敕饬绰赤触斥猝错测恻策栅刹妾切鹊促怯泣乞曲隙恰阔确殼刻克廓
	次浊	勒曰	膜	辱捻亦	末灭没密蜜莫幕寞木沐目牧穆陌默脉觅物立粒列烈裂劣略戮绿录力歷率律癞烙酪洛乐禄肋纳捺诺溺匿入热若弱日肉褥额逆玉狱鄂鳄岳嶽乐越粤域钥跃育浴欲慾易译弋翼悦阅疫役
阳入˥	全浊	勃伐突	钹跋拔别簿雹僕白帛筏罚乏佛服伏活滑夺达迭独读牍毒敌狄侄逐轴直浊镯择杂集辑疾昨凿族贼籍舌实赎食蚀射习袭十什拾芍熟石捷截绝及杰竭掘倔局极俗协侠挟合盒盍狭匣狎曷辖学鹤覈核	蜀属	缚復镬或惑特彻澈撤秩蛰濯寂術述涉硕屐续穴洽
	次浊	捏		抹	沫篾墨麦袜猎掠六陆栗腊蜡辣落鹿捋日热弱肉聂业孽臬月虐疟额逆页葉逸药

的字音练习纯熟,到应用的时候得要做到“不假思索冲口而出”的程度;第四步应该记清楚两个方言不同的词汇,不要犯了拿北京话翻译临川词汇的毛病(参看第五章);第五步应该辨清楚北京话里的中性语调和口气语调,关于这一层可以参看赵元任先生的《北京语调研究》[①] 和他的《新国语留声片课本》第四课和第五课[②],还有白涤洲的《标准国音国语留声片课本》第五面和第六面[③];第六步应常听北京话留声片并做听写练习;第七步应该常听北京人说话或演讲,并注意他们的特殊词汇和语调变化;第八步应该时常练习和北京人谈话或试作演说,并请精通北京话的人随时加以指导、矫正。如果能够按着上述的步骤,按部就班地循序渐进,持之以恒,勿忘勿懈,我想把一个“江西老表”改造成“京油子”并不是什么难事。

① 附录在中华书局出版的《最后五分钟》后面,121—144页。
② 商务印书馆出版,11—17页。
③ 中华书局出版,23—24页。

第五章　特殊词汇

伍·一　所谓特殊词汇

凡是属于一种语言或方言的所有语词，专从它们的意义的观点来考量的，语言学上叫做“词汇”(vocabulary)。一种方言的词汇究竟包含多少语词，无论什么人都难以确定。有些语言学家说，一个没受教育的乡下人嘴里所说的语词大约不会超过三百个。这个数量固然估计得太低，其实就是受过教育的城里人，日常应用的语词也不见得比乡下人的数量多好些，不过他们因为教育、职业、住地的不同，词汇的内容也就不能一致罢了。这里所谓特殊词汇，是指着临川话和普通话相差较多的那些语词来说，专是读音不同的，我们不把它计算在内。

我记录这些语词的方法，是拿前历史语言研究所 1934 年所印的方言调查表格第四种“常用词汇”作底子，先请黄森梁君摘出那些临川话和普通话特别不同的词来，然后我再把这些词的读音记下来。严格地说，语词在人的思想里从来不会孤立的，所以它离开上下文本身便没有生命。要想知道一个语词的准确意义和用法，只有从长篇记载里仔细观察，慢慢地去分析、归纳，然后才有意义学(semantics)上的价值，所得的材料才比较确实可靠，否则难免有所答非所问，或“郢书燕说”的毛病。现在所用的不过是受时间限制的权宜办法。

研究词汇的困难，除去上面所说的以外，还有探索语源(etymological study)的麻烦。大家都知道，在各地方言里常有许多语词写不出汉字来，从语源学的观点看，这是不应该的。章炳麟的《新方言》、罗翙云的《客方言》和从前毛奇龄的《越语肯綮录》、胡文英的《吴下方言考》、钱大昕的《恒言录》、翟灏的《通俗编》之类，都是想解决这种困难的著作。然而这种研究必得做到“不泥不凿，信而有征”的地步，才可以怡然理顺地免去牵强附会的毛病，否则最好抱着“宁缺勿滥”的态度。前人那些著作还很少让我们绝对满意的，我们现在只能就着音义切近的指出几点来，对于音义稍远的便存而不论，以示矜慎。在我考证出来的那些词里，像大后天叫“外后日”、田鸡叫“石蛇”、大姑叫“贺姑”、厨子叫“馔夫”、窗户叫“槺门”、砚台叫“砚环”、这个叫“该个”、捂住叫“奄着”、龌龊叫“邋遢”、他叫“倮”、了叫“矣”、故意叫“特竟”之类，都是比较贴切而有趣的；此外像咳嗽叫[kʻom]、阶叫[tsam˨˦ kai˧]、这样叫[kan˥˩ luŋ˥˩]、那样叫[en˥˩ luŋ˥˩]、怎样叫[la˥ ɕin˥]、总是叫[toi˥ ɕi˧]之类，虽然还没有恰当的字可写，却颇可以看出些特点来。总之，我们对于现代方言的词汇研究，现在刚在起头儿，因为比较的资料不够，还不能有什么大发现。倘使到了各方面的材料都充分凑手的时候，我想汉语语源学的研究当然会有前人所没料到的新发展。

下一节所列的455个语词，我为联想上的便利，按着意义分成22类，每类的下面，第一项列普通词，第二项列临川词，第三项列临川的读音，第四项列我所能找到的解释。关于临川词的汉字，除去极普通的或确定不疑的，我们才毫不加标帜地写出来。此外，只表音不表义的下加横线(例如：霍闪)；照着黄森梁君原来的写法未加改动的外加引号(例如：“豪鸡”)；无字可写的以□代之(例如：□。毛虫)；为普通词所没有的以——示之。发音人原来的写法虽不免“飞禽安鸟，水族着鱼"的地方,然而从前谐声字的形成,也多半是像这样类推而来的,所以我不管这些字是否见于字书,或字书上的意义是否和这里相符,一切悉仍其旧。

伍·二　临川特殊词汇表

第一类　天时

普通词	临川词	读　音	解　释
太阳	"热头"	ȵiɛ(t)˥ hɛːu˦ (或 t'ɛːu˦)	案广州亦谓太阳为"热头"。
月亮	月光	ȵyɛt˥ kuoŋ˧	
打闪	霍闪	fuoʔ˦ sem˥	翟灏《通俗编》引顾云诗"金蛇飞状霍闪过";又据《文选·海赋》"矆睒无度"谓当作"矆睒"。
小雨	溦溦雨	mei˥ mei˥ i˥	《说文》"溦,小雨也",无非切。丁声树说。
旋风	旋磨风	ɕyɛn˥ mo˨ fuŋ˧	
天旱	天干	t'iɛn˧ kon˧	歙县亦谓旱曰"天干"。
去年	旧年	tɕ'iu˨ ȵiɛn˦	
这一月	该一个月	koi˧ it˧ ko˧ ȵyɛt˧	
上月	头一个月	hɛːu˦ it˧ ko˧ ȵyɛt˧	
今天	今朝	tɕim˧ tɛːu˧	
明天	明朝	miaŋ˦ tɛːu˧	
后天	后日	hɛːu˨ ȵit˥	
大后天	外后日	uai˨ hɛːu˨ ȵit˥	陆游《老学庵笔记》:"今人谓后三日为外后日,意其俗语耳,偶读《唐逸史·裴老传》乃有此语。裴,大历中人也。"
昨天	昨日	ts'oʔ˥ ȵit˥	
前天	前日	tɕ'iɛn˦ ȵit˥	
大前天	先天日	ɕiɛn˧ t'iɛn˧ ȵit˥	
有一天	有一日	iu˦ it˧ ȵit˥	

普通词	临川词	读　　音	解　　释
上半天	上半日	soŋ ˧ pon ˥˧ ȵit ˥	
下半天	下半日	hɑ ˧ pon ˥˧ ȵit ˥	
天亮	天光	tʻiɛn ˨ kuoŋ ˨	
早晨	早间，清早	tsau ˥ kan ˨，tɕʻin ˨ tsau ˥	
晌午	当昼	toŋ ˧ tiu ˥˧	黄宗羲《古歙乡音集证》：“俗读当午为当昼。”
晚上，夜里	夜间	ia ˧ kan ˨	
白天	日上	ȵit ˥ soŋ ˧	
整天	成天	saŋ ˨˦（或 ɕin ˨˦）tʻiɛn ˨	
整宿	成夜	saŋ ˨˦ ia ˧	

第二类　地理

普通词	临川词	读　　音	解　　释
大道	大路	tai ˧ lu ˧	
池	池塘	tʻi ˨˦ tʻoŋ ˨˦	
小河	沟	kɛːu ˧	
——	夹洲	kap ˨ tiu ˨	水中是洲，有草。
小坑	窟仔	kʻut ˨ tsai ˥	地上小圆坑。

第三类　动物

普通词	临川词	读　　音	解　　释
公鸡	“豪鸡”	hau ˨˦ tɕi ˨	
阉鸡	线鸡	ɕiɛn ˥˧ tɕi ˨	《通俗编》：“戴复古诗‘区别邻家鸭，群分各线鸡’，自注阉鸡一线则一群，各线则别作一群。”《古歙乡音集证》：“俗谓雄鸡之去势曰鐓鸡，《正字通》鐓音散，又音线。今俗雄鸡去势谓之鐓，与宫牛骟马同。郭思孔误作线为鐓，说见《謇斋琐缀录》。”
八哥儿	叭叭鸟	pat ˨ pat ˨ tiau ˥	罗愿《尔雅翼》：“鸜鹆似鸥而有帻，飞輒成群，多声，字书谓之叭叭鸟。”
鹦哥	鹦鹉	in ˨ u ˥	
蝙蝠	葉老鼠	iɛp ˨ lau ˥ su ˥	
蝎虎	蛣蝠仔	tɕʻi ˨ kʻu ˨ tsai ˨˦	《尔雅》“蝎，桑蠹”，郭璞注：“即蛣蝠。”“蛣蝠”盖因连读而失落-t尾。

普通词	临川词	读　　音	解　　释
田鸡	石蛤	saʔ˥ lun˧˩	《集韵》"蛤，虫名，虾蟆也"，伦浚切，《本草》："田父一名蛤。"
苍蝇	蝇子	in˧˥ tsɿ˦	
蜘蛛	"蚼蝾"	pʻau˧˥ soʔ˨˩	"蝾"见《玉篇》，虫名，"蚼"不见于字书，或即"抛索"欤？
蜈蚣	蜈蚣虫	ŋuŋ˥ ku˨˩ tʻuŋ˧˥ （<ŋu˥ kuŋ˨˩ tuʻŋ˧˥）	
蚰蜒	蜒蚰	iɛn˧˥ iu˧˥	扬雄《方言》"蚰蜇自关而东谓之蚰蜇"，今人通谓之蚰蜇。
臭虫	"乌蜱"	u˨˩ pi˨˩	《尔雅》"蜚，蠦蜰"，郭璞注："蜰即负盘臭虫。"章炳麟《新方言》："《说文》：'蜚，臭虫，负蠜也。'今淮南谓之蠜，山西谓之蜚虱，蜚读如比。……江南转入如毕，通言曰臭虫。"案"负蠜"与"壁虱"异，录以待考。
吉了儿	"嗟蚰"	tɕia˨˩ iu˧˥	此盖象声字。
	"螆蛱"	tsɿ˨˩ ioŋ˨˩	小蝉，此亦象声字。
蚂蚱	蚱蜢	tsa˧˩ maŋ˧˨	字或作"蚝蜢"，《方言》："南楚之外谓之蟅蟒。"
毛毛虫	□ₒ毛虫	lat˨˩ mau˧˥ tʻuŋ˧˥	lat˨˩，以火荡也。
蚯蚓	"河忔"	ho˧˥ ni˧˥	
灶马儿	灶嘴子	tsau˧˩ tɕi˥ tsɿ˦	
蜻蜓	"蜩蠘"	koŋ˨˩ tɕi˨˩	《方言》郭注："蜻蛉淮南人呼为蝀蛜。""蜩蠘"未详。
蝌蚪	"虾蛄仔"	ha˧˨ ku˨˩ tsai˧˥	北京谓蝌蚪为 xa˧˥ ma˦ ku˥ to˧˥ ɚ˦。
纺织婆	打纱虫	ta˥ sa˨˩ tʻuŋ˧˥	
扑灯蛾	托灯婆	tʻoʔ˨˩ ten˨˩ pʻo˧˥	

第四类　植物

普通词	临川词	读　　音	解　　释
黍	包黍	pau˨˩ siuʔ˨˩	
茄子	茄子	tɕʻyo˧˥ tsɿ˦	
芋艿	芋头	i˨˩ tʻɛːu˧˥或 i˨˩ hɛːu˧˥	

普通词	临川词	读　　音	解　　释
金银花	金银花	tɕim˧ ȵin˨˦ fa˧	
——	栎树	tiaʔ˧ su˨	可作红豆腐。

第五类　称谓

普通词	临川词	读　　音	解　　释
祖父	公公	kuŋ˧ kuŋ˧	《通俗编》:“《吕氏春秋》孔子弟子从远方来,孔子荷杖而问之曰:‘子之公不有恙乎?’次及父母,次及兄弟妻子。按此所云公者祖也,今浙东犹称祖曰公公。”
祖母	婆婆	pʻo˨˦ pʻo˨˦	
父亲	爹爹	tia˧ tia˧	
父亲	爸爸	pa˨˩˨ pa˨˩˨	
父亲	爷爷	ia˨˦ ia˨˦	《南史·侯景传》:“前世吾不复忆,唯阿爷名摽。”程大昌《演繁露》:“后世呼父曰爷,又曰爹。”
母亲	姆妈	m̩˦˥ ma˧	
儿子	仔	tsai˦˥	《方言》“崽者子也”,郭璞音宰。
媳妇	媳妇	ɕiʔ˧ fu˨	只限于“儿媳妇”一义。
女儿	女	ȵie˦˥	
女婿	郎	loŋ˨˦	
伯父	伯伯	paʔ˧ paʔ˧	
伯母	娘娘	ȵioŋ˨˦ ȵioŋ˨˦	
伯母	姐姐	tɕia˦˥ tɕia˦˥	城内称伯母为“姐姐”,案《说文》:“蜀人谓母曰姐。”
叔父	叔叔	suʔ˥ suʔ˥	
婶母	婶婶	ɕim˦˥ ɕim˦˥	
姨太太	小老婆	ɕiau˦˥ lau˦˥ pʻo˨˦	
姑母(比父亲大的)	姑娘	ku˧ ȵioŋ˨˦	
姑母	“贺姑”	ho˨ ku˧	城内称比父亲大的的姑母为“贺姑”。“贺”疑是“大”字,《广韵》“大”有“唐佐切”一读,似与ho˨音合。丁声树说。

普通词	临川词	读　　音	解　　释
姑父(比父亲大的)	姑爷	ku˧ ia˨˦	
姑父	"贺姑爷"	ho˦ ku˧ ia˨˦	城内称比父亲大的姑母之夫为"贺姑爷"。
姑母(比父亲小的)	姑娘	ku˧ ȵioŋ˨˦	
姑母	姑姑	ku˧ ku˧	城内称比父亲小的姑母为"姑姑"。
姑父(比父亲小的)	姑爷	ku˧ ia˨˦	
侄子	侄子	tʻit˥ tsɿ˧	
侄女	侄女	tʻit˥ ȵie˥	
外祖父	外公	ŋɑ˥˧ kuŋ˧	
外祖母	外婆	ŋɑ˥˧ pʻo˨˦	
舅父	母舅	mu˥ tɕʻiu˦	
舅母	"嘏妗"	ha˦ tɕʻim˧	《集韵》"嘏",举下切,"好也",与此音义并不合。疑亦为大字音转。
姨母	姨姐	i˨˦ tɕia˥	城内称比母亲大的姨母为"贺姨"。
姨父	姨爷	i˨˦ ia˨˦	城内称比母亲大的姨夫为"贺姨爷"。
丈夫	老公	lau˥ kuŋ˧	
妻	老婆	lau˥ pʻo˨˦	
弟妇	弟婶妇	tʻi˦ ɕim˥ fu˦	
妹妹	妹仔	mi˦ tsai˥	
妹夫	妹郎	mi˦ loŋ˨˦	
妯娌	兄嫂,叔娣	ɕiaŋ˧ sɛːu˥,suʔ˧ tʻi˥˧	
岳父	丈人公	tɕʻioŋ˦ ȵin˨˦ kuŋ˧	
岳母	丈人婆	tɕʻioŋ˦ ȵin˨˦ pʻo˨˦	
亲家	亲家	tɕʻin˧ ka˧ (n→ŋ)	
亲戚	亲戚	tɕʻin˧ tɕʻiaŋ˥	案 tɕʻiaŋ˥与"戚"音不相符。
先生	先生	ɕiɛn˧ sen˧ 或 ɕiɛn˧ ɕiɛn˧	
鳏夫	单身汉	tan˧ ɕin˧ hon˥˧	
情夫	野老公	ia˥ lau˥ kuŋ˧	
情妇	野老婆	ia˥ lau˥ pʻo˨˦	
私生子	私伢仔	sɿ˧ ŋa˨˦ tsai˥	

普通词	临川词	读　　音	解　　释
随嫁子	带继子	tai˅ tɕi˅ tsai˥	分宜叫做“挂桥肉” kua˅ tɕʻiɛu˦ ȵiu˧。

第六类　人品

普通词	临川词	读　　音	解　　释
男人	男子人	lan˦ tsɿ˧ ȵin˦	
女人	娘子人	ȵioŋ˦ tsɿ˧ ȵin˦	
老人	老人家	lau˥ ȵin˦ ka˧	
小孩子	伢仔	ŋa˦ tsai˥	《后汉书·崔骃传》“甘罗童牙而报赵”,注:“童牙谓幼小也。”字亦作伢,《类篇云》:“吴人呼赤子为伢子。”
男孩子	仔	tsai˥	
女孩子	“伎”	nie˥	“伎”不见于字书,应即“女”字。
矮子	矮子	ŋai˥ tsɿ˧	
高个儿	长子	tʻoŋ˥ tsɿ˧	
饶舌者	会话事个	uai˧ ua˧ sɿ˧ ko˧	
扯谎者	打白话个	ta˥ pʻa˥ ua˧ ko˧	

第七类　行业

普通词	临川词	读　　音	解　　释
厨子	馔夫	tsʻuan˧ fu˧	
小厨子	厨倌师傅	tʻu˧ kuon˧ sɿ˧ fu˧	
丫头	姨婆	i˦ pʻo˦	
农夫	作田个	tsoʔ˧ tʻiɛn˧ ko˧	
掌柜的	老板	lau˥ pan˦	
医生	郎中	loŋ˦ tuŋ˧	
稳婆	喜婆	ɕi˥ pʻo˦	
仵作	相尸个	ɕioŋ˅ ɕi˧ ko˧	
关亡的	问灵姑个	un˧ tiŋ˦ ku˧ ko˧	
关亡的	问花树个	un˧ fa˧ su˧ ko˧	
娼妓	堂子	tʻoŋ˥ tsɿ˧	
变戏法的	玩把戏个	ŋon˧ pa˥ ɕi˅ ko˧	
——	打ᶜ□个	ta˥ tiu˥ ko˧	骂男孩。
丫头片子	姨婆骨头	i˦ pʻo˦ kut˧ tʻɛu˧	骂女孩。

普通词	临川词	读　　音	解　　释
娼窑	把下	paʻ˥ ha˧	
旅馆	客栈	kʻaʔ˨ tsʻam˧	

第八类　身体

普通词	临川词	读　　音	解　　释
头	头	tʻɛːu˨˦或 hɛːu˨˦	
头发	头发	hɛːu˨˦ fat˨	
脸	面	miɛn˧	
瞳人	“人贡仔”	ȵin˨˦ kuŋ˨˩˦ tsai˥	“贡仔”即玩物的小人儿。
鼻子	鼻孔	pʻit˥ kʻuŋ˦	-tkʻ-相连为内破裂，kʻ>ŋ̊。罗翙云《客方言》四“鼻曰鼻公”，并谓“公”当为“空”，“空”与“孔”通。
嘴唇	嘴唇皮	tɕi˥ tʻun˨˦ pʻi˨˦	
酒窝儿	“酒腊”	tɕiu˥ lap˨	《客方言》四“俗谓两辅间笑而微陷处曰酒陧”，案陧即靥也。
脖子	颈	tɕiaŋ˥	
喉结	食盖	ɕiʔ˥ koi˨˩˦	
脊梁	背脊骨	pi˨˩˦ tɕiaʔ˨ kut˨	
左手，借手	左手，逆手	tsuo˥ ɕiu˥，ȵiaʔ˥ ɕiu˥	
右手，顺手	右手，顺手	iu˧ ɕiu˥，sun˧ ɕiu˥	
胳肢窝	夹下	kap˨ ha˧	
大指	大拇指头	tʻɑi˧ m̩˦ ti˥ tʻɛːu˨˦	
食指，二指	指头	ti˥ tʻɛːu˨˦	
中指	中拇指头	tuŋ˨ m̩˦ ti˥ tʻɛːu˨˦	
四指，无名指	无名指头	u˨˦ miaŋ˨˦ ti˥ tʻɛːu˨˦	
小指	小拇指头	ɕiau˥ m̩˦ ti˥ tʻɛːu˨˦	
乳房	奶奶	lai˥ lai˥	
膝盖	膝头	set˨ tʻɛːu˨˦	
脚腕子	螺丝拐	lo˨˦ sɿ˨ kuai˥	
鼻涕	“鼻凝”	pʻit˥ ȵin˨˦	案“凝”无鼻液意，字当作“洟”，见《说文》。北京俗语谓鼻垢为 pi˥ tiŋ˨˩˦ niou˥ ər˩。

普通词	临川词	读　音	解　释
吐沫	꜀□□꜄	ts‘an˨˦ lat˥	ts‘an˨˦或由"涎"字音转。歙县谓小儿"围嘴儿"为"口澹澜"，北京谓口液为 xan˥ la˥ tsɿ˩。
呵欠	"呵生"	ho˨ seːn˨	

第九类　疾病

普通词	临川词	读　音	解　释
大病	病	p‘iaŋ˧	
小病	伤寒	soŋ˨ hon˨˦	案此"伤寒"与习用语不同。
发烧	"有热潮"	iu˨˦ ȵiɛt˥ t‘ɛːu˨˦	
麻木	麻痹	ma˨˦ pi˨˩	
痢疾	屙痢	ŋo˨ ti˧	
结痂	"结壳"	tɕiɛt˨ k‘oʔ˨	
咳嗽	"坎"	k‘om˥	案客家话谓咳嗽为 k‘ɛm˨。
打嚏	"打瞎脆"	ta˥ hat˥ ts‘ui˧	
发疟子	打脾寒	ta˥ p‘i˨˦ hon˨˦	
发痴	"发呆"	fat˨ ŋeːn˥	案 ŋeːn˥与"呆"音不相应。
痱子	□ᶜ仔	un˧ tsai˥	
结巴	绊舌子	pan˨˩ set˨ tsɿ˧	
秃子	瘌子	lat˨ tsɿ˧	
瘸子	拐子	kuai˥ tsɿ˧	
罗锅儿	驮背子	t‘o˥ pi˨˩ tsɿ˧	

第十类　服饰

普通词	临川词	读　音	解　释
背心	褂仔	kua˨˩ tsai˥	
汗衫	贴衣衫	t‘iɛp˨ i˨ sam˨	
汗衫	汗褂仔	hon˧ kua˨˩ tsai˥	
袖子	衫袖	sam˨ tɕ‘iu˧	
兜儿	袋仔	t‘oi˧（或 hoi˧）tsai˥	
手绢儿	手捻子	ɕiu˥ ȵiɛp˨ tsɿ˧	
裤腰带	腰带	iau˨ toi˨˩	
夹袄	夹绑身	kap˨ poŋ˥ ɕin˨	
袜子	水袜	sui˥ uat˥	

普通词	临川词	读　　音	解　　释
第十一类　饮食			
午饭	昼饭	tiu ˥˧ fan ˨˩	
晚饭	夜饭	ia ˨˩ fan ˨˩	
素菜	斋菜	tsai ˧˨ tsʻai ˥˧	
馅儿	心子	ɕim ˧˨ tsɿ ˧	
凉水	冷水	laŋ ˥ sui ˥	
第十二类　居处			
房子(全所)	屋	uʔ ˧˨	
屋子(一单室)	房间	foŋ ˩˦ kan ˧˨	
阶	"斩阶"	tsam ˥ kai ˧˨	"斩"有齐意。
堂屋	堂前	tʻoŋ ˥ tɕʻiɛn ˥	
厕所	中厕	tuŋ ˧˨ sɿ ˥˧	
柱子	柱头	tʻu ˨˩ tʻɛːu ˩˦	
窗户	槏门	tɕʻiɛm ˥ mun ˩˦	"槏",《说文》"户也",《集韵》"一曰牖边柱谓之槏,或作㡘、㰂",口减切。
厨房	灶下	tsau ˥˧ ha ˨˩	
厨房	厨下	tʻu ˩˦ ha ˨˩	
旮旯	角上	koʔ ˧˨ soŋ ˨˩	
夹道儿	巷子	hoŋ ˧˨ tsɿ ˧	
第十三类　舟车			
洋车	黄包车	uoŋ ˩˦ pau ˧˨ tʻa ˧˨	
第十四类　器用			
桌子	桌	tsoʔ ˧˨	
凳子	□ₒ子	mut ˥ tsɿ ˧	圆形的,mut ˥或由"杌"音转。
痰盂	痰瓶	tʻam ˩˦ pʻin ˩˦	
砚台	"砚环"	ȵiɛn ˨˩ uan ˩˦	
浆糊	糊浆	u ˩˦ tɕioŋ ˥˧	

普通词	临川词	读音	解释
筷子	筷	k'uai ˥˩	宜黄叫做[t'e ˧]，当即"箸"字。
烟嘴儿	烟吸子	iɛn ˧˨ tɕip ˥ tsɿ ǀ·	
钥匙	锁匙	so ˥ ɕi ˧˨	
顶针	"枕针"	tim ˥ tim ˧˨	疑"枕"音系由"顶"字尾音-n受"针"字尾音-m之同化而成。
耳挖子	挖耳爬	uat ˧˨ ɘ ˨˦ p'a ˨˦	
洋胰皂	洋碱	ioŋ ˨˦ kam ˥	
笤帚	꜂□帚	ts'a ˨˦ tiu ˥	
炊帚	扫子	sau ˥˩ tsɿ ǀ·	
鸡毛掸子	鸡毛帚	tɕi ˧˨ mau ˨˦ tiu ˥	
笸箩	团箕	hon ˨˦ tɕi ˧˨	
筛子	米筛	mi ˥ sai ˧˨	
抹布	缴布	tɕiau ˥ p'u ˧	
拖车	地꜀□	t'i ˧ p'a ˧˨	
镐	脚□꜄	tɕioʔ ˧˨ han ˧	
筐子	筐子	tɕ'ioŋ ˧˨ tsɿ ǀ·	
小筐	拍箩筐	paʔ ˧˨ lo ˨˦ tɕ'ioŋ ˧˨	
熨斗	熨斗	yt ˧˨ tɛːu ˥	
小绳	绳	ɕin ˨˦	
大绳	索	soʔ ˧˨	

第十五类　钱币

普通词	临川词	读音	解释
多少钱？	几多钱？	tɕi ˧˨ to ˧˨ tɕ'iɛn ˨˦	
铜元	"壳子"	k'oʔ ˧˨ tsɿ ǀ·	
盘缠	盘川	p'on ˨˦ t'uon ˧˨	

第十六类　人事

普通词	临川词	读音	解释
诞生，落草儿	出世	t'ut ˧˨ ɕi ˧	
三天	三朝	sam ˧˨ tɛːu ˧˨	
产妇	生娘	saŋ ˧˨ lioŋ ˨˦	
婴儿	伢仔	ŋa ˨˦ tsai ˥	

普通词	临川词	读　　音	解　　释
玩具	玩角子	uai˧˥ koʔ˨ tsai˥	
游戏	玩，□꜀	uai˧˥，sai˨˦	
害病	沾病	tem˨ pʻiaŋ˨˦	
迎七	接七	tɕiep˨ tɕʻit˨	
被捕	被人捉	tʻoʔ˨ ȵin˧˥ ko˧ tsoʔ˨	tʻoʔ˨即"被"字的意义。

第十七类　节令

元旦	初一	tsʻu˨ it˨	
九月九	重阳	tʻuŋ˧˥ ioŋ˧˥	

第十八类　代词

我	我	ŋo˥	
我们	我该多人	ŋo˥ koi˨ to˨ ȵin˧˥	
我们的	我该多人个	ŋo˥ koi˨ to˨ ȵin˧˥ ko˧	
你	你	li˥	
你们	你꜀□多人	li˥ e˨ to˨ ȵin˧˥	
你们的	你꜀□多人个	li˥ e˨ to˨ ȵin˧˥ ko˧	
他	倮	ke˧˥	《古诗为焦仲卿妻作》"虽与府吏要，渠会永无缘"，《集韵》作"倮"，训曰："吴人呼彼之称。"
他们	倮꜀□多人	ke˧˥ e˨ to˨ ȵin˧˥	
他们的	倮꜀□多人个	ke˧˥ e˨ to˨ ȵin˧˥ ko˧	
谁？那一位？	何一个	h o˧˥ i(t)˨ ko˧	
什么	□꜀个	seʔ˥ ko˧	

第十九类　状词

这个	该个	koi˨ ko˧	
那个	꜀□个	e˨ ko˧	
这些	该多	koi˨ to˨	
那些	꜀□	e˨ to˨	
这里	该里	koi˨ ti˧	

普通词	临川词	读　　音	解　　释
那里	꜀□里	e˧˨ ti·	
这样	꜀□꜀□	kan˧˨ luŋ˧˥·	
那样	□꜄ ꜀□	en˥˧ luŋ˧˥·	
不要这样那样	不要꜀□꜀□□꜄□꜆	put˧˨ iau˥˧ kan˧˨ luŋ˧˥· en˧˨ luŋ˧˥·	禁止小儿乱闹。
怎么好	那亨纔好	la˥ ɕin˧˥ tsʻai˥ hou˥ la˥ luŋ˧˥ ɕin˥	
你想怎样？	你想怎样？	li˥ ɕioŋ˥ la˥ luŋ˧˥· ɕin˥ ti·	
怎样办？	怎样办？	la˥ luŋ˧˥· pan˥˧	
不要胡说八道	不要该里话到꜀□里	put˧˨ iau˥˧ koi˧˨ ti· ua˧ tau· e˧˨ ti·	
现在	该一个时候	koi˧˨ iʔ˧˨ ko· ɕi˧˥ hεːu˧	
现在	现在	ɕεːn˧ tsʻai˧	
将来	以后，将后	i˥ hεːu˧，tɕioŋ˧˨ hεːu˧	
从此以后	从该回以后	tɕʻiuŋ˧ koi˧˨ fəi˧˥ i˥ hεːu˧	
仍旧	照原	tεu˥˧ ȵyεn˧˥	
一会儿	一下仔	iʔ˧˨ ha˧ tsai·	
忽然间	忽然一下	kʻeʔ˧˨ saŋ˧˨ iʔ˧˨ ha˧	
待会见	等一下仔	ten˥ iʔ˧˨ ha˧ tsai·	
半天	半日	pan˥˧ ȵit˥	
马上	立刻	tip˧˨ kʻeʔ˧˨	
不曾	毛	mau˧˥	
大概	大概	tʻai˧ kʻoi˥˧	
大概	约摸	ioʔ˧˨ moʔ˧˨	
全，都	一概，一堆	iʔ˧˨ kʻoi˥˧，iʔ˧˨ toi˥˧	
拢共	总共	tsuŋ˥ tɕʻiuŋ˧	
不论什么	不论□꜆个	put˧˨ lun˧ seʔ˥ ko·	
不论什么	不管那亨	put˧˨ kuon˥ la˥ ɕin˧˥	
没准儿	不一定	put˧˨ iʔ˧˨ tʻiaŋ˧	
特为	特竟为	heʔ˥ tɕin˥˧ ui˧	heʔ˥ tɕin˥˧就是“故意”的意思，字当作“特竟”。丁声树说。
就手儿	顺便	sun˧ pʻiεn˧	

普通词	临川词	读　　音	解　　释
麻烦	啰唆	lo˨˩ so?˨˩	分宜谓“麻烦”为[kaŋ˧˨ tɕiɛ˨˩]
胆小	胆细	tam˥ ɕi˥˧	
蹩扭	“拗捌”	ŋau˥˧ tiet˧˨	
伶俐，即零	乖	kuai˧˨	
蠢笨，浑，愣，戆	硬，“闪头”	en˨˩，sem˥ t‘ɛu˨˦，	
	草包，木头	ts‘au˥ pau˧˨，mu?˧˨ t‘ɛːu˨˦	
狡猾	调皮	t‘iau˧˨ p‘i˨˦	
故意，成心	特竟	he?˥ tɕin˥˧	说见前。
欢喜	快活	k‘uai˥˧ uot˥	
泼辣	泼皮	p‘ot˧˨ p‘i˨˦	
美丽，好看	排场	p‘ai˨˦ t‘oŋ˨˦	
醜，难看	雄	ɕiuŋ˨˦	
勤，辛苦	□□	t‘o?˥ loi˨˩	
害羞	怕耻	p‘a?˧˨ t‘i˥	
嘴快，好说话	口快，多事	k‘ɛːu˥ k‘uai˥˧，to˧˨ sɿ˨˩	
缄默	不言不语	put˧˨ ȵiɛn˨˦ put˧˨ i˥	
窄	狭	hap˥	
哈喇	接口	tɕiɛp˧˨ k‘ɛːu˥	
龌龊	邋遢	lap˧˨ t‘ap˧˨	《广韵》：“邋遢，不谨事。”
干净	伶俐	tiaŋ˨˦ ti˨˩	
热闹	样	ioŋ˨˩	
结实	牢	lau˥	
偷偷的	轻寂寂	tɕ‘iaŋ˧˨ tɕ‘i?˥ tɕ‘i?˥	
慢慢的	慢慢于	man˨˩ man˨˦ i˧	
压根儿	根本	ken˧˨ pən˥	
碰巧	恰好	k‘ap˧˨ hau˥	
碰巧	“嗷嗷于”	k‘am˥ k‘am˥ i˧	
白饶	枉然	uoŋ˥ ȵiɛn˨˦	
一	一	it˧˨	
二	二	ɵ˨˩	
三	三	sam˧˨	
四	四	sɿ˥˧	
五	五	ŋ˥	
六	六	tiu?˥	

普通词	临川词	读音	解释
七	七	tɕʻit˨	
八	八	pat˨	
九	九	tɕiu˥	
十	十	ɕip˥	

第二十类　动词

普通词	临川词	读音	解释
喝水	吃水	tɕʻiaʔ˨ sui˩	
抽烟	吃烟	tɕʻiaʔ˨ iɛn˨	
拴起来	□ᵓ起来	kʻe˧ tɕʻi˥ lai˧	
扛起来(一人肩扛)	□ᵓ起来	saʔ˥ tɕʻi˥ lai˧	
端(端碗)	掇	tuet˨	
捂住	盦着	om˨ tau˩	《说文》"盦,覆盖也",乌含切。丁声树说。
找岔儿,挑眼	钻岔子	tson˩ tsʻa˩ tsɿ˧	
眨眼	眨眼	tsap˨ ŋan˥	
拧	㲀	tɕiu˩	《说文》"㲀,揉屈也"。居又切。丁声树说。
哆嗦,寒噤	打颤震	ta˥ sen˧ tin˩	
饶	赦过	sa˩ kuo˩	
轰出去	赶出去	kon˥ tʻut˨ tɕʻie˩	
轰出去	꜀□出去	pʻaŋ˨ tʻut˨ tɕʻie˩	
挡着	拦住,堵住	lan˥ tʻu˧,tu˥ tʻu˧	
吵架	相骂	ɕioŋ˩ ma˧	
掰	搣	miɛt˨	《说文》"搣,批也";《广韵》"手拔,又摩也,批也,捽也",亡列切。
缝	"缏"	tiɛn˩	
牵	□ᵓ	tat˥	案 t-声不应有阳入,待考。
扔,抛	□ᵓ	iu˧	
咂	□ᵓ	tap˥	案 t-声不应有阳入,待考。
给	摆	pai˥	
赔本	贴本,折本	tʻiɛp˨ pən˥,set˥ pən˥	
摘下	扯下	tʻa˥ ha˧	
管保	包	pau˨	
行	做得	tsɿ˩ teʔ˨	

普通词	临川词	读　　音	解　　释
不行	做不得	tsɿ˦˩ put˧˨ teʔ˧˨	
怕	被吓	tʻoʔ˥ haʔ˧˨	
踏	踩	tsʻai˦˥	
趴着	仆倒不动	pʻuʔ˥ tau˦˥ put˧˨ tʻuŋ˨˩˨	
动撼	撼动	om˨˦ tʻuŋ˨˩˨	
扬起头	拗起头	ŋau˦˩ tɕʻi˦˥ tʻɛ̜ːu˨˦	
站起来	"栖起来"	tɕʻi˧˨ tɕʻi˦˥ tai˧·	案"企"与站意义相应,但调类属上声与此不合。
站着	"栖着"	tɕʻi˧˨ tau˦˩˧·	
起开	"栖开"	tɕʻi˧˨ kʻoi˧˨	
走了,去了	走了	tsɛ̜ːu˦˥ tiau˦˥	
到,上	去	tɕʻie˦˩	城内谓"去"为kʻe˦˩。
回去	转去	tuan˦˥ tɕʻie˦˩	
回家	去屋下	tɕʻie˦˩ uʔ˧˨ ha˦˩	
让他做	让倮做	ȵioŋ˨˩˨ ke˨˦ tsɿ˦˩	
做买卖	做生意	tsɿ˦˩ sen˧˨ i˦˩	
作揖	拘礼	tɕi˧˨ ti˦˥	
央求	请,拜托	tɕʻiaŋ˦˥,pai˦˩ tʻoʔ˧˨	
讲说	话	ua˨˩˨	
说话	话事	ua˨˩˨ sɿ˨˩˨	
你说话不着枝儿	你话事要到枫树杪上去听	li˦˥ ua˨˩˨ sɿ˨˩˨ iau˦˩ tau˦˩ fuŋ˧˨ su˨˩˨ piau˨˦ soŋ˨˩˨ tɕʻie˦˩ tʻiaŋ˧˨	
答,回答	应,答应	ŋen˩,tap˧˨ in˦˩	"应"有两读。
闻见	嗅到	ɕiuŋ˦˩ tau˧·	ɕiuŋ˦˩有舌根鼻尾,与"嗅"音不符。
忘记	꜂□记	lai˨˦ tɕi˦˩	
瞪眼睛	□꜅眼	kut˥‿ŋan˦˥ (ʔ)	
笑话人	讥诮	tɕi˧˨ tɕʻiau˦˩	
挑选	拣	kan˦˥	
——	叽叽꜂□꜂□	tɕi˦˥ tɕi˦˥ tɕia˦˥ tɕia˦˥	讥笑人的样子。
啾啾咕咕	꜀□꜀□	tɕʻi˧˨ tɕʻi˧˨	
	꜀□꜀□	tɕʻia˧˨ tɕʻia˧˨	
走来走去	踯踯躅躅	tʻiʔ˧˨ tʻiʔ˧˨ tʻoʔ˧˨ tʻoʔ˧˨	

普通词	临川词	读　　音	解　　释
糟踏	□ɔ □ɔ̲,□ɔ̲掉	tsoʔ˧ t‘oʔ˥, t‘oʔ˥ tiau˧·	
玩耍	玩	uai˨˦	
抱	揽,捧	lam˨˦,p‘uŋ˥	
弄好了	做正矣	tsɿ˥˩ taŋ˥˩ i˧·	
弄坏了	□ɔ̲坏□	ut˥ fai˥˩ te˧·	
掉下来	跌下来	‘tiɛt˧ ha˨ lai˧·	
对水	洒水	sai˧ sui˥,sa˥ sui˥	
舐	□ɔ ,□ɔ	seʔ˧,lap˧	
抓	‘捻拢’	ȵiɛm˨˦ luŋ˨˦	
烫	□ɔ	lat˧	
下棋	通棋	t‘uŋ˧ tɕ‘i˨˦	
没有	毛有	mau˥ iu˥	
知道,懂得	晓得	ɕiau˥ teʔ˧	
试试	较一较	kau˥˩ iʔ˧ kau˥˩	
让(任听)	由傈,让傈	iu˨˦ ke˨˦·,ȵioŋ˨ ke˥·	
画画儿	画画	fa˨ fa˨	
禁得住	驮得住	t‘o˨˦ teʔ˧ t‘u˨, ho˥ teʔ˧ t‘u˨	
打算	想	ɕioŋ˥	
犹豫	心三二意	ɕim˧ sam(＞n)˧ ɘ˨ i˥˩	
犹豫	ᶜ□ᶜ□□ɔ □ɔ	fəi˨˦ fəi˨˦ tuʔ˧ tuʔ˧	亦可指头脑恍惚而言。
躺着	困倒	k‘un˥˩ tau˧·	
睡觉	困觉	k‘un˥˩ kau˥˩	
作梦	眠梦	miɛn˥ muŋ˨	
穿衣	着衣裳	toʔ˧ i˧ soŋ˨˦	
大便	屙屎	ŋo˧ ɕi˥	
小便	屙尿	ŋo˧ ȵiau˨	
找	寻	tɕ‘im˥	
裂开	破开	p‘o˥˩ k‘oi˧	
收拾,修理, 拾掇,治病	检正,整正 整病	tɕiɛm˥ taŋ˥˩,taŋ˧ taŋ˥˩,taŋ˥ p‘iaŋ˨	
欺骗,撒谎	哄	fuŋ˥	
吹	吹牛,好高	t‘ui˧ ȵiu˨˦,hau˥˩ kau˧	
碰钉子	折面子	set˥ miɛn˨ tsɿ˧·	

普通词	临川词	读　　音	解　　释
碰钉子	担了麦子没得麵转	tam˦˥ tiau˨˩ maʔ˥ tsɿ˧ mau˦˥ teʔ˨˩ miɛn˨˦ tuan˥	
渗过来	渗过来	sim˥˩ kuo˥˩ lai˧	
提，拧	□ꜜ	tʻia˨˦	
提拔	提拔	tʻi˦˥ pʻat˥	
拽	拉	la˨˦	
刮风	起风	tɕʻi˥ fuŋ˨˩	
下雨	落雨	loʔ˥ i˥	
打闪	打霍闪	ta˥ fuoʔ˨˩ sem˥	
刨，掘	挖	uat˨˩	
——	挖瓜韭的	uat˨˩ kua˨˩ tɕʻiu˥ ti˧	指小孩害人而言。
洒	洒	sai˥	
晒	晒	sa˥	

第二十一类　连词

跟，和，同	和，同	uo˨˦，tʻuŋ˦˥	
那末	꜀□嚜	e˨˩ meʔ˨˩	
假如，若是	假使，若话	ka˥ sɿ˥，loʔ˨˩ ua˨˦	
既然	既是	tɕi˥˩ ɕi˨˦	
横竖，反正	横直	uaŋ˦˥ tʻiʔ˥	
也许他来	毛论倷来	mau˦˥ lun˨˦ ke˦˥ lai˦˥	
大概	多半	to˨˩ pon˥˩	
总是，老是	꜂□是	toi˦˥ ɕi˨˦	

第二十二类　介词和助词

对着	对到	tui˥˩ tau˧	
给	摆	pai˥	
被	□꜀	tʻoʔ˥	
从，打	从，由	tɕʻiuŋ˦˥，iu˦˥	
从这里到那里	由该里到꜀□里	iu˦˥ koi˨˩ ti˥ tau˥˩ e˨˩ ti˥	
顺着，沿着	依到	i˨˩ tau˥˩	

普通词	临川词	读音	解释
的	个	ko˧˥	因轻读韵母变近ə。
了	了	tiau˥˧	
着	到	tau˥˩	
好了	正	taŋ˥˩	
么?	嚩	po˧˥	
哪个	何一个	ho˥˧ it˨˩ ko˧˥	
吃了饭么?	喫矣饭嚩?	tɕʻiaʔ˥˧ i˧˥ fan˨˩ po˧˥	i˧˥有"矣,已"之意。
你看见了么?	你看见矣嚩?	li˥˧ kʻon˥˩ tɕiɛn˥˩ i˧˥ po˧˥	
你答应了他么?	你应矣傈嚩?	li˥˧ ŋen˨˩ i˧˥ ke˨˦ po˧˥	

第六章　标音举例

陆·一　游国恩先生读古诗《行行重行行》

行行重行行

haŋ˧˥	haŋ˧˥	tʻuŋ˧˥	haŋ˧˥	haŋ˧˥
行	行	重	行	行，
i˧˩	tɕyn˧	sen˧	pʻiɛt˧	ti˧˥
与	君	生	别	离！
ɕioŋ˧	tɕʻi˥˩	uan˨˧	i˧˥	ti˥
相	去	万	馀	里，
koʔ˧	tsʻai˨˧	tʻiɛn˧	it˧	ŋai˧˥
各	在	天	一	涯。
tʻau˨˧	lu˨˧	tsu˧˩	tɕʻia˥	tʻoŋ˧˥
道	路	阻	且	长，
fəi˨˧	miɛn˨˧	on˧	kʻo˥	ti˧
会	面	安	可	知？
fu˧˥	ma˥	i˧	peʔ˧	fuŋ˧
胡	马	依	北	风，
yɛt˧	ȵiɛu˥	tsʻau˧˥	lam˧˥	ti˧
越	鸟	巢	南	枝。

ɕioŋ˧	tɕʻi˥˧	lit˧	i˥	yɛn˧˥
相	去	日	已	远，
i˧	tai˥˧	lit˧	i˥	fon˧˥
衣	带	日	已	缓。
fɛ̝u˧˥	yn˧˥	pi˥˧	pʻeʔ˥	lit˧
浮	云	蔽	白	日，
iu˧˥	tsɿ˥	put˧	ku˥˧	fan˥
游	子	不	顾	返！
sɿ˧	tɕyn˧	tin˥˧	lin˧˥	lau˥
思	君	令	人	老，
sui˩˧	ȵyɛt˧	fut˧	i˥	uan˧˥
岁	月	忽	已	晚。
tɕʻi˥˧	tɕyɛn˧	fut˧	fuʔ˥	tʻau˩˧
弃	捐	勿	复	道，
lu˥	tiʔ˧	ka˧	tsʻan˥˧	fan˩˧
努	力	加	餐	饭。

陆·二　游珏女士[①] 读《苍蝇和飞蛾》

苍蝇和飞蛾[②]	in˧˥ tsɿ˧· tʻuŋ˧˥ tʻoʔ˧ ten˧ pʻo˧˥
苍蝇和飞蛾，他俩是一对好朋友，时常在一块儿吃喝飞	in˧˥ tsɿ˧· tʻuŋ˧˥ tʻoʔ˧ ten˧ pʻo˧˥[③] | ke˧˥ tioŋ˧˥ ko˧· ȵin˧˥ si˩˧ it˧ tui˥˧ hau˥ pʻen˧˥ iu˧· | si˧˥ saŋ˧˥ tsʻai˩˧ i(t)˧ tɕʻi˥ tɕʻiaʔ˧ ia˧·

① 游国恩先生的女公子，1934年记音时年14岁，生在临川本乡，8岁后住在南昌2年、武昌1年、青岛2年。

② 原故事是用国语写的，见《小朋友》520期，11—14页。

③ “托灯婆”就是北京的扑灯蛾。

舞。不过他俩都有一种不好的习气，就是瞧不起别个，总以为自己的本领强，自己的见识高。所以朋友们的劝告，老是不肯听的。

一天，苍蝇在一个瓦罐的口上，慢慢地爬着，他想爬到罐里去，舐里面的蜜糖吃。飞蛾飞来见了，说："苍蝇哥哥！那个地方是很危险的；你别溜了腿，掉在里头，那可不是玩的！"

苍蝇一心在想吃蜜糖，便说："飞蛾姊姊！谢谢你的好意！可是，你的话，未免小觑我了！我生了六只脚，共有六条腿，即使一只脚站不稳，还有

uai˥ a꜔· ‖ tɕʻiu˧ si˧ ke˧˥˧ tioŋ˧˥˧ ko꜔· ȵin˧˥˧ pʻi˧˥˧ tɕʻi˥˩ sit˥ tsʻai˧ put˨ hau˥ | tu˨ kʻon˥˩ ȵin˧˥˧ ka˨[①] put˨ tɕʻi˥ | tsuŋ˥ koʔ˨ tɕʻioŋ˧[②] tsʻɿ˧ tɕi˥ ko꜔· pən˥ sɿ˧ tʻai˧ | tsʻɿ˧ tɕi˥ ko꜔· tɕiɛn˥˩ siʔ˨ kau˨ ‖ ku˨ suŋ˧˥˧[③] pʻen˧˥˧ iu꜔· ko꜔· tɕʻyɛn˥˩ kau˩˨ a꜔· | tsuŋ˥ si˧ put˨ kʻen˥ tʻiaŋ˨ ‖

iu˧˥˧ it˨ ȵit˨ | in˧˥˧ tsɿ꜔· tsʻai˧ it˨ ko꜔· ua˥ kuon˥˩ ko꜔ kʻɛːu˥ soŋ꜔ | man˧ man˧ pʻa˧˥˧ | ke˧˥˧ ɕioŋ˥ pʻa˧˥˧ tau˥˩ kuon˥˩ tsɿ꜔· ti˥ kʻe˥˩ | se˨ ti˧˥˧ tʻɛːu꜔ ko꜔· mit˨ tʻoŋ˧˥˧ tɕʻiaʔ˨ ‖ tʻoʔ˨ ten˨ pʻo˧˥˧ fəi˨ lai˧˥˧ kʻon˥˩ tɕiɛn˥˩ ke˧˥˧ | ua˧ | in˧˥˧ tsɿ꜔ ko˩˨ ko˨ | e˨ ko꜔·[④] tʻi˧ foŋ˨ sit˥ tsʻai˧ ŋui˧˥˧ ɕiɛm˥ a꜔ | li˥ moʔ˥ tsʻai˧˥˧ uat˥ tiau˥˩ tɕioʔ˨ | tiɛt˨ te꜔· ti˧˥˧ tʻɛːu꜔· | koi˨[⑤] put˨ si˧ hau˥ uai˥ ko꜔ e˥˩ ‖

in˧˥˧ tsɿ꜔· it˨ sim˨ ɕioŋ˥ tɕʻiaʔ˨ e˨ ko꜔ mit˨ tʻoŋ˧˥˧ | tɕʻiu˧ ua˧ | tʻoʔ˨ ten˨ pʻo˧˥˧ tɕi˥ tɕi꜔ | tɕʻia˧ tɕʻia˧ li˧˥˧ ko꜔ hau˥ i˥˩ | tʻan˧ si˧ | li˥ ko꜔ fa˧ ia꜔ | sit˥ tsʻai˧ si˧ kʻon˥˩ ŋo˥ put˨ tɕʻi˥ a꜔ ‖ ŋo˥ saŋ˨ i꜔[⑥] tiuʔ˨ taʔ˨ tɕio˨ | tɕʻiuŋ˧ iu˧˥˧ tiuʔ˨ tʻiau˧˥˧ tʻui˧˥˧ | tɕʻiu˧ si˧ it˨

① "人家"就是别人。　②"总觉像"。　③所以。　④那个。　⑤这。

⑥ i꜔ 和了字的意思相当，恐怕就是"矣"字。

其馀的五只哩！再说，即使我的六条腿都站不稳，我还有一对翅膀哩！我不怕！我不怕！”

飞蛾见苍蝇不听他的话，便径自飞去了。但他飞不多远，就听到“救命！救命！”的声音从瓦罐里传出来。他飞过去一看，原来苍蝇的脚，都被蜜糖黏住了，不得脱身。他便把他背在背上，苍蝇才算脱险，飞出了瓦罐。

飞蛾说：“我劝告你的话不错吧？”

苍蝇道：“我已经懊悔了；以后一定听从你的劝告。”说罢，便各自飞散了。

到了傍晚时分，

taʔ˧˨ tɕioʔ˧˨ mau˧˥ tɕʻi˧˨ tʻu˧①| hai˧˥ iu˧˥ e˧˨ ŋ̩˧˥ taʔ˧˨ tɕioʔ˧˨ e˥˩ ‖ tsai˥˩ ua˧ | tɕʻiu˧ si˧ ŋo˥ tiuʔ˧˨ taʔ˧˨ tʻui˥ tu˧˨ tɕʻi˧˨ put˧˨ tʻu˧ | ŋo˥ hai˧˥ iu˧˥ tioŋ˧˥ taʔ˧˨ iʔ˧˨ poŋ˧˥ e˥˩ | ŋo˥ pʻa˥˩ seʔ˥ ko꜔② ‖

tʻoʔ˧˨ ten˧˨ pʻo˧˥ kʻon˥˩ tɕiɛn˥˩ in˧˥ tsɿ꜔ put˧˨ tʻiaŋ˧˨ ke˧˥ ko꜔ fa˧ | tɕʻiu˧ it˧˨ ko꜔ ȵin˧˥ fəi˧˨ kʻe˥˩ tiau꜔ ‖ put˧˨ ɕiau˧˥ teʔ˧˨ fəi˧˨ put˧˨ tau˥˩ tɕi˧˥ yɛn˧˥ | tɕʻiu˧ tʻiaŋ˧˨ tau˥˩ kuon˥˩ tsɿ꜔ ti˥ tʻɛːu꜔，ham˥ | tɕʻiu˥˩ miaŋ˧ tɕiu˥˩ miaŋ˧ ko꜔ saŋ˧˨ im˧˨ ‖ ke˧˥ fəi˧˨ ko˥˩ kʻe˥˩ it˧˨ kʻon˥˩ | he˥˩ | e˧˨ ko꜔ in˧˥ tsɿ꜔ ko꜔ tɕioʔ˧˨ a꜔ | tu˧˨ tʻoʔ˥③ e˧˨ ko꜔ mit˧˨ tʻoŋ˧˥ ȵiɛm˧˥ tʻu˧ i꜔ | tɕʻiʔ˥④ la˧˨ put˧˨ tʻut˧˨ lai˧˥ ‖ ke˧˥ tɕʻiu˧ pai˥⑤ ke˧˥ tʻo˧˥ tsʻai˧ pəi˥˩ saŋ˧ | tsʻai˧˥ pai˥ ke˧˥ tɕiu˥˩ tut˧˨ lai꜔ ‖

tʻoʔ˧˨ ten˧˨ pʻo˧˥ ua˧ | ŋo˥ tɕiau˥˩ li˥ mau˧˥ kʻe˥˩ | li˥ put˧˨ tʻiaŋ˧˨ ŋo˥ ‖

in˧˥ tsɿ꜔ ua˧ | ŋo˥ ɕiɛn˧ tsʻai˧ tin˧˨ fəi˥˩ a꜔ | i˥ hɛːu˧ ŋo˥ it˧˨ tʻin˧ tʻiaŋ˧˨ li˥ ko꜔ fa˧ | ua˧ tiau˧˥ e꜔⑥ | tioŋ˧˥ ko꜔ ȵin˧˥ tu˧˨ tsɛːu˧˥ tiau˧˥ i꜔ ‖

tau˥˩ lai˥ ia˧ ko꜔ si˧˥ fən˧˨ | iu˧˥ it˧˨

① 站住。 ②什么。 ③被。 ④tɕʻiʔ˥就是北京话“到了儿”的意思。

⑤ 把。 ⑥说完了。

有一个小学生在灯下温书。飞蛾见了灯光非常喜欢，便从窗外飞来，在灯火的四周兜圈子，又在火焰上飞过。苍蝇飞来见了，连忙叫道："唔！飞蛾姊姊，那是使不得的！有句俗语说：'飞蛾扑火，自戕其身！'你快快离开这里吧，别给火焰烧死！"

ko꜔ ɕiau˥ hoʔ˥ sen˧˩ tsʻai˨˧ ten˧˩ ha˨˧ uon˧˩ su˧˩ ‖ tʻoʔ˧˩ ten˧˩ pʻo˧˥ kʻon˥˩ tɕiɛn˥˩ ten˧˩ kuoŋ˧˩ | tɕʻiu˨˧ kʻuai˥˩ uat˥ sɿ˥ i꜔ | tɕʻiu˨˧ tsʻuŋ˧˥ tɕʻiɛn˧˥ mən˧˥① uai˨˧ fəi˧˩ tɕin˥˩ lai꜔ | tsʻai˨˧ ten˧˩ kuoŋ˧˩ saŋ˨˧ tuan˥˩ lai˧˥ tuan˥˩ kʻe˥˩② | iu˨˧ tsʻai˨˧ fo˥ iɛm˥ soŋ˨˧ fəi˧˩ ko˥˩ kʻe˥˩ ‖ in˧˥ tsɿ꜔ fəi˧˩ lai˧˥ kʻon˥˩ tɕiɛn˥˩ ke˧˥ | tiɛn˧˥ moŋ˧˥ ua˨˧ | e˥ | tʻoʔ˧˩ ten˧˩ pʻo˧˥ tɕi˥ tɕi꜔ | e˧˩ si˨˧ tsu˧˩ put˧˩ teʔ˧˩ ko˥˩ ‖ iu˧˥ tɕi˥˩ ɕiuʔ˥ fa˨˧ | fəi˧˩ ŋo˥ pʻuʔ˧˩ fo˥ | tsʻɿ˨˧ tɕʻioŋ˧˩ tɕʻi˧˥ sin˧˩ | li˥ kon˥ kʻuai˥˩ ti˧˥ kʻoi˧˩ koi˧˩ ti˧˥③ pa꜔ | put˧˩ iau˥˩ tʻoʔ˧˩ fo˥ iɛm˥ sɛːu˧˩ sɿ˥ a꜔ ‖

飞蛾玩得正是兴趣浓厚，哪里肯听苍蝇的劝告，便冷笑着说："嘻嘻！我的本领比你高，我的心思比你精细！刚才我在火焰上飞过，一点儿也没有危险呢！你看！你看，我再这样扑给你看，你……"飞蛾的话还没有说完，拍着

tʻoʔ˧˩ ten˧˩ pʻo˧˥ uai˧˥ teʔ˧˩ tin˥˩ iu˧˥ tɕʻi˥˩ ko꜔ si˧˥ hɛːu˨˧ | hoi˧˥ ti˧˥④ uai˨˧ tʻiaŋ˧˩ ke˧˥ ko꜔ fa˨˧ | tɕʻiu˨˧ fat˧˩ laŋ˥ ɕiau˥˩ ua˨˧ ia꜔ | he˥ he˥ | ŋo˥ ko꜔ pən˥ sɿ˨˧ pi˥ li˥ kau˧˩ | ŋo˥ ko꜔ sim˧˩ sɿ˧˩ pi˥ li˥ si˥˩ ‖ koŋ˧˩ tsʻai˧˥ ŋo˥ tsʻai˨˧ fo˥ iɛm˧˥ soŋ˨˧ fəi˧˩ ko˥˩ kʻe˥˩ | it˧˩ tiɛm˥ ŋui˥ ɕiɛm˥ ia˥ mau˧˥ iu˧˥ ‖ li˥ kʻon˥˩ | li˥ kʻon˥˩ | ŋo˥ hai˥ kan˧˩ luŋ꜔⑤ pʻuʔ˧˩ teʔ˧˩ li˥ kʻon˥˩ | li˥ …… | tʻoʔ˧˩ ten˧˩ pʻo˧˥ ko꜔ fa˨˧ hai˥ mau˧˥ ua˨˧ uan˧˥ | pai˧˥ it˧˩ poŋ˥

① "樑门"就是窗户。 ②"转来转去"。 ③这里。 ④哪里。 ⑤这样。

翅膀扑过去，一阵风来，恰巧把他吹落在灯罩里，他便直挺挺地躺着，一动也不动了。	p'u? ˨ ko ˥˧ k'e ˥˧ | it ˨ t'in ˨˩ fuŋ ˨ lai ˨˦ | koŋ ˨ hau ˥ pai ˥ ke ˨˦ t'ui ˨ lo? ˥ ts'ai ˨˩ ten ˨ tsau ˥˧ tsɿ ꜔· ti ˨˦ t'ɛ̯u ˨˦ | ke ˨˦ tɕ'iu ˨˩ pit ˨ ti? ˥[①] k'un ˥˧ tau ˥ | t'uŋ ˨˩ ia ˥ put ˨ uai ˨˩ t'uŋ ˨˩ ‖
苍蝇兀自吃了一惊，伸起脚来在头上一抹，立即飞过去叫道："飞蛾姊姊，怎样啦？怎样啦？"可是躺着的飞蛾，翅膀也烧焦了，头也烧烂了，脚也踡拢了，再也不能和他的朋友谈话了。	in ˨˦ tsɿ ꜔· fut ˨ liɛn ˥ tɕ'iu ˨˩ ha? ˥ tau ˥ i ꜔· | tɕ'iu ˨˩ sen ˨ tɕ'i ˥ tɕio? ˨ lai ꜔· tsɛ̯u ˨˦[②] t'ɛ̯u ˨˦ soŋ ˨˩ it ˨ mot ˨ | tɕ'iu ˨˩ tɕi? ˨ k'e? ˨ fəi ˨ ko ˥˧ k'e ˥˧ tɕiau ˥˧ tɕ'i ˥ lai ꜔· ua ˨˩ | t'o? ˨ ten ˨ p'o ˨˦ tɕi ˥ tɕi ꜔· | tɕin ˨˦ luŋ ꜔·[③] a ꜔· | tɕin ˨˦ luŋ ꜔· a ꜔· ‖ t'an ˨˩ si ˨˩ k'un ˥˧ tau ˥ ko ꜔· t'o? ˨ ten ˨ p'o ˨˦ a ꜔· | i? ˨ poŋ ˥ ia ˥ sɛ̯u ˨ te? ˨ me? ˨ u ˨[④] | t'ɛ̯u ˨˦ ia ˥ sɛ̯u ˨ lan ˨˩ tiau ˥ i ꜔· | tɕio? ˨ ia ˥ tɕ'yɛn ˨˩ luŋ ˨˦ lai ˨˦ i ꜔· | ts'ai ˥˧ ia ˥ put ˨ laŋ ˨˦ t'uŋ ˨˦ ke ˨˦ ko ꜔· hau ˥ pen ˥ iu ˨˦ ua ˨˩ sɿ ˨˩ o ˥˧ ‖
苍蝇叫唤一会，得不到回音，只得懒洋洋的拍着翅膀，孤单的飞去了。	in ˨˦ tsɿ ꜔· tɕiau ˥˧ i? ˨ ts'an ˨˩ | mau ˨˦ t'iaŋ ˨ tɕiɛn ˥˧ en ˨ | ti ˥ te? ˨ it ˨ t'iɛm ˥ tɕin ˨ ia ˥ mau ˨˦ iu ˨˦ | ta ˥ k'oi ˨ i? ˨ poŋ ˥ | it ˨ ko ꜔ ȵin ˨˦ fəi ˨ tsɛ̯u ˥ tiau ꜔· ‖

① "笔直"。　②在。　③怎样。　④"墨乌"。

陆·三　晁志魁君[1] 读《狐假虎威》故事[2]

tɕin˧˨ ɕyɛn˧˨ uoŋ˨˦ un˨˧ tɕʻyn˨˦ ɕin˨˦ yɛt˧˨ | u˦˥ un˨˦ peʔ˧˨ foŋ˧˨
荆　宣　王　问　群　臣　曰：“吾　闻　北　方

ti˧˨ ui˥˩ tau˧˨ ɕi˨˦ ɕyt˧˨ ia˦˥ | kuo˦˥ ɕin˨˦ ho˨˦ ə˨˦[3] ‖ tɕʻyn˨˦ ɕin˨˦
之　畏　昭　奚　恤　也，果　诚　何　如？”群　臣

moʔ˧˨ tui˥˩ ‖
莫　对　。

koŋ˧˨ it˧˨ tui˥˩ yɛt˧˨ | fu˦˥ tɕʻiu˨˦ peʔ˧˨ ɕiu˥˩ ə˨˦ siʔ˦˥ ti˧˨ | teʔ˧˨
江　一　对　曰：“虎　求　百　兽　而　食　之，得

fu˨˦ ‖ fu˨˦ yɛt˧˨ | tsɿ˦˥ u˨˦ kon˦˥ siʔ˦˥ ŋo˦˥ ia˦˥ | tʻiɛn˧˨ ti˥˩ sɿ˦˥ ŋo˦˥
狐　。狐　曰：‘子　无　敢　食　我　也！天　帝　使　我

toŋ˦˥ peʔ˧˨ ɕiu˥˩ | tɕin˧˨[4] tsɿ˦˥ siʔ˦˥ ŋo˦˥ | si˨˧ ȵiʔ˧˨ tʻiɛn˧˨ ti˥˩ min˨˧
长　百　兽，今　子　食　我，是　逆　天　帝　命

ia˦˥ ‖ tsɿ˦˥ i˦˥ ŋo˦˥ ui˨˦ put˧˨ sin˥˩ | u˦˥ ui˨˧ tsɿ˦˥ ɕiɛn˧˨ hen˨˦[5] | tsɿ˦˥
也！子　以　我　为　不　信，吾　为　子　先　行　，子

sui˨˦ ŋo˦˥ heːu˨˧ | kuon˧˨ peʔ˧˨ ɕiu˥˩ ti˧˨ tɕiɛn˥˩ ŋo˦˥ ə˨˦ kon˦˥ put˧˨
随　我　后　，观　百　兽　之　见　我　而　敢　不

tseːu˦˥ fu˧˨ ‖ fu˦˥ i˦˥ ui˨˦ iɛn˨˦[6] | ku˥˩ ɕy˨˧ y˨˦[7] ti˧˨ hen˨˦ ‖ ɕiu˥˩
走　乎？’虎　以　为　然　，故　遂　与　之　行　。兽

---

① 临川涌桥西乡人，灌音时年21岁，到南昌五六年，每年假期中皆返乡，家中都说土话。

② 音档存历史语言研究所，1935年5月8日在南昌灌制。

③ “如”，游、黄读 ə˨˦，下“而”字同。

④ “今”，游、黄读 tɕim˧˨，下同。所有闭口韵尾此均变抵颚。

⑤ “行”，原音档读作话音 haŋ˨˦，此照下文一律化。

⑥ “然”，游、黄读 liɛn˨˦，城内读 iɛn˨˦。

⑦ “遂与”二字游读 si˨˧ i˨˦，黄读 ɕi˨˧ i˨˦，不读 y 韵。

tɕiɛn˥˩ ti˨ kai˨ tsɛːu˥ ‖ fu˥ put˨ ti˨ ɕiu˥˩ ti˨ ui˥˩ tɕi˥ ə˧˥ tsɛːu˥
见 之 皆 走 。虎 不 知 兽 之 畏 己 而 走

ia˥ | i˥ ui˧˥ ui˥˩ fu˥ ia˥ ‖ tɕin˨ uoŋ˧˥ ti˨ tʻi˧ foŋ˨ u˥ tɕʻiɛn˧
也， 以 为 畏 孤 也 。今 王 之 地 方 五 千

ti˥ | tai˥˩ kap˨[①] peʔ˨ uan˧ | ə˧˥ tuan˨ suʔ˥ ti˨ tau˨ ɕi˧˥ ɕyt˨ |
里，带 甲 百 万 ，而 专 属 之 昭 奚 恤 ，

ku˥˩ peʔ˨ foŋ˨ ti˨ ui˥˩ ɕi˧˥ ɕyt˨ ia˥ | tɕʻi˧˥ sit˥ ui˥˩ uoŋ˧˥ ti˨ kap˨
故 北 方 之 畏 奚 恤 也，其 实 畏 王 之 甲

pin˨ ia˥ | iu˧˥ peʔ˨ ɕiu˥˩ ti˨ ui˨ fu˥ ia˥ ‖
兵 也，犹 百 兽 之 畏 虎 也 。”

陆·四 李有枢和游馀庆[②] 两君的会话[③]

ti li˥ sai˧˥ ko˧ si˧˥ hɛːu˧ tsʻai˧ fu˧˥ tiu˨ lai˧˥ ko˧
李： 你 啥 个 时 候 在 抚 州 来 个 ？

iu ŋo˥ tɕʻiɛn˧˥ tɕi˥ tʻiɛn˨ lai˧˥ ko˧
游： 我 前 几 天 来 个 。

ti li˥ lan˥ luŋ˧˥ lai˧˥ ko˧
李： 你 怎 样 来 个 ？

iu ŋo˥ tsʻai˧ fu˧˥ tiu˨ tsʻo˧ tɕʻi˥˩ tʻa˨ tau˥˩ sen˥ sin˧˥
游： 我 在 抚 州 坐 汽 车 到 省 城 。

ti tau˥˩ sen˥ sin˧˥ iu˧˥ tɕi˥ yɛn˧˥ la˧
李： 到 省 城 有 几 远 哪 ？

iu iu˧˥ it˨ peʔ˨ pat˨ sit˥ ti˧˥ lu˧ o˧
游： 有 一 百 八 十 里 路 啊 。

---

① “甲”晁单字读 kat˨，此或受下字影响。

② 李有枢灌音时年四十余岁，十余岁即在外，能粤语，但词类并无改变；游馀庆灌音时年 26 岁，曾在上海暨南大学毕业，在外六七年，字音无甚改变，但词类稍不稳固。

③ 音档存历史语言研究所，1935 年 5 月 8 日在南昌灌制。

ti　ɕiɛn ˧ tsʻai ˧ lu ˧ tu ˨ hau ˥ i ˦ po ˧
李：现　在　路　都　好　矣　嚩？

iu　tu ˨ hau ˥ i ˧
游：都　好　矣。

ti　hau ˥ i ˧ tʻa ˨ hau ˥ tsʻo ˧ pa ˧
李：好　矣　车　好　坐　罢？

iu　put ˨ tʻai ˧ sit ˥ fən ˨ tun ˨
游：不　大　十　分　顿。

ti　iau ˥˩ tɕi ˥ to ˨ tɕʻiɛn ˦ tʻa ˨ tɕʻiɛn ˦
李：要　几　多　钱　车　钱？

iu　iau ˥˩ san ˨ kʻuai ˥˩ to ˨ tɕʻiɛn ˦
游：要　三　块　多　钱。

ti　iau ˥˩ tsɛːu ˥ tɕi ˥ tiɛn ˥ tuŋ ˨ a ˧
李：要　走　几　点　钟　呀？

iu　iau ˥˩ tsɛːu ˥ san ˨ ko ˥˩ to ˨ tuŋ ˨ tʻɛːu ˦
游：要　走　三　个　多　钟　头。

ti　iau ˥˩ tsɛːu ˥ san ˨ ko ˥˩ to ˨ tuŋ ˨ tʻɛːu ˦ en ˥˩ luŋ ˨ yɛn ˥ la ˧ ǀ
李：要　走　三　个　多　钟　头　那　么　远　哪！

lu ˧ soŋ ˧ hai ˦ iu ˦ fan ˧ tɕʻiaʔ ˨ po ˧
路　上　还　有　饭　吃　嚩？

iu　lu ˧ soŋ ˧ mau ˦ fan ˧ tɕʻiaʔ ˨
游：路　上　毛　饭　吃。

ti　tioŋ ˦ ka ˨ tʻu ˧ ko ˧ tɕʻiau ˦ tuʔ ˨ tɕʻi ˦ lai ˦ mau ˦ iu ˦
李：梁　家　渡　个　桥　筑　起　来　毛　有？

iu　tioŋ ˦ ka ˨ tʻu ˧ ko ˧ tɕʻiau ˦ ten ˥˩ tsʻai ˧ ta ˥ toŋ ˨ tsɿ ˧ tʻiɛt ˨
游：梁　家　渡　个　桥　正　在　打　桩　子，铁

tɕʻiau ˦ hai ˦ mau ˦ tuʔ ˨ saŋ ˦ kuŋ ˨
桥　还　毛　筑　成　功。

ti　kuo ˥˩ tʻu ˧ iuŋ ˧ en ˥˩ luŋ ˦ fat ˥ tsɿ ˧ a ˧
李：过　渡　用　什　么　法　子　呀？

iu　kuo˦˨˦ t'u˧˨ iuŋ˧˨ it˨˩ ko˧ t'u˧˨ suan˨˦ | tɕ'iu˧˨ pai˥ tɕ'i˦˨˦ t'a˨˩
游：过 渡 用 一 个 渡 船，就 把 汽 车

tsoŋ˨˩ ts'ai˧˨ suan˨˦ soŋ˧˨ t'ɛu˨˦ | man˧˨ man˧˨ i˨˦ t'aŋ˨˩ kuo˦˨˦
装 在 船 上 头，慢 慢 的 撑 过

k'e˦˨˦
去 。

ti　in˨˦[1] ha˧˨ lai˨˦ put˨˩ iau˦˨˦ ha˧˨ lai˨˦
李：人 下 来 不 要 下 来？

iu　in˨˦ ha˧˨ lai˨˦ ia˥ k'o˥ i˧ | put˨˩ ha˧˨ lai˨˦ ia˥ k'o˥ i˧ |
游：人 下 来 也 可 以，不 下 来 也 可 以，

sui˨˦ p'iɛn˧˨
随 便 。

ti　ɕiɛn˧˨ ts'ai˧˨ tau˦˨˦ sen˥ sin˨˦ pi˥ ts'uŋ˨˦ tɕ'iɛn˨˦ kuai˦˨˦ i˧ o˧
李：现 在 到 省 城 比 从 前 快 矣 啊？

iu　ɕiɛn˧˨ ts'ai˧˨ tau˦˨˦ sen˥ sin˨˦ k'uai˦˨˦ teʔ˨˩ hen˥ | pi˥ ts'uŋ˨˦
游：现 在 到 省 城 快 得 很，比 从

tɕ'iɛn˨˦ k'uai˦˨˦ teʔ˨˩ to˨˩ a˧
前 快 得 多 呀！

ti　fu˨˦ tiu˨˩ ko˧ un˨˦ t'oŋ˨˩ tɕ'iau˨˦ ɕiɛn˧˨ ts'ai˧˨ ia˥ koi˥ i˨˦ ma˥
李：抚 州 个 文 昌 桥 现 在 也 改 矣 马

lu˧˨ po˧
路 嚅？

iu　fu˨˦ tiu˨˩ ko˧ un˨˦ t'oŋ˨˩ tɕ'iau˨˦ ɕiɛn˧˨ ts'ai˧˨ koi˥ teʔ˨˩ pi˥
游：抚 州 个 文 昌 桥 现 在 改 得 比

ts'uŋ˨˦ tɕ'iɛn˨˦ hai˧˨ put˨˩ t'uŋ˨˦ lo˧ | ts'uŋ˨˦ tɕ'iɛn˨˦ tɕ'iau˨˦
从 前 大 不 同 啰，从 前 桥

soŋ˧˨ iu˨˦ hau˥ to˨˩ tiɛn˦˨˦ | ɕiɛn˧˨ ts'ai˧˨ uan˨˦ tɕ'yɛn˨˦ t'aʔ˨˩
上 有 好 多 店，现 在 完 全 拆

① 游、黄读 ȵin˨˦或 lin˨˦，此处失落声母。

tiau ˥˧ i ꜔ | k'o ˥ i ˥ t'uŋ ˨˩ tɕ'i ˥˧ t'a ˨˩ | ts'eʔ ˨˩ piɛn ˨˩ hai ˧˥ iu ˧˥
掉 矣，可 以 通 汽 车，侧 边 还 有

p'uŋ ˧˥ | lu ˧ soŋ ˧ hai ˧˥ iu ˧˥ in ˧˥ hen ˧˥ t'au ˧ | pa ˥ tɕ'it ˨˩ tso ˥˧
棚，路 上 还 有 人 行 道，把 漆 做

kao ꜔
过。

ti
李：o ˨˩ un ˧˥ t'oŋ ˨˩ tɕ'iau ˧˥ ɕiɛn ˧ ts'ai ˧ tu ˨˩ k'o ˥ i ˥ t'uŋ ˨˩ tɕ'i ˥˧ t'a ˨˩
啊！文 昌 桥 现 在 都 可 以 通 汽 车

lo ꜔
啰！

iu
游：t'uŋ ˨˩ tɕ'i ˥˧ t'a ˨˩ | k'o ˥ i ˥ tsɛːu ˥ un ˧˥ t'oŋ ˨˩ tɕ'iau ˧˥ it ˨˩ tɕin ˥˧
通 汽 车 可 以 走 文 昌 桥 一 进

tau ˥˧ saŋ ˧˥ ti ˥ | t'uan ˨˩ kuo ˥˧ saŋ ˧˥ ti ˥
到 城 里，穿 过 城 里。

ti
李：k'o ˥ i ˥ t'uan ˨˩ kuo ˥˧ k'e ˥˧ | tu ˨˩ si ˧ ma ˥ lu ˧
可 以 穿 过 去？都 是 马 路？

iu
游：e ˨˩ | tu ˨˩ si ˧ ma ˥ lu ˧ | tsɛːu ˥ luŋ ˧˥ iep ˨˩ hoʔ ˥ hau ˧ ts'eʔ ˨˩
唉！都 是 马 路，走 农 业 学 校 侧

piɛn ˨˩ tɕ'iu ˧ t'uŋ ˨˩ ko ˥˧ k'e ꜔
边 就 通 过 去。

ti
李：fu ˧˥ tiu ˨˩ ɕiɛn ˧ ts'ai ˧ koi ˥ ui ˧˥ tim ˧˥ t'uan ˨˩ ɕyɛn ˧ put ˨˩ tɕiau ˥˧
抚 州 现 在 改 为 临 川 县 不 叫

fu ˧˥ tiu ˨˩ i ˧˥꜔ po ꜔
抚 州 矣 嚰？

iu
游：fu ˧˥ tiu ˨˩ si ˧ hai ˧ miŋ ˧˥ ts'ɿ ꜔ | ɕiɛn ˧ ts'ai ˧ tɕiau ˥˧ tim ˧˥ t'uan ˨˩
抚 州 是 大 名 字，现 在 叫 临 川

ɕyɛn ˧
县。

ti
李：ɕiɛn ˧ ts'ai ˧ tim ˧˥ t'uan ˨˩ hai ˧˥ si ˧ it ˩ ko ꜔ mu ˧˥ fan ˧ ɕyɛn ˧
现 在 临 川 还 是 一 个 模 范 县

le·
咧 。

iu ɛ˧˩ | si˧ mu˨˦ fan˧ ɕyɛn˧ | hai˨˦ iu˨˦ sit˥ ȵiɛn˧ tɕʻi˧˩ | tiu˨˦
游：唉！是 模 范 县 ，还 有 实 验 区， 流

foŋ˨˦ iu˨˦ ko· sit˥ ȵiɛn˧ tɕʻi˧˩ | soŋ˧ tun˧˩ tʻu˧ ia˥ iu˨˦ ko·
黄 有 个 实 验 区 ，上 顿 渡 也 有 个

sit˥ ȵiɛn˧ tɕʻi˧˩ | tɕioŋ˧˩ lai˨˦ tsuŋ˥ si˧ it˧˩ ko· koŋ˧˩ si˧˩
实 验 区 ，将 来 总 是 一 个 江 西

ko· mu˨˦ fan˧ ɕyɛn˧
个 模 范 县 。

ti ɕiɛn˧ tsʻai˧ tʻin˧˩ suot˧˩ si˧ mu˨˦ fan˧ ɕyɛn˧ pʻan˧ teʔ˧˩ hen˥
李：现 在 听 说 是 模 范 县 办 得 很

hau˥ a·
好 呀？

iu e˥˧ | si˧ pʻan˧ teʔ˧˩ hen˥ hau˥ | tɕʻyɛn˨˦ kueʔ˧˩ tɕin˧˩ tɕi˥˧
游：唉！是 办 得 很 好 ，全 国 经 济

ui˨˦ yɛn˨˦ fəi˧ pʻan˧ ko· e˥˧ ko· ken˥˧ hau˥
委 员 会 办 的那个 更 好 ！

ti ken˥˧ hau˥ a· | iau˥˧ fa˧˩ hau˥ to˧˩ tɕʻiɛn˨˦ po·
李：更 好 呀？要 花 好 多 钱 嚩？

iu kʻuŋ˥ pʻa˥˧ iau˥˧ fa˧˩ hau˥ to˧˩ tɕʻiɛn˨˦ tsʻai˧ e˧˩ kʻuai˥˧ tɕʻi˧˩ |
游：恐 怕 要 花 好 多 钱 在 那 块 区 ，

hau˥ to˧˩ uai˧ kueʔ˧˩ in˨˦ tu˧˩ tau˥˧ e˧˩ kʻuai˥˧ tɕʻi˧˩ kʻe˥˧
好 多 外 国 人 都 到 那 块 区 去

tsʻan˧˩ kuon˧˩ | hai˨˦ iu˨˦ uai˧ kueʔ˧˩ tuan˧˩ ka˧˩ tsʻai˧ e˧˩
参 观 ，还 有 外 国 专 家 在 那

kʻuai˥˧ tɕʻi˧˩ pʻan˧ e˥˧ ko˥˧ sɿ˧ tɕʻin·
块 区 办 那 个 事 情 。

ti en˥˧ luŋ˨˦ ɕiɛn˧ tsʻai˧ e˧˩ to˧˩ peʔ˧˩ sin˥˧ le· | koʔ˧˩ teʔ˧˩
李：那 么 ，现 在 那 些 百 姓 咧 ，觉 得

un˨˦ min˨˦ pi˥ ts'uŋ˨˦ tɕ'iɛn˨˦ tɕin˦˥ p'u˧ mau˨˦ iu˨˦
文　明　比　从　前　进　步　毛　有？

iu　pe?˨ sin˦˥ pi˥ ts'uŋ˨˦ tɕ'iɛn˨˦ ti˦˥ si?˥ soŋ˧ miɛn˧ hau˥ tɕ'ioŋ˧
游：百　姓　比　从　前　智　识　上　面　好　像

hau˥ it˨ tiɛn˥ | tɕiɛn˦˥ si?˥ ia˥ kuoŋ˥ it˨ tiɛn˥ ts'ai˧
好　一　点　，见　识　也　广　一　点　，在

un˨˦ min˨˦ soŋ˧ t'ɛːu˨˦ ia˥ iu˨˦ it˨ tiɛn˥ tɕin˦˥ p'u˧
文　明　上　头　也　有　一　点　进　步。。

ti　o˨ | su˥ i˥ tɕiau˨ t'uŋ˨ p'iɛn˧ ti˧ un˨˦ min˨˦ tɕ'iu˧ iuŋ˨˦ i˧
李：啊！所　以　交　通　便　利　文　明　就　容　易

tɕin˦˥ p'u˦˥
进　步。

iu　si˧ a꜔ | en˦˥
游：是　呀　，嗯　！

ti　li˥ k'on˦˥ ɕiɛn˧ ts'ai˧ lan˨˦ t'oŋ˨ ia˥ tɕin˦˥ p'u˧ te?˨ hen˥
李：你　看　现　在　南　昌　也　进　步　得　很

k'uai˦˥ ko꜔ ioŋ˧ tsɿ꜔ ha꜔
快　个　样　子　，哈　？

iu　si˧ a꜔ | lan˨˦ t'oŋ˨ ko?˨ tuŋ˥ foŋ˨ miɛn˧ ia˥ it˨ t'iɛn˨ it˨
游：是　呀　，南　昌　各　种　方　面　也　一　天　一

t'iɛn˨ ko꜔ tɕin˦˥ p'u˧
天　个　进　步。

ti　ko˦˥ ia˥ si˧ ŋo˥ mən꜔ ko꜔ tuŋ˨ kue?˨ ko꜔ hau˥ ɕiɛn˧
李：这　也　是　我　们　个　中　国　的　好　现

tɕ'ioŋ˧ o꜔
象　啊！

iu　ɛ˨ | tɕioŋ˨ lai˨˦ lan˨˦ t'oŋ˨ k'uŋ˥ p'a˦˥ iu˥ mu˨˦ fan˦˥ sen˥
游：唉！将　来　南　昌　恐　怕　有　模　范　省

sin˨˦ ko꜔ ɕi˨ moŋ˧
城　个　希　望　。

Summary in English

Lin-chʻuan is a district in the eastern part of Kiangsi Province, formerly the prefecture of Fu-chou (抚州). More than seventy years ago Reverend Joseph Edkins observed in his Mandarin Grammar, 1864, in regard to this dialect thus, "At Fu-chou-fu in the eastern part of this province, the soft initials have all been replaced by aspirates. Of the six final consonants only -k is wanting. The tones are seven and are irregular in pitch." This is of course a very sketchy description, but we have as yet no detailed records of this dialect. From my own study published in this monograph we can substantiate his observations, such as the ancient voiced initials bʻ, dʻ, ȡʻ, dzʻ, dʑʻ, and gjʻ, becoming aspirated surds (cf. p. 507), and the existance of six final consonants, -m, -n, -ŋ, -p, -t, and -ʔ (cf. p. 403). We can see that Edkins, seems to have already discovered the change of the original final -k into a final laryngeal. Only his remarks on tone seem to be inadequate. The tones are seven in number, but they can not be described as irregular in pitch. To represent them by Dr. Y. R. Chao's tone letters, they are (cf. p. 407),

Yin-pʻing	Yang-pʻing	Shang	Yin-chʻü	Yang-chʻü	Yin-ju	Yang-ju
˧˨	˨˥	˦˥	˥˩	˨˧	˧˨	˥
32	25	45	51	23	32	5

On the whole Edkins' remarks, though brief, are quite in accord with the facts.

The Lin-ch'uan dialect, to add to Edkins' description, has 19 initials (p.398), 73 finals (p.400), and 7 tones (p.407). In regard to the initials, aside from the change of the ancient voiced stops and affricatives into their corresponding aspirated surds mentioned above, ancient ȶ, ȶ', ȡ', tɕ, tɕ', become t, t' in words of the 3rd division (p.508), ancient l becomes t before -i and -y (p.508), ancient t' and d' become h in the colloquial pronunciation (p.507), etc. These are characteristic changes comparatively rare in other dialects. As to the finals or rime-categories of this dialect in comparison with the Kuang-yün system (cf. pp.538-545), we may mention the following: the main vowel of the lst division of ancient groups 咸, 山, and 蟹 becomes o, and of the 2nd division a; the final -ŋ of ancient groups 曾 and 梗 becomes -n, except ho-k'ou lst and 2nd division and some colloquial pronunciations in group 梗 (p.540); words in rimes 鱼 and 虞 with ancient initials of the k-, ts-, or l- series give the vowel i (p.544); after ancient initials of the ts- or tʂ- series the vowel of words of group 止 becomes ɿ, but after ancient ȶ- or tɕ- series it remains i (p.544); etc. The development of tones into *yin* and *yang* generally follows the surd and the voiced nature of the original initial consonants. In tone classes *p'ing* and *ch'ü* the rule is simple, words with original surd initials always give the *yin* tone and words with voiced initials always the *yang* tone. In the tone classes *shang* and *ju*, surd initials give the *yin* tone, but the voiced initials requires another rule. After original voiced stops, affricatives, and fricatives, tone class *shang* becomes *yang ch'ü* and tone class *ju* becomes *yang ju*; but after original liquids, nasals, etc. *shang* remains *shang* (i.e. *yin shang*), and *ju* becomes mostly *yin ju* (p. 578).

The material of this monograph comes from three sources:(*a*)the material I obtained from Mr. Yiu Kuo En in Tsingtao, July 1933;(*b*)the material I obtained from Mr. Huang Shen Liang in Peiping, November 1934; and (*c*) gramophone records made by Y. R. Chao in Kiangsi, May 1935. The book is divided into six chapters: 1. Introduction (pp. 386-397), 2. Phonetics (pp. 398-428), 3. Phonology (pp. 429-506), 4. Comparative or Historical Phonology (pp. 507-600), 5. Special Vocabulary (pp. 601-620), 6. Texts and Translations (pp. 621-633).

To what group does this dialect belong? I have cited in my introduction material in regard to the migration of the Hakkas, and I come to the conclusion that part of the inhabitants of Kiangsi are the Hakkas who have not migrated. Linguistically there are close affinities between the Hakka and Lin-ch'uan dialect, such as the development of ancient voiced stops and affricatives into their corresponding aspirated surds, the development of ancient x and ɣ into f in Ho-k'ou, the preservation of ancient final -m and -p, the distinction of the lst and 2nd division of the rime groups 咸, 山, and 蟹, the development of rimes 鱼 and 虞 into i after ancient k- and ts- series, the development of rime 侯 into ɛːu, the colloquial pronunciation of group 梗 as -aŋ or -iaŋ, etc. All these are the same as the Hakka dialect of Mei-hsien. The relation of the Hakka and the Kiangsi dialects can only be clarified by a thorough survey of dialects belonging to these two groups, but we may here surmise that these two dialects probably represent two divisions of one group in the larger groupings of the Chinese dialects.

临川音系跋

本书居然还能印出来和学术界相见，真不是我始料所及！

我自从 1934 年秋季回到北京大学教书，因为所任的课程得要避熟就生，而且还有好些事务上牵缠，所以总没有整段的时间来从事系统的研究工作，像过去 7 年间关在中央研究院历史语言研究所里的情形一样。关于临川方言的材料，1933 年夏天我在青岛的时候，已经从游泽承(国恩)先生那里记录了一部分。回到北平那年的 9 月间，无意中遇到辅仁大学的学生黄森梁君，他是道地的临川乡下人，承他帮忙，很给我补充了不少材料。那时候曾经引起我完成这本书的志愿，可是时间仍然被教书占据，终于没能实现。1936 年 4 月，我受管理中英庚款董事会的委托到南京去看第四届留学生的试卷，借机会在历史语言研究所盘桓了好几天，承赵元任先生又给我翻制了一份临川音档。那次回到北平后，仗着这点儿新兴趣的鼓励，当真开始写了第二章的大部分。不幸因为等候实测声调曲线的结果，又耽误了好些日子，开学后功课一忙，一搁又是好几个月！直到七七事变以后，我幽居在北平，闭门谢客，悲愤中只好借辛勤工作来遣日，从 1937 年 7 月 16 日起，除去为维持学校残局来开会，和晚间听中央广播电台报告战况外，每天总花去 5 小时以上来写这本东西。计自 7 月 16 日到 26 日把关于声调的实验部分整理完；8 月 1 日到 12 日把本地的音韵一章写完；8 月 13 日到 19 日搜集客家的迁徙材料，补写叙论;8月23日到27日比较临川声类和《广韵》声类的异同;8月28、29两日比较《广韵》阴韵几摄和临川韵类的异同。到了8月底,政府在长沙联合北大、清华、南开三校筹设临时大学的消息渐渐证实了。这时同人南下的意思已动,于是从9月1日起曾经费了一个礼拜来装书。在这行色匆匆中,我一方面还没间断了工作;从9月8日到11日继续比较《广韵》韵类和临川韵类的异同;9月14日比较《广韵》调类和临川调类的异同;9月17日比较北平声类和临川声类;9月18、19两日比较北平调类和临川调类;9月21日到24日比较北平韵类和临川韵类。直到9月25日才把前三章的全稿写定,第四章的表格完成,就在30日交给周殿福、谭志中、吴永祺三君分别赶抄。在这个期间,工作虽然紧张,心境却异常难过!故都沦陷之后,是否应该每天关在屋里还埋头伏案地去做这种纯粹学术研究?这件事的是非功罪颇不容易回答。可是当时在我想,我既不能立刻投笔从戎的效命疆场;也没机会杀身成仁,以死报国;那么,与其成天的楚囚对泣,一筹莫展,何如努力自己未完成的工作,藉以镇压激昂慷慨的悲怀?假如在危城中奋勉写成几本著作,以无负国家若干年养士的厚惠,那么,即使敌人把刀放在脖子上,也会含笑而逝,自觉对得起自己!对得起学校!对得起国家!

在9月25日那天,忽然接到赵元任先生9月8日从长沙铁佛东街寄来给我的一封信,信里完全用亲戚通信的口气,上款称"莘田二哥",和平常惯用的"迪呀莘田"迥然不同;下面署名是"赵重远",也是从废弃已久的别号"宜重"两个字引申出来的。他用隐语告诉我中央研究院在湘的近况和经费的情形,劝我立刻南下。末了儿又用反切语说:"时掌呼改之膳钼吏时亮逋骨胡怪"暗含着"上海战事尚不坏"几个字。困厄中得此,真是所谓空谷足音了。后来听说,他发那封信的时候,恶性疟疾还没完全好,病中还能惦记着患难里的朋友,这一点的厚谊我永远也不会忘记掉！过了两天郑毅生兄又接到胡适之先生9月9日在九江轮船里写给他的一封信，信里说："久不通问，时切遐思，此虽套语，今日用之，最切当也。弟前夜与孟(蒋孟邻先生)枚(周枚荪先生)诸公分别，携大儿子西行，明日可到汉口，想把儿子留在武汉，待第二次入学招考，否则在武汉做旁听生。弟与端(钱端升先生)缨(张子缨先生)两弟拟自汉南行，到港搭船，往国外经营商业，明知时势不利，姑尽人事而已。此行大概须在海外勾留三四个月。台君(台静农先生)见访，知兄与莘(罗莘田)建(魏建功先生)诸公皆决心居留，此是最可佩服之事。鄙意以为诸兄定能在此时期埋头著述，完成年来未能完成之著作。人生最不易得的是闲暇，更不易得的是患难——今诸兄兼有此两难，此真千载一时，不可不充分利用，用作学术上的埋头闭户著作。弟常与诸兄说及羡慕陈仲子匍匐食残李时多暇可以著述；及其脱离苦厄，反不能安心著作，深以为不如前者苦中之乐也。弟自愧不能有诸兄的清福，故半途出家，暂作买卖人，谋蝇头之利，定为诸兄所笑。然寒门人口众多，皆沦于困苦，亦实不能坐视其冻馁，故不能不为一家糊口之计也。弟唯一希望诸兄能忍痛维持松公府内的故纸堆，维持一点研究工作。将来居者之成绩，必远过于行者，可断言也。弟与孟兄已托兴业兄(浙江兴业银行)为诸兄留一方之地，以后当可继续如此办理。船中无事，早起草此，问讯诸兄安好，并告行，不尽所欲言，伏维鉴察。弟臧晖敬上。"当时留平的同人看见了这封信都得到很多的安慰和鼓励！我自从接赵、胡两先生的信以后，好像注射了两针强心剂。于是一方面覆赵先生的信说，"等把一部分稿子理出头绪，即绕海道，自港飞湘"；一方面自10月1日起仍旧继续加紧工作。除去把临川方言的特别词汇和不规则的读音摘记出来以外，又和周祖谟、郁泰然合作依照时地编订汉魏六朝韵谱，和周殿福、谭志中、吴晓铃、吴永祺合作分类重抄《经典释文》

反切的卡片,这时关于长沙临时大学的消息反倒沉寂了。听说在9月底校方就派樊际昌北来迎接平津的同人,樊君飞到香港以后,因为等候有大餐间的轮船逗留了许久,直到10月22日才姗姗来迟地到了天津!他携有蒋孟邻校长致全体教授的信,同人既得到长沙方面的确实消息,而胡先生让我们留北平研究的计划又发生阻碍,于是决定分批南下。我因为一部分稿子还没整理完,拟到11月中再走。在10月27日那天先把《临川音系》前三章的清稿和第四章的表格郑重地托付汤锡予先生带到长沙交给元任。到了11月3日毅生又接到孟邻先生的陷电,其中有关于我的几句话是:"国文经济两系需人,盼莘、廉(赵廉澄先生)两兄即来,莘兄工作可与中研院合作。"于是我把一部分手稿和必需的书籍装了两箱,交太平洋行(Pacific Storage and Packing Corporation)运青岛,再转香港;11月17日才暂时和亲爱的北平告别了!

从北平脱险以后,展转播迁了南岳、长沙、昆明、蒙自四个地方,半年里头简直没得宁息。到了蒙自才算得到清幽的环境,稍微有点儿读书作文的闲暇。于是从1938年5月11日到28日又断断续续地把《临川音系》第四章的声类一部分写完。8月4日就把这一部分,连在北平所写的那部分,一起送到历史语言研究所交给商务印书馆去付印。那知该馆一搁就是一年多!同时我因为教书忙和别的工作打岔,再加上印刷的停滞,也就没兴趣继续写下去了。直到1939年春天,傅孟真先生派杨君时逢驻沪督印,才陆续有校样寄来。等到上卷校完了以后,从11月13日到次年1月3日,我才重鼓勇气把第四章的后半和第五、六两章完成了。记得1940年元旦昆明有空袭警报,我一个人拿着皮包躲在北门外的小河边,靠着树杆,仍然低头写我的标音举例。忽然被杨今甫、沈从文几位先生发现了,今甫还颇称赞我的镇定工夫。回想起来也总是警报声中的一件趣事!

这部书的篇首自序虽然是1936年5月写的,实际上全书的完成却经历了千辛万苦,拖延了相当的岁月。拿上下卷进行的快慢来比较,叫我回想起胡先生所说"陈仲子匍匐食残李时多暇可以著述;及其脱离苦厄,反不能安心著作"那几句话来,不禁有所警惕!可是我终究离开北平快四年了。事后追思,我既然不能拿"庵中住的好些老小"来借口,在北平"苦住"下去,"关门敲木鱼念经,出门托钵募化些米面",那么,臧晖先生知道我们后来因为时移势易,毅然南行,一定也会拿"天南万里岂不太辛苦?只为智者识得重与轻"那两句诗来勖勉我们。然而,无论如何,我这本小书总算是胡先生1937年9月9日在九江轮船上所发的那封信的一个共鸣;我将拿它酬谢我在苦厄里所得到的一点儿同情和鼓励!

《临川音系》的全部校样我是在1940年8月1日接到的。这篇跋写完了以后,如果再寄到上海付印,恐怕又拖延了时间;而且为商务印书馆着想,如果加上这么一段尾巴,对于这本书在沦陷区的销路也有妨碍。所以我就把它抽出来单独发表,作为我离平四年、久别妻子的一个纪念!

1940年11月17日罗常培补跋于昆明
青云街靛花巷三号北京大学文科研究所

图书在版编目(CIP)数据

罗常培文集 第1卷/《罗常培文集》编委会编 .-济南:山东教育出版社,1999(2009重印)

ISBN 978-7-5328-2682-7

Ⅰ.罗… Ⅱ.罗… Ⅲ.①汉语-语言学-文集②散文-作品集-中国-当代 Ⅳ.H1-53

中国版本图书馆CIP数据核字(1999)第11122号

罗常培文集 第一卷

LUO CHANGPEI WENJI Di-yi Juan

主 管:山东出版集团
出 版 者:山东教育出版社
(济南市纬一路321号 邮编:250001)
电 话:(0531)82092663 传真:(0531)82092661
网 址:http://www.sjs.com.cn
发 行 者:山东教育出版社
印 刷:山东新华印刷厂
版 次:1999年8月第1版
2008年11月第2版第2次印刷
规 格:880mm×1230mm 32开本
印 张:20.625印张
插 页:7插页
字 数:482千字
书 号:ISBN 978-7-5328-2682-7
定 价:76.00元